普通高等教育“十三五”规划教材（物流管理专业）

现代物流信息管理
（第二版）

主　编　佟勇臣

副主编　吉　红　张璐璐　李　彤

中国水利水电出版社
www.waterpub.com.cn

·北京·

内 容 提 要

本书是“物流信息管理”的入门教材，书中各章配有大量的习题，使初学者能够通过练习题复习和巩固所学的知识。

全书分两篇。第 1 篇讲述物流信息管理的基础，用简明的语言阐述了物流信息管理的基本内容；第 2 篇阐述现代物流信息管理的基本方法，用通俗易懂的语言论述了现代物流信息管理的要点和方法。这两篇都有实例和练习与之配合，各重点部分除了讲解详细之外，还用实例讲解了其应用过程。因此，本书特别适合没有任何信息技术基础的初学者使用。本书虽然是针对本科层次学生编写的，但是由于有大量的实例，也可以作为大专、高职学生的教材或参考用书。

本书配有电子教案和习题参考解答，读者可以到中国水利水电出版社网站和万水书苑上免费下载，网址为：http://www.waterpub.com.cn/softdown/和 http://www.wsbookshow.com。

图书在版编目（CIP）数据

现代物流信息管理 / 佟勇臣主编. -- 2版. -- 北京：中国水利水电出版社，2019.4
普通高等教育“十三五”规划教材. 物流管理专业
ISBN 978-7-5170-7543-1

Ⅰ. ①现… Ⅱ. ①佟… Ⅲ. ①物流－信息管理－高等学校－教材 Ⅳ. ①F253.9

中国版本图书馆CIP数据核字(2019)第056787号

策划编辑：石永峰　　责任编辑：张玉玲　　封面设计：李　佳

书　名	普通高等教育“十三五”规划教材（物流管理专业） 现代物流信息管理（第二版）　XIANDAI WULIU XINXI GUANLI
作　者	主　编　佟勇臣 副主编　吉　红　张璐璐　李　彤
出版发行	中国水利水电出版社 （北京市海淀区玉渊潭南路 1 号 D 座　100038） 网址：www.waterpub.com.cn E-mail：mchannel@263.net（万水） sales@waterpub.com.cn 电话：（010）68367658（营销中心）、82562819（万水）
经　售	全国各地新华书店和相关出版物销售网点
排　版	北京万水电子信息有限公司
印　刷	三河市鑫金马印装有限公司
规　格	184mm×260mm　16 开本　21.5 印张　550 千字
版　次	2010 年 4 月第 1 版　2010 年 4 月第 1 次印刷 2019 年 4 月第 2 版　2019 年 4 月第 1 次印刷
印　数	0001—3000 册
定　价	49.00 元

第二版前言

本书是编者多年从事现代物流信息管理教学经验的结晶，是编者在授课讲义的基础上，结合当前大学生学习的特点进行修改补充而成的。由于物流信息技术发展迅速，出现了很多新事物，如掌上配送、大数据、云计算等，本书在再版之际增加了相关的内容。本书特点如下：

（1）言简意明，通俗易懂，概念阐述明确，突出重点，重点、难点着重论述，满足本科学生学习现代物流信息管理的教学需要，着重强调应用能力的培养。

（2）尊重认识规律，内容的安排循序渐进，深入浅出，并结合具体实例来分析和阐述物流信息管理中的概念和原理，尽量避免抽象的理论讲解，由感性到理性地安排和组织内容，便于学生掌握和运用。

（3）书中使用了较多的实例，内容丰富，并结合大量的习题使学生能深入了解物流信息技术的使用方法，在较短的时间内掌握物流信息管理的方法。

（4）每章之后都有习题和思考题，使学生通过练习和思考巩固所学的知识。

（5）采用较新的内容和理念，引导学生掌握最新的先进技术与成果，激发学生的学习热情和兴趣，使学生深入学习相关知识，掌握和使用相关技术。

在本书的编写过程中，针对初学者，尤其是本科、大专和高职学生，在初次学习物流信息管理时的特点，以言简意赅、通俗易懂为原则进行编写，因此，特别适合大学生的使用。

全书分两篇。第 1 篇讲述物流信息管理的基础，用通俗易懂的语言阐述其基本内容；第 2 篇阐述现代物流信息管理的基本方法，用简明的语言论述了现代物流信息管理的要点和方法。这两篇都有实例和练习与之配合，各重点部分除了讲解详细之外还用实例讲解其应用过程。本书虽然是针对本科层次学生编写的，但是由于有大量的例题，也可以作为大专、高职学生的教材或参考用书。

本书由佟勇臣任主编，吉红、张璐璐、李彤任副主编。本书的第 3 章由李彤编写，第 4 章由张璐璐编写，第 6 章和第 7 章由吉红编写，其他章节由佟勇臣编写。全书由佟勇臣统稿。同时在本书的编写过程中，还得到了张耀明、张理、李雪松、尹丽华等老师的协助与支持，在此一并表示感谢！

编者　佟勇臣

2018 年 12 月于津

第一版前言

本书是编者多年从事“现代物流信息管理”教学经验的总结，是在讲授该课程讲义的基础上，结合当前本科学生学习的特点修改补充而成。全书分两部分。第一部分讲述现代物流信息管理的基础，用通俗易懂的语言阐述其基本内容；第二部分阐述现代物流信息管理的基本方法，用简明的语言论述了现代物流信息管理的要点和方法。两部分都有例题和练习与之配合，各重点部分除了讲解详细之外还有具体实例讲解其应用过程。本书的主要特点如下：

（1）言简意明，通俗易懂，概念阐述明确，对重点、难点内容着重论述，满足本科学生学习“现代物流信息管理”课程的需要，着重强调应用能力的培养。

（2）尊重认识规律，内容的安排循序渐进，深入浅出，并以具体实例和实际应用来分析和阐述物流信息管理中的概念和原理，尽量避免抽象的理论讲解，合理地安排和组织内容，便于学生掌握和灵活运用。

（3）内容讲解中使用了较多的实例，通过这些内容的合理组合，并结合大量的习题使学生能深入了解物流信息技术的使用方法，在较短的时间内掌握物流信息的管理方法。

（4）每章之后都有各种类型的习题和思考题，使学生通过练习和思考巩固所学的知识。为了便于初学者学习，还提供了习题参考解答，需要的读者可到中国水利水电出版社或万水书苑网站下载，网址为 http://www.waterpub.com.cn/softdown/和 http://www.wsbookshow.com。

（5）采用物流信息管理领域较新的内容和理念，引导学生掌握最新的技术与成果，激发学生的学习热情和兴趣，使学生深入学习相关知识，掌握和应用相关技术。

本书虽然是针对本科层次的学生编写的，但是由于有大量的例题和详实的习题解答，也可以作为大专、高职学生的教材或参考用书。

本书由佟勇臣任主编。在本书的编写过程中，还得到了张耀明、张理、李雪松、尹丽华等老师的协助与支持，在此一并表示感谢！

编者　佟勇臣

2010 年 2 月于津

目　　录

第 1 篇　物流信息管理基础

第 2 篇 现代物流信息管理

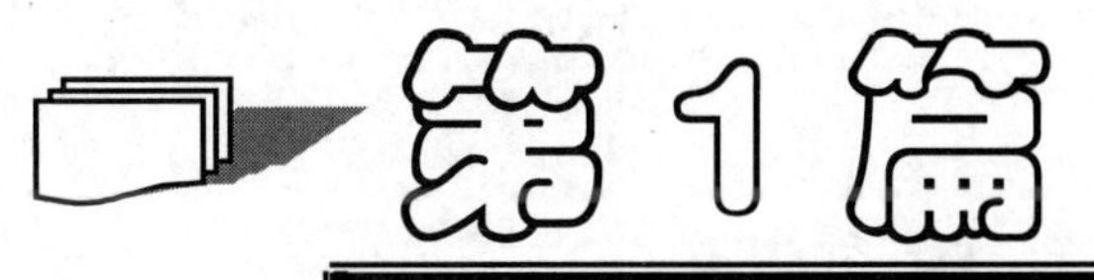

第1篇

物流信息管理基础

信息作为一种资源，必须进行有效的管理。物流信息作为信息资源的一种，要想对其进行充分的开发、合理的配置和有效的利用，就要对其形成的各种因素进行科学的研究、组织、协调和控制，这些都离不开“信息管理学”的理论指导。本篇将着重介绍物流信息管理的基本理论——信息管理学的基本概念，掌握了这些基本概念才能深入探讨对物流信息管理的有效方法。

第 1 章　信息管理概述

知识点

- 信息、信息管理
- 信息管理的现代科学、技术基础
- 企业信息管理、大数据技术

难点

- 信息的特征、功能和生命周期
- 信息管理的科学、技术基础

要求

熟练掌握以下内容：

- 信息的概念、特征与功能
- 信息的生命周期
- 信息管理的职能和技术基础

了解以下内容：

- 信息管理的科学基础
- 企业信息管理基础
- 大数据对信息管理的影响

1.1　信息

1.1.1　信息的基本概念

1. 信息的概念

“信息”是一个十分普遍的概念。客观世界中存在着各种各样的信息，不同的职业、不同的学科，对信息的认识和看法不同。如哲学家研究信息与物质、能源之间的关系；情报学家着重探讨信息的收集、加工和利用的方法；社会学家主要思考社会信息网的结构和功能；计算机专家研究的是信息在计算机中的存储方式和表示方法。

（1）数据。数据是人们用来反映客观事物而记录下来可以鉴别的物理符号。

数据包含两方面的含义。

1）数据的客观性。数据是对客观事物的描述，通过属性名和属性值表达，两者缺一不可。

2）数据的可鉴别性。数据是对客观事物的记录，这种记录通过特定的形式表示，这些特形式是可鉴别的，常用的形式包括声、光、电、字母、图形、图表、文字等。

（2）信息。信息是客观世界各种事物特征的反映，是经过加工的数据，对接收者有现实和潜在的价值。信息可以传输，是形成知识的基础。

一般地说，所谓信息，就是用于描述事物特征的一种普遍形式，是事物存在的方式或运动的状态，以及对这种方式或状态的直接和间接的表述。在日常生活中信息是普遍存在的，自然界的演化离不开信息，人类的生活需要信息，信息是千变万化的事物之间的联系。

信息有三个方面的基本含义：

1）信息是客观世界各种事物特征的反映。在客观世界中任何事物都在不停地运动，表现出不同的特征。这些特征就是事物的相关属性状态，如形状、时间、地点和速度等。信息涉及的范围极广——自然信息，如天气的变化；生物信息，如DNA密码；管理信息，如财务报表等。

2）信息是可以传输的。由于信息是事物联系的基础，而人们通过感官所获得的信息是极为有限的，因此，需要借助传输工具来获得大量的信息。

3）信息是形成知识的基础。知识就是各种信息通过各种器官进入人的大脑，对神经细胞产生作用后留下的痕迹。人们是通过获得各种信息来认识不同事物、区别事物和改造世界的。

2. 信息和数据的区别

信息与数据是两个最基本的概念，既相互联系，又相互区别。数据与信息的关系可以看作是原料与成品的关系，数据是一组可以鉴别的符号，或称信息的载体。信息是描述现实事物的相关知识；数据是信息的载体，是可鉴别的物理形式。这些形式不仅指数字，还包括符号、文字、图形、图像和声音等多种形式。

信息与数据的主要区别是：信息是不随载体的改变而变化的，而数据则是根据不同的载体有不同的表现形式。例如，同一数据在普通纸上、照片上、光盘上和磁盘上的表现形式就不同。数据可以看作是原料，信息是产品。数据不经过加工只能是原材料，其价值就是记录了客观事实。信息是数据的内涵，是数据的语义解释。信息来源于数据，是对数据进行加工处理的产物。数据对信息的转换过程，如图1.1所示。

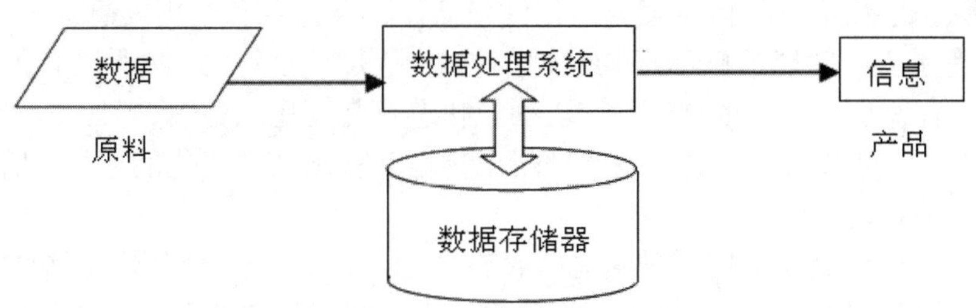

图1.1　数据转换为信息的过程

3. 信息与物质、能量的关系

信息、物质与能量是组成当今社会的三大资源，信息与物质、能量之间既有区别又存在着密切的联系。

（1）信息与物质的区别与联系：物质是信息存在的基础。信息是一切物质的基本属性，认知主体对客观物质世界的认识都是通过信息来实现的。信息不是物质，不遵守物质不灭定律；也不是意识，而是物质与意识的中介；信息对物质有依附性，任何信息都离不开物质，信息的产生、表述、传输和存储等，都要以物质作为载体；信息的内容可以共享，其性质与物质载体的形式无关。

（2）信息与能量的区别与联系：能量是信息运动的动力。信息的产生、传递、转换与利用都要消耗一定的能量，信息只有与能量相结合才具有活力，各种形式的信息在传递过程中可以与能量互相转换。信息不是能量，在传递与转换过程中不服从能量守恒定律。信息的传递与获取离不开能量，能量的控制与转换也离不开信息。

1.1.2 信息的分类

信息的内涵和表现十分复杂，分析研究信息的类型，有助于深入理解信息的概念和对信息本质的认识，从不同的角度对信息进行分类可以有不同的分类方法。

1. 按管理的层次分类

按管理的层次，信息可以分为战略信息、战术信息和作业信息。

（1）战略信息是指国家或企业的高层管理者为制订长期发展规划，所需要的关系到全局和长远利益的信息，多来自外部，寿命较长，保密程度要求最高，加工方法不固定，经常需要靠人为预测或计算机辅助计算，使用频率最低，精确程度也最差。例如，国家在一定阶段的方针、政策和发展战略等，企业的新产品投产、新厂址的选择和新市场的开拓等。

（2）战术信息是指中层管理者为落实发展规划，控制计划的执行所需要的关系到局部和中期利益的管理控制信息，使中层管理者能掌握资源利用情况，了解是否能达到预定的目标，并指导中层管理者采取必要的措施，更有效地利用资源。例如，生产计划的完成情况、库存控制等。战术信息一般来自内部的各个职能部门，并跨越于各部门之间。

（3）作业信息是指基层管理者为执行日常计划所需要的各种业务信息，主要用于解决经常发生的问题，与企业的日常活动有关，保证切实地完成日常的具体工作。保密要求最低，使用频率最高。例如，每天统计的产量、销量、质量等数据，原材料消耗情况，工资、奖金信息等。

2. 按主体的认识层次分类

按主体的认识层次，可将信息划分为语法信息、语义信息和语用信息。

因为主体有感受力，能够感知事物运动的状态及其变化的形式，所以获得的信息是语法信息；因为主体有理解力，能够领会事物运动的状态及其变化的逻辑含义，所以获得的信息是语义信息；又因为主体具有目的性，能够判断事物运动状态及其变化的作用，所以获得的信息是语用信息。

全信息是语法、语义和语用三种信息综合在一起，形成在认识论层次上的全部信息。

（1）语法信息是信息认识过程的第一层次。它反映了事物的存在方式和运动状态，而不考虑信息的内涵。即语法信息只是对客观事物在形式上的描述，表现的只是事物的现象而不深入揭示事物发展变化的内涵及其意义。这一层次涉及的是符号出现的数目、信源的统计性质、编码系统、信道容量等。主要研究如何提高信道传递信息的能力，设计合适的编码系统，以高度的可靠性快速有效地传递数据等，这些都属于通信工程范畴。

（2）语义信息是信息认识过程的第二层次。它是指认知主体所感知和表述的事物存在的方式和运动状态的逻辑含义。即语义信息不仅反映客观事物运动变化的状态，还揭示了事物运动变化的意义。从信源发出若干消息，在通信符号的统计上，其信息量应该相等，但信息量相等的消息其意义却可以是完全不同的。鉴于此种情况，在信息检索中就要考虑信息的语义问题。

（3）语用信息是信息认识过程的最高层次。它是指认知主体所感知和表述的事物存在的方式和运动状态，相对于某种目的所具有的效用。即语用信息被信宿接收后所产生的效果和作用，同语义信息相比，语用信息对信宿的依赖性更强，而且与信息传递的时间、地点、环境等有着密切的关系。信息管理关注的主要是语用层次上的信息现象。

3. 按信息发生的领域分类

按发生领域，信息可以划分为物理信息、生物信息和社会信息。

（1）物理信息是指无声世界的信息。例如，地壳的运动、天气的变化、天体的演化……无生命的世界每时每刻都在产生着大量的信息。由于条件所限，对于这类信息的认识还只是沧海一粟。

（2）生物信息是指生命世界的信息。实验研究表明，生物之间存在着大量的信息交换，生物能够感知信息的传递。同种生物之间有着特定的信息联络方式，尤其是在各类动物间都有自己的信息交换“语言”。DNA 信息遗传的作用，在生命进化的过程中起着关键性的作用。没有信息，就没有丰富多彩的生物世界，也不会有人类社会的出现。

（3）社会信息是指社会上人与人之间交流的信息，包括一系列人类社会运动变化状态的描述。按人类活动的领域，社会信息又可分为科技信息、经济信息、政策信息、军事信息、文化信息等。社会信息是人类社会发展的重要资源，也是社会大系统构成的要素和演化的动力。因此，社会信息是信息管理的主要对象。

4. 按信息表现的形式分类

按表现形式，可将信息划分为消息、资料和知识。

（1）消息是客观事物发展变化情况的最新通报，是反映事物当前动态的信息。消息的生存期很短，有较强的时间性，主要用于了解情况。

（2）资料是客观事物的静态描述和原始记录。资料是客观现实的真实记载，因此生存期长，有较强的积累性，主要用于论证的依据。

（3）知识是人类社会实践经验的总结，是人类发现、发明与创造事物的成果。知识是人类对客观事物的认识和科学评价，对人类社会活动有着重要的意义。人们通过学习、掌握知识，来增长创造才能，提高决策水平，有效地开展各项社会活动。

1.1.3　信息的特征

1. 信息的属性

信息是从客观现象中提炼出来的各种各样消息的总和，是一切知识、学问的源泉，是社会共享的。只有了解和掌握信息的重要特征，才能更好地管理和使用信息。

所谓信息的特征，就是指信息区别于其他事物的本质属性，信息的基本属性如下：

（1）事实性。事实是信息的核心价值，事实性是信息最基本的属性。只有真实的信息对决策者才有价值，而错误的、虚假的、不符合实际的信息不仅不能帮助决策者正确决策，反而会造成严重的后果。维护信息的事实性，就是维护信息的真实性、准确性和客观性等。在管理和使用信息时，尤其应注意这一点。

（2）普遍性。信息是事物状态和运动方式的表述，只要事物存在，就会有对其状态和运动方式的描述，就存在着信息。无论在自然界，还是人类社会，绝对的“真空”是不存在的，绝对“静止”的事物也是没有的。因此，信息是普遍存在着的，并且与物质、能量一起形成了客观世界的三大资源。

（3）时效性。信息的时效性是指信息是有寿命时效的，从信息源发出信息开始，经过接收、加工、传递、利用等的时间间隔，称为信息的寿命。该时间间隔越短，使用信息越及时，使用程度越高，信息的使用率就越高，时效性也越强。当今社会的发展瞬息万变，越早获得信息，越能及时地占领市场，使企业在激烈的市场竞争中占居有利的地位。

（4）增值性。信息的增值性是指用于某种目的的信息，可能会随着时间的推移而过时，而对于另一种使用目的又显示出价值。例如，当天的天气预报只对当天的出行有重要的现实意义，当天过去了就失去了实际意义；对于研究气象变化的规律，每天的天气预报又是必不可少的预测未来天气的信息。信息随着时间增值的特性，可以在量变的基础上产生质变，在累积的基础上产生飞跃。

（5）动态性。客观事物是在不停地变化、运动着的，信息也跟着不断地发展更新。因此，在获取与使用信息时，必须有"时效"观念，不能一劳永逸。

（6）传输性。信息可以通过多种渠道、采用不同的方式进行传递，把信息从时间或空间上的某一点移动到其他点的过程称为信息的传输。一个完整的信息传输过程必须具备信源（发出方）、信宿（接收方）、信道（媒介）和信息四个基本组成部分。信息的传输性能优于物质和能源，传输成本远远低于传输物质和能源，但要借助于一定的物质载体。应尽可能用信息的传输代替物质的传输，通过信息流来减少物流。

现代信息的传输形式越来越完善。信息的传输性加快了资源的交流，也加速了社会的发展。

（7）干扰性。任何不属于信源原义而加于信号之上的"附加物"都称为干扰。信息是通过信道进行传播的，信道既是通信系统的重要组成部分，又是信息传输过程的主要干扰源。例如，不同信道之间的相互干扰所产生的串扰噪声，就是一种信息传输过程的干扰。

（8）扩散性。信息的扩散性是指信息通过各种传输渠道向各方自然传播的特性。扩散性是信息的本性。信息的浓度越大，信息扩散的能力就越强。越离奇的消息，越耸人听闻的新闻，传播得越快，扩散面越大。信息扩散有正反两面性：一方面，扩散有利于知识、经验、消息等的传播；另一方面，扩散会造成信息的贬值，不利于保护信息所有者的利益，不利于保密，损害企业的利益，甚至危害国家和社会。

（9）加工性。加工性是指信息可以进行分析、精练、浓缩、综合、整理、概括和归纳。所谓信息加工，就是把信息从一种形式变换成另一种形式。这样可以提高信息的传输和存储的效率，同时，也方便检索和使用。

（10）共享性。共享性是指在一定的时间内，信息可以被多个用户共同使用而本身并不被消耗。这是信息区别于物质的一个重要特征，即信息在传播过程中不但可以被信源和信宿共同拥有，而且还可以被众多的信宿同时接收使用。物质交换遵循易物交换的原则，失去一物才能得到一物；信息可以共享，不用像物质那样进行交换。这是信息与物质相区别的又一特性。信息交换的双方不仅不会失去原有的信息，而且各自还会增加新的信息。

（11）等级性。信息的等级是与管理的高、中、低三个层次对应的，一般分为高层次的战略级信息、中层次的战术级信息和低层次的作业级信息三个等级。

（12）目的性。信息的目的性是指信息的收集和整理都是为了某个具体工作服务的。最终的目的就是为生产、经营决策，提供各种科学、准确的依据。

（13）转换性。信息、物质和能源是人类社会的三项重要资源，三者有机地联系在一起，形成三位一体，可以互相转化。由物质和能量可以换取信息是不言而喻的，由信息获取能源、材料的例子也到处都是。例如，通过运输信息，合理地调度汽车运输节省大量的燃油；运用新技术进行生产，节省大量的原材料等。这些都是信息技术做出的巨大贡献。尤其是节约型社会的提倡，更是到处都是信息转换能源和物质的例子。

2. 信息的局限性

信息自身的性质决定了其存在着一定的局限性，主要表现在以下几个方面：

（1）滞后性。信息的滞后性是指"先有事实，后有信息"的性质。信息总是产生在事实之后，即信息传输再快也要滞后于事实。

（2）依存性。信息的依存性是指信息必须依附于载体（如声波、电磁波、化学材料和磁性材料等）之上，不能脱离载体而单独存在。所谓载体就是以承载信息为主要任务的物质形式。信息没有语言、文字、图形、图像和符号等记录方式就不能表达其含义，没有物质载体就不能存储和传播。同时，信息的内容不会因为记载的形式改变而发生变化。

（3）不完全性。信息的不完全性是指人们不可能得到客观事物的全部信息。例如，对于一个事件，我们很难得到它的全部真相，最多只能得到大部分或绝大部分真相。

（4）相对性。信息的相对性是指从同一事物中获取的信息，由于不同主体的理解力和感受力是不同的，即信息的实得量因人而异，由同样的信息得出的结论肯定因个体不同而异。这与人们认识事物的程度有关，在数据的收集、信息的处理等方面都受主观的支配。因此，只有正确地取舍，才可能正确地使用信息。

3. 信息的特点

信息的特点主要表现在以下几个方面：

（1）信息是事物运动状态和存在方式的描述。一切事物都会产生信息，信息就是描述所有事物的属性、状态、内在联系与相互作用的一种普遍形式。宇宙时空中的事物是无限的，描述事物的信息也是无限的。

（2）信息是抽象的。信息是看不见摸不着的，信息载体的改变不会影响信息的效用。

（3）信息是容易复制的。信息与能源、物质不同，非常容易复制和传播，并且不因复制和传播而受损失。

（4）信息取之不尽。信息是事物运动状态和存在方式的描述，由于事物的运动、存在是永恒的，因此，信息永不枯竭，取之不尽，不会出现像材料和能源那样的短缺现象。

（5）信息需要载体。信息必须有载体，才能存储和传播。存储信息需要物理载体，如纸张、竹简、陶器、丝绸、磁盘、光盘和 U 盘等；传播信息需要介质，如声波、电磁波、电缆和光纤等。

（6）信息超越时空。信息可以自由地超越时间和空间进行传播。例如，人们阅读历史，接受古人的教诲，是信息超越时间的表现；在地球上乃至浩瀚的宇宙间进行通信，是信息超越空间的表现。

1.1.4　信息的价值

信息的价值在于人类在认识世界和改造世界的活动中所起的作用。信息的价值主要有两种衡量方法。

（1）按照获取信息所付出的代价来计算其内在价值，多用于信息的生产单位。其价值是按照社会必要劳动来计算的，计算方式为

$$V = C + P$$

式中：V 为信息产品的价值；C 为生产该信息所付出的成本；P 为该信息所产生的利润。

例如，报纸价值的计算是：生产报纸所用的生产成本——纸张、能源、人工费、设备折旧等，再加上符合国家规定的合理利润。

（2）按照信息使用的效果来计算。其价值是通过使用信息的最优方案及其他方案的效益比较后得到的，称为外延价值，多用于信息的使用单位。计算方式为

$$V = R - C$$

式中：V 为信息产品的价值；R 为使用信息所增加的收益；C 为获取该信息所付出的成本。

1.1.5 信息的功能

信息的功能是信息属性的外在表现，主要表现在以下几个方面。

1. 信息是认识客体的媒介

信息是客观事物的各种属性的载体，人们通过它来认识事物。人们认识客体必须通过媒介的作用。信息正是事物间相互联系、相互作用不可缺少的中间桥梁，是物质与意识、实践与认识、主体与客体之间的媒介。

信息的这种功能贯穿于人类认识活动的始终，物质通过信息这一媒介，完成了从物质到意识的第一次飞跃；意识通过信息这一桥梁，完成了从意识到物质的第二次飞跃。人类认识世界和改造世界的过程，是一个不断从客观世界获取信息，并对信息进行分析处理，形成新的认识，然后通过实践活动反作用于客观世界的过程。

2. 信息决定人类的思维活动

思维是指人脑对信息的分析、处理的过程。思维有三项基本要素：思维主体、思维工具和思维材料。思维主体是指人脑及存在于其中的意识；思维工具是指分析逻辑（如形式逻辑、归纳逻辑、数理逻辑和辩证逻辑等）；思维材料是指自然界存在的客观事物。思维是人脑通过感官来反映客观事物的，但不是直接反映，而是通过接收、分析客观事物所表现出的信息进行反映的。人的感官神经系统传送的信息，促进人脑思维活动的发展，决定着思维的方向和结果。一般地说，思维频率与信息量成正比。没有信息，就没有人类的思维活动。

3. 信息是科学决策的依据

决策是指人类为达到既定目标，从若干个可供选择的方案中挑选出最优方案，并付诸实施的过程。随着社会问题的日趋复杂化，人们对决策的要求越来越高，仅凭个人主观认识的经验进行决策，远远比不上依靠科学技术进行的科学决策。

科学决策是一个动态过程，一般包括发现问题、确定目标、制定方案、评估选优、实施决策、追踪反馈等几个阶段。为确保每一个阶段的科学性，必须配备有效的技术方法，如调查研究、预测技术、分析方法、智能技术、决策技术等。信息活动始终伴随着科学决策的全过程，并渗透到决策过程的各个阶段。因此，决策者只有及时、准确地获取决策活动所必需的信息，才能充分、有效地利用信息，把握决策时机，提高决策的效率。

4. 信息是有效控制的灵魂

控制是指主体对客体的一种施控作用，这种作用能使受控客体根据施控主体的意志而动作，并最终达到施控的目的。控制是一种与信息紧密相关的作用，实现控制的手段主要是信息反馈方法，根据不断的反馈信息来调节控制的变化。

控制过程是在事物的可能空间进行有向选择的过程，没有选择就没有控制。因此，控制过程就是信息的选择运用的过程。控制的核心是反馈，而反馈过程就是信息借助于反馈回路的运动过程。没有信息任何主体都无法进行控制，从控制实现的过程可以看出，信息是有效控制的灵魂，控制是信息运动的目的，控制与信息是不可分割的。

5. 信息是系统秩序的保证

系统是由若干相互作用、相互依赖的元素组成，具有一定结构和功能的整体。系统的结构就是系统各组成元素之间，相互联系、相互作用的组织形式或内部秩序。系统的功能就是系统与其环境相互联系、相互作用的外在活动形式或外部秩序。显然，系统的结构是“元素间的秩序”，用于说明系统存在的方式，以及系统诸要素相互联系、相互作用的性质和状态。系统的功能是“外部的秩序”，用于表达系统的外部活动，即系统与环境之间进行物质、能源和信息的交换。

信息对于系统是不可缺少的，整个系统正是通过信息的联系和作用才形成了整体的秩序。无论是系统的内部联系还是外部作用，都是通过信息交换才得以实现的。如果一个系统缺乏信息，那么它必然走向混乱无序状态，直至最后消亡。

6. 信息是社会发展的资源

资源是指在人类社会生产和生活过程中，用于创造物质和精神财富的原始材料。人类自古至今一直在使用大量的物质和能量资源，例如，土地资源、森林资源、水利资源、矿产资源、人力资源等。

虽然，信息很早就被人类利用，但是，利用范围和规模是十分有限的。现代信息技术的飞速发展，极大地增强了人类生产、处理、传播和利用信息的能力。现代社会的信息数量迅猛增长，大量信息聚集在一起就形成了一种宝贵的社会资源——信息资源。信息资源的重要性就在于，信息是对其他资源进行有效管理的工具。即人类对各种资源的有效获取、分配和利用，无一不是凭借着对信息资源的开发、利用来实现的。信息资源在推动社会经济发展、促进人类社会进步等方面正发挥着日益重要的作用。

信息资源、物质资源和能量资源共同构成了现代人类社会体系的三大支柱。物质向人类提供材料，能量向人类提供动力，信息向人类提供知识和智慧。对于人类社会系统来说，物质使系统具有形体，能量使系统具有活力，信息使系统具有灵魂。只有三者的有机结合，才能使社会系统真正发挥其功能，朝着有益于人类发展的方向演化。

1.1.6 信息的生命周期

信息作为资源也是有生命周期的，信息从产生到被用来发挥其价值，可分为识别、收集，传输，加工处理，存储和维护等阶段。

1. 信息的识别、收集

（1）信息识别。现代社会的信息种类繁多，信息量浩瀚。在人们的生产、生活过程中，并不需要将现实世界的所有信息都收集起来。因此，在信息收集活动中首要的问题就是如何从现实世界产生的浩瀚信息中识别出自己所需要的信息。一般地说，信息识别方式有以下三种：

1）由管理者根据管理目标的需要，对信息（种类、内容和结构）自行识别。

2）由信息咨询人员通过调研、观察，在充分理解管理需求的基础上，对需要的信息进行识别。

3）由管理者和信息咨询人员共同识别。即管理者提出信息需求，信息咨询人员根据管理者提出的需要进行信息识别，然后将识别出的信息与管理者共同讨论，确定管理者需要的信息。

第三种方式是最好的信息识别方式，两者结合识别出的信息，既符合管理者的需要，又符合信息处理的要求。

（2）信息收集。在信息识别之后，就要进行信息的收集。信息收集的常用方法有三种：

1）自底向上。自底向上广泛收集信息是最常用的一种方法，例如，人口普查、生产情况统计等，都是自底向上进行的。

2）专项收集。专项收集一般都是有目的的，往往是围绕一个主题进行的。例如，制订生产计划、开辟新航线，都是在收集了有相关信息之后进行的。

3）随机积累。这种方法是根据系统的总体目标把一些对决策有用的、"新鲜"的信息收集起来，没有明确、具体的目标。例如，随时将各地的报纸、杂志和电视等传播媒介中发表的有关新技术、新政策、新消息等收集起来，以备将来决策之用。

（3）信息的表达。信息收集后，要进行一系列的加工处理，然后将结果表达出来供决策者使用。常规的信息表达有文字、数字、图形、表格等方式。

1）文字表达方式。用文字方式表达信息，要注意表达语义的简练性和准确性，避免使用双关语和具有二意性的语句。

2）数字表达方式。用数字方式可以比较准确地表达信息，但是，要注意数字的准确性，同时还要注意不要将大量的、无用的信息与决策者所需要的信息混淆在一起，人为地造成决策困难。

3）图形表达方式。用图形方式表达信息，可以从整体、直观地表达出信息的全貌和发展趋势，使决策者很容易地作出判断。

4）表格表达方式。用表格方式表达信息，可以将具体而详细的数据、总数、平均数等信息罗列出来进行精确的比较。

总之，每种信息表达方式都有各自的特点。例如，图形的准确性较差，一些具体而详细的信息，采用图形方式就很难表达；用表格方式表达信息，虽然能精确表示，但很难表达出数据的变化趋势。因此，应根据管理的需要进行信息表达方式的选择。

2. 信息的传输

信息在传输过程中有两个主要过程：语义过程（信息的表达）和语言的编码过程（快速、准确地传输信息）。

信息传输一般遵守香农模型，如图 1.2 所示。从信息源发出的信息要经过编码器转化为电信号，经过信道发往目的地，再经过译码器进行解码将电信号转换成信息，由接收器接收。由于信道中的噪声干扰可以将正确的信号变成错误的，因此，在信息传输过程中要注意提高传输过程的抗干扰能力。

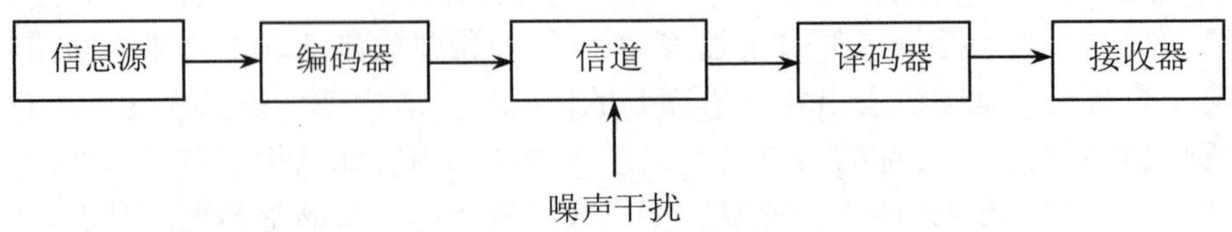

图 1.2　信息传输的香农模型

（1）信道。信道由各种物理元件组成，常用的有人工信道和电子信道两种。人工信道，如人工传递、邮寄等方式构成的信道；电子信道，如电报、电话、传真等用电缆、光缆和微波等电子方式构成的信道。人工信道抗干扰能力差，速度慢；电子信道抗干扰能力强，速度快，是真正的高速通道。

（2）编码和译码。传输信息，首先要对信息进行编码，然后经过信道将编好的代码传输出去；接收者再对收到的编码进行译码，得到该代码所表示的信息。在信息的传输中，通常采用二进制的编码方式。这种编码方式特别适合在电子通信设备中使用。对信息进行编码时，可以使用"校验位"方法，对信息的传输过程进行查错和纠错。

（3）调制解调。调制与解调主要用于计算机与通信设备之间的信号变换，可以防止信息传输过程中的干扰。"调制"就是将计算机中的数字信号转换成电缆中的模拟信号，"解调"就是将电缆中的模拟信号转换成数字信号。

3. 信息的加工处理

一般情况下，收集到的初始信息称为一次信息，往往不能直接用于决策。决策用的信息是对初始信息进行加工处理之后产生的二次信息，又称辅助决策信息。因此，信息的加工处理，在信息管理中是必不可少的重要环节。

在市场经济环境下，信息是瞬息万变的，因此，使用手工方式进行信息的加工处理已经不能适应企业发展的需要。计算机技术的不断发展和应用大大缩短了信息加工的时间，满足了管理者的决策需要，同时也将人们从烦琐的手工处理方式中解放出来。

对信息的加工处理主要用到：数学模型（如预测模型、决策模型和模拟模型等）、软件工具包（如统计软件包、数学软件包、模拟软件包等）和数据仓库技术（如知识库、方法库和模型库等）。

4. 信息的存储

信息存储是指将有用信息保存起来以备将来使用。信息存储的概念要比数据存储的概念广泛。信息存储强调为什么要存储这些信息、用什么介质存放，存储多少时间等，即要解决信息存储的目的、方式，以及对决策的作用等问题。

5. 信息的维护

信息维护是指不断更新数据、维护数据的一致性和完整性，使数据保持可用状态。信息维护的主要目的是保证信息的安全性、完整性和一致性，以便及时、准确地为决策提供所需要的信息。

（1）信息的安全性是指保护信息，防止信息被非法使用。由于信息是重要的资源，并且越来越为人们所重视，现今信息被盗的事件也越来越多，防止信息丢失是信息维护的重要问题。保护信息安全的方法多种多样，一般常用的方法有设置口令、检查用户权限、对数据进行加密等。通过上述方法可实现对信息的安全保护。

（2）信息的完整性是指信息的正确性和相容性，即信息系统应有完整性检查功能，用以保证信息的准确性。例如，输入计算机的信息，系统应对输入的数据，按照规定的约束条件进行完整性检查；经过网络传输的数据，可以采用校验码的方法进行完整性检查；手工处理的数据，应该靠提高处理人员的责任心，采用简单、方便的方法保证数据的正确性。只有保证数据的正确性，才可能为决策者提供正确的信息服务。

（3）信息的一致性是指维护同一信息的内容在任何时候都是一致的。例如，同一信息甲乙同时读取。甲读取进行修改，乙读取进行统计。如果不采取措施就会出现乙统计的数据与实际情况不一致的错误。

在现代社会中，随着生产社会化程度的不断提高和科学技术的飞速发展，信息的数量和信息处理量与日俱增。信息资源的价值和作用也越来越重要，信息资源利用的成功已成为振兴国家、企业的一个关键因素。人们对信息资源的开发利用要比对材料、能源的开发利用复杂，这是因为信息资源一方面是无形财富，对其认识取决于科学技术的发展，另一方面与其他资源相比更需要二次开发，只有对信息资源进行有效的开发，才能发挥其价值和作用。

1.2 信息管理

1.2.1 信息管理的概念

信息管理源于政府的文书管理和企业管理，后又延伸到管理科学领域和文献情报领域。由于信息管理的综合特性和应用领域的错综复杂特征，人们对信息管理的认识存在着学科角度的差异和应用角度的分歧，对信息管理概念的使用也有不同的看法。信息管理概念应从信息管理的对象以及构成要素来定义，从某一学科或应用领域来定义，必然会导致概念的分歧。从信息管理对象来分析，会得出比较一致的意见，因为信息管理的对象是信息资源（包括信息、技术、人员三要素）以及相关的信息活动，它概括了各种定义的核心问题和要素结构，从根本上涵盖了信息管理的系统特征、要素特征和过程特征。

1. 信息管理

简单地说，信息管理是信息人员围绕着信息资源，借助信息技术进行的信息开发与利用的活动。这种阐述没有讲明信息管理概念的内涵，没能反映出信息管理的特征与过程。

信息管理的概念有狭义和广义两层：狭义的信息管理是指对信息本身的管理；广义的信息管理是指个人、组织和社会为了有效地开发和利用信息资源，以现代信息技术为手段，对信息和信息活动进行管理，以及对信息活动涉及的各种因素进行合理的计划、组织、协调和有效的控制，满足企业和组织的信息需求。

这一定义概括了信息管理的三要素（人员、技术、信息），体现了信息管理的两个方面（信息资源和信息活动），反映了管理活动的基本特征（计划、协调和控制等）。

信息活动是指人类社会围绕信息资源的形成、传递和利用而开展的管理活动与服务活动，包括对信息的收集、传输、加工和利用等。信息资源的形成是以信息的产生、记录、收集、评价、传输、存储、处理等阶段为特征，目的是形成可以利用的信息资源。

2. 信息管理的特征

（1）信息管理的系统特征。信息管理是人员、技术、设施、信息、环境等构成的一个信息输入输出系统。系统各部分之间相互联系、相互作用，不断从外部环境收集信息，进行可控性处理，再向环境输出信息，影响环境，维持系统的生存与发展。

（2）信息管理的要素特征。信息管理活动的各组成要素具有独特的作用：信息人员具有主体作用，信息技术具有工具作用，信息内容具有对象作用。信息作为处理对象和产品，是信息管理的核心要素；从信息活动的主体来看，信息人员要素是信息管理的关键要素，在整个信息活动和管理过程中，都要处于人员要素的控制之下；信息技术作为工具要素具有非常重要的作用。信息管理的三要素：信息、人员、技术，三者缺一不可。

（3）信息管理的过程特征。信息管理的过程特征涵盖了信息活动的全过程，包括信息的产生、记录、传播、收集、加工、处理、存储、检索、传递、吸收、分析、选择、评价、利用等，是一个信息生命的周期，是信息资源的形成过程和利用过程，是任何信息管理活动必然要涉及的过程。

3. 信息管理的意义

人类对于信息管理重要性的认识，与企业管理和竞争方式的变化有着密切的关系。自从工业革命以来，人类的资源观就在不断地扩展。企业的竞争焦点从自然资源转向金融资源，而后人力资源又成为企业竞争的制胜法宝。

20 世纪 60 年代以后，信息技术迅速发展，社会信息化的进程不断加快，使信息在人类社会活动中的重要性大大地提高，一种新的资源观——信息资源论——正在逐渐形成。

20 世纪 80 年代以来，随着社会信息意识和社会信息能力的不断增强，人们对信息管理的重视程度越来越高，信息管理的重要性也越来越普遍地被社会认同。充分有效地开发、利用信息资源已成为现代企业获得竞争优势的关键因素，信息管理作为现代企业管理和竞争的核心受到普遍的重视。

现代信息管理的意义主要体现在以下三个方面：

（1）信息管理是对信息资源和信息活动而言。信息管理的目的是控制信息流向，实现信息的效用与价值。信息并不都是资源，要使其成为资源并实现其效用和价值，就必须借助人的智慧和信息技术手段。信息管理是信息生产者、信息、信息技术三要素形成的有机整体，是构成任何一个信息系统的基本要素。

（2）信息管理是管理活动的一种。管理的基本职能是“计划、组织、领导、控制”，这也是信息管理的基本职能，但信息管理的基本职能更有针对性。

（3）信息管理是一种社会活动。信息管理活动具有普遍性和社会性。它涉及广泛，具有全社会群体、个体和国家参与的信息生产、获取、评价、处理和利用。

4. 信息管理涉及的问题

信息管理是一种社会活动，反映了信息管理活动的普遍性和社会性。信息管理具有高技术的特点，涉及的领域广泛，使用的技术和方法复杂多样。信息管理作为一种社会活动，涉及到许多相关问题，主要有观念问题等。

（1）观念问题。信息是组织的战略性资源，是组织赖以生存和发展的智力财产。信息共享应是组织成员的基础，如此，才能对组织拥有的信息资源进行有效管理。

（2）规范问题。信息管理必须具有明确的规范标准，包括信息管理的职责规范、权利与义务规范和信息共享规范等。

（3）业务管理与信息处理问题。信息管理必须把业务活动和信息管理活动结合起来，组织中的业务管理活动必须与信息处理、交流、分析研究结合起来，如此，才能有效地进行信息管理，并带来效率和效益。

（4）优化与集成问题。对信息管理的各种技术和方法必须进行优化和集成，包括信息处理技术、通信技术、网络技术、信息系统设计等的集成与优化。例如，在数字图书馆建设中，就体现了数据库技术、信息处理和通信等技术的集成与优化。

（5）宗旨问题。信息管理必须体现信息增值的目标。必须把提高信息质量、促进信息交流、实现信息效用作为信息管理的根本宗旨。

1.2.2 信息管理的职能

1. 信息管理的社会职能

信息管理的社会职能主要表现在以下三个方面：

（1）开发信息资源，提供信息服务。在人类社会发展的历史中，人们不断地探索改造自然的规律，形成了丰富的信息“沉淀”。正是信息有存储和积累特性，人类文明才得以继往开来，永不停息。

单个信息不会形成资源，也不会自动地创造财富。没有组织的或不经加工的信息不仅不是资源，而且还会严重地妨碍对信息的利用。因此，信息成为资源的必要条件是有效的信息管理，即通过对信息的收集、整理、选择和评价等一系列信息的组织过程，把分散的、无序的信息加工成为系统的、有序的信息流，向人们提供信息服务，发挥信息的效用。

只有经过组织、管理的信息才能成为资源，没有信息管理，信息就不可能成为资源，更不可能进行充分、有效的开发和利用。

（2）合理配置信息资源，满足社会信息需要。信息资源同其他资源一样，也存在着相对稀缺和分布不均等问题。信息资源一般分散在社会的各个领域和各个部门，较难集中，信息资源拥有者与需求者的利益如无合理、有效的机制来协调，信息交流与资源共享就会遇到各种障碍。许多因素导致信息资源拥有者对信息进行垄断，而人们受传统观念的影响，往往要求自由地、无偿地获取信息。

信息管理就是在信息资源的开发者、拥有者、传播者与需求者之间找到利益的平衡点，建立公平合理的信息产品的生产、分配、交换和消费机制，优化信息资源的体系结构，使信息资源能得到最优的分配和最充分的利用，最大限度地满足全社会的信息需要。

（3）推动信息产业的发展，促进社会信息化水平的提高。随着信息技术的快速发展、信息活动规模的不断扩大，社会信息表现越来越复杂，信息环境问题也越来越突出。因此，人们对信息管理提出了越来越高的要求，使信息管理演化成为一项独立的社会事业，成为信息产业的一个重要组成部分。

信息管理在制订信息产业的发展战略，贯彻实施信息产业的相关法规、政策和调整信息产业发展的过程中，将发挥越来越重要的作用。信息产业的蓬勃发展为社会信息化水平的不断提高打下了坚实的基础。

2. 信息管理的管理职能

信息管理与传统管理相似，遵守管理的一般规律，具有计划、组织、领导、控制等基本的管理职能。信息管理是对信息和信息活动的管理，具有自己的特点。信息系统是信息管理的重要方法和手段。因此，信息管理的职能又具有其特殊性和具体的内容。

（1）信息管理的计划职能。信息管理的计划职能贯穿于整个信息生命周期和信息活动的管理过程。它是指通过调查研究，根据战略规划确定信息管理的总体目标，并制订出信息管理计划，把确定的总体目标转化为全体组织成员在一定时期内的行动指南。

信息管理计划包括信息资源计划和信息系统建设计划两类。

1）信息资源计划是信息管理的主要计划，包括信息资源管理的战略规划和常规计划。信息资源管理的战略规划是信息管理的行动纲领，明确规定信息管理的目标、方法和原则；常规计划是信息管理的日常计划，包括信息的收集、加工、存储、利用和维护等计划，是对信息资源战略规划的具体落实。

2）信息系统建设计划是信息管理中非常重要的专项计划，是关于信息系统建设行动的纲领性文件。它包括信息系统建设的工作范围，对人、财、物以及信息等资源的需求，信息系统建设成本的估算，工作进度的安排和专项计划等。信息系统建设计划中的专项计划，是在信息系统建设过程中，为确保重要工作细节能够顺利完成、保证工作质量而制订的，包括质量保证、设施管理、测试、培训、信息准备和系统切换等计划。

（2）信息管理的组织职能。信息管理的组织职能包括信息系统的开发、运行维护、信息资源的管理和提高信息服务水平等。研究如何提高信息管理的组织有效性，即通过对信息管理的组织改革，使信息管理组织能高效地实现信息系统的开发、运行和维护，更有效地向信息资源的使用者提供信息、技术支持和培训服务等，使信息管理组织能以较低的成本满足相关者的要求，实现信息管理的组织目标。

在信息管理组织中，有许多利益相关者，他们可以是组织内部的各个部门，或是组织外部有利益关系的企业和个人。每个利益相关者对信息管理的组织要求是不同的，他们在组织中追求不同的利益。对企业来说信息管理组织的利益相关者包括企业的股东、信息管理的组织者、企业管理者、组织内信息用户、政府部门、债权人、供应商和客户等。他们要求信息管理组织能快速地提供相关的组织信息，对信息管理组织有不同的评价标准。企业的股东注重信息管理组织的财务收益；组织内部的成员希望有较好的工资待遇；债权人、供应商希望有可靠的信用与合理的利润；企业管理者与内部信息用户希望信息管理组织能提供好的信息服务，方便地使用信息系统为其决策提供良好的依据；政府部门希望信息管理组织能遵纪守法，提供真实可靠的组织信息；客户希望信息管理组织能提供关于产品和服务等方面的真实可靠的信息，以获得相应的实惠。

（3）信息管理的领导职能。信息管理的领导职能是指领导者对信息管理组织内所有成员的行为进行指导和施加影响，使各个成员能够自觉地为实现信息管理组织的目标做出贡献。其主要作用就是要使信息管理组织中的成员能更有效、更协调地工作，发挥各自的潜力，为信息管理组织做出自己的奉献。信息管理的领导职能不是独立的，它贯穿于信息管理的全过程，贯穿在信息管理的计划、组织和控制等职能之中。

信息管理的领导职能主要包括参与高层管理决策，为高层决策提供解决全局性问题的信息和建议；负责制定各种信息政策和信息标准，如信息分类标准、代码设计标准、数据库设计标准等，使信息资源的开发、利用策略与管理策略一致；负责开发管理信息系统，对于已经建立信息系统的组织，领导者应负责领导信息系统的使用、维护和管理等工作，对于未建立信息系统的组织，领导者必须负责组织制定信息系统建设战略规划、决定信息系统开发的方式、推广信息系统的应用，信息系统运行后的维护与管理等；负责协调和监督组织内部各部门的信息工作；负责收集、管理和提供组织的内、外部信息和预测信息等。

（4）信息管理的控制职能。信息管理的控制职能是指为了保证信息管理的目标、计划能够顺利实现，信息管理者根据既定标准，对信息工作进行衡量、测评，在出现偏差时及时进行纠正；或者，在信息管理计划的执行过程中，根据实际情况对原计划进行修正和调整。对信息管理的控制分为两类：一类是纠正实际工作中的误差，以减小实际工作结果与原有计划的偏差，保证计划的顺利实施；另一类是纠正既定的目标、计划，使之适应组织内外环境的变化，达到实际工作的结果与确定的目标和计划一致。

信息管理的控制工作是信息管理者的职责。虽然，实施控制主要是上层和中层管理者的职责，但是，基层管理者所负责的控制责任也是必不可少的，只是范围各不相同。各层管理者都负有执行计划、实施控制的职责。因此，所有信息管理者包括基层管理者、中层管理者和高层管理者，都必须承担实施控制工作的职责，尤其是协调和监督各部门的信息工作，保证信息获取的质量和利用的程度。

1.2.3 信息管理的原则

原则，是人们观察事务、处理事务的准绳。在信息管理的过程中，管理者必须用相同的准绳观察和处理遇到的问题，才能得到满意的管理效果。信息管理的原则就是在信息管理活动中应当遵守的原则，主要有五项原则，每项原则又包含若干具体的原则。

1. *系统原则*

信息管理的系统原则是以系统的观点和方法，从整体、时空和全局来认识管理客体，从而获得满意的管理结果。

信息管理之所以要遵循系统原则，是因为：第一，管理客体是一个系统，并且是另一个大系统的组成部分；第二，系统是信息流的通道，是信息功能实现的基础，要有效地管理信息资源和信息活动，就必须对信息通道进行管理；第三，系统是信息管理的重要工具，信息管理的最终目的是要通过系统去实现的。

系统原则由整体性、历时性和满意化三个基本原则组成。

（1）整体性原则。整体性原则是最重要的原则，它要求把管理客体作为有机整体来对待。系统的特征之一就是整体性，要认识系统、管理系统，必须把系统作为整体对待，按整体规律来解决系统遇到的问题。而系统的整体性质和规律，取决于各个组成部分之间的相互联系和相互作用，孤立地研究每个组成部分的性质和规律，不可能揭示系统的整体特性。

在实际信息管理工作中，如果没有整体观念，把信息管理的客体分成若干部分，分别加以考察后再机械地叠加起来得出结论，这就违背了系统的整体性原则，使信息管理工作失败。

例如，我国历史上战国时期著名的田忌赛马，就是一例典型的系统整体性原则的体现。战国时期（约公元前350年），齐国的齐威王与大将军田忌年年要赛马。双方约定如下。

- 双方分别从各自的上、中、下三个等级的马中各选出一匹马。
- 每匹马都得参加比赛，而且只参加一次。
- 每一次比赛各出一匹马，一共比赛三次。
- 每次比赛后，负者要付给胜者千金。

当时的情况是：这三种不同等级的马，齐威王的马都比田忌的马强。因此，田忌大将军是屡赛屡败，每年都要输掉三千金。这一年，齐威王与田忌大将军又要赛马了，此时，田忌大将军麾下有个军师名字叫孙膑。孙膑给田忌出的计策是：用下等马对齐威王的上等马，用中等马对齐威王的下等马，用上等马对齐威王的中等马。田忌依计而行，最终比赛结果是田忌二胜一负战胜齐威王得千金。

现代信息技术的应用也是如此。例如，在管理信息系统的建设过程中，只重视系统的硬件和软件建设，不注重将落后的组织形式进行重组，不注重管理开发的全过程等，致使已开的管理信息系统，有 80%是失败的或有问题的系统。从信息管理的角度来看，就是没有把管理信息系统的开发看成是一个整体，将系统开发的各个部分割裂开来对待的结果。

（2）历时性原则。历时性原则是在信息管理中，要求注重信息管理客体的产生、变化和发展趋势的全过程。即把客体当作一个随时间推移而变化的系统来研究，从客体形成的过程中探索规律、认识客体，是从时间方面认识系统的整体性特征，是整体性原则的体现。

（3）满意化原则。满意化原则是对管理客体进行优化处理，要求从整体的观念出发，调整整体与局部的关系，拟定可供选择的多个调整方案，根据本系统的需要达到的目标和实际条件，选择满意度最高的方案。

实践证明，一个系统局部最优，不等于整体最优；局部不是最优，其构成的整体有可能是最优的。最优的方案有时并不是最满意的方案。决定信息管理工作成败的因素很多，某一方案从这一角度来看，可能最优；从另一角度来看，可能就不是最优了。有的方案从理论上看，可能最优，可是缺少可操作性，无法实施，也就不能选择；或者方案虽然最优，但成本投入太大，也是不值得选择的方案，等等。所以，在实际工作中，只能是权衡利弊，统筹全局，兼顾各方，选择满意度最好的方案。

2. 整序原则

整序就是对所获得的信息按照特征（“关键字”）进行排序。信息管理的整序原则是信息管理中非常重要的原则，关系到能否在海量信息中快速找到所需信息的问题。遵守整序原则的原因有以下三个方面：

（1）在信息管理工作中的信息量极大，不对信息排序，在进行所需信息的查找时，查找非常困难，速度会非常慢，甚至找不到。

（2）未整序的信息只能反映单条信息的内容，不能反映信息的整体在某一方面的特征。整序后的信息按特征排列，在此特征下信息的总体内涵和外延非常明显，也便于发现信息的冗余和漏缺。对于检索和利用将是十分方便的。

（3）同样的一组信息，按照不同的特征进行排序，所得到的序列也不相同。管理者可以根据自己的需要选择信息的特征进行整序，从而得到所需要的信息序列。

例如，职工登记表是由一组“职工编号、姓名、性别、年龄、基本工资、籍贯”等构成的信息，每个职工按其录用先后进行登记。原始的职工登记数据是按一种无规律的自然顺序排列，每人一条记录。如果记录很多（如数千人），欲查找某人的记录将非常困难，速度非常慢，不采用特定技术甚至连计算机也难查找。如果按某一特征（如编号、姓名等）对职工登记表进行排序，就可以非常方便地查到指定的信息。

3. 激活原则

信息管理的激活原则是对所获得的信息进行分析、转换使其活化，为管理者提供良好的信息服务。信息并不都是资源，未经激活的信息没有任何用处，只有被激活之后信息才会产生功效，使用激活原则可以使信息变为资源为管理者服务。例如，信息咨询（企业）就是专门为用户进行信息“激活”服务的。信息激活能力是衡量管理者信息管理能力的核心，管理者应该学会自己激活信息的方法。

4. 共享原则

信息管理的共享原则是在信息管理活动中为获得信息潜在价值，力求最大限度地利用信息的管理思想。由于“共享”是信息的基本特性，不仅组织和个人需要信息共享，社会也需要信息共享。“共享”是信息发挥其潜在价值的基本表现。

5. 搜索原则

信息管理的搜索原则就是管理者在管理过程中千方百计地搜寻有用信息的管理思想。在信息管理中所谓“搜索”就是查找有用信息，信息管理者应该具有强烈的搜索意识、明确的搜索范围和有效的搜索方法。搜索意识对于信息管理者是非常重要的，是管理者及时、有效地获取信息的前提。对于管理者要能够时时、处处都有一种强烈的搜索欲望和搜索动机，这就是搜索意识，是非常重要的信息管理意识。

1.3 信息的组织管理

由于现代技术的发展，特别是随着因特网的迅速普及和飞速发展，信息的产生和传播空前便捷，从而导致信息的海量增长和质量的参差不齐。这就给我们提出了两个尖锐的对立问题：一是信息的海量性、无限性与人的精力、时间的有限性的对立问题；二是信息的无序性、真实性与人们使用信息的选择性的对立问题。解决这两个对立问题的根本方法是对信息进行组织。

1.3.1 信息组织的定义

对收集到的信息需要进行选择，经过描述、加工、序化、存储等，揭示信息的内涵才能形成显式的信息资源供人们使用，这个过程就是对信息进行组织的过程，是信息资源开发与管理的一个重要内容。

所谓信息组织，就是信息资源的组织，是根据信息检索的需要，以各种类型的信息资源为对象，通过对信息内容的分析、选择和处理，使信息成为有序化集合的过程。

1.3.2 信息组织的内容

对信息进行组织，就是利用一定的方法和技术对信息的内、外部特性进行揭示和描述，并按一定的规则进行重新组织排列，使信息从无序的集合转变为有序的集合，进而转化为资源的过程。

信息的外部特征主要由信息载体直接反映，如信息载体的物理形态、信息名称、作者、出版或发表日期、流通或传播方式等；信息的内部特征主要由关键词、主题词或者其他的知识元素表达，对信息进行组织就是对这些描述信息内、外部特征的元素进行重新整合。信息组织是信息活动的必然要求，未经组织的信息处于自然的无序状态，无法有效地利用。

对信息进行组织是信息管理与开发的必需准备工作，是信息采集之后进行的首要工作。广义的信息组织包括信息的选择、描述、加工、序化、存储。狭义的信息组织就是对信息的有序化。

1. 信息选择

信息选择就是从采集到的、处于无序状态的信息中识别出有用的信息，剔除无用的信息，它是整个信息组织过程的第一步。信息选择就是对信息进行分析，是按照一定的逻辑关系从语义、语用和语法上对信息的内、外部特征进行细化、加工整理并归类的活动。它是信息描述的基础，直接影响着信息组织的质量。

2. 信息描述

信息描述是根据信息检索的需要，对信息的内容、形式特征、物质形态等进行记录的活动。信息描述分为两种类型：著录和标引。前者，主要描述信息的形式特征；后者，主要描述信息的内容特征。信息描述在信息组织中起着至关重要的作用。

3. 信息加工

信息加工是根据用户的要求，通过对信息的筛选、分析、整理和揭示，在原信息的基础上再生新信息的过程。信息加工与信息描述的主要区别如下：

（1）信息描述侧重描述信息，而信息加工是在原始信息的基础上，创造出价值更高、更方便用户使用的新信息。信息的加工过程将使信息增值。

（2）两者使用的工具不同：信息描述用专门的标准来规范具体的描述过程，有特定的语言工具来分析描述的信息；信息加工没有专门的标准和特定的工具，主要是靠信息加工者自身的工作经验和专业素质。

（3）两者的目的不同：信息描述的目的是为信息检索服务，而信息加工是为满足用户的信息需求。这两者没有本质的差别，信息描述的结果（如著录、标引等）也可以作为信息加工的初级产品。信息加工在信息组织的过程中是一个重要的环节。

4. 信息序化

信息序化是指事物的结构要素之间的相互关系以及这种关系在时间和空间中的表现。当事物结构要素具有某种约束性，并且，在时间序列和空间序列呈现某种规律性时，这一事物就处于有序状态；反之，则处于无序状态。

对信息进行描述揭示和加工之后，就形成了零散的、相关性较差的新的信息，要对这些（包括新的和原始的）信息进行有效的利用，还必须将这些信息按照一定的规则和方法进行组织整理，形成序化的信息资源。这个过程就称为“信息序化”。信息序化的方法很多，如分类法、主题法、目录法和索引法等。信息序化在信息组织中是核心的内容。

5. 信息存储

信息存储是将经过选择、描述、加工、序化后的信息按照一定的要求与形式存储在指定的载体中的信息活动过程。信息存储的目的是便于信息管理者和信息使用者快速准确地识别和检索信息。信息存储有以下两种形式：

（1）非数字化信息，主要是以各种文献信息检索工具的形式存储，如《全国总书目》《全国报刊索引》等。

（2）数字化信息，主要是以各种数据库联机检索工具、光盘检索工具、因特网检索工具等形式存储。

1.3.3 信息组织的特性

信息组织使信息呈现有序状态，它不能增加或减少特定的信息量。但是，信息的组织可以使信息在特定的集合之中的不确定状态减少到最低限度，使信息资源的密度与强度增大，为信息资源的开发、利用和管理创造良好的条件。信息组织具有以下三个方面的特性。

1. 信息组织的渗透性

信息组织的渗透性是指信息组织存在于各种信息处理活动之中。例如，在信息加工和检索过程中，要涉及代码的引用、检索需求的描述等组织问题。

2. 信息组织的依附性

信息组织的依附性是指信息组织不能独立存在，要以信息的选择、描述、加工、序化等活动为前提。信息组织方法的实施与具体的信息选择、描述、加工、序化、存储和开发利用过程相关，同时还与各种信息载体形式密切相关。例如，要研究信息系统的组织问题，就要研究该系统中的信息记录格式、分类代码表示方式和信息标引工具以及其他一些相关的组织规范。

3. 信息组织的增效性

信息组织的增效性是指信息组织可以增加信息检索、存储和开发利用的效率，是信息资源开发和管理的基础。即信息组织所达到的水平，直接影响信息开发和管理的效果。

1.3.4 信息组织的基本方法

信息是事物运动状态和方式的表示，而任何事物运动的状态、方式都具有形式、内容和效用三个基本方面。根据这三个方面，信息又分为语法信息、语义信息和语用信息，对这三种信息进行组织的方法也各不相同，有语法信息组织方法、语义信息组织方法和语用信息组织方法三种。

1. 语法信息组织方法

语法信息组织方法中的“语法”是从语言学中借用来的，是要按照形式特征来组织信息的。常用的语法信息组织方法有四种：

（1）字顺组织法。字顺组织方法是一种历史最悠久、使用最广泛的信息组织方法，它从字、词角度集约有关信息，满足人们对信息检索的要求。具体操作又有音序法、形序法等形式。

（2）代码法。用代码集约有关信息，既易于接受又便于管理，所以随着信息总量的激增和信息的多样化，这种方法也日益突显其重要性。代码种类很多，有专利代码、商品代码等。

（3）地序组织法。地序组织法是研究有关地域方面信息的组织方法，有文字法和图文法两种，是科学研究的重要内容。

（4）时序组织法。时序组织法是研究与历史相关的信息的组织方法，一般是按照历史时间顺序进行组织的。

2. 语义信息组织方法

语义信息组织方法中的“语义”是从语义学中借用来的，具有研究语言符号与它们所代表的对象之间的相关联的意思。语义信息组织法是研究信息的内容特性进而对信息进行描述的方法。常用的语义信息组织法有以下两种：

（1）分类组织法。分类组织法的分类对象有三种：实物（如商品）、概念（如知识）和概念与实物的结合体（如文献）。与之对应的有三大类分类方法：知识分类法、文献分类法和实物分类法。知识分类法是人类认识客观世界的科学方法，对其他两种分类方法有着指导意义。文献分类法是以知识分类为基础，同时考虑到文献的实体属性和信息利用的实际需要。实物分类法具有行业特性和效用原则。

（2）主题组织法。这种方法是字顺法在语义信息组织法中的特殊应用，它既采用了字顺法的直截了当、便于检索的优点，又兼顾了相同内容聚集的特点，是直接获取信息的有效方法。

3. 语用信息组织方法

语用信息组织法是借助语用学的特有方法，来研究随着环境与使用者的不同信息随之不断变化的规则。常见的语用信息组织方法有以下两种：

（1）权重值组织法。权重值组织法是按照信息资源的重要性来组织信息的。例如，报纸在排版时，总是把最重要的信息放在最显著的位置。

（2）概率组织法。概率组织法是对未知信息进行组织的方法。例如，预测体育活动胜负、期货贸易的变化趋势和股价涨落等。

1.4　信息管理的现代科学基础

1.4.1　信息科学基础

信息是一种普遍存在的客观事物的反映。信息现象普遍存在于自然界、人类社会和人类思维的过程中，广泛作用于人类学习、工作和生活的各个方面。随着科学技术的飞速发展，信息的内容越来越复杂，涉及面越来越广泛。因此，对信息本质的探讨、信息管理与控制的研究越来越被人们所重视。人们要求有更一般的理论和更准确的方法，对错综复杂的信息现象进行本质的研究，提出了有关信息科学的问题，促进了信息科学的形成与发展。为人类更好地认识信息现象、充分有效地开发信息资源提供了科学的理论方法。

1. 信息科学的产生

20 世纪 40 年代后期诞生的信息论，仅限于研究通信领域的信息问题，经过众多学者一二十年的开拓性研究，逐渐形成了一门相当完整的科学理论。特别是现代科学技术的相互渗透，彼此交叉、综合，整体化趋势日益增强，信息论与自然科学（如控制论、系统论以及生物学、人体科学、心理学等）和社会科学（如社会学、经济学、管理学等）相互联系又相互作用，使得信息论的一些基本概念、理论和方法，由通信领域迅速扩展到更广泛的科学领域。

人们对信息的规律进行了大量的研究，并将研究成果广泛地运用于自然科学（如物理学、地质学、地理学、生物学、生理学）和社会科学（如社会学、心理学、经济学、历史学、管理学）等学科领域，拓宽了信息论的研究方向，使得人类对信息现象的认识与揭示不断丰富和完善。20 世纪 70 年代以后，人们从不同的角度对信息现象进一步的研究，使信息论向多学科渗透，形成了一门具有多学科交叉特点的综合性新学科——信息科学。信息科学是研究信息的产生、获取、选择、描述、加工、传输、存储、识别和利用的学科。

现代科学技术的飞速发展，社会实践和政策导向为信息科学的研究提供了必需的条件，信息科学的产生是社会信息化大趋势所致，是人类社会由工业社会走向信息时代的必然产物。

2. 信息科学的研究对象

信息科学以信息为研究对象，研究信息的运动规律和应用方法，研究的目的是扩展人类的信息功能。

研究对象是信息科学与传统科学进行区别的最基本的特征，信息科学以信息为基本研究对象，而传统科学都是以物质和能源为研究对象的。信息既不同于物质，也不同于能源，但又与物质和能量存在着相互联系和相互作用。因此，在进行信息研究时，应当注意信息与物质、能量的区别与联系，从其交互作用的过程中来揭示信息的本质。

信息科学所特有的研究对象就决定了它必然要有全新的研究内容——研究信息活动的规律及应用方法。信息活动过程模型如图 1.3 所示。

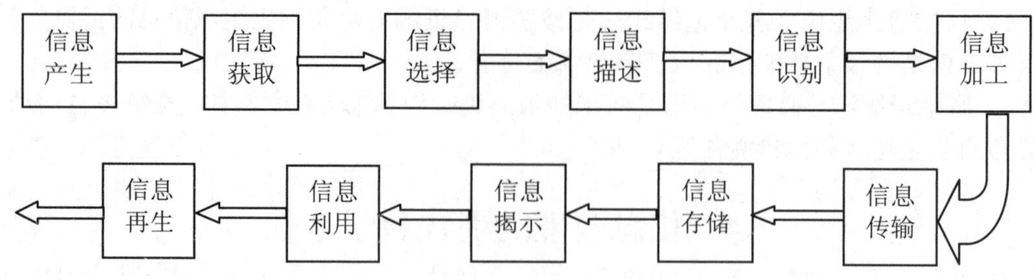

图 1.3 信息活动过程模型

3. 信息科学的研究内容

信息科学的研究内容主要有以下五个方面：

（1）探讨信息的本质，创建信息科学的基本理论。

（2）建立信息的度量方法，包括语法信息、语义信息和语用信息的度量方法。

（3）研究信息活动的规律，包括信息的产生、选择、识别、传输、存储、检索、加工、再生等过程的原理和方法。

（4）探索利用信息进行有效控制的手段和开发利用信息资源实现系统优化的方法。

（5）寻找通过加工信息来生成智能、发展智能的具体方法。

这些内容既包括了信息科学的基础理论（如信息论、控制论、系统论、协同论、人工智能、认知科学和思维科学等），又概括了信息科学的基本方法（如信息的表述方法、组织方法和分析方法）和信息研究技术（如信息的感测技术、传递技术、处理技术和控制技术等）。

信息科学的研究内容与人类认识世界和改造世界的过程是密不可分的，人类认识世界、改造世界的过程，就是不断从外界获取信息进行加工、处理，并对特定的对象实施控制和组织的过程。由此可知，信息科学就是认识信息和利用信息的科学。

4. 信息科学的研究方法

作为一门新兴的科学，信息科学不仅有自己的研究对象、全新的研究内容和明确的研究目的，而且还具有特殊的研究方法，即以信息方法为核心的信息科学方法体系。这个体系主要包括一个方法、两个准则：方法是信息方法，准则为功能准则和整体准则。其中信息方法是核心，功能准则和整体准则是保证信息方法能够正确实施的必不可少的法则。信息方法与两个准则交互作用，形成了一个完整的信息科学方法体系。

（1）信息方法。信息方法就是运用信息的观点，把研究对象的活动过程看作是信息传递和加工处理的过程，通过对信息流程的分析和处理，得出研究对象活动规律的认识方法。信息方法的特点是用信息概念作为分析和处理问题的基础，忽略研究对象的具体结构和活动形态，把研究对象有目的性的运动抽象为一个信息变换过程，如图 1.4 所示。正是由于反馈信息的存在，才能控制研究对象按照既定的目标进行运动。

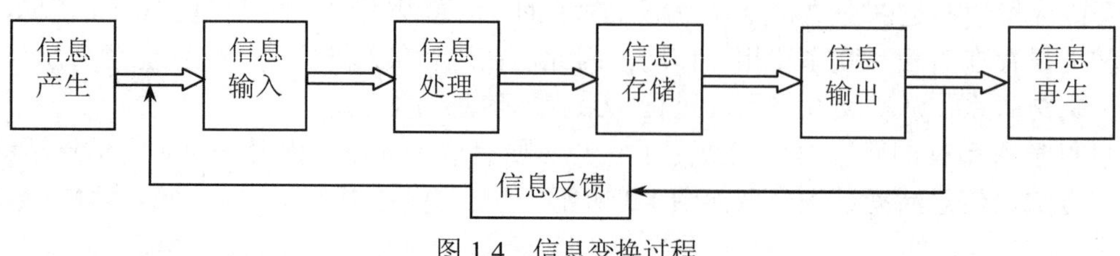

图 1.4 信息变换过程

（2）功能准则。信息方法的功能准则是指在运用信息方法研究信息对象的活动过程时，不需要了解信息对象的具体结构如何，而是对其信息流程进行分析，着眼于该对象的活动形态与环境交互作用过程中的动态反应，从而获得有关对象的整体知识。

（3）整体准则。信息方法的整体准则是指信息方法着眼于信息对象间的联系，从整体出发用动态的、全面的、转化的方法研究信息对象，综合分析信息对象的活动全过程。

现在，信息方法不仅作为信息科学的核心在起作用，而且也作为研究现代科学技术和社会经济领域中复杂事务的有效手段，这对于揭示事务之间的联系、提高决策科学化和管理现代化的水平具有重大的意义。

5. 信息方法在现代社会中的作用

信息方法在现代社会中的作用，体现在以下三个方面：

（1）信息方法揭示了人类与其他事物之间的信息联系。客观世界中存在着多种多样的复杂系统，如计算机系统、动植物系统、管理决策系统等，使用信息方法去考察这些系统，都可以视为信息系统。它们都存在着信息的接收、传递、处理、存储和利用的转化过程，从中可以发现，这些系统之间有着某些共同的信息联系方式，都是信息变化的系统。

例如，人脑与计算机是两种截然不同的物质存在形式（一个是有机的生命，另一个是无机的电子机器），如果用信息方法去研究，就会发现两者间有着千丝万缕的对应关系和相同的本质：人脑是由千万个神经元组成，有兴奋和抑制两种状态，而计算机是由数千万电子元件组成，有导通和中断两种状态；人脑用生物脉冲传递与处理获得的各种信号，而计算机用电脉冲进行信号的处理工作；人脑是由神经元组成的网络进行工作，而计算机是由各种总线结构组成网络进行工作。由于它们有着诸多的共同特征，因此可以忽略它们的在存在形式的差异，对其内部运动过程进行抽象，得出信息变换的一般过程，为利用机器模拟和替代人脑的功能提供科学依据。

（2）信息方法可以揭示事物运动的新规律。随着信息科学研究的深入和其在其他领域的应用，人们可以用信息方法对某些学科给出新的解释。例如，数学中的计算理论和统计误差分析可以作为信息的输入、处理和输出的过程；物理学中电、磁、声、光等的运动规律都可以运用信息方法进行研究；化学中的分子结构、化合物合成规律等，也可以用信息方法对其进行研究。

（3）信息方法为科学技术、生产经营管理等提供了现代化的手段。在自然系统、社会系统或思维系统中都含有共同的特性——信息，“信息”反映了不同系统的同一性。这些系统的内部都存在着信息流的运动，特别是反馈信息的存在，系统才能按预定的目标实现控制，维持正常而有序的运动。例如，在社会管理活动中存在着人流、财流、物流、信息流等，其中信息流起着支配作用，控制人流、财流、物流的方向、数量、速度和目标，使它们做有规则的运动。自然系统、社会系统都是由许多子系统组成的，因此，必须具有高效率的信息功能对系统的内部和外部信息进行完整收集、迅速传递、正确处理、有效利用，保证信息流的畅通无阻，才能使管理工作达到最佳效果。

1.4.2 管理科学基础

管理是通过一系列（如决策、计划、组织、领导、激励和控制等）职能活动，合理运用各种资源，达到既定的目标。从信息科学的角度看，管理过程实质上是信息沟通的过程，信息是管理的基本手段，是使各项管理职能能够发挥作用的重要前提。从管理本质上说，管理就是通过信息进行协调，协调系统的内部资源、外部环境与既定目标的关系，发挥系统的各项功能。因此，管理水平与管理过程中使用的信息流的质量以及信息利用水平，有着密切的关系。

管理人员是负责一个组织或者组织的一个下属单位的人，被授予一定的职权和地位，这种地位产生了各种人际关系（包括与下属、同阶层管理者、上层管理者之间的关系）。管理人员之间相互提供信息以便作出决策，其基本任务是创造和维护一种组织环境，使身处其中的人能够在组织内部进行工作协调，快速、有效地完成组织的任务。

1. 管理人员

对于管理人员来说，信息管理是非常重要的，是管理的基础。信息沟通在日常管理中起着极其重要的作用，管理者的每一项决策都是以信息为基础的。管理人员在与上下级、顾客、供应商进行交往时，主要是通过信息进行沟通的。

2. 现代管理的科学基础

管理是一种复杂的社会活动，涉及的面非常广泛，如观念、目标、组织、人员、信息、资金、技术、物资、时间、环境等基本要素。现代管理科学就是研究如何正确、有效地处理基本管理要素及其相互关系，达到高效、低耗、可靠地输出等基本管理目标。人们在长期的管理实践中，总结出了许多客观地反映管理过程中的规律性的原理，这些原理对于分析、解决管理中遇到的各种问题具有普遍的指导意义。

（1）系统原理。系统原理是运用系统论的思想，从组织整体的系统性出发，按照系统特征的要求，对管理活动进行系统优化，实现最佳管理的理论。它不仅从观念上给管理人员提供了一种正确的思维逻辑，即如何处理经常遇到的组织整体管理问题和局部与整体的关系问题，而且还为管理人员建立分工与合作相统一的组织体系提供了理论基础。

（2）整分合原理。整分合原理是指在整体规划下进行明确的分工，在分工基础上进行有效的综合。它是建立现代高效管理的基础。整分合原理有三层意义：

1）整体最优是高效管理的前提。管理人员必须具备整体观念，从整体出发进行全面规划和统筹安排，管理活动应服从实现整体最优目标的要求。

2）合理分工是高效管理的关键。要实现整体最优的目标，管理人员必须有明确的分工。明确的分工可以使系统整体处于有序状态，提高系统的运行效率。现代社会的分工越来越细，专业化程度越来越高，是经济和社会高速发展的必然结果。现代社会分工的类型主要有以下四种：

- 按社会功能进行专业化功能分工。
- 按自然资源进行专业化区域分工。
- 按产品生产过程及其构成进行专业化生产分工。
- 按组织职能和作业程序进行专业化作业分工。

3）综合协调是实现管理目标的保证。分工可以提高效率，同时也带来许多问题，容易造成时间、空间、数量和质量等方面的脱节。分工越细越需要进行协调，使各方面的活动保持合理的比例，这样才能保证整体最优目标的实现。

（3）反馈原理。反馈原理是利用信息反馈来控制系统的运行，以实现管理的目标。反馈就是管理系统把指令传送出去后，又把其作用结果返送回来，并据此对输出指令进行调整，起到控制管理对象的作用，达到预定的目标。

管理是否有效关键在于是否有灵敏、准确、有效的反馈，它们是检验一个管理系统是否具有生命力的重要标准。

1）灵敏是指要有灵敏的信息感受器，能够及时发现管理与实际之间的偏差。

2）准确是指要有高性能的信息传递与分析系统，能够可靠地传送、过滤和加工客观信息。

3）有效是指必须把经过分析的信息作为控制系统的行动，修正原来的管理行为，使之更符合客观实际变化，获得更大的效益。

（4）相对封闭原理。相对封闭原理是指一个组织的管理系统，其管理过程和手段必须形成相对封闭的回路，才能保证信息反馈，形成有效的管理活动。管理组织是一个相对独立的封闭回路，这种封闭是随着时间的流逝而变化的，有效的管理要求在反馈中动态地进行封闭。

（5）能级原理。管理的能级原理是指根据组织机构职能范围的大小、政策制度影响力的大小、管理人员才能的大小来划分等级，并按照能级对应的原则组合成管理系统的不同层次，使管理系统处于有序状态，管理的能量得以充分的发挥。所谓能级就是能量分级，是指组织机构的职能、政策制度的效能以及管理者的才能。

能级原理在具体的管理实践中体现在三个方面：

1）根据能级原理建立具有稳定形态的管理组织系统。稳定的管理系统，其能级结构应该是正三角形结构，是建立在宽厚的基础之上。倒三角形、菱形等结构是不稳定状态。梯形结构看似稳态，但实质上可分解为许多三角形，其中必然含有倒三角形这样的不稳态，所以其效率必然较低。

管理三角形分为三个层次。最高层是经营决策层，确定经营的大政方针，其基本任务就是决定系统经营的模式；第二层是管理监督层，运用各种管理技术和方法来实现经营战略；第三层是操作执行层，贯彻、执行管理指令，直接调动和组织人、财、物以及信息等资源完成各项具体任务。这三个层次不仅使命不同，而且标志着三大能级差异，不可混淆。

2）按照能级对应原则对处于不同层次的管理组织、管理岗位和管理人员分别授权，使授权与能级相对应，责、权、利对等。不同能级应对应不同的权利、责任、物质利益和精神荣誉。这不仅因为它们本身是能量的一种外在体现，而且还因为只有与能级相对应，才符合封闭原理。

3）管理人员的能级必须与管理岗位相对应。各管理岗位有不同的能级，人有各种不同的才能。管理的基本原则之一就是使管理人员比他的下属具有更大的才能，使人才处于相应能级的岗位上，即人尽其才。这样管理体制才能形成稳态，才能持续而高效地运转。无论是管理组织还是个人的能级都不是一成不变的，应根据能级的变化适时进行层次调整，以增大管理系统的能量。

（6）弹性原理。弹性原理是指管理必须保持充分的弹性，以适应管理对象和环境系统的各种变化，实现灵活的管理。管理是一个多因素问题，包括多种对象和复杂的过程，内、外因素相互联系、相互制约，任何管理者要完全掌握所有的因素都是不可能的，即百分之百地反映客观规律的管理是不存在的。

人们对客观事物的认识是不断深入的，因此，管理必须留有余地，保持弹性。管理的弹性有以下两类：

1）局部弹性。管理必须在一系列管理环节中保持可以调节的弹性，特别是关键环节上要有足够的调节余地。

2）整体弹性。是局部弹性的综合。每个层次的管理系统都有整体弹性，它标志着系统的可塑性和适应能力。

弹性原理的应用很广，例如，计划管理的弹性，要求计划指标要有区间幅度（上、下限），计划方案要有几套，要有各种应急方案等。管理弹性是管理活力和应变能力的标志，能充分发挥人的智慧，在关键的环节保持可调性。

（7）动力原理。动力原理是指管理的动力不仅是管理的资源，而且是一种制约因素，对管理的各个方面都有很大影响。管理是一个持续的活动过程，只有正确地运用动力才能持续有效地运转。

在管理活动中有三种各不相同又相互联系的动力。

1）物质动力。物质动力包括对个人的物质刺激和对组织的经济效益两个方面。经济效益是检验管理实践的重要标准，经济效益要求与投入产出系统有关的各方，把对组织的贡献与从组织得到的物质利益紧密结合起来，形成有效的物质动力。

2）精神动力。精神是组织及其成员的道德、信念、理想、荣誉感、责任感和使命感等精神方面的追求所形成的管理动力，对人和组织的活动起着巨大的推动作用。精神动力不仅可以弥补物质动力的不足，而且在特定情况下还会成为决定性的动力。

3）信息动力。信息是组织管理的基础。从管理的角度看，信息作为一种动力，具有超越物质和精神的相对独立性，对组织的各项管理活动起着直接的、全面的推动作用。要注重信息的特性和运动规律，善于运用信息动力进行有序的管理。

这三种动力在管理活动中将同时存在，并随着环境、条件的改变而变化。管理就是要及时洞察和掌握这种差异和变化，把这三种动力有机地结合起来，综合地进行运用。

在运用动力原理时，还必须注意正确认识和处理个体动力与群体动力的辩证关系，准确地掌握动力的“刺激量”和“刺激强度”，才能使管理动力得到最大的发挥。

1.4.3 计算机科学基础

1. 计算机技术的发展

自有史以来人类对计算工具的发明就没有停止过，从结绳计数到中国人发明了珠算工具——算盘，标志着人类文明进入了一个新时代。到了 1617 年人类发明了计算尺，紧接着 1642 年法国人发明了机械计算机，这标志着人类的计算工具开始向自动化进军。1822 年英国人发明了专门用于多项式计算的工具——分析机，1944 年美国人研制出一种继电器式计算机。这些成就都是人们努力追求完美的计算工具的结果。

1946 年 2 月 15 日，世界上第一台电子计算机在美国的宾夕法尼亚大学莫尔学院电工系诞生，其名为 ENIAC（the Electronic Numerical Integrator and Calculator），由物理教授穆奇里博士设计。它是一个重达 30 吨的庞然大物，耗电功率为 150kW，需要专用的冷却系统散热，它的运算速度为每秒 5000 次加法运算。

自第一台电子计算机诞生至今，计算机技术已经发生了翻天覆地的变化。不论是运算速度、存储容量，还是元件制造工艺和系统结构等各方面都有了惊人的发展和提高。

（1）第一代电子管计算机。这代计算机的主要元件是电子管，主要是指 1946 年至 1958 年间生产的计算机，这个时期的计算机主要用于科学计算和军事研究。其特点是：采用电子管作为计算机的逻辑原件；数据表示主要是定点数；使用机器语言和汇编语言编写程序。由于当时电子技术的限制，每秒运行速度仅为几千次，内存容量仅有几 kB。体积大、功耗高、产热量多、易损坏和运算速度慢。代表机型有 IBM 650（小型机）和 IBM 709（大型机）。

（2）第二代晶体管计算机。这代计算机的主要元件是晶体管，主要是指 1958 年至 1964 年之间生产的计算机，这个时期的计算机已扩展到过程控制和数据处理等方面。其特点是：逻辑元件逐步由电子管改为晶体管，内存所使用的器件大都使用铁氧磁性材料制成的磁芯存储器。外存储器有了磁盘、磁带，外设种类也有所增加。运算速度达每秒几十万次，内存容量扩大到几十 KB。使用的语言出现了 FORTRAN、COBOL、ALGOL 等高级语言。与第一代计算机相比，晶体管电子计算机体积大大减小、耗电少、发热量低、不易损坏、运算速度快（每秒可达数十万次）、成本低、功能强、可靠性大大提高。代表机型有 IBM 7094 和 CDC 7600。

（3）第三代集成电路计算机。这代计算机以中、小规模的集成电路作为基本元件，主要是指 1964 年至 1971 年之间生产的计算机，此时计算机已广泛应用于自动控制、数据处理、企业管理和科学计算等方面。其特点是：逻辑器件采用小规模集成电路 SSI（Small Scale Integration）和中规模集成电路 MSI（Middle Scale Integration）。第三代电子计算机的运算速度每秒可达几十万次到几百万次。存储器进一步发展，体积更小、价格低，软件逐步完善。这一时期，计算机同时向标准化、多样化、通用化、机种系列化发展。小型多功能计算机也已经出现，外部设备种类繁多；程序设计语言在这个时期有了很大发展，高级语言种类多样，结构化、模块化的程序设计方法开始出现，并出现了操作系统和会话式语言。代表机型有 IBM 360。

（4）第四代超大规模集成电路计算机。这代计算机是以大规模和超大规模集成电路为主要元件，主要是指 1971 年至今生产的计算机。此时由于微机的出现使计算机进入到各类企事业单位和千家万户，使人类文明进入了信息时代。其特点是：计算机的速度可以达到每秒十万亿次。操作系统不断完善，应用软件已成为现代工业的一部分。计算机的发展进入了以计算机网络为特征的时代。计算技术由集中化向分散化转变；计算机网络、分布式处理和数据通信技术有了很大的发展；计算机向巨型化、微型化、网络化和智能化等方向发展。

（5）第五代智能计算机。第五代计算机将信息采集、存储、处理、通信功能，与人工智能结合在一起，能进行数值计算和信息处理。面向知识处理，具有形式化推理、联想、学习和解释的能力，能够帮助人们进行判断、决策、开拓未知领域和获得新的知识。第五代计算机是目前各国竞相研制的计算机，其特点是具有人类的智能与智慧，能模拟人的思维过程和智能活动，并能与人类直接通过自然语言（声音、文字）或图形图像交换信息。

第五代计算机基本结构通常由问题求解与推理、知识库管理和智能化人机接口三个基本子系统组成。

问题求解与推理子系统相当于传统计算机中的中央处理器。与该子系统打交道的程序语言称为核心语言，国际上都以逻辑型语言或函数型语言为基础进行这方面的研究，它是构成第五代计算机系统结构和各种超级软件的基础。

知识库管理子系统相当于传统计算机主存储器、虚拟存储器和文体系统的结合。与该子系统打交道的程序语言称为高级查询语言，用于知识的表达、存储、获取和更新等。这个子系统的通用知识库软件是第五代计算机系统基本软件的核心。通用知识库包含有：日用词法、语法、语言字典和基本字库常识等一般知识库，用于描述系统本身技术规范的系统知识库，以及把某一应用领域（如超大规模集成电路设计的技术知识）集中在一起的应用知识库。

智能化人机接口子系统是使人能通过说话、文字、图形和图像等与计算机对话，用人类习惯的各种可能方式交流信息。这里，自然语言是最高级的用户语言，它使非专业人员操作计算机，并为从中获取所需的知识信息提供可能。

当前第五代计算机的研究领域大体包括人工智能、系统结构、软件工程和支援设备、以及对社会的影响等。

人工智能的应用将是未来信息处理的主流，因此，第五代计算机的发展，必将与人工智能、知识工程和专家系统等的研究紧密相联，并为其发展提供新基础。电子计算机的基本工作原理是先将程序存入存储器中，然后按照程序逐次进行运算。这种计算机是由美国物理学家冯·诺伊曼首先提出理论和设计思想的，因此又称冯·诺伊曼体系。第五代计算机系统结构将突破传统的冯·诺伊曼机器的概念。这方面的研究课题应包括逻辑程序设计机、函数机、相关代数机、抽象数据型支援机、数据流机、关系数据库机、分布式数据库系统、分布式信息通信网络等。

第五代计算机的发展必然引起新一代软件工程的发展，极大地提高软件的生产率和可靠性。为改善软件和软件系统的设计环境，将研制各种智能化的支援系统，包括智能程序设计系统、知识库设计系统、智能超大规模集成电路辅助设计系统以及各种智能应用系统和集成专家系统等。在硬件方面，将出现一系列新技术，如先进的微细加工和封装测试技术、砷化镓器件、约瑟夫森器件、光学器件、光纤通信技术以及智能辅助设计系统等。另外，第五代计算机将推动计算机通信技术发展，促进综合业务数字网络的发展和通信业务的多样化，并使多种多样的通信业务集中于统一的系统之中，有力地促进了社会信息化。

（6）量子计算机。量子计算机（quantum computer），顾名思义，就是实现量子计算的机器，是一种使用量子逻辑进行通用计算的设备。不同于电子计算机（或称传统计算机），量子计算用来存储数据的对象是量子比特，它使用量子算法来进行数据操作。

量子计算机是一种全新的基于量子理论的计算机，遵循量子力学规律进行高速数学和逻辑运算、存储及处理量子信息的物理装置。量子计算机的概念源于对可逆计算机的研究，量子计算机技术是利用量子比特状态替代传统的二进制状态。量子计算机应用的是量子比特可以同时处于多个状态，而不像传统计算机那样只能处于 0 或 1 的二进制状态。

1）量子计算机的理论进展。随着计算机科学的发展，史蒂芬·威斯纳在 1969 年最早提出“基于量子力学的计算设备”。而关于“基于量子力学的信息处理”的最早文章则是由亚历山大·豪勒夫（1973）、帕帕拉维斯基（1975）、罗马·印戈登（1976）和尤里·马尼（1980）发表。史蒂芬·威斯纳的文章发表于 1983 年。20 世纪 80 年代一系列的研究使得量子计算机的理论变得丰富起来。1982 年，理查德·费曼在一个著名的演讲中提出利用量子体系实现通用计算的想法。紧接着 1985 年大卫·杜斯提出了量子图灵机模型。人们研究量子计算机最初很重要的一个出发点是探索通用计算机的计算极限。

量子计算机在 20 世纪 80 年代多处于理论推导状态，最早由理查德·费曼提出，始于模拟物理现象。他发现当使用计算机模拟量子现象时，因为庞大的希尔伯特空间使资料量也变得庞大，一个完好的模拟所需的运算时间变得相当可观，甚至是不切实际的天文数字。理查德·费曼当时就想到，如果用量子系统构成的计算机来模拟量子现象，则运算时间可大幅度减少。量子计算机的概念由此而生。直到 1994 年贝尔实验室的专家彼得·秀尔（Peter Shor）提出了量子质因子分解算法，并证明量子计算机能完成对数运算，而且速度远胜传统计算机。因其对通行于银行及网络等处的 RSA 加密算法破解而构成威胁后，量子计算机变成了热门的话题。这是因为量子不像半导体只能记录 0 与 1，可以同时表示多种状态。如果把半导体计算机比成单一乐器，量子计算机就像交响乐团，一次运算可以处理多种不同状况，因此，一个 40 位元的量子计算机花一秒的时间，就能解开 1024 位元的电子计算机花上数十年解决的问题。

要想清楚地说明量子计算机，首先得弄清楚传统计算机。传统计算机从物理上可以被描述为对输入信号序列按一定算法进行变换的机器，其算法由计算机的内部逻辑电路来实现。

A．其输入态和输出态都是传统信号，用量子力学的语言来描述，即其输入态和输出态都是某一力学量的本征态。如输入二进制序列 0110110，用量子记号，即|0110110>。所有的输入态均相互正交。对传统计算机不可能输入如下叠加态：C1|0110110 >+ C2|1001001>。

B．传统计算机内部的每一步变换都演化为正交态，而一般的量子变换没有这个性质，因此，传统计算机中的变换（或计算）只对应一类特殊集。

相应于传统计算机的以上两个限制，量子计算机分别作了推广。量子计算机的输入用一个具有有限能级的量子系统来描述，如二能级系统［称为量子比特（qubits）］，量子计算机的变换（即量子计算）包括所有可能的幺正变换。

A．量子计算机的输入态和输出态为一般的叠加态，其相互之间通常不正交。

B．量子计算机中的变换为所有可能的幺正变换。得出输出态之后，量子计算机对输出态进行一定的测量，给出计算结果。

量子计算机在密码破解上有着巨大潜力，对当今主流的非对称（公钥）加密算法，如 RSA 加密算法产生了极大的威胁。传统计算机对 RSA 加密算法的破解所花费的时间为指数时间（即破解时间随着公钥长度的增长以指数级增长），需要数十年，这在实际应用中是无法接受的。而为量子计算机量身定做的秀尔算法可以在多项式时间内（即破解时间随着公钥长度的增长以 k 次方的速度增长，其中 k 为与公钥长度无关的常数）进行整数因式分解或者离散对数计算，从而为 RSA、离散对数加密算法的破解提供可能，所需时间只有数十秒。对对称（私钥）加密，如 AES 加密算法的破解也是一样。

2）量子计算机的研制进展。2001 年，科学家在具有 15 个量子位的核磁共振量子计算机上成功利用秀尔算法对 15 进行因式分解。

2005 年，美国密歇根大学的科学家使用半导体芯片实现离子囚笼（ion trap）。

2007 年 2 月，加拿大 D-Wave 系统公司宣布研制成功 16 位量子比特的超导量子计算机，但其作用仅限于解决一些最优化问题，与科学界公认的能运行各种量子算法的量子计算机仍有较大区别。

2009 年，耶鲁大学的科学家制造了首个固态量子处理器。

2009 年 11 月 15 日，世界首台可编程的通用量子计算机正式在美国诞生。同年，英国布里斯托尔大学的科学家研制出基于量子光学的量子计算机芯片，可运行秀尔算法。

2010 年 3 月 31 日，德国于利希研究中心发表公报：德国超级计算机成功模拟 42 位量子计算机，该中心的超级计算机 JUGENE 成功模拟了 42 位的量子计算机，在此基础上研究人员首次能够仔细地研究高位数量子计算机系统的特性。

2011 年 4 月，一个成员来自澳大利亚和日本的科研团队在量子通信方面取得突破，实现了量子信息的完整传输。2011 年 5 月 11 日，加拿大的 D-Wave System Inc 发布了一款号称“全球第一款商用型量子计算机”的计算设备“D-Wave One”。该量子设备是否真地实现了量子计算还没有得到学术界广泛认同。同年 9 月，科学家证明量子计算机可以用冯·诺依曼架构来实现。同年 11 月，科学家使用 4 个量子位成功对 143 进行因式分解。

2012 年 2 月，IBM 公司在超导集成电路实现的量子计算方面取得数项突破性进展。同年 4 月，一个多国合作的科研团队研发出基于金刚石的具有两个量子位的量子计算机，可运行 Grover 算法，在 95%的数据库搜索测试中，一次搜索即得到正确答案。该研究成果为小体积、室温下可正常工作的量子计算机的实现提供了可能。同年 9 月，一个澳大利亚的科研团队实现基于单个硅原子的量子位，为量子储存器的制造提供了基础。同年 11 月，首次观察到宏观物体中的量子跃迁现象。

2013 年 5 月，德国马克斯·普朗克量子光学研究所的科学家格哈德·瑞普领导的科研小组，首次成功地实现了用单原子存储量子信息——将单个光子的量子状态写入一个铷原子中，经过 180μs 后将其读出。最新突破有望助力科学家设计出功能强大的量子计算机，并让其远距离联网构建“量子网络”。

2013 年 5 月 D-Wave System Inc 宣称 NASA 和 Google 共同研制了一台采用 512 量子位的 D-Wave Two 量子计算机。

2013 年 6 月 8 日，由中国科学技术大学潘建伟院士领衔的量子光学和量子信息团队中的陆朝阳、刘乃乐研究小组，在国际上首次成功实现了用量子计算机求解线性方程组的实验。该研究成果发表在 6 月 7 日出版的《物理评论快报》上。

2015 年 12 月，以杜教授为首的中国科技大学研究人员小组建立了一个新的系统，这个系统可以使用相应的方式退出体系结构。比起普通二进制计算机，这一系统使得计算机能够进行更为大量的计算。通常，这种系统都需要带有气候检测的特别装备实验室，而这一新模型在普通的房屋内也能够安全存放。其量子计算能够在普通室温的条件下工作，这是借助于金刚石中少量的氮来完成的。

2017 年 5 月 3 日，中国科学技术大学潘建伟教授宣布，光学体系研究团队在 2016 年首次实现十光子纠缠操纵的基础上，利用高品质量子点单光子源构建了世界首台超越早期经典计算机的单光子量子计算机。这是历史上第一台超越早期经典计算机的基于单光子的量子模拟机，为最终实现超越传统计算能力的量子计算这一国际学术界称之为“量子称霸”的目标奠定了坚实的基础。

2017 年 12 月，德国康斯坦茨大学与美国普林斯顿大学及马里兰大学的物理学家合作，开发出了一种基于硅双量子位系统的稳定的量子门。量子门作为量子计算机的基本元素，能够执行量子计算机所有必要的基本操作。量子计算机比传统计算机对外部干扰要敏感得多，因此，创造稳定的量子门，即量子计算机的基本切换系统，成为科学家的主要目标。此次，德美联合研究团队利用单个硅电子的电子自旋作为量子位（即基本的信息存储单元），他们创造的稳定的量子门，可以精确控制和读取两个量子位的相互作用。该研究的第一个成就是从硅片的数十亿个原子中提取单个电子。负责项目协调的康斯坦茨大学物理学教授格依多·伯克哈德介绍说：“这是由我们普林斯顿同事完成的极了不起的成果。”研究人员利用电磁吸引力和斥力的组合，将单个电子分离出来，然后精确地排列，让每个电子嵌入一个“槽”中，使其处于一种稳定状态。

量子计算仍然是一个非常前沿的领域，还没有真正实现通用量子计算的程度。量子称霸，只不过是希望量子计算机有朝一日能够从性能上超过传统的计算机。

2. 计算机的分类

电子计算机从广义上可以分为两大类型：电子模拟计算机和电子数字计算机。模拟量的处理和存储比较复杂，技术难度大且不易实现。因此，数字计算机成为现代信息处理装置的主流。通常所说的计算机就是指电子数字计算机。

根据国际流行的分类方法，电子数字计算机可以分为六大类：

（1）大型主机，是通常所说的大、中型计算机。

（2）小型计算机，具有多个终端的计算机。

（3）个人计算机，微型计算机，又称 PC 机（Personal Computer）。

（4）工作站，相当于高档微机，常用于特殊业务处理。

（5）巨型计算机，又称超级电脑，用于尖端科技、宏观经济分析等领域。

（6）小巨型计算机，是桌上型超级电脑。

3. 微型计算机的发展

微型计算机简称微机。它的核心部件是中央处理器，也称微处理器，微处理器的发展代表了微机的发展。1971 年 Intel 公司制造出了第一块微处理器芯片，至今微机已经历了五代的发展。

（1）第一代微机是 4 位微处理器，代表芯片为 Intel 4004。

（2）第二代微机是 8 位微处理器，代表芯片为 Intel 8008、M6800。

（3）第三代微机是 16 位微处理器，代表芯片为 Intel 8086、Intel 80286。

（4）第四代微机是 32 位微处理器，代表芯片为 Intel 80386、Intel 80586。

（5）第五代微机是 64 位微处理器，代表芯片为 Intel Pentium Ⅲ、Ⅳ。

4. 计算机的特点与应用

计算机已经广泛应用到各行各业之中。其主要特点是计算速度快、精度高、通用性强，自动化程度也高，并具有很强的记忆和逻辑判断能力，能持续稳定地工作。主要应用在下述几个方面。

（1）数值计算。数值计算又称科学计算，主要涉及复杂的科学计算问题。由于计算机的发展，数值计算功能不断扩大，在现代科学研究中的地位不断提高，不断创造出新的学科分支，如计算物理、计算天文学等。在尖端科学领域，计算机的重要性更加显著。人造卫星的上天，宇宙飞船的回收，弹道导弹的跟踪观测，无一不是在计算机的精确计算下才能完成的。没有计算机，这些复杂的问题都不可能解决。

（2）数据处理。数据处理又称事务处理，是指用计算机进行非科学的、工程计算的数值统计、信息管理和资料查询等，主要用于商业和企事业单位的各类信息的管理、分析和研究。现代社会是信息社会，各种信息浩如烟海，要想分析、研究、掌握和认识这些信息，并对它们进行科学的加工处理，提取出所需的信息精华，只能借助于计算机来完成。计算机数据处理已遍及各行各业，应用十分广泛。如人事管理、财务管理、仓储管理、物业管理等。随着计算机在各行各业应用的不断深入，一些新的学科也不断地产生，如电算会计学等，就是计算机在会计领域深入的必然结果。

（3）自动控制。自动控制又称过程控制，是计算机在工矿企业的另一种应用。如用计算机控制发电机组，会使发电机组工作在最佳状态，提高发电率，降低燃料消耗；用计算机控制炼铁高炉，能提高炼铁的质量，提高高炉的产量并节约原材料，经济效益显著。

（4）计算机辅助设计与辅助制造。计算机辅助设计又称 CAD（Computer Aided Design），即用计算机帮助设计人员进行产品设计和工程项目设计。计算机辅助制造又称 CAM（Computer Aided Manufacture），即用计算机帮助工程技术人员进行生产设备的管理和操作控制。CAD 可以使设计人员对多种设计方案进行比较，选出最佳设计方案；绘制出各种制造、施工的图纸；统计所需的各类材料，实现产品和工程设计的自动化。CAM 可以使产品更新换代迅速，提高产品的制造质量，减少原材料的损耗等。在商品社会中竞争日趋激烈，只有运用 CAD 和 CAM 等手段才能增强企业的竞争能力。

（5）计算机辅助教学。计算机辅助教学又称 CAI（Computer Aided Instruction），即用计算机中预先编制好的教学程序对学生进行教学辅导。程序的内容主要是学习某门功课的计划、学习内容、学习难点和解决疑难的方法。学生可以通过人机对话的方式进行学习，学习分阶段进行，计算机能及时指出学生在学习过程中出现的错误。CAI 能激发学生的学习兴趣，提高教学质量。可以做到学生按能力进行学习，由浅入深逐步深入地学习，是现代化教学的重要手段之一。

（6）办公自动化。办公自动化又称 OA（Office Automatic），即指用计算机帮助办公室工作人员处理日常工作，如用计算机进行文字、资料、图像和声音的处理以及文档管理和网络通信等。

（7）人工智能。人工智能又称 AI（Artificial Intelligence），即用计算机模拟人脑的智力活动。例如，使计算机具有语言能力、文字识别能力、学习和逻辑推理能力等，智能机器人是人工智能的典型范例。它能感知和理解周围环境，使用语言、逻辑推理并能操纵工具等，模仿人类所能完成的某些动作。

（8）计算机网络。计算机网络是通过网络将计算机资源集成使用。目前世界上最大的计算机网络是 Internet。一般来说，Internet 的信息服务主要有以下几个方面：

1）电子邮件服务。电子邮件是指用户通过网络传递给其他用户的信息。

2）远程登录服务（Telnet）。互联网络用户若与另一台计算机连通（哪怕这台计算机在千里之外），便可使用这台计算机提供的各种信息服务，如查询公共联机检索目录、电子图书馆目录、商业数据库等。

3）文件传输服务（FTP）。是指互联网的用户将一台计算机上的文件传输给另一台计算机的服务。

4）信息查询浏览服务。电子邮件、远程登录和文件传送是互联网络的三项基本服务。

5）新闻服务（USENET）。是 Internet 提供的世界范围内的电子公告板，用于发布公告、新闻和各种文章供大家使用。

1.5 信息管理的技术基础

1.5.1 信息技术的发展

1. 信息技术的特征

（1）信息技术。信息技术（Information Technology，IT）是指有关信息获取、传输、处理与控制、存储、显示、应用等方面的一切技术。它是以信息为处理对象，对信息进行主动处理并且储存和传递的以计算机为基础的技术。

现代信息技术包括四个方面：①硬件技术，即有关元、器件的制造技术，是整个信息技术的基础；②信息系统技术，即有关信息的获取、传输、处理、控制的系统技术，包括计算机技术、通信技术和控制技术，是信息技术的核心；③信息应用技术，即信息管理、控制、决策等技术，是信息技术开发的目标；④信息安全技术，即有关信息保护的技术。

（2）信息技术的特征。信息技术具有以下特征：

1）广泛的适应性和极强的渗透性。一个国家的经济发展和社会发展与信息技术的发展水平有很大的关系，是衡量该国实力强弱的重要标志之一。据统计，一个国家的国民生产总值的65%与集成电路和计算机技术有关，而信息技术的推广应用尤显重要。

2）知识密集度高，有利于节约资源，减少污染。信息技术提高了人类利用信息的能力，使人类能更有效地利用物质资源和能源，降低了社会产品和生产活动中物质资源和能源的消耗。信息技术的提高在大量节省物质资源和能源的同时，也减少了经济增长带来的环境污染。

3）经济效益和社会效益显著提高。人类利用信息技术可以更好地开发信息资源，而信息资源通过劳动工具、生产者、劳动对象和管理者，又对经济增长发挥作用。现代信息技术的推广和应用大大提高了劳动工具的技术性能，提高了劳动者的素质，节约了各种资源。信息技术提高了人们对生产和劳动过程的调控能力和管理水平，有利于优化生产要素的配置与合理地流动，密切了生产与市场、供给与需求的联系，使经济效益和社会效益得到了显著提高。

4）大投入，大风险。现代信息技术的发展、更新和推广，需要大量的资金投入。在信息技术领域，技术和设备制造越来越复杂，难度日益增大，对研究与开发的费用和建设投资特别是初始投资的需要量很大，一旦失败就会造成巨大的经济损失。

2. 数据处理技术的发展

20 世纪 50 年代以后，计算机科学技术的应用重点逐渐向信息处理领域转移，从利用计算机进行复杂的大批量数据处理，到建立以计算机为基础的各种信息系统，信息（数据）管理已成为计算机科学技术应用研究的一个重要领域。信息管理的意义和范围扩展到信息系统管理层次，并逐步形成了一系列 MIS、DSS 等信息系统开发的方法、理论。

对计算机信息管理的研究是以静态数据为核心，对孤立的信息系统进行技术开发。在此期间，对计算机信息系统的开发过于偏重技术，忽略了人的因素，因而难以满足现代组织对信息管理技术发展的要求。

现代信息管理的技术基础是信息处理技术，是从计算机数据处理技术发展而来的。数据处理就是在计算机上以任意形式进行数据资料的管理。数据处理技术的发展从简单到复杂经历了三个阶段。

（1）电子数据处理（Electronic Data Processing，EDP）阶段。电子数据处理是以文件系统为操作手段，目的是实现部门内部的单项管理。早在 20 世纪五六十年代计算机就开始从军事、工程计算，数值统计等数学领域向数据处理方向发展，由于数据处理方法在技术上的突破，使得计算机的应用扩展到数据处理这个涉及面广泛的领域，为计算机在管理领域的应用奠定了基础。

早期电子数据处理系统（Electronic Data Processing System，EDPS）的应用非常广泛，尤其是财力雄厚的跨国公司更是争先恐后地使用 EDPS。其中典型的应用如下：

1）美国航空公司的 SABRE 民航票务系统，该系统实现了数据的自动更新、调配各售票站点的机票余缺。该系统建成后，使航班的满员率遥遥领先于其他各航空公司之上，给公司带来了巨大的经济效益。

2）美国芝加哥 JOHNPAIN 公司的账务系统，该系统实现了电子记账、快速查询和自动对账等功能，使得经营管理者能及时得到财务信息，作出准确及时的经营决策。该系统为现代会计电算化技术和理论奠定了坚实的基础，形成了一门崭新的学科。

3）美国 IBM 公司的生产状态报告系统（CMIS），该系统使得管理人员能随时了解本企业的生产状况、库存情况和零部件供给状况，及时地组织与调节生产进度，减少库存和资金占用，使流动资金得到充分利用，排除了因信息不畅给生产管理带来的不利影响，提高生产效率达 4 倍之多，产生了巨大的经济效益。

EDPS 是一切定量分析方法、预测与决策支持模型、办公自动化和电子商务等现代信息处理技术的基础，没有 EDPS 就没有这一切。

（2）管理信息系统（MIS）阶段。管理信息系统（Management Information System，MIS）是以数据库技术为工具，对某一个单位实现全面管理，以便提高工作效率。MIS 资料用于解决经营管理与定量分析中的问题，对信息进行收集、转换和加工处理，并利用处理后的信息进行预测、控制和辅助企业管理。MIS 是一个高度集成化的人机结合的辅助管理系统，是企业进行整体信息处理的基础。

1）MIS 是在 EDPS 的基础上，引入了现代管理方法和系统工程方法而形成的。主要由以下三大核心要素构成：

- 集成化。是指对系统内部的资源、设备统一规划，确保系统资源的最大利用率。
- 人－机体系。是指一个开放式的系统，在系统中起执行管理作用，对系统的人、财、物等各种资源进行管理与控制的主体是人，计算机始终是一个辅助管理的重要工具。
- 计划、分析、控制和预测功能。利用加工处理后的信息，对生产经营活动的各个环节进行分析、预测，控制各种影响生产经营目标的因素的产生，用科学的方法最优地分配系统资源，合理地组织生产经营活动。

2）管理信息系统的主要特点如下：

- 是一个高度集成化的人－机辅助管理系统。
- 以解决结构化的管理问题为主。
- 完成例行的信息处理业务。
- 追求系统处理问题的效益。
- 实现一个相对稳定、协调和高效的工作环境。
- 数据驱动。
- 使系统的求解过程和目标达到最优。

（3）决策支持系统（DSS）阶段。决策支持系统（Decision Support System，DSS）是在传统的 MIS 理论基础上发展起来的一门适用于不同领域，概念和技术都是全新的信息系统；是以数据库、模型库、知识库和方法库为基础的，辅助经营管理者提高决策水平，完善经营策略正确性的系统。

DSS 的生成与发展的原因主要有以下三个方面：

1）传统 MIS 的局限是导致 DSS 产生的主要原因。随着 20 世纪 60～70 年代 MIS 的蓬勃发展，人们发现 MIS 没有像预期的那样给企业带来巨大的经济效益。通过分析人们认识到，忽视人在管理和系统处理中的作用，以及不支持决策工作是传统的 MIS 失败的主要原因。因为信息系统的最终目的是为管理者服务的，只有与管理、决策和控制联系在一起，才能充分发挥其效益。

2）人们对信息处理规律的认识和提高是DSS产生的内因。随着人们对信息处理认识的提高，逐步认识到EDPS、MIS完成的例行日常信息处理工作，只是完成了管理系统领域中的初级阶段任务，要想对管理工作进行提高，就必须支持决策工作。

3）计算机技术的发展是DSS产生与发展的外因。20世纪70年代计算机应用技术从一般数据处理向知识化、智能化处理技术发展，同时人们对决策支持系统的认识也不断深入，这为DSS的产生与发展提供了技术基础。

DSS的主要任务有分析和识别问题，表述决策知识，建立候选决策方案，构造解决问题模型，确定评价决策问题的准则，多方案、多目标、多准则情况下的比较和优化，综合分析等。

DSS的主要特点有面向决策者，支持解决半结构化的决策问题，支持人机交互的处理方式，支持动态决策和求解过程等。

DSS的构成与EDPS和MIS不同，它是由各种技术性极强的部件构成，可以根据解决问题的特点采用不同的部件组合。这些部件主要有：界面部分、模型管理部分、知识库部分、数据库部分、推理与分析比较部分、模拟与咨询部分、控制部分、问题处理系统等。

DSS代表了现代信息处理技术的水平，其主要目标是：不断地研究和吸收信息处理其他领域的发展成果，不断地将决策分析过程形式化、规范化，逐步用系统代替人的工作，支持经营管理者进行更高层次的研究和决策。

1.5.2　数据库技术

1. 概述

数据库是指为满足多个用户的多种应用需要，按一定的数据模型在计算机系统中组织、存储和使用的相互联系的数据集合。它由相关数据的集合以及对该数据集合进行统一控制和管理的数据库管理系统（DBMS，Database Management System）构成。数据集合中的数据是结构化的，能被各种应用所共享，相对于应用程序有较大的独立性；数据库管理系统是一组软件，它在建立、运行和维护数据库时，对数据进行集中、统一的控制和管理，因而使数据库能够准确、及时、有效地对数据进行检索和更新操作，并提供数据库的安全性、完整性和并发控制机制。

数据库技术推动了信息管理的发展，加速了信息时代的到来。信息时代强调信息与信息之间的内在联系，对DBMS提出了更高的要求。随着社会的发展，人们要充分利用现有的数据进行分析，为决策提供依据。为此，数据仓库、联机分析处理和数据挖掘等概念应运而生。数据仓库将大量用于事务处理的原始数据库中的数据进行整理、抽取和转换，并按决策主题的需要重新组织，形成一个综合的、面向分析的决策支持环境。数据仓库侧重于存储和综合面向决策主题的大量数据，联机分析处理侧重于数据仓库中的多维数据分析，并将其转换为决策支持信息，而数据挖掘则是从大量数据中采掘出隐含的、先前未知的、对决策有潜在价值的知识和规则。通过数据挖掘，有价值的知识、规则或高层次的信息就能从数据仓库中的相关数据集合中提取出来，从中发现对决策有用的知识。把数据仓库、联机分析处理和数据挖掘结合起来形成的综合决策支持系统，是更高级形式的决策支持系统。

2. 数据库技术的特点

随着计算机的广泛应用，人们对数据管理提出了更高的要求：更高的数据共享；更完全的数据独立性；集中统一的数据管理方式；应用系统开发简便，维护容易等。

20 世纪 70 年代发展起来的数据库技术，正是为了满足上述要求而开发的，它提供了广泛的数据共享，高度的数据独立性，最小的数据冗余度，方便的用户接口，集中统一的数据管理等。数据库技术的特点是：

（1）实现了广义的数据共享。即是多种应用、多种语言互相覆盖共享数据库中的全部数据集合，如图 1.5 所示。

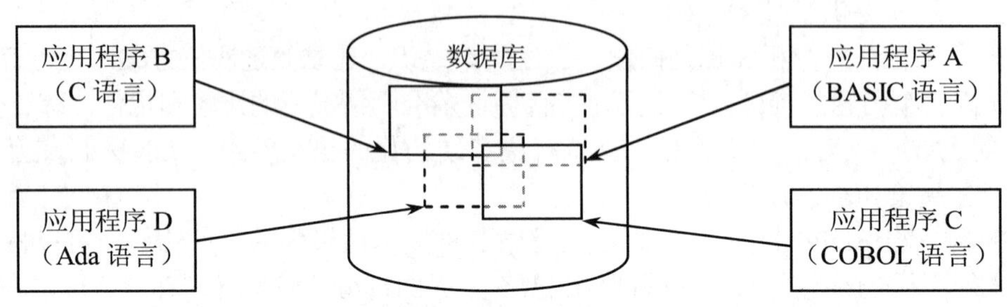

图 1.5 广义数据共享

（2）面向数据的数据组织方法，实现了数据的结构化。数据库系统中不同类型的记录之间允许有联系，这种联系反映了自然界客观实物之间的相互联系。数据库是一个具有一定组织结构的数据集合，这是与文件系统的根本区别所在。反映整个数据库之间的逻辑关系的数据结构，称为该数据库的全局逻辑结构，如图 1.6（a）所示。

各个用户（或应用程序）所涉及的仅是数据库中的部分数据，反映个别用户所涉及的数据结构，称为数据库的局部逻辑结构，如图 1.6（b）所示。

数据库系统中，用户（或应用程序）、数据库的局部逻辑结构、全局逻辑结构和物理结构之间的关系，如图 1.6（c）所示。

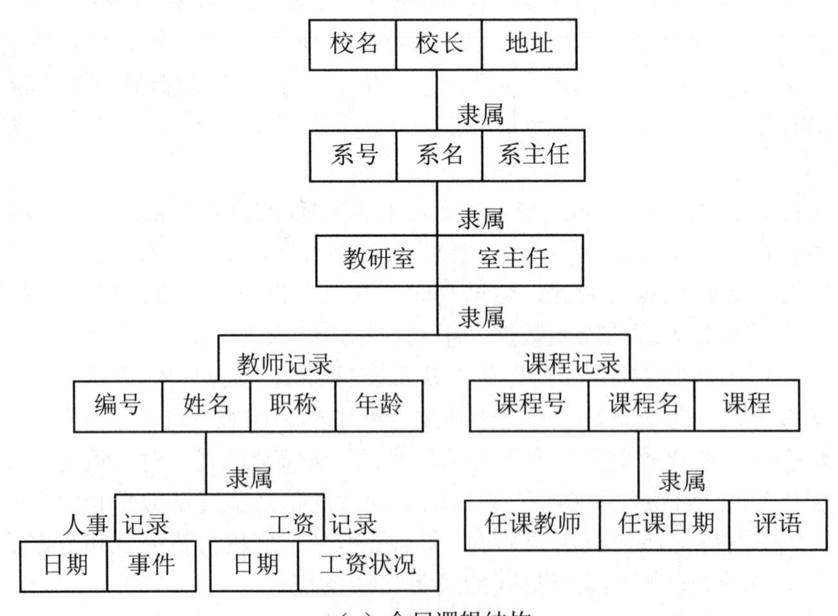

（a）全局逻辑结构

图 1.6 数据库系统

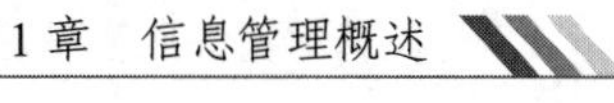

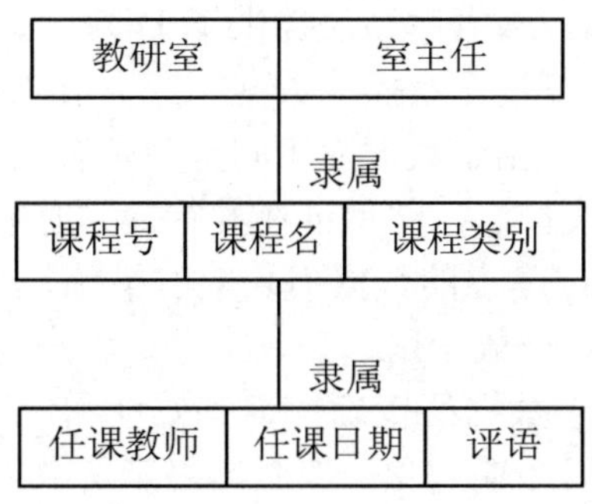

（b）局部逻辑结构

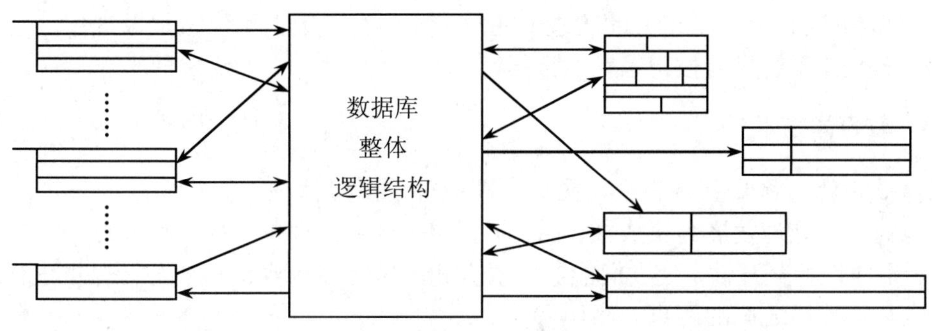

（c）现代数据库系统

图 1.6 数据库系统（续）

（3）数据冗余度小，弹性大，易扩充，应用方式灵活。数据库是从整体的观点对待和描述数据，而不是仅仅考虑个别应用。因此，可以大大减小数据的冗余，提高存储效率和减少存取时间。

（4）具有较高的数据独立性。数据库系统为了实现数据与应用程序完全独立，采用了二级映射转换技术。第一级为存储结构与整体逻辑结构的映射转换；第二级为整体逻辑结构向局部逻辑结构的映射转换。

第一级映射转换做到了数据和应用程序的物理独立性，当数据的存储结构（即物理结构）发生改变时，数据的逻辑结构和应用程序不用跟着改变。第二级映射转换，做到了数据的整体逻辑发生变化时，通过对映射的相应改变，保证局部逻辑结构不变，从而应用程序也可以保持不变，如图 1.7 所示。

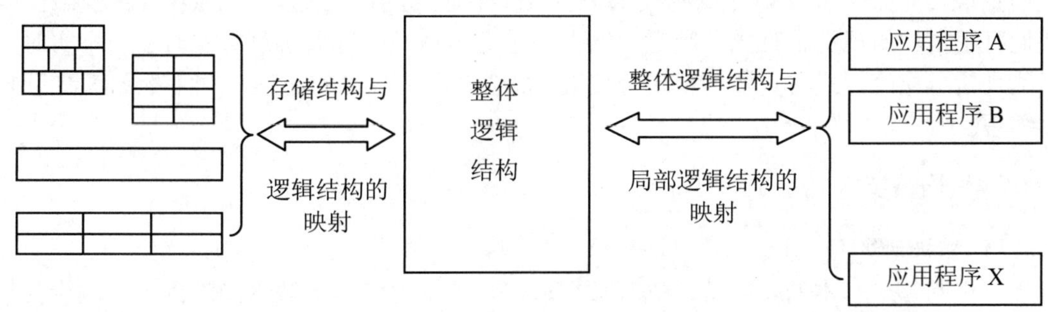

图 1.7 二级映射功能示意图

（5）提供简便的用户接口。数据库系统提供了 DDL（数据查询语言）和 DML（数据操纵语言），使用户可以用简单的终端命令操作数据库，也可以用程序方式操作数据库。

（6）统一的数据控制管理。由于数据库可同时为多个用户所共享，对数据库中的数据进行安全性、完整性的控制及并发控制，并保证在并行操作时的数据一致性，这是非常必要的。

安全性控制：为了保护数据库中的数据而采取的措施，防止非法用户存取数据，避免那些对数据库有意或无意的破坏。一般采用口令、密码、用户身份检查和定义用户级别等方法。

完整性控制：保证数据库中数据的正确性、有效性和保密性，一般采用完整性约束的方法来实现这一控制。如保证数据在输入和修改时始终满足原来的定义与要求。

并发控制：可防止多用户同时存取数据时，相互间的干扰。这种干扰不仅会使用户得到错误的数据，还会使数据库中的数据遭到破坏，影响数据的完整性。

（7）对数据的存取有了很大的改进。在数据库中存取数据可以按记录进行，也可以按数据项进行，而文件系统只能按记录存取数据。

1.5.3 多媒体技术

多媒体技术就是将文字、声音、图形、图像等信息媒体与计算机集成在一起，使计算机应用由单纯的文字处理发展为集成文、图、声、影等技术处理于一体。其核心特性是信息媒体的多样性、集成性和交互性，使人们能够以语言和图像等多种媒体形式与计算机进行交流，大大缩短了人与计算机之间的距离。

听、说是人类最方便的信息交流形式，非多媒体计算机主要是用键盘、鼠标和显示器以字符形式与使用者交流。这种非多媒体的人机界面在计算机与使用者之间造成了深深的鸿沟。多媒体技术填补了这道鸿沟，它以具有真实感的画面、悦耳的音乐和生动的解说，强化了计算机的信息传播能力。多媒体计算机除具有视听功能外，更重要的是它提供了人机互动的机制，让使用者以多种形式获取和利用信息，使使用者有了更大的选择权和更多的参与感。

多媒体技术主要对声音、图像等多媒体信息进行处理和传输，涉及的信息类型复杂，数量巨大，因此，多媒体技术的主要研究内容就是多媒体信息处理与压缩技术、多媒体信息特性、多媒体信息组织与管理、多媒体信息表现与交互等。其中的关键技术是多媒体信息压缩技术、多媒体计算机系统技术、多媒体数据库技术与多媒体数据通信技术。

多媒体技术为人们提供了多种形式的交互手段，为人们进行信息交流提供了更多的方便，所以它有着极其广阔的应用前景，例如，可视电话、电视会议、产品宣传、电子出版、多媒体教学和电子游戏等。从技术的角度来说，虚拟现实将是多媒体技术极具影响力的应用发展方向。虚拟现实是采用多媒体计算机技术来生成一个逼真的三维空间甚至四维时空感觉环境，使人们可用自然的视觉、听觉、嗅觉、触觉等感觉器官和效应器官进行实时参与和实时交互。由于这种信息交流方式与真实情境十分接近，很容易产生学习的迁移，人们接受信息的时间将大大缩短。

1.5.4 网络技术

1. 计算机网络

计算机网络最基本的功能就是进行数据通信，数据通信是把数据的处理与传输合为一体，利用计算机、远程终端和通信设备对二进制编码的数字信息进行处理、传输和交换，并对其加以控制、校验和管理，是计算机与通信技术相结合的产物。

计算机网络将不同地理位置、具有独立功能的多台计算机、终端及附属设备用数据通信链路连接起来，并配备相应的网络软件，以实现网上信息资源共享。计算机网络不仅可以满足局部地区的企业、学校和办公机构的数据、文件传输的需要，使计算机的利用率大大提高，而且还可以在国家内部甚至全世界进行信息交换、存储和处理，极大地扩展了计算机的应用范围。目前全世界计算机的联网率已达 50%以上。

按照计算机的地理分布范围，计算机网络可以划分为局域网、城域网和广域网三类。

（1）局域网（LAN）是在一个局部的地理范围内（如一个工厂、学校或机关）将多台计算机、外部设备和数据库等互相连接起来组成的计算机网。局域网一般采用专用的传输媒介（如双绞线等）构成，传输速率在 10Mbps 到 100Mbps 或更高，覆盖范围在 100 米至几千米以内。

（2）城域网（MAN）是在一个城市范围建立的计算机网。这是在局域网发展的基础之上提出的，在技术实现上与局域网有许多相似之处。城域网的传输媒介主要采用光缆，传输速率在 100Mbps 以上，覆盖范围在几十千米以内。它的一个重要用途是用作骨干网，通过它将位于同一城市内不同地点的主机、数据库以及网络设备等互相连接起来。

（3）广域网（WAN）是在一个国家甚至全球的广泛地理范围内建立起来的计算机网络。由于广域网的覆盖范围十分广泛，一般可达几百千米乃至上万千米，因而对通信设备的性能要求比较高。广域网的实现都是按照一定的网络体系结构和相应的协议来进行的。为实现不同系统的互连和相互协调工作，必须建立开放式的系统互连网络。1978 年国际标准化组织（ISO）提出的 OSI 参考模型（OSI－RM）以及相应的一系列国际标准协议对于广域网的建立和应用具有重要的指导作用。

2. Internet（国际互联网）

Internet 是世界上最大、覆盖面最广的计算机网络，又称为全球性、开放性的信息资源网。Internet 是以 TCP/IP（传输控制协议/互连协议）通信协议为基础的、联结世界各地计算机网络的数据通信网，Internet 是集全球各个领域的各种信息资源为一体，供网上用户共享的信息资源网。经过近几十年的发展，Internet 已从最初简单的研究工具演变成为世界范围内个人及组织机构之间重要的信息沟通工具。

（1）Internet 的由来和发展。Internet 的雏形是美国国防部高级研究计划局（ARPA）于 1968 年主持研制的用于支持军事研究的计算机实验网络 ARPAnet，在 1969 年底开始运行。ARPAnet 是世界上第一个实用的分组交换网，其设计与实现的主导思想是：网络要能经得起故障的考验。当网络的某一部分因遭受攻击而失去作用时，其他部分仍能维持正常的通信工作，以备在发生核大战时保障通信联络。在 20 世纪七八十年代，由于 TCP/IP 协议的出现，使 ARPAnet 的规模不断扩大。随着 TCP/IP 的标准化，不仅美国国内有很多网络与 ARPAnet 相连，而且世界上许多国家将本地的计算机或网络通过远程通信的方式，采用相同的 TCP/IP 协议接入到 ARPAnet。80 年代中期，这种用 TCP/IP 协议互联的网络的规模迅速扩大，成为世界上最大的国际互联网——Internet。

Internet 较好地解决了异种计算机或网络互联的一系列理论与技术问题，其有关资源共享、分散控制、分组交换、使用单独的通信控制处理机与网络通信分层协议等思想，已成为当代计算机网络建设的重要技术支柱。

（2）Internet 的功能和应用。随着 Internet 的高速发展，目前 Internet 上的各种服务名目繁多，大多数服务都是免费提供的。这些应用服务形成了一个包罗万象的信息资源宝库，对人类的工作、生活以及各项社会活动都将产生广泛而深远的影响。Internet 的三大基本功能是电子邮件、远程登录和文件传输。

（3）Internet 的信息服务工具。由于 Internet 整体结构的开放性，由上述三大基本功能衍生出的各种应用、资源和服务项目很多。其中最主要的是信息查询服务。为使用户更容易获取信息，近年来开发了一些功能完善、用户界面友好的信息查询工具，例如，菜单信息检索系统（Copher）、广域信息服务系统（WAIS）和万维网信息服务系统（WWW）。

除提供信息服务外，Internet 在电子公告牌（BBS，Bulletin Board System）、群体讨论组（newsgroups）、网络新闻（netnews）以及网络游戏、IP 电话等方面的应用也在不断发展。并且，随着 Internet 的广泛普及，Internet 商业化的趋势越来越明显。利用 Internet 进行电子商务活动，开展网上贸易，已成为现代企业获得竞争优势的有效途径之一。

1.5.5 信息系统技术

信息系统技术是实现信息的获取、传输、处理、控制等功能的系统或设备的技术，集 3C（通信、计算机、控制）技术于一体，包括信息获取技术、信息传输技术、信息处理技术及信息控制技术。其中，信息传输技术和信息处理技术是信息系统的核心技术，而信息获取技术和信息控制技术是与外部世界的接口，它们构成一个完整的功能体系。

1. 信息获取技术

获取信息是利用信息的先决条件，信息可以由人的感觉器官来获取，也可以通过相应的仪器设备来获取。使用专用的技术设备进行信息的获取，效率和精确度会更高些。信息获取技术主要包括传感技术和遥感技术。

（1）传感技术，又称传感器技术，是关于传感器的设计、制造、测试和应用的综合技术。传感技术与通信技术、计算机技术构成信息产业的三大技术支柱。传感器技术是测量技术、半导体技术、信息处理技术、微电子学、计算机技术、精密机械、仿生学和材料科学等众多学科，相互交叉的综合性高新技术。

传感器可以测量物体的温度、湿度、压力和流量等物理量，是构成自动化系统、通信系统和信息系统的最基本的器件，其作用就是收集、获取各种自然信息。

（2）遥感技术是从远距离感知物体反射或辐射的电磁波、可见光和红外线等，对目标进行探测和识别的技术。遥感技术主要包括远方目标信息的获取、传输、存储和处理等技术。遥感技术的核心部分是获取信息的遥感器，其种类很多，主要有照相机、摄像机、光谱扫描仪、成像光谱仪、雷达等。传输设备用于将遥感信息远距离传回接收站。信息处理设备包括彩色合成仪、数字图像处理机等。

遥感技术广泛用于军事侦察、军事测绘、导弹预警、海洋监视、气象观测等领域，遥感技术在地球资源普查、植被分类、土地资源利用、农作物病虫害和产量调查、环境污染监测、地震监测等方面大有用途。

2. 信息传输技术

信息传输技术包括通信技术和广播技术，其中通信技术是信息传输技术的主流。现代通信技术包括移动通信技术、数据通信技术、卫星通信技术、微波通信技术和光纤通信技术等。

（1）移动通信。移动通信经历了模拟移动通信和数字移动通信两个阶段，随着 Internet 等高速数据通信和多媒体通信的发展，宽带多媒体综合业务也在逐步增长。

移动通信方式包括蜂窝移动、集群调度、无绳电话、寻呼系统和卫星系统等，其中蜂窝移动通信是目前移动通信的热点。目前 GSM 时分方式的容量在理论上要比频分的容量高出三倍左右；CDMA 码分多址方式的容量在理论上要高出频分 10 倍。频分和时分方式需要进行频率规划和配置，比较复杂，而码分就不存在这个问题，因为它是同频的，不需要进行频率划分，在组网上有很大的优势。

移动通信的范围包括本地、地区、国家和全球；内容可以是语音、数据和图像。

（2）数据通信。数据通信是以传输和交换数据为业务的新型通信方式，是计算机技术与通信技术相结合的产物。将计算机或终端通过公用通信平台，按某种拓扑结构连接起来，运行某种系统软件，就构成了数据通信网络，本质上属于计算机通信网络。

数据通信是从 20 世纪 50 年代末，随着计算机技术的发展而发展的一种通信方式。在 70 年代中后期以后，基于 X.25 协议的分组交换数据通信很快普及，进入了商用化时代。

（3）卫星通信。卫星通信技术是利用通信卫星的多址传输方式，为全球用户提供大跨度、大范围、远距离的电视和数据广播、定点式数据通信和移动通信服务，是陆基通信系统的扩展和延伸。在边远地区、山区、海岛、受灾区、远洋船只和飞机等应用场所更具有巨大的优越性。

近年来随着 Internet 的迅速发展，网络上出现了大量多媒体信息，使得原来本已拥挤的通信线路更加紧张。在现有的覆盖全球的电信网络之上实现完全陆基连接方式是很困难的。因此，许多跨国公司把解决方案寄托在卫星通信网上，如微软（Microsoft）公司总裁比尔·盖茨早已看重卫星通信市场的广阔前景，与多家公司联合开发近地轨道通信星座系统，形成覆盖全球各个角落的计算机网络系统。

（4）微波通信。微波通信技术是利用微波进行通信的技术，具有容量大、质量好、传输距离远的特点，普遍用于各种专用通信网络。我国微波通信广泛使用 L、S、C、X 等频段，K 频段的应用尚在开发之中。由于微波的频率极高，波长很短，在空中的传播特性与光波相近，即是直线传输，遇到阻挡就被反射或阻断。因此，微波通信的主要方式是视距通信，超出视距的传输就需要中继转发。

（5）光纤通信。光纤通信是利用光导纤维传输光信号，以实现信息传递的一种通信方式，属于有线通信的一种。光经过调变后便能携带信息，利用光波作载体，以光纤作为传输媒介，将信息从一处传至另一处，是光信息科学与技术的研究与应用领域。光纤通信系统使用的不是单根的光纤，而是许多光纤聚集在一起组成的光缆，由于玻璃材料是制作光纤的主要材料，它是电气绝缘体，不用担心接地回路，光波在光纤中传输，不会发生信息传播中的信息泄露现象。光纤通信系统的组成包括发射器，将电信号转换成光信号，再通过光纤将光信号传递，系统中还包括数种光放大器，以及光接收器将光信号转换回电信号。光纤通信技术不仅可以应用在通信的主干线路中，也可以用在通信控制系统中，既有经济优势又有技术优势，光纤通信由于超高速、低误码、高可靠，价格低廉，已成为信息传输的重要手段和信息社会的重要基础设施。

3. 信息处理技术

信息处理技术是利用计算机硬件、软件、网络，对信息进行采集、加工、存储、输出和利用的技术，包括计算机硬件技术、软件技术、网络技术和存储技术等。

（1）计算机硬件技术。计算机硬件技术是有关计算机内部元器件、外部设备等硬件的研制、设计和生产技术，包括硬件体系结构设计、硬件器件制造技术、总线技术等几个方面。

计算机硬件分为处理器、存储器、系统逻辑电路器件、印刷电路板和输入输出设备。计算机硬件系统中的电子器件正在向更高的集成度、更省电节能和功能模块方向发展。

（2）计算机软件技术。软件是对计算机系统中的程序代码和有关文档资料的总称。软件是计算机系统必不可少的组成部分，保证计算机系统能有效地运行，并为用户提供特定的服务。

软件是计算机用户与硬件的接口，用户通过软件使用计算机。软件的主要功能如下：

- 管理计算机系统的硬件资源，提高各种资源的利用率。
- 在硬件功能的基础上，扩充硬件的功能，提高硬件的利用效率。
- 提供对硬件的测试、诊断和维护所需要的工具。
- 提供完成特定应用的专用程序。
- 为专业人员提供必要的开发工具和开发环境。
- 向用户提供方便、灵活的使用界面。

根据软件与计算机硬件和用户的关系，软件一般可分为系统软件和应用软件两类。

（3）计算机网络技术。计算机网络是计算机技术和通信技术相结合的产物，近 20 年得到了快速的发展。网络技术主要包括网络操作系统、网络拓扑结构、通信子网和协议等。

- 网络操作系统负责网络资源管理和网络访问控制等功能，是网络系统的软件核心，它的好坏决定着网络的性能和可靠性。
- 网络拓扑结构是讨论网络系统的物理连接形式，指网络物理构成的几何形状，能表示出网络服务器、工作站的网络配置和互相之间的连接关系。网络拓扑结构按形状可分为 5 种类型：星型、环型、总线型、树型及网状拓扑结构。通信技术的发展促进了网络的发展。特别是先进的通信线路为计算机远程互连创造了有利的条件。人们可以利用各种连接设备把各种性质的设备连接成通信子网。
- 通信子网由接入设备、通信线路和结点机组成。接入设备用来将用户终端连接到网络中，种类有 Modem、网卡和其他终端设备。通信线路包括普通电信网络（普通电话线、ISDN）、DDN、微波通信网、卫星通信网、特殊传输线（双绞线、同轴电缆、光缆）等。结点机用于转发网络上传输的数据，连接不同体系结构的计算机网络。
- 网络协议就是有关计算机网络之间的通信规则，只有通信双方遵循同样的协议才能进行信息的发送和接收，每个计算机上都必须安装执行协议的软件。

（4）存储技术。用于存储信息的设备，现在常用的有软盘、硬盘、光盘和 U 盘等，其中硬盘和光盘是最常用的大容量存储设备，U 盘是最便捷的存储设备。

4. 信息控制技术

控制就是系统根据内部和外部的各种变化进行调整，克服系统的不确定性，使系统保持某种特定状态的行为。信息控制系统是控制系统的主要形式，其功能是根据输入的信息对外部事物的运动状态和方式进行干预。

5. 信息应用技术

信息的采集、处理和存储的目的是利用信息，使其为生产和生活服务。信息应用技术是为信息在管理、生产等领域发挥作用而提供的技术手段，可分为两类：一类是管理领域的信息应用技术，主要代表是管理信息系统和利用这一技术开发的各种各样的信息系统；另一类是生产领域的信息应用技术，主要代表是计算机集成制造系统（CIMS）技术和利用这一技术开发的各种计算机集成制造系统。

（1）管理信息系统（MIS）技术。管理信息系统是一个由人和计算机组成的，进行信息收集、传输、加工、存储和利用的系统。MIS 能利用以往的数据预测未来，能辅助企业经营者进行决策，能利用信息控制国民经济的活动，并帮助其实现规划目标。MIS 的特点是：数据集中统一，采用数据库技术进行管理；广泛应用数学模型；有预测和控制能力；可以面向决策。

（2）计算机集成制造系统（CIMS）技术。计算机集成制造系统是在通信技术、计算机技术、自动化技术和制造技术的基础上，将制造类企业中的全部生产活动，包括设计、制造和管理统一起来，形成最优化的产品生产大系统，达到缩短产品的开发与制造周期、提高产品质量、提高生产率和充分利用各种资源的目的，获得更高的整体效益，提高企业的应变能力，获取最大的竞争优势。

CIMS 由管理信息系统、产品设计与制造自动化系统以及质量保证系统等子系统组成，CIMS 技术的关键是将各个功能与系统有机地集成在一起，而集成的重要基础是信息共享。CIMS 作为一种组织现代化工业生产的科学方法和工厂自动化的先进模式，正日益成为各国制造业所关注的热点。

6. 信息安全技术

信息安全包括物理安全、安全控制和安全服务。保障信息安全的技术主要包括密码技术、防火墙技术、病毒防治技术、身份识别技术、访问控制技术、备份与恢复技术和数据库安全技术等，其中前三项属于关键技术。

（1）密码技术。密码技术是指通过信息的变换或编码，将机密的敏感消息变换成难以识别的乱码，使截获者不知道其中的信息含义。密码技术包含两个方面，即密码的编码技术和密码的分析技术。前者的目的是对信息进行编码实现信息的隐蔽，后者的目的是分析破译密码的方法。两者既相互对立，而又相互促进。

采用密码方法可以隐蔽和保护机要信息，使未授权者不能提取。被隐蔽的消息称作明文，密码可将明文变换成一种隐蔽的形式，称为密文，这种由明文到密文的变换称为加密。由合法接收者从密文恢复出明文的过程称为解密，非法接收者从密文分析出明文的过程称为破译，对明文进行加密时采用的一组规则称为加密算法，对密文解密时采用的一组规则称为解密算法。加密算法和解密算法是在一组仅有合法用户才知道的秘密信息（称为“密钥”）的控制下进行的，加密和解密过程中使用的密钥分别称为加密密钥和解密密钥。

随着 Internet 的普及，新的加密措施不断出现，比较成熟的方法有三种：

1）数字签名。能够实现电子文档的辨认和验证。

2）认证技术。用于信源识别，即验证发信人的真伪，同时检验发送信息的完整性。

3）信息伪装，又称信息隐藏。将机密资料秘密地隐藏于另一非机密文件内。

（2）防火墙技术。防火墙技术是保护网络不受侵犯的最主要技术之一。当企业内部网络连接到 Internet 网络时，防止非法侵入、确保企业内部网络的安全就是至关重要的。最有效的防范措施就是在企业内部网络和外部网络之间设置一个保护设施——防火墙，它可以控制网络之间的访问安全。防火墙通常是软件和硬件的结合体，可以根据设置的规则进行安全防护。

防火墙应具有五大基本功能：① 过滤进出网络的数据包；② 控制进出网络的访问行为；③ 禁止某些访问行为；④ 记录通过防火墙的信息内容和访问活动；⑤ 对网络攻击进行检测和报警。

（3）病毒防治技术。病毒防治技术包括病毒的预防、检测和消灭三种技术。

1）病毒预防技术。通过自身常驻系统内存，优先获得系统的控制权，监视和判断系统中是否有病毒存在，阻止计算机病毒进入计算机系统和对系统进行破坏。这类技术有加密可执行程序、保护引导区和目录区、系统监控与读写控制等。

2）病毒检测技术。通过计算机病毒的特征判断病毒是否存在的技术，如自身校验、关键字、文件长度的变化等。

3）消灭病毒技术。通过对计算机病毒的分析，开发具有删除病毒程序、恢复原文件的软件技术。

通过技术和管理两方面的努力，病毒是可以防范的。虽然不断地会有新的病毒出现，只要在思想上有防范病毒的意识，依靠技术和管理措施，基本上可以限制病毒的传播。

1.6 企业信息管理

1.6.1 企业信息管理的意义

企业信息管理是企业应用信息技术和信息产品的过程。准确地说，就是信息技术由局部到全局、由战术到战略向企业全面渗透、支持企业经营管理的过程。

企业信息管理的核心是运用信息技术对企业的信息资源进行数字化管理。数字化就是把企业现实中的实体及其关系和业务过程进行编码。根据对象的不同，编码可分为数据（文档、图形、图像和结构关系等）的编码、隐含知识和工具的编码、业务流程的编码和经营决策的编码。

（1）数据编码。是指将原来的文档、图纸、表格和组织结构关系等电子化。

（2）隐含知识和工具编码。是指将企业“怎样做”的知识和常用的工具进行编码，实现企业共享。

（3）业务流程编码。是指将现实的作业任务分配、数据流动过程、项目管理等进行编码，使企业员工之间可以方便地协作。

（4）经营决策编码。是指将决策用的数据从采集、分析和整理等进行编码，使经营决策过程自动化。

这四种编码是逐层进行的，后一层次必须建立在前一层次的基础之上，它们既是信息高效存储、利用和传播的基础，也是企业在战略层上实现转变的关键。

企业信息管理的目的，是使企业能充分地开发和有效地利用信息资源，把握市场机会，作出正确的决策，提高企业运行的效率，增强企业的竞争力。

1.6.2 企业信息管理的内容

1. 企业信息管理所涉及的方面

（1）要充分地考虑信息技术以及企业外部的环境变化对企业生产经营活动和企业管理的影响，尽可能合理地构建企业的业务流程和管理流程，结合企业的发展规划，不断完善企业的组织结构和管理制度等。

（2）建立企业总体数据库。企业总体数据库一般由两个基本部分组成：一部分用于存储企业日常生产经营活动和管理活动中产生的实际数据及其关系；另一部分用于描述企业经营决策者的决策信息。

（3）建立相关的各种自动化及相应的管理系统，如计算机辅助设计/辅助生产（CAD/CAM）、制造资源计划（MRPII）、企业管理信息系统（MIS）、决策支持系统（DSS）、办公自动化系统（OA）、专家系统（ES）等。这些系统主要实现企业生产经营活动和管理活动中各种信息的收集、存储、加工、分析、传输和利用，为企业经营者决策提供依据。

（4）建立企业内部网（Intranet）。提供企业内部信息共享平台，由此网络将企业的各个自动化与管理系统及其数据库连为一个整体，以网络的方式达到对企业内部信息资源进行重新整合的目的，做到资源最佳配置。

（5）建立企业外部网（Extranet）。使企业与供应商、合作伙伴、消费者之间信息共享。

（6）连接 Internet。利用 Internet 可以做到三点。① 获取大量与企业生产经营活动有关的信息，充实企业内部信息库。② 向外部企业提供生产等相应的信息。③ 在网上开设虚拟商店，宣传自己的产品和服务，直接在网上开展经营活动。通过企业与消费者之间的直接沟通，使产品和服务质量有很大的提高，企业可以进一步开拓市场，密切与消费者的关系。

2. 企业信息管理的主要内容

（1）制订企业信息规划。企业信息管理首先要明确企业需要什么样的信息，收集信息的范围和目的是什么。

在企业信息管理的初始阶段，应根据信息的需要制订信息规划，否则，就会在信息收集的过程中，缺乏系统性，出现盲目性等。企业信息收集的目标应该根据企业管理层的信息需求决定，由信息管理工作人员根据既定目标，确定完成信息收集任务应采取的方法。

制订企业信息规划分成三个阶段。

第一阶段，了解企业各部门信息需要状况，以及使用信息的目的。企业信息的用途可能十分广泛，例如，战略规划、产品的研发、进入新市场的战略、评价企业兼并的目标、确定新产品投放市场的时间等。在这一阶段，最重要的也是企业信息管理中最易忽略的工作，就是对企业内部信息需求的评估。

这项工作有三方面的内容：① 确定最需要的信息是什么；② 确定使用最多的内部信息有哪些；③ 确定内部交流的渠道和媒介是什么。信息需求评估的重点是了解企业高层管理的信息需要，了解高层管理者信息需要的方法很多，如访谈、问卷调查等。由此，确定出高层管理者信息需求的具体范围，特别是确定所需的关键信息。总之，制订信息规划是保证信息管理部门能够为企业管理者提供所需要的信息，而不是提供所获得的全部信息。

第二阶段，制订一个收集、分析信息的计划。根据可用的时间和所需要信息的内容，确定实施收集信息的计划。该计划应包括收集不到某些所需信息时的应急方案，例如，在没有最佳信息源的情况下，应有选择其他信息源的方法。

第三阶段，让企业高层管理者了解工作的进展。制订了计划，就应将该计划告诉高层管理者，确保提供的信息能适合他的需要。

（2）信息收集。根据信息规划，收集所需的原始信息。收集的信息大部分来源是公开渠道。这些信息源包括政府、行业协会的年度报告，书籍、报刊、杂志、年鉴，广播、电视、首长讲话、聊天、网络数据库等。只要方法得当，每个人都可以通过合法的方式得到所需的绝大部分信息。可是人们往往忽略公开信息源，而是把信息收集的重点放在竞争对手的商业秘密上，其实商业秘密也不完全是企业成功的保证，企业收集信息一定要重视公开信息源。

根据信息的来源，企业一般将信息分为三类：一级信息、二级信息和创造性信息。

1）一级信息。从一级信息源（政府文件、年度报告、领导讲话、电视报道、公司财务报告等）获得的未经处理的事实，是关于某一事物的原始、完整的信息，一般这类信息是比较准确的。

2）二级信息。从二级信息源（报纸、杂志、书籍、经剪辑过的电视和广播节目、分析员的报告等）提供的经加工过的信息。二级信息通常是从一级信息源中剪裁下来的，经过加工、不完整的信息。但这并不意味着二级信息不如一级信息准确和重要。

一级、二级信息的差别就在于要根据收集信息时信息的来源和加工渠道的不同，给予它们不同的权重。

3）创造性信息。信息可以分为基本信息和创造性信息。基本信息是可以直接收集到的信息，包括来自一级、二级信息源的信息；创造性信息是要通过一些间接的方法或非常规的方法才能获得的信息。下面是一个通过非公开信息收集方法获得成功的案例。

一家日本公司计划在美国某地建一座造纸厂，为此，需要了解当地造纸厂的生产能力和实际产量。如果该工厂开工不足，再建一座造纸厂将毫无意义，否则，就有利可图，因为当地有许多林场，造纸的原料充足。日本公司聘请专业咨询公司来了解当地造纸厂的情况。该咨询公司首先记录了从工厂开出的火车车皮数量，然后为了解车皮是否都满载，又请来了一位既懂化学又是金属方面行家的人，通过对每趟火车开过后钢轨上的锈迹的变化情况来确定钢轨承受的重量，从而确定了火车的载重量，从火车的载重量又推算出了该厂生产纸的数量。但仅知道产量还不够，还要掌握工厂设备的开工情况。于是又通过询问该厂的一些工人了解到机器的数量、类型等，又从机器制造商那儿知道了这些机器的生产能力。结果发现，工厂机器的开工率大部分时间达 90%，于是日本公司决定建造一座新的造纸厂。

（3）信息处理。企业信息管理者收集到的信息是大量、无秩序的。因此，必须对收集到的信息进行一定的处理才能使用。信息处理的首要工作是将信息集中、记录和组合，这由企业较低级的部门完成，这样可以使中、高级信息分析人员将精力集中在关键的信息分析上。对收集到的信息应进行评级和分类。由于信息的来源不同，收集到的信息良莠不齐，对信息的真伪要进行辨别，分出等级和档次。对获得的原始信息应该有完整的备份，送达高级管理者的信息应当简明扼要。

（4）信息分析。分析是将基本信息转换成有价值的信息——情报——的过程。信息分析是信息处理的高级阶段，要求分析人员权衡信息的重要性，寻找最适合的分析方法，提出信息分析的方案。分析包括对所有的资料进行综合、评价和判断，将所有资料组成有逻辑性的整体，将评价置入一定的背景中，最后提供完整的情报。这一阶段的工作是企业信息管理周期的最后一个环节，是前期工作的最终结果。它既可以是简短的口头汇报，也可以是详尽的书面报告。企业管理者在了解有关内容之后可能提出新的信息要求，从而促使新的信息管理周期的开始。

1.6.3 企业信息管理机构

1. 高层信息管理机构

高层信息管理机构是统一管理企业内各种重要信息的信息管理中心，负责把与企业经营管理有关的重大信息向企业决策层反馈。因此，这一层次信息管理机构的设置应与企业管理职能相适合，信息管理中心宜设置在负责企业生产经营计划、统计等业务的综合科室或总经济师办公室。这样，才能使信息与企业经营管理紧密衔接起来。对于大型企业来说，为了提高信息管理的整体效率，应建立一个集中管理企业信息的专门机构。这个机构应承担五个方面的功能。

（1）信息汇总与收集功能。

1）信息汇总，是将分散于各部门的信息汇总起来，形成一个权威的内部信息库。在信息汇总的同时，对各种信息进行检验、评估，保证入库信息的准确性。

2）信息收集，是有选择地收集企业的外部信息，主要包括以下两个方面：

- 收集与本企业密切相关的信息，例如，与企业生产相关的科技信息、政策法规信息等。
- 企业的信息管理机构应成为企业与社会信息服务机构沟通的桥梁，经常与社会信息服务机构联系，取长补短，互通有无，善于利用他们收集的与企业经营相关的信息。
- 社会信息服务机构对企业来说，是一个非常好的信息源，可以让企业最大限度地利用社会信息资源。

（2）信息分类与检索功能。信息分类与检索功能，就是对已汇总、收集到的信息进行有序化的管理。例如，按企业经营范围、生产流程、机构设置或信息用途等进行分类，将信息归纳为若干类，使相同或相近的信息集中在一起，不同的信息区分开。这个过程实际上是将零散无序的信息重新排列组合到相应的信息链中，使信息成为一种有序化的整体，便于多途径检索，随时满足查询要求。

（3）信息分析与处理功能。信息分析与处理功能体现在以下三个方面：

1）信息的选择与过滤。面对大量的信息，可以根据实际需要的迫切性，从大量的信息中选择那些有用的信息进行分析处理，忽略其余信息。

2）对信息进行有效的分析，“去伪存真，去粗取精”。

3）利用多种方法对信息进行处理，根据信息对现状进行描述，以及对未来进行预测。这是利用信息的根本目的。信息的重要价值，就在于对未来的预见性。

企业获得的大部分信息只有经过分析才有使用价值，未经分析处理的信息，不仅没有任何价值，还可能暗含风险。例如，一家企业根据报纸刊登的“全国冶金工作会议决定采取钢材限产保价的宏观调控措施”的消息，认为钢材不会降价，决定一次性大批量购进钢材。结果，没过多久市场上的钢材每吨就降价 80 元，使这家企业从可盈利 15 万元转为亏损 25 万元。如果该企业看到信息后，对信息进行认真分析研究后再下结论，这种失误是完全可以避免的。信息分析可以使信息变成可用于战略和战术决策的情报。特别是在企业竞争激烈的市场经济中，信息分析是其非常重要的一环。

（4）信息协调与沟通功能。信息管理机构是企业信息沟通的枢纽，要对企业各部门的信息工作进行协调、指导和监督。

（5）信息反馈功能。信息反馈是信息管理机构为企业提供有效信息服务的必要条件，将决策的执行情况反馈到决策层，不断完善企业的决策过程。

2. 中层信息管理机构

中层信息管理机构主要负责收集、传递、处理和反馈各种生产经营过程中的有关信息的信息管理机构，对企业生产工艺、供应、销售、质量检验、设备管理、财务核算、安全环保、技术改造、新产品开发等各种专业信息进行收集和反馈，由各有关部门及时解决或传递给企业决策层研究处理。因此，中级信息管理机构可按专业分设于各业务归口科室。

中层信息管理机构的功能主要包括以下内容：

（1）收集国内外同行的经济、技术、工艺、质量和新产品开发等信息。

（2）收集本行业有关部门颁发的政策性信息和技术资料。

（3）收集由基层信息管理机构传递来的，在生产经营过程中存在的异常情况，需要跨车间、跨部门协调统一解决的重要问题。

（4）收集市场信息，例如，产品销售变化、价格情况、原材料供应、产品运输及保管状况、新品开发技术情报以及国际市场的开拓等信息。

（5）收集上级业务机构发布的与本企业有关的批示、指示、批复等信息。

3. 基层信息管理机构

基层信息管理机构是处于企业基层的信息管理机构，主要负责收集、传递企业基层生产车间在生产经营过程中所产生的信息。因此，基层信息管理机构宜设在车间或分厂等基层生产单位。基层信息管理机构的功能主要包括以下内容：

（1）收集本单位各岗位生产过程中出现的异常情况。

（2）统计本单位的产品产量、质量、原材料消耗、成本指标、经济效益指标等信息，做好各种原始记录的整理工作，使各种资料档案化。

（3）收集产品用户以及其他车间对本单位产品的意见。

（4）记录原材料的质量对产品质量的影响问题。

（5）接收上级有关部门的指令、决定、要求和意见。

（6）向企业信息管理中心和中层信息管理机构传递基层信息，并接收他们反馈的信息及处理结果。

4. 其他信息管理机构

（1）流动信息机构。流动信息机构是指企业工作人员在外出开会、参观、学习以及社会交往活动中，出于对企业的责任感收集信息的机制。企业应该提倡和鼓励这种机制，这种机制往往能得到很多珍贵的信息，是企业宝贵的资源财富。

（2）社会信息网。社会信息网是指社会上的信息机构。例如，信息中心、同行业其他企业的信息机构、咨询公司、大专院校和科研部门等。企业通过社会上的信息机构，可以获得较多的与本企业有关的各种信息。

5. 企业信息管理中心

企业信息管理中心是信息管理系统的核心，具有信息输入、存储、处理和输出的控制功能，负责企业经济、技术信息的输入、存储、处理和输出的业务，通过信息反馈不断改进信息系统的组织结构、工作方法和工作程序等，以便更好地为生产经营活动服务。企业信息管理系统能否正常运行，不仅取决于信息工作人员的能力、素质和先进的技术手段，而且还取决于健全的激励机制和约束机制以及各部门间的信息服务和信息利用意识。

对于中小型企业，适宜采用集中管理体制，设置一个信息管理机构对企业信息进行集中统一的管理。信息管理工作要由专人负责，应直接隶属总经理领导。专职信息管理人员的数量应视企业规模而定，少则 1 人，多则十几人，他们的工作是总经理工作的一部分，负责为总经理收集所需的各方面的信息，应具有整理信息的能力，完成总经理信息管理工作助手的任务。

对于大型或特大型企业，适宜采用分散－集中的管理模式，根据企业组织机构设置情况建立不同层次的信息管理机构，由企业信息管理中心统一进行管理。一般应设信息主管（CIO）一职，信息主管的职责是全面管理企业的信息资源开发和利用，包括更新企业信息技术、完善企业信息系统和培训企业信息管理人员；最大限度地实现企业内部信息资源的共享，为决策层提供信息服务；沟通经理层与各部门之间的联系，协调和组织企业内外信息资源的交流。在信息主管下设立信息中心或信息部。在信息中心或信息部中，还要下设信息收集、信息分析、管理策划等部门。一般设部长 1 人，直接对信息主管负责，信息部下设的部门可各设负责人 1 名，由信息部长统一领导。信息部的工作人员最少十几人，最多可达几百人。

6. 企业信息管理组织模式

由于企业信息系统的组织结构不同，企业信息流的传播机制存在着较大的差异。国内企业存在着集中、分散和集中一分散三种组织结构模式。

（1）集中型结构模式。在集中型结构模式中，由企业信息中心负责各种信息的收集、存储、加工、整理和传递等工作，各个职能部门所需要的信息，由信息中心统一进行筛选、提供。在这种模式中，企业信息流的传播机制是信息中心到职能部门，此时，企业信息中心担任的是一个“信息守门人”的角色。因此，这种模式对企业信息人员的素质要求很高，而且只适合规模较小的中小型企业。

（2）分散型结构模式。分散型结构模式是企业中不设信息中心，在各车间和职能部门中设专、兼职信息员，他们定期或不定期地进行信息交流活动。企业信息流的传播是从车间的职能部门到车间的职能部门。这种结构适应环境能力强，但因车间职能部门之间约束力较弱，容易发生信息传递障碍。

（3）集中一分散结构模式。在集中一分散结构模式中，企业有独立的信息中心，负责各种信息的收集、存储、加工、整理和传递，同时各职能部门或车间有专、兼职信息员进行必要的信息联系。这种结构模式比较灵活，使信息流既发达又畅通，在企业内部形成自上而下和自下而上的纵向信息流动以及各职能部门之间横向的信息流动。因此，这种模式有利于企业的信息交流，也是企业信息交流模式发展的方向。

1.7 大数据技术概述

1.7.1 大数据技术的发展

20 世纪末大数据技术开始萌芽，随着数据挖掘理论和数据库技术的成熟，一些商业智能工具和知识管理技术开始应用。21 世纪初，社交网络的流行导致大量非结构化数据出现，随着智能手机应用，数据碎片化、分布式、流媒体特征更加明显，移动数据急剧增长。传统的处理方法难以应对，数据处理系统、数据库架构开始重新构筑。2005 年 Hadoop 项目诞生，采用 Hadoop 分布式文件系统，利用 MapReduce 技术的高性能、并行数据处理服务。随后大数据形成并行计算和分布式系统，大数据发展进入成熟期。

随着对大数据技术的不断发展和研究，其各个环节的技术发展呈现出新的发展趋势和挑战。2012 年维克托·舍恩伯格《大数据时代：生活、工作与思维的大变革》出版，大数据的概念开始风靡全球。2013 年 5 月，麦肯锡全球研究所发布了一份名为《颠覆性技术：技术改进生活、商业和全球经济》的研究报告。报告确认了未来 12 种新兴技术，而大数据是这些新兴技术的基石。2014 年 5 月，美国白宫发布了 2014 年全球“大数据”白皮书的研究报告《大数据：抓住机遇，守护价值》，报告鼓励使用数据推动社会进步。2015 年 12 月，中国计算机

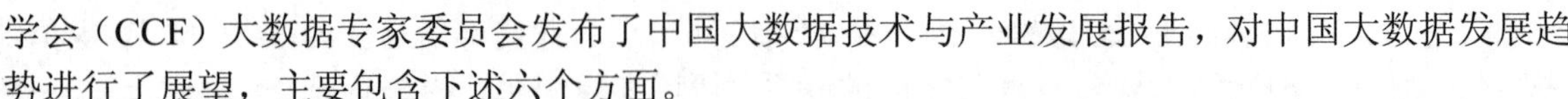

学会（CCF）大数据专家委员会发布了中国大数据技术与产业发展报告，对中国大数据发展趋势进行了展望，主要包含下述六个方面。

1. 大数据可视化分析

可视化是通过把复杂的数据转化为可以交互的图形，帮助用户更好地理解分析数据对象，发现、洞察其内在的规律。通过可视化方式来帮助人们探索和解释复杂的数据，为决策者挖掘数据的商业价值，促进大数据的发展。可视化实际上已经极大地拉近了大数据和普通民众的距离，即使对 IT 技术不了解的普通民众和非技术专业的决策者，都能更好地理解大数据及其分析的效果和价值，可以从国计、民生两方面充分发挥大数据的价值。

2. 多学科融合与数据科学

大数据技术是多学科多技术领域的融合，数学和统计学、计算机类技术、管理类等都有涉及，大数据应用更是与多领域产生交叉。这种多学科之间的交叉融合，呼唤并催生了专门的基础性学科——数据学科。基础性学科的夯实，使学科的交叉融合更趋完美。在大数据领域，许多相关学科从表面上看，研究的方向大不相同，但是从数据的视角看，其实是相通的。随着社会的数字化程度逐步加深，越来越多的学科在数据层面趋于一致，可以采用相似的思想进行统一研究。从事大数据研究的人不仅包括计算机领域的科学家，也包括数学等多方面的科学家。

3. 大数据安全

在用大数据分析和数据挖掘获取商业价值的时候，很可能受到黑客的攻击，通过文件访问控制来限制对数据的操作，基础设备加密、匿名化保护技术和加密保护等技术，最大程度地保护数据的安全。

大数据的过度滥用所带来的问题和副作用也不容忽视，比较典型的就是个人隐私的泄露，还有大数据分析所带来的商业秘密的泄露和国家机密的泄露。对大数据的威胁、大数据副作用的极端恐惧，都会阻碍和破坏大数据的发展。在大数据相关的研究和开发中，需要保持一个基础的比例用于相对应的安全研究，而让安全方面产生实质性进步的驱动力，可能是对大数据的攻击和滥用的负面研究。

4. 大数据多样化处理模式

大数据的处理模式更加多样化，Hadoop 不再成为构建大数据平台的必然选择。数据的多源和多样性，导致数据的质量存在差异，影响到数据的可用性。在应用模式上，大数据处理模式多种多样，批量处理、流式计算、交互式计算等技术，面向不同的需求；在实现技术上，内存计算将继续成为提高大数据处理性能的主要手段，相对传统的硬盘处理方式，在性能上有了显著提升。特别是开源项目 Spark，目前已经被大规模应用于实际业务处理中，并发展成为大数据领域最大的开源社区。Spark 拥有流计算、交互查询、机器学习、图计算等多种计算框架，支持 Java、Scala、Python、R 等语言接口，使得数据使用效率大大提高，吸引了众多开发者和应用厂商的关注。值得说明的是，Spark 系统可以基于 Hadoop 平台构建，也可以不依赖 Hadoop 平台独立运行。

在大数据的计算模式方面，出现了多种典型的计算模式，包括大数据查询分析计算、批处理计算、流式计算、迭代计算、图计算、内存计算等。

很多新的技术热点持续地融入大数据的多样化模式中，形成一个更加多样、平衡的发展路径，满足了人们对大数据的多样化需求。有关机构可以将大数据的研究和开发，有意识地链接和融入大数据技术生态中，或者利用技术生态的成果回馈大数据技术。

5. 深度分析推动大数据智能应用

在数据量迅速膨胀的同时，还要进行深度的数据分析和挖掘，因此，越来越多的大数据分析工具和产品应运而生。在学术、技术方面，深度分析会推动大数据智能的应用，涉及人的思维、影响、理解的延展，这些将成为大数据深度分析的关键应用方向。

相比于传统机器学习算法，深度学习提出了一种让计算机自动学习产生特征的方法，并将特征学习融入建立模型的过程中，减少了人为设计特征引发的不完备。深度学习借助深层次神经网络模型，能够更加智能地提取数据不同层次的特征，对数据进行更加准确、有效的表达。而且训练样本数量越大，深度学习算法相对传统机器学习算法就越有优势。

目前，深度学习已经在容易积累训练样本数据的领域，例如，图像分类、语音识别、问答系统等应用中获得了重大突破，并取得了成功的商业应用。随着越来越多的行业和领域逐步完善，数据的采集和存储，深度学习的应用会更加广泛。由于大数据应用的复杂性，多种方法的融合将是一个持续的常态。

6. 大数据的存储与管理

大数据存储规模大，存储管理复杂，需要兼顾结构化、半结构化和非结构化的数据。分布式文件系统和分布式数据库相关技术的发展正在有效地解决这些问题，其中大数据索引和查询技术、实时及流式大数据存储与处理的发展，更有利于大数据的存储与管理。

对数据处理的能力、性能等进行测试、评估、标杆比对等第三方形态的出现，逐步成为热点。相对公正的技术评价有利于优秀技术占领市场，形成优秀技术的研发生态环境。

1.7.2　大数据技术的内容

大数据技术是指从各种各样类型的大量数据中，快速获得有价值信息的技术。解决大数据问题的核心是大数据技术。大数据不仅指数据本身的规模，也包括采集数据的工具、平台和数据分析系统。大数据技术包括大数据的数据收集架构、存储模型、程序集成开发环境、程序开发辅助工具、机器学习、安全管理、数据可视化、搜索引擎、大数据处理算法等内容。

有许多问题妨碍了大数据技术的发展和实际应用，一种成功的技术，需要一系列衡量的标准。现在可以通过流处理、并行化、摘要索引和可视化等几个基本要素来衡量大数据技术的优劣。

1. 流处理

伴随着业务的发展，以及业务流程的复杂化，人们的注意力越来越集中在“数据流”而非“数据集”上面。决策者感兴趣的是紧扣其组织机构的命脉，获取实时的结果。他们需要的是能够处理随时发生的数据流的架构，当前的数据库技术并不适合数据流处理。

2. 并行化

在分布式数据环境中，如果想在短时间内处理数据，就需要分布式处理。并行处理在分布式数据中脱颖而出，Hadoop 是一个分布式/并行处理领域的工具。Hadoop 包含一个大型分布式的文件系统，支持分布式/并行查询。

3. 摘要索引

摘要索引是一个对数据创建预计算摘要，以加速查询运行的过程。摘要索引的问题是，使用者必须为要执行的查询做好计划，因此它的应用受到限制。

数据增长飞速，对摘要索引的要求远不会停止，不论是长期还是短期考虑，供应商必须对摘要索引的制定有一个确定的策略。

4. 数据可视化

可视化工具有两大类：

（1）探索性可视化描述工具可以帮助决策者和分析师挖掘不同数据之间的联系，是一种可视化的洞察工具。

（2）叙事性可视化工具可以用独特的方式探索数据。例如，如果想以可视化的方式在一个时间序列中按照地域查看一个企业的销售业绩，该工具可以预先创建一个可视化格式。数据会按照地域逐月展示，并根据预定义的格式排序。

1.7.3 大数据技术对信息管理的影响

大数据技术成为继云计算及互联网以后，对信息管理影响最为直接的应用技术。很多企业与科研单位都从不同的角度进行大数据的具体应用研究，大力挖掘大数据的内在价值，使大数据相关的技术进入快速发展的轨道。

1. 大数据提高信息管理的效率

大数据可以非常有效地提高信息管理的效率，利用对数据的大力收集和高效分析，数据拥有者可以迅速地完成信息的检索和分析汇总，保证信息管理一直处于良好的状态，可以防止信息数据的流失，改进现有信息数据管理的模式。

2. 大数据技术使信息管理更加科学

大数据可以使信息分类和分步管理变得更为有效和科学。借助大数据的技术可以把数据片段化零为整，达到分类管理的目的，使不同属性的信息可以整合集成，然后再根据相应的信息特点与特质进行有针对性的管理，使信息管理变得更具有科学性。另外，大数据的应用能使信息管理的流程变得更为有序，增强管理的规范性。

3. 增强信息管理的人性化

大数据技术可以按照不同的信息管理以及使用习惯，增强信息运用的人性化。在信息管理的工作中，管理人员遵循的常用管理规则和事项，就是大数据平台应用管理的基本规范。可以有效地增强信息管理的实效性，满足使用者对信息高效运用的需求。另外，大数据平台还可以进行可视化操作，能有效减少信息管理的工作量，提高相关操作的专业性。

4. 数据的解析与管理更加多元化

数据的解析与管理也是大数据的一个核心技术。在数据解析的时候，其运算的规则往往是多变的，对应的数据信息存储管理同样也是十分复杂和多样的。基于大数据的信息管理，在数据解析与管理上能够满足多元化的需求，能有效地提高信息管理的水平和质量。

5. 数据的收集和汇总更为复杂

大数据的明显的特征就是数据来源的多样性，由于数据的来源非常的广泛，其数据类型也因此更为复杂。在这种情况下，对信息管理的挑战非常巨大。大数据所拥有的数据关联以及聚合技术，可以使收集汇总的数据遵循统一的标准和结构予以储存，能有效地确保数据的后续使用。

6. 数据信息管理的安全性更加重要

在大数据时代，数据获取与传输的渠道增加，信息管理的便捷性更加凸显。大数据管理的安全性非常值得注意，需要建立基于大数据的信息安全管理体系，保证大量数据以及多元化信息的安全与稳定。

小　结

信息就是用于描述事物特征的一种形式，是事物存在的方式或运动的状态，以及对这种方式或状态的直接和间接的表述。信息已成为现代管理的基本要素和重要手段，而且作为生产力的关键因素和社会发展的重要资源，正发挥着日益重要的作用。

信息的本质是事物自身显示其存在方式和运动状态的属性，是客观事物存在的表现，是一个复杂的、多层次的概念。信息是从客观现象中提炼出来的各种各样消息的总和，是一切知识、学问的源泉，是社会共享的。只有了解和掌握信息的重要特性，才能更好地管理和使用信息。

信息的特征是指信息区别于其他事物的基本属性。信息作为资源也是有生命周期的，信息从产生到被使用发挥其价值，可分为收集、传输、加工、存储和维护等阶段。

信息管理的三要素是人员、技术、信息，这体现了信息管理的两个方面，即信息资源和信息活动，反映了管理活动的基本特征，即计划、协调和控制等。

现代信息管理的意义主要有三部分：①信息管理是对信息资源和信息活动而言；②信息管理是管理活动的一种；③信息管理是一种社会规模的活动。

信息组织是指对信息资源的组织，是根据信息检索的需要，以各种类型的信息资源为对象，通过对信息内容的分析、选择和处理，使信息成为有序化集合的过程。信息是事物运动状态和方式的表示，而任何事物运动的状态、方式都具有形式、内容和效用三个基本方面。根据这三个方面，信息又分为语法信息、语义信息和语用信息，对这三种信息进行组织的方法又各不相同：有语法信息组织方法、语义信息组织方法和语用信息组织方法三种。

现代信息管理的技术基础是信息处理技术，是从计算机数据处理技术发展而来的。数据处理就是在计算机上以任意形式进行数据资料的管理。企业信息管理是企业应用信息技术和信息产品的过程。准确地说，就是信息技术由局部到全局、由战术到战略向企业全面渗透、支持企业经营管理的过程。

企业信息管理的核心是运用信息技术对企业的信息资源进行数字化管理。数字化就是把企业现实中的实体及其关系和业务过程进行编码。根据对象的不同，编码可分为数据（文档、图形、图像和结构关系等）的编码、隐含知识和工具的编码、业务流程的编码和经营决策的编码。

企业信息管理的目的，是使企业能充分地开发和有效地利用信息资源，把握市场机会，作出正确的决策，提高企业运行的效率，增强企业的竞争力。由于企业信息系统的组织结构不同，企业信息流的传播机制存在着较大的差异。国内企业存在着集中、分散和集中－分散三种组织结构模式。

大数据不仅指数据本身的规模，也包括采集数据的工具、平台和数据分析系统。大数据技术包括大数据的数据收集架构、存储模型、程序集成开发环境、程序开发辅助工具、机器学习、安全管理、数据可视化、搜索引擎、大数据处理算法等内容。一种成功的技术，需要一系列衡量的标准。现在可以通过流处理、并行性、摘要索引和可视化等基本要素来衡量大数据技术的优劣。

习　题

一、名词解释

1．信息	2．数据	3．信息的价值
4．信息管理	5．信息组织	6．信息科学
7．信息技术	8．数据库	9．多媒体技术
10．计算机网络	11．信息系统技术	12．信息应用技术
13．信息安全技术	14．企业信息管理	15．系统原理
16．第五代计算机	17．量子计算机	18．大数据技术

二、判断题

1．信息管理是在信息资源的开发者、拥有者、传播者与需求者之间找到利益的平衡点，建立公平合理的信息产品的生产、分配、交换和消费机制，最大限度地满足全社会的信息需要。

2．信息组织，就是信息资源的组织，是根据信息检索的需要，以各种类型的信息资源为对象，通过对信息内容的分析、选择和处理，使信息成为有序化集合的过程。

3．对信息进行组织是信息管理与开发的一般工作，是信息采集之后进行的日常工作。

4．信息描述是根据企业管理的需要进行的。

5．信息加工是根据用户的要求，通过对信息的筛选、分析、整理和揭示，在原信息的基础上再生新信息的过程。

6．信息存储是将信息按照一定的要求与形式存储在指定的载体中的过程。

7．数据处理又称事务处理，是指用计算机进行非科学的、工程计算的数值统计、信息管理和资料查询等，主要用于商业和企事业单位的各类信息的管理、分析和研究。

8．计算机网络是通过电话线将计算机资源集成使用。

9．信息技术是指有关信息获取、传输、处理与控制、存储、应用等方面的一切技术。

10．数据库是指为满足多个用户的多种应用需要，按一定的数据模型在计算机系统中组织、存储和使用的相互联系的数据集合。

11．多媒体技术的核心特性是信息媒体的多样性、集成性和交互性，使人们能够以语言和图像等多种媒体形式与计算机进行交流，大大缩短了人与计算机之间的距离。

12．计算机网络最基本的功能就是进行数据通信，数据通信是把数据的处理与传输合为一体。

13．Internet 是世界上最大、覆盖面最广的计算机网络，又称为全球性、开放性的信息资源网。

14．信息传输技术和信息处理技术是信息的核心技术，而信息获取技术和信息控制技术是与外部世界的接口，它们构成一个完整的功能体系。

15．信息传输技术包括通信技术和多媒体技术，其中通信技术是信息传输技术的主流。

16．移动通信方式包括蜂窝移动、集群调度、无绳电话、寻呼系统和卫星系统等。

17．信息应用技术是为信息在管理、生产等领域发挥作用而提供的技术手段。

18．保障信息安全的技术主要包括密码技术、防火墙技术、病毒防治技术、身份识别技术、访问控制技术、备份与恢复技术和数据库安全技术等。

19．企业信息管理是企业应用信息技术和信息产品的过程，就是信息技术由局部到全局、由战术到战略向企业全面渗透、支持企业经营管理的过程。

20．企业信息管理的核心是运用信息技术对企业的信息资源进行数字化管理。

三、简答题

1．什么是信息？
2．信息的本质是什么？
3．信息和数据有什么区别？
4．信息有哪些基本属性？
5．信息有哪些局限性？
6．信息的生命周期有几个阶段？
7．什么是信息活动？
8．信息管理的职能是什么？
9．信息管理的特征有什么？
10．信息组织的内容有哪些？
11．信息管理的现代科学基础主要有哪些？
12．信息管理的技术基础主要有哪些？
13．计算机主要有哪些特点与应用？
14．信息技术主要有哪些特征？
15．数据处理技术的发展经历了几个阶段？
16．数据库技术的特点有哪些？
17．多媒体技术主要研究哪些内容？
18．企业信息管理的组织模式主要有哪些？

四、论述题

1．试述信息的基本含义。
2．试述信息与物质、能源的关系。
3．试述信息的特点。
4．试述信息的功能。
5．试述信息管理的特征。
6．试述信息管理的意义。
7．试述信息管理涉及的问题。
8．试述信息组织的特性。
9．试述信息科学研究的对象。
10．试述信息科学研究的主要内容。
11．试述在管理活动中存在着的三种各不相同又相互联系的动力。

第 2 章　信息资源的开发与管理

知识点

- 信息源、信息资源、信息资源的层次与分类
- 信息资源的定义、分类和特性，信息资源本体
- 信息用户、信息需求、知识产权与信息资源共享
- 信息资源开发的概念、信息服务、项目管理、信息资源管理
- 大数据资源、大数据分析

难点

- 信息源与信息资源的差异、信息资源的功能与信息资源计划的意义
- 信息资源开发的原则与开发战略、信息资源本体开发与应用开发的关系
- 信息资源开发的项目管理、信息资源开发的评价

要求

熟练掌握以下内容：

- 信息与信息资源的利用、信息资源开发的原则与开发战略
- 信息资源本体开发与应用开发的关系、信息资源开发的评价
- 信息资源计划工作的内容、信息资源开发的项目管理
- 信息资源管理目标与意义、信息资源管理的层次

了解以下内容：

- 信息污染与信息紊乱、元数据评价法、信息资源管理手段
- 信息资源计划的目的、常规管理计划的内容
- 大数据资源应用、大数据分析工具

2.1　信息资源

2.1.1　信息资源概述

1．信息源的概念

信息源即信息的来源，其含义广泛，在不同的学科有不同的含义。例如，在通信科学领域，信息源被称为信源，信源是消息的来源，可以是人、机器、自然物体等，也可以是一个事件。在传播科学领域，信息源又称为传播源，传播源源自生成、制作和发送信息的源头或起点，可以是个体（某个制作、传递信息的人），也可以是群体（指发生信息的部门或机构）。在图书

情报科学领域，信息源是指人们在科研、生产、经营以及其他社会活动中所产生的成果和各种原始记录，以及对这些成果和原始记录进行加工整理得到的产品。不同领域对信息源的认识各不相同，各有侧重，但它们所论述的都是同一类信息源。

2. 信息源的划分

进行分析就会发现信息源的概念是与信息的概念紧密联系在一起的，信息有不同的层次和类别，信息源也有不同的层次和类别。

（1）信息源的层次。依据信息源的特性及其加工和集约程度，信息源可分为以下四个层次：

- 一次信息源，又称本体论信息源，所有物质均为一次信息源。信息生产者的任务就是从一次信息源中提取信息，而信息资源管理者是不直接从一次信息源中采集信息的。
- 二次信息源，又称感知信息源，人的大脑所储藏的信息就是最主要的二次信息源，传播、决策和信息咨询等领域，主要研究的对象也是二次信息源。对于信息资源管理者而言，二次信息源既是最重要的信息来源，又是最主要的开发对象。
- 三次信息源，又称再生信息源，包括口头信息源、体语信息源、文献信息源和实物信息源四大类型，其中以文献信息源最为重要。
- 四次信息源，又称集约信息源，是文献信息源（如档案馆、图书馆、数据库等）或实物信息源的集约化（如各类博物馆、标本室等）。四次信息源是现代社会人们获取信息的主要的来源。

（2）信息源的分类。从不同的认识角度，可以将信息源分为不同的类。

1）根据信息源的内容，可分为自然信息源、社会信息源、经济信息源、科技信息源和控制信息源五类。

- 自然信息源，自然界是最主要的自然信息源，大自然的延展变化和生物的进化变迁等信息可从大自然中获取。
- 社会信息源，民间是最主要的社会信息源，从民间可以获取社会的组成结构、功能变化和发展态势等方面的信息。
- 经济信息源，产业界是最主要的经济信息源，从产业界可以获取产业结构、支柱产业、商品贸易和国民收入等方面的信息。
- 科技信息源，学术界是最主要的科技信息源，从学术界可以获取科研力量及其分布、科研成果的积累与应用、科技与学术的发展趋势等方面的信息。
- 控制信息源，政界是主要的控制信息源，从政界可以获取党、政、军、政策和法律法规等方面的信息。

2）根据信息源的运动方式，可分为静态信息源和动态信息源两大类。

- 静态信息源包括文献信息源、实物信息源和集约信息源，它们一经产生便固定下来。若没有人的参与，便不再自发地产生新的信息。在信息运动的过程中，静态信息只能被动地等待人们的采集与获取，因此又称为被动信息源。
- 动态信息源包括本体论信息源和感知信息源，它们均处于持续的变化之中，能够自发地产生新的信息。本体论信息只能自我更新，不能主动传播。感知信息不仅能自我更新，还能主动寻找吸收源（使用者）。

信息源无论怎样划分，都具有共同的特性——积累信息的功能。由于信息源可以积累信息，因此，在它与吸收源（使用者）之间就形成了信息的位差，这种位差又称信息势。信息势是产生信息流和信息交流活动的前提。

对于信息资源管理者而言，他们所研究和管理的对象主要是集约信息源、文献信息源、实物信息源和感知信息源。

3. 信息资源的概念

资源一般是指在人类生产活动中，可以用于创造物质财富和精神财富的，具有一定量的积累和客观存在形态的事物，如土地资源、矿产资源、森林资源、海洋资源、石油资源、人力资源和信息资源等。资源一般可以分为经济资源和非经济资源两大类。经济资源就是具有经济意义的资源，具有使用价值，以某种经济活动的形式为人类开发利用。

信息资源作为经济资源之一，目前对其认识尚处于发展阶段，未达成共识。综合国内外现有的研究成果，有两种观点最具有代表性。

（1）狭义的观点。认为信息资源是指人类在经济活动中，经过加工处理的、有序的、大量积累起来的、有用的信息集合，例如，科技信息、市场信息、金融信息、政策法规信息和社会发展信息等，它们的集合就构成一种信息资源。

（2）广义的观点。认为信息资源是人类在社会活动中，积累起来的信息、信息生产者、信息技术等信息要素的集合。

总之，信息资源应包括以下几部分：

1）人类在经济活动中经过加工处理的有序化并大量积累起来的有用信息的集合。

2）为某种经济目的而生产信息的信息生产者的集合。

3）加工、处理和传递信息的信息技术的集合。

4）其他信息活动要素（如信息设备、设施、信息活动经费等）的集合。

狭义的观点突出了信息要素在信息资源中的本质和核心作用。信息资源之所以是一种经济资源，主要是因为其中所蕴含的信息具有十分重要的经济价值，而信息生产者、信息技术等信息活动要素只不过是信息资源开发利用的必备条件。没有信息要素的存在，其他信息活动要素都没有存在的意义。

广义的观点把信息活动的各种要素都纳入信息资源的范畴，有助于全面、系统地把握信息资源的内涵。因为信息资源的社会价值虽然主要体现在信息要素上，但信息要素价值的实现却离不开信息生产者、信息技术等信息活动要素的综合作用。只有把各个信息活动要素按一定的原则加以配置并组成一个信息系统，信息要素的价值才能真正得到实现，信息资源才能够真正得到开发和利用。

综合狭义和广义的两种观点，可得出信息资源的定义为：信息资源是指在人类社会信息活动中积累起来的，以信息为核心的各种信息活动要素（信息生产者、信息技术、设备和设施等）的集合。这里的信息活动包括信息的搜集、整理、提供和利用等一系列社会、经济活动。

信息资源作为一种经济资源，具有与其他资源不同的特性，正是这些特性使得信息资源具有许多其他经济资源无法替代的经济功能。信息资源的特性有共享性、时效性、生产和使用中的不可分性、不同一性、驾驭性、需求性、稀缺性、选择性、再生性以及累积性等。

4. 信息源与信息资源的差异

信息源与信息资源的关系密切，又容易引起混淆。信息资源包括一切信息源已经发出、正在发出和将要发出的所有信息，其范畴包括已经保存下来的历史信息、现实信息和潜在信息。

信息资源不仅仅是历史信息、现实信息和潜在信息的集合，而且还是经过加工处理的有序化并大量积累起来的有用信息的集合。

根据对信息源和信息资源的讨论，对两者从不同的角度进行如下比较：

1）从时间序列上，信息源是信息资源的源，是先于信息资源的。

2）从信息的开发利用上，信息源可以不断地转化为信息资源。

3）从信息来源上，信息资源包括信息源的所有信息。

4）从信息本体论的意义上，信息是系统状态的表征，而客观事物系统又是永恒运动着的，伴随着流变而源源不断地发出信息。

概括地说，信息源与信息资源的差异在于以下两个方面：

1）信息源不等于信息资源，信息源是蕴含信息的一切事物，信息资源则是可利用的信息的集合。

2）信息资源可以是高质量、高纯度的信息源，但信息源不全是信息资源。

从上面的比较可以看出，信息源和信息资源是两个既有联系又有区别的概念。信息源的规律，对于信息资源来说基本上是适用的。

2.1.2　信息资源分类

信息资源分类的目的是对信息资源的特性更好地进行认识、管理、开发和利用。不同类型的信息资源之间没有绝对的界限，彼此之间会有交叉或重叠。信息资源分类主要是根据人们解决实际问题的需要而进行的，没有固定的标准。从信息资源管理与应用的角度进行分类，可以将信息资源分为记录型信息资源、实物型信息资源、智力型信息资源和零次信息资源。这四类不同的信息资源概括和包含了信息资源的各种类型和各个层次，它们各具特点，对信息资源进行管理、开发和利用时，应遵循不同的原则，采用不同的方法。

1．记录型信息资源

记录型信息资源是信息资源存在的基本形式，也是信息资源的主体。它包括由传统介质（如纸、竹、帛）和现代介质（如缩微胶片、磁盘、光盘）记录和存储的知识信息，如图书、期刊、数据库和网络等。在信息活动中，具有固定形式的、较稳定的和传播渠道的一次信息、二次信息和三次信息均为这类信息资源。信息资源的开发和管理主要是针对这类信息资源而言的。

记录型信息资源外延广阔，应用非常广泛，为了更好地研究、探讨对记录型信息资源的管理，要对记录型信息资源再进行详细的分类，如图 2.1 所示。

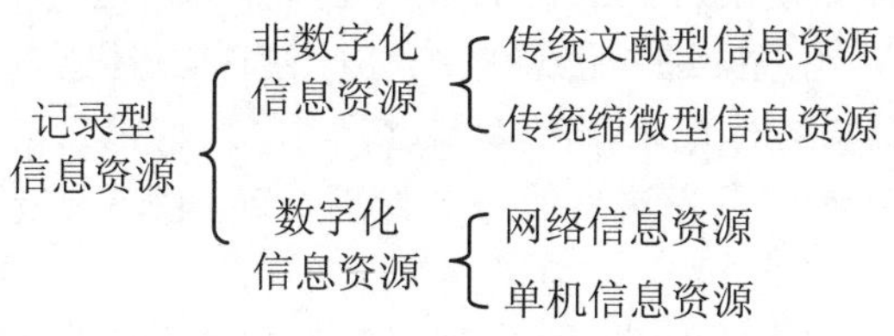

图 2.1　记录型信息资源分类

（1）非数字化信息资源。非数字化信息资源主要包括传统文献型信息资源和传统缩微型信息资源。

- 传统文献型信息资源是指通过印刷技术进行信息传播的各种资源，又称为印刷型信息资源。这类信息资源数量极为庞大，主要包括图书、期刊、报告、学术论文、会议记录、专利说明书、技术标准和产品样本等。

- 传统缩微型信息资源是指通过缩微技术、磁技术或光电技术制成的缩微胶片、磁带、录像带和照片等。

（2）数字化信息资源。数字化信息资源的信息来源主要是计算机的存储设备，包括计算机的内存、外存（如软、硬盘，光盘和 U 盘）等。数字化信息资源涉及人们的生产、生活、娱乐等社会活动的各个方面，是随着人类社会实践的不断进行而不断积累的。数字化信息资源主要包括网络信息资源和单机信息资源。

- 网络信息资源是指一切接入网络的数字化的信息设备及其存储的信息，包括局域网、城域网、广域网。其中，因特网信息资源和联机信息资源是最重要的两类广域网信息资源。网络信息资源还可以进行细分，例如，按照信息的交流方式可分为正式、非正式和半正式三种类型；按照信息的组织方式，可分为文件、数据库、主题目录和超媒体四种类型等。与非数字化信息资源相比，数字化信息资源类型更加丰富，常见的有联机目录、网上参考工具书、网上文本资料、数据库、电子邮件和影视图片等。
- 单机信息资源是指本地的数字化信息资源，与网络信息资源的区别就在于其存储的空间范围。对单机信息资源也可以进行细分，例如，按照信息交流方式或按照信息内容分类等。常见的有本地文件系统、本地光盘系统、本地数据库系统等。

虽然现在是一个计算机大显神通的时代，但是非数字化的信息资源对人们仍然具有重要意义。在组织内部，高层管理人员使用的信息有 10%～15%是来自非数字化信息资源，中层管理人员使用的非数字化信息约为 15%～20%，而基层人员使用的非数字化信息约为 25%～45%。因此，在信息社会里，依然要重视对非数字化信息资源的管理和开发利用。

2. 实物型信息资源

实物型信息资源是指由实物的存储而表现出的知识信息。例如，实物样品、样机，它本身就代表了某种技术信息，实物信息在许多技术引进、技术开发和产品开发中发挥着重要的作用，通过对实物材质、造型、规格、色彩、传动原理、运动规律等方面的分析研究，利用反求工程，人们可以推测出制造者原先的加工制作方法，达到仿制或在此基础上进行改进的目的。这类信息资源不能直接进行信息处理。要对其进行管理，必须先将它转换成记录型信息。

在特殊的行业，信息本身就是用实物来表达的。例如，工艺美术信息。像绘画、雕像等艺术品，既是作者的创作思想、艺术流派、艺术传统等重要信息的载体和传递媒介，又是重要的信息资源，这类信息资源即使采用数字化的方式记录下来，也不能完全表达原来的信息。

实物型信息资源虽然不能直接进入信息系统进行管理，但是为了对其进行保存、管理和开发利用，必要时还是要对其进行记录、转换和处理，否则它携带的信息就可能随着实物载体的损毁而永远地消失。数字化技术为这类信息的处理、转换和记录提供了支持。

3. 智力型信息资源

智力型信息资源是指存储在人脑中的知识信息，包括人们掌握的诀窍、技巧和经验，又称为隐性知识，难以记录和复制。

这类信息资源分布非常广泛，只要有人和人的活动，就有这类信息资源存在。它可以是管理者毕生积累的管理艺术和经验，也可以是科学家或工程师头脑中的创造灵感，还可以是某企业员工掌握的技能等。这类信息资源的数量庞大，非常有价值，是知识经济社会的重要资源。

这类信息资源未经编码，难以表达和记录，对其进行管理具有相当大的难度，开发利用此类信息资源是非常困难的。

对智力型信息资源的管理、开发和利用，可以通过政策、法规进行组织、协调，调动人的积极性，发掘人的潜能，同时采用信息技术，将隐性知识数字化。

4. 零次信息资源

零次信息资源是指由人通过直接交流而进行传播的信息。这是对应于记录型的一次信息、二次信息和三次信息而提出的新概念。零次信息是信息客体的内容直接作用于人的感觉（包括听觉、视觉、嗅觉、味觉、触觉等）的结果，而不像一次信息、二次信息、三次信息和实物型信息那样，通过物质载体的记录形式发生作用。因此，零次信息具有直接性、及时性、新颖性、随机性、非存储检索等典型特征。

零次信息对于日常科技活动、经济活动具有不可忽视的作用，主要有以下五个方面：

（1）科学技术日新月异，新知识、新概念、新术语和新数据层出不穷，而且经常通过非正式的渠道以零次信息的形式传播，获取零次信息可以弥补记录信息和正规渠道信息的不足。

（2）如果信息系统不健全、信息渠道不畅通，或者信息工作人员水平低下，不能提供有价值的信息，可以通过搜集零次信息进行补充。

（3）零次信息在市场环境中占有较大的比例，它们反映了市场的供求、价格和竞争状态的变化，是市场调查、分析的重要依据。

（4）在现代咨询服务业中，零次信息具有特殊意义，用户的需求通过零次信息进行反映，咨询人员也是以零次信息的形式提供知识、经验的。

（5）随着网络的兴起和普及，零次信息的传递超越了时空限制，传播量、传播速度和影响面越来越大。

零次信息的存在形式、传播渠道具有较大的随机性，难于存储和积累。对零次信息资源进行管理具有很大的困难。因此需要采用特殊的方法搜集、记录、整理和存储。

2.1.3　信息资源的特性

信息资源的特性可以从两个方面进行阐述：一方面是把信息资源作为经济资源，另一方面是将信息资源与物质资源和能源资源进行比较。

1. 信息资源的经济特性

信息资源作为经济资源，与物质资源和能源资源一样，具有经济资源的特性。

（1）需求性。人类的经济活动离不开必要的生产要素，现代信息经济活动主要依赖信息、信息技术、信息劳动力等信息资源的投入。人类之所以把信息作为一种生产要素，主要是因为各种形式（文字、声音、图像等）的信息不仅本身是一种重要的生产要素，而且还是一种重要的信息生产的“促进剂”，可以使其价值倍增。例如，人们可以根据气象信息进行绿化使荒漠成为“绿洲”；没有技术的劳动者通过接受教育，可以变成有技术的、熟练的和工作效率高的劳动者；闲置的资本在信息的作用下，可以变成有用的投资等。

（2）稀缺性。稀缺性是经济资源的基本特性。在既定的技术和资源条件下，物质资源和能源资源都是有限的和不能自由使用的。信息资源同样具有稀缺性，其原因主要有两方面：

1）信息资源的开发需要相应的资本投入，经济活动的行为者要拥有信息资源，就必须付出相应的代价。因此，在既定的时间、空间及其他条件的约束下，经济活动的行为者，因其人力、物力、财力等方面的限制，其信息资源拥有量总是受限的。如果信息资源具有经济价值，且不稀缺，就不存在投入人力、物力和财力进行开发、利用的问题。

2）在既定的时间、技术和资源条件下，任何信息资源都有固定不变的使用价值。当信息资源投入到经济活动中时，资源使用者总可以得到使用价值的部分（或全部），并获取一定的利益。随着信息资源使用次数的增多，其使用价值会逐渐衰减，当衰减到零时，该信息资源就会被“消耗”掉，不再具有经济价值。这一点与物质资源、能源资源因资源总量随着利用次数的增多而减少所表现出来的资源稀缺性相比，在本质上是非常相似的，只是在表现形态上有所不同。

（3）选择性。同一信息资源可以作用于不同的对象上，并产生多种不同的作用效果。经济活动的行为者可以根据不同的对象所产生的不同作用效果，对信息资源的使用作出选择。信息资源的有效配置问题就是由此特性决定的。

2. 信息资源的功能特性

信息资源与物质资源和能源资源相比有许多的特殊性，正是这些特殊性，使信息资源具有其他经济资源无法替代的经济特性。

（1）共享性。物质资源和能源资源的利用者，在资源利用上存在着明显的竞争关系，即在对某一数量的物质资源或能源资源加以利用时，某些人使用多了，其他人只得少用甚至不能使用。信息资源的利用不存在上述的竞争关系。例如，某人阅读了一本书，从这本书中获取了知识，不会影响其他人阅读此书而受益。在信息利用者之间不存在竞争关系，可以同等程度地共享信息资源。

共享性是信息资源的本质特性。随着市场经济和政府部门作用的不断增强，这种共享性已在相当程度上受到了限制。例如，专利信息的利用，随着各国专利制度的建立和健全，人们对技术发明等专利信息资源不再像以前那样可以随意“共享”，而是要为之付出相应的代价。只有在这些专利超过专利权的保护期限之后，人们才能无偿“共享”，因此，“共享”是相对的。

（2）时效性。信息资源的时效性，是其又一特性。一条及时的信息可能价值连城，使濒临倒闭的企业起死回生，成为行业巨头。一条过时的信息则分文不值，没有抓住时机的企业丧失发展的机遇，酿成灾难性的后果，这样的例子不胜枚举。

信息资源具有时效性，并不是说信息资源越早投入使用就越好，它们之间没有必然的因果关系。信息资源早投入使用可能易于实现其使用价值，但相反的情况亦屡见不鲜。某些信息资源是可以随着时间的推移，像陈年老酒一样不断增值的。这就要求信息资源的利用者要善于把握时机，只有时机适宜，才能发挥其效益。

（3）不可分性。信息资源的生产和使用是不可分割的。信息的生产与使用不能像生产与使用实物，如钢铁、粮食与水泥那样任意地计量。信息生产者为一个用户和为多个用户生产同一组信息时，其生产成本几乎没有差别。信息使用者在使用信息时，必须使用完整的信息，不能像使用煤气、水那样计量使用。

（4）不同一性。作为一种信息资源必定是不同内容的信息的集合，集合中的每种信息都应具有独特的性质，这样才能满足多方面的需求。

（5）驾驭性。信息资源具有开发和驾驭其他资源的功能，不论是物质资源还是能源资源，其开发和利用都依赖于信息。例如，一台机器，没有使用说明，它将是一堆废铁；油田没有开采方面的地质资料，它只能沉睡于地下，不能为人类所利用。

驾驭特性对信息资源来说具有十分重要的意义，使信息在人类认识和实践中起着非常特殊的作用。人类的认识和实践过程基本上是信息的认识过程，在这个过程中，虽然每一个环节都离不开物质和能量，但是贯穿全过程、起主导和支配作用的还是信息。实际上，具体的物质和能量形式都是体现信息作用的手段，只有信息才是主导、不可取代的。

人类利用信息资源驾驭其他资源的能力，受科技发展水平和社会信息化程度的影响，科技越发展，社会信息化程度越高，人类利用信息资源驾驭其他资源的能力就越强。例如，石油的开发利用，最初，科技发展水平不高、社会信息化程度较低时，人类仅能用燃烧的方式进行低级的利用，随着高级的提炼技术的出现，石油资源获得了更加有效的开发和利用，其社会用途日趋广泛，已成为人类社会发展的动力。在石油开发利用的过程中，信息资源起到了举足轻重的作用。

（6）累积性。物质资源和能源资源是消耗性资源，在消费和使用中最终消灭其独立的物体形式和使用价值，不会有任何方式的积累。信息资源是非消耗性资源，信息资源一旦产生，不仅可以满足同时期不同人们的需要，而且还可以通过信息的保存、积累和传递达到时间上的延续，满足后代的需要。每一代信息生产者都不是从头开始的，他们是在前人成果的基础上继续自己的工作，他们的产品和前人的成果一起又构成后人生产信息的基础和条件，这就是信息资源的累积性。

（7）再生性。物质资源和能源资源不会在使用中再生，而信息资源在满足社会需求和利用的同时，不仅不会被消耗掉，还会生产出新的信息资源，而且信息资源利用得越广泛，其效用发挥得越充分，创造出的新信息就越多。这就是信息资源的再生性。因此应当鼓励人们消费、利用信息资源。

信息资源的再生性与累积性是密切相关的，是由信息的非消耗性所决定的。因此，建立在信息资源基础之上的信息经济与物质经济完全不同，物质经济以人们消耗物质、能源为代价，社会工业化的结果使物质和能源消耗殆尽。现代经济的劳动、资本、能源、物质和信息等各种成分中，只有信息资源是非消耗性的、可以再生的资源。因此，在物质经济和物质产品中不断增加信息成分已成为当代经济发展必须考虑的内容。

2.1.4　信息资源的功能

研究信息资源的功能，就是研究信息在社会经济活动中的功效和作用。根据信息资源在社会经济活动中发挥作用的特点，其主要有下述几种功能。

1. 经济功能

在信息经济社会中，信息作为重要的经济资源，自身就具有经济功能。信息资源的经济功能在社会经济活动中发挥着不同的作用，最重要的是对社会生产力系统的作用。

信息资源的经济功能是在信息要素和信息技术要素（这两者都是信息资源的组成要素）有机结合的条件下实现的。在信息技术的支持下，信息给社会生产力带来从质到量的深刻变革，信息资源对社会生产力系统具有举足轻重的作用。信息资源开发利用的程度是衡量一个国家信息化水平和社会生产力水平高低的重要标志，一个国家信息资源开发和利用的水平越高，生产力就越发达。

由于信息资源具有经济功能，围绕信息的生产、开发和利用已经形成了产业，即信息产业，该产业是21世纪的主导产业。

2. 管理与协调功能

企业的信息管理与协调功能，主要表现为协调和控制五种基本资源上。这五种资源包括人、财、物、设备和管理方法（即“5M”），是通过相关的信息（如记录在图纸、账单、订货单、统计报表上的数据等）来协调和控制的。例如，在企业活动中，伴随着材料和能源的输入，反映上述“5M”资源的信息流就会以相互联系的方式扩散和运动，最终协调并控制物质流和能源流的流动，使优质产品或服务输出。由此可见，信息的管理与协调功能在企业活动中的作用主要体现在以下三个方面：

- 传递企业系统的运行目的，有效管理“5M”资源。
- 调节和控制物质流与能源流的数量、方向和速度。
- 传递外界对系统的作用，保持企业系统内部环境的稳定。

3. 选择与决策功能

选择与决策是人类最基本、最普遍的活动。信息的这种功能体现在人类进行选择与决策的各个环节，并优化其选择与决策行为，实现预期目标。信息的这种功能主要表现在两个方面：没有信息就没有任何选择和决策；没有信息的反馈，就没有选择和决策的优化。一个典型的选择（或决策）遵循的程序是：针对既定目标，考虑到所受的条件限制和其他约束，从几种可能的方案中作出一种选择，这种选择必须依赖信息的支持。当选择成功之后，还必须依赖反馈信息进行不断的修正，才能达到选择和决策结果的优化。

在人类的选择与决策活动中，信息还应发挥预见性功能。人类的选择与决策活动就是在不断地利用信息对未来进行预测。预测不是先知先觉，更不是胡思乱想，而是在深入调查、缜密研究、系统占有信息的基础上，对客观事物发展的规律进行认识。信息反映了事物演变的历史和现状，隐含着事物的发展趋势。充分利用信息，结合人们的实践经验，运用科学方法，经过推理和逻辑判断，可以把研究对象的不确定性化为极小，从而对未来发展的必然趋势和可能性作出预计、推断和设想。

4. 研究与开发功能

信息的研究与开发功能是信息的科学功能的具体体现。在人类科学研究和技术创新活动中，信息具有活化旧知识、产生新知识的功能。

科学研究和技术开发是在前人已经取得的技术成果之上进行的，在人类从事科学研究和技术开发的各个阶段，都需要获得和利用相关的信息，掌握新动向、开阔视野、启迪思维，生产出新知识、新技术和新产品。

以上是在一般意义上讨论了信息资源的基本功能。在不同的场合，这些功能有不同的表现形式和实现方式，并发挥不同的作用。因此，信息给人们的印象是“功能千差万别，变化无常”。其实，它们都是信息的基本功能在不同情况下的具体表现形式，只是从不同的角度使用了不同的提法而已。

2.1.5 信息资源计划

1. 信息资源计划的概念

信息资源计划（Information Resource Planning，IRP），是指对组织活动中所需要的信息，从采集、处理、传输到使用和维护的全面计划，是信息管理的主计划。信息资源与人力、物力和财力等自然资源一样，都是组织的重要资源，应该科学地进行管理。信息资源管理的目的是通过组织内外信息流的畅通和信息资源的有效利用，提高组织的效益和竞争力。

要对信息资源进行开发利用，要使组织的每个部门与部门之间、部门与外部单位、组织与外部环境的信息流畅通，要充分地发挥信息资源的作用，就必须进行统一、全面的信息资源计划。例如，生产机床的企业，不论对机床的设计，原材料、零配件的采购，加工制造和总装，还是销售和售后服务等过程，都充满着信息的产生、流动和利用，要想科学地进行管理，必须进行计划。

2. 信息资源计划的目的和意义

目前，许多企业投巨资建立的计算机网络、自动化生产控制系统和管理信息系统，由于缺乏统筹规划，导致设计、生产和经营管理信息不畅，信息不能共享，产生了许多“信息孤岛”“数字鸿沟”等问题。解决这类问题的方法，就是进行正规的信息资源计划。通过信息资源计划，可以梳理业务流程，搞清各个方面的信息需求，建立起企业信息标准和信息系统模型。用这些标准和模型来衡量现有的信息系统及各种应用，对符合要求的进行整合，对不符合要求的进行改造优化或重新开发，从而能积极稳步地推进企业信息化建设。

（1）信息资源计划的目的。信息资源计划的目的是在正规的信息化需求分析的基础上，建立信息资源管理标准、信息系统功能模型、数据模型和体系结构模型等，用以指导开发集成化、网络化的信息资源系统。

（2）信息资源计划的意义。信息资源计划的意义主要体现在以下五个方面：

1）进行全面、正规的信息需求分析，规范表达作业层、管理层和决策层的信息需求，为有计划、有步骤地进行信息资源开发和利用做好准备。

2）通过系统需求分析，理清现有信息来源的不一致、冗余和接口复杂等问题，建立适应信息需求的规范化的数据结构，为解决“信息孤岛”“数字鸿沟”等问题，建立高层次的数据环境。

3）优化管理业务流程，以信息化进行管理创新，进一步提高管理工作的效率和质量。

4）建立计算机网络化的信息资源库，进行全面的信息系统建设，建立长效的计算机辅助设计与管理的机制。

5）在信息资源计划实施过程中，培训有关业务人员掌握信息资源开发、利用的基本知识和技能，形成该组织自己的信息资源建设和管理队伍。

3. 信息资源计划工作内容

（1）定义信息的职能域。定义信息的职能域，就是以组织的主要业务过程为重点，覆盖组织的各职能部门，确定它们的职责范围。各职能域的具体划分和定义需经过认真研究和评审，最后由主管领导确定，并具体列出各职能域与当前组织各部门的覆盖关系。

（2）分析各职能域业务。分析定义各职能域所包含的业务过程，识别并列出各业务过程所包含的业务活动，形成组织管理的业务模型。

（3）分析各职能域数据。对每个职能域绘出数据流程图（Data Flow Diagram，DFD），搞清各职能之间、职能域内部以及职能域与组织外部环境的信息流。规范用户视图，例如，输入的单证、输出的报表（表单）等。进行各职能域的输入、存储和输出数据流的量化分析。

（4）建立信息资源管理标准。建立信息资源管理标准，包括数据元素标准、信息分类编码标准、用户视图标准、输入标准、输出标准、概念数据库标准和逻辑数据库标准等。

（5）建立信息系统的功能模型。根据需求分析和业务流程组建系统功能模型。系统功能模型由逻辑子系统、功能模块、程序模块等组成，成为系统功能结构的规范描述。

（6）建立信息系统的数据模型。系统数据模型由各子系统数据模型和全域数据模型组成，数据模型的核心是“基表”（Base Table），其数据结构是按“第三范式”的要求对数据元素进行组织的，是系统集成和信息共享的基础。

（7）建立信息系统体系结构模型。将系统的功能模型和数据模型联系起来，形成系统的体系结构模型，可以采用 U/C 矩阵描述。体系结构模型对系统划分、控制模块开发顺序和解决共享数据库的“共建问题”，均有重要的作用。

4. 常规管理计划

为保证组织信息资源计划的顺利完成，还须制订相应的信息资源的常规管理计划，可以按年度或月制订，用于控制日常的信息管理工作。从信息的生命周期来看，信息从产生到失效，经历了收集、加工、存储、利用和维护等阶段。因此在信息资源日常管理过程中可以通过信息收集计划、信息加工计划、信息存储计划、信息利用计划和信息维护计划等，来落实信息资源计划的总目标。

（1）信息收集计划。信息收集计划是按照信息资源计划的目标制订的，为了获取对组织决策有用的信息而预先安排的行动方案。信息收集是为了有计划、有目的地集成信息，组织信息，丰富组织的信息资源库。信息收集计划一般可按年度或季度制订，作为日常信息采集和搜索工作的行动纲领，为了某个特定的目的也可以制订专项的信息收集计划。

（2）信息加工计划。信息加工计划是对收集到的新信息，采用科学的方法进行加工处理。这些新信息更加贴近组织决策目标，具有更高的价值，也是信息资源的源泉。未经过加工的原始信息对组织决策的贡献是很少的，信息只有经过加工，才能发现其使用价值。同样的信息资源，采取不同的信息处理方法，所获得的有价值的信息量是不同的。在日常的信息管理过程中，必须围绕着组织决策，制订信息加工计划，有效地发现和挖掘对组织有用的信息。

（3）信息存储计划。信息存储计划是关于信息组织、信息筛选、信息安全、信息恢复、信息备份、历史信息等在存储介质中的位置与管理的规划。无论是收集到的原始信息，还是经过加工后的信息，为了能够长期保存或为更多的人共享，都必须存储在一定的介质中。信息的利用、加工和传输等都是以信息存储为前提的，没有信息的存储，就没有信息资源，信息资源的利用也就做不到了。

（4）信息利用计划。信息的收集、加工、存储和维护，都是为了信息的利用。信息利用计划是信息管理人员为实现组织目标而制订的，规定了组织的各级管理人员按其权限享受信息，完成其工作任务。虽然信息是取之不尽、用之不竭的资源，但是组织的信息处理设备、存储介质、能源、技术和人力等其他资源都是有限的。滥用信息，不仅造成资源浪费，而且还会产生严重的副作用，影响决策效果。因此，对于信息的利用，必须制订合理的计划，进行管理和控制。

（5）信息维护计划。信息维护计划是关于信息修改、清理信息垃圾等工作的计划。信息资源的特性就决定了信息资源的加工和利用是新信息产生，而源信息并不自动消失。这既是信息资源的优点，同时也是其缺点，因为这最终会导致信息膨胀，耗费信息处理的其他资源，影响信息资源的使用速度和效率，甚至使信息无法利用。

从信息的特征可知，信息是有生命周期的，从信息的产生、采集开始，到信息存储、加工、传输和利用，直至最后消亡，信息会随时间的变化或科学技术的发展变得过时或无用。这些过时或无用的信息不再是信息资源，而是信息垃圾。另外，由信息的定义可知，信息是对客观事物的运动状态和变化的描述，客观事物是运动的、变化的，因而描述其运动状态和变化的信息也是变化的，这些都要求必须对信息进行维护。

2.2　信息资源的利用

2.2.1　信息与信息资源利用

1. 信息的利用

信息可以脱离事物独立存在，同时又不影响事物的存在与运动。信息表示的是事物运动的状态与方式，是事物间的联系和相互作用。信息是物质的、普遍的、无限的、有依附性的、可传递的和可转换的。利用信息和消耗信息并不能消灭信息，信息从其产生之时起就永恒不灭。

根据人们利用信息的行为和方式，信息的利用可以分为以下五类。

（1）满足人类生存和交流的需要。满足人类生存和交流的需要，是人类利用信息的最基本、最普遍的方式。信息交流和食物一样也是人类生存必需的，人们时时刻刻都在和外界进行信息交流。不管这种交流是有意识的、明显的，还是无意识的、隐含的，这种交流的过程在向外界传递信息的同时，还要接收外界反馈的信息，人们无法离开这些信息和信息交流行为。

信息维持了社会存在，也促进了人类社会文明的发展，是人类文明得以继承和进步的基石。

（2）是决策和行为依据。人类不仅有“自身行为”，还应有“社会行为”，人类的社会行为多种多样，包括经济行为、军事行为、政治行为、文化行为等，这些社会行为需要大量的相关信息，特别是在社会行为进行过程中的决策点上，信息是决策的指导和依据。因此，获取正确的和足够的信息，是进行决策的十分重要和必须的条件。能够获得及时、正确的经济信息，不仅给相关人员带来正确的经济决策，而且还可以获得重大的商业利益。

以 20 世纪典型的事例来说明信息在人们决策活动中的重要性。

1）经济信息的利用。20 世纪 90 年代，海尔集团通过市场调查，发现大冷冻室冰箱非常受消费者的欢迎，根据这一信息高层管理人员决定，停止传统小冷冻室冰箱的生产，投资开发大冷冻室的冰箱，此举在市场上获得了很大的成功。

2）军事信息的利用。20 世纪 50 年代的朝鲜战争可谓尽人皆知，这次战争由于美国政府对中国的政治、经济和军事信息的判断失误，采取了错误的决策，造成具有绝对武器装备优势的美国军队败给了装备很差的中国军队。

这些事例可以说明，人类的社会活动存在着很多不确定性，在进行下一步行动之前，需要考虑与之相关的一切信息，信息不足和失真都有可能导致决策错误。利用信息就是为了消除不确定性，这种不确定性在人类的社会活动中时刻都存在，小到日常购物的选择，大到一场战争的策划。在社会生活中与此相关的行业主要有股票市场、期货市场、保险市场、信用市场、风险投资市场等。

（3）满足娱乐、学习和宣传的需要。随着人类文明的进步，信息的利用已不仅仅局限于交流和决策上，还拓展到了人类的情感、兴趣、爱好、宣传、虚荣和荣誉感等行为。例如，利用信息去获取地位和权利，去协调和纠正自己的行为，去适应环境的变化，为了刺激、快乐和满足好奇心而寻求刺激信息。这些都是一种以信息为传递目的的高级信息利用行为。在这种信息利用行为的过程中信息只是载体，用户接受信息的目的不在于信息本身，而是信息与个人目的相结合带来的心理满足。

（4）与经验相结合形成知识。知识是人类在实践中获得的认识和经验，具有两层含义：人类在实践中揭示的自然和社会规律以及人类在实践中总结的劳动经验和技巧。

数据、信息与知识之间的关系是：数据包含信息，信息包含知识。这种包含关系表明在人类社会中有数量巨大的数据，其变化频繁、稳定性差，含义简单，难以利用，价值较小。信息是具有一定内涵的数据，接收者只有了解所接收数据的变化规律、相互关系、目标和含义时，数据才能转化为信息。知识虽然数量最少，但其稳定性高，应用广泛，价值最大。

例如，气象预报。人们每天都可以获得大量的气象数据，这些数据通过计算机计算进行分析，从中获得天气变化的趋势，形成气象预报信息，这些信息被人们保存，经过长时间的数据和信息的积累后，人们就得到了天气运动和变化的规律，形成了气象知识。气象知识又可以指导人类的气象活动。

人类的实践、数据、信息、经验和知识的转变过程是连续的、螺旋式上升的，一般遵循如图 2.2 所示的过程。这一过程说明知识不能直接从实践中获得，知识是一定信息量的积累与经验相结合的产物，只有一定量的信息积累才能产生最终的知识。

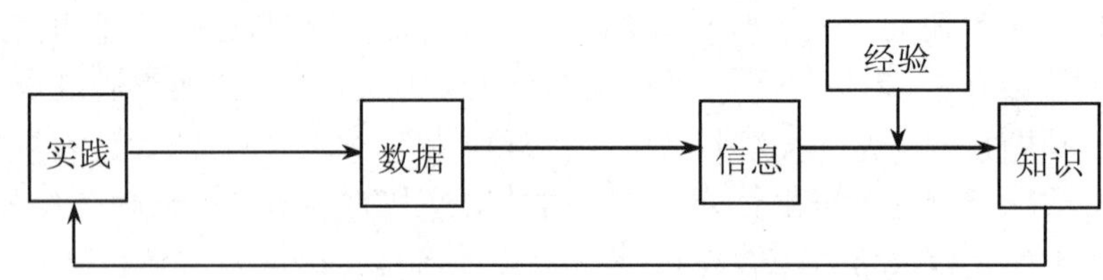

图 2.2　实践、数据、信息经验和知识的转变过程

（5）可以进行交易。信息商品化是信息利用的必然趋势，信息成为商品乃至发展出信息产业是信息社会特有的特征。随着信息的获取成本和利用价值不断提高，为信息成为商品提供了市场环境。信息能够成为商品，是因为利用信息可以获得较高的效益价值和效用价值，当这种价值可以利用金钱衡量时，信息就成了可以交换的商品，具有了和其他物质商品同样的交易特征。

以传播和交流信息为主的信息市场发展非常迅速，例如，开展信息咨询、图书馆服务，出版小说、报纸、杂志，播放电影电视，出售各种市场调查报告，网络邮件服务等。信息市场在信息社会里已经占据了相当重要的社会地位。

2. 信息资源的利用

信息资源的利用是指有目的、有选择、能动地使用信息资源，满足社会、组织或个人需要的行为。一般地说，信息资源利用与信息利用的概念基本相同，只是它们之间有一定的区别：信息利用关注的是具体的信息利用行为、利用取向、利用目的等；而信息资源利用关注的是信息利用效果、效率，利用水平，利用过程的评价等。信息资源利用研究的对象是信息资源和信息用户，主要是人机交互系统。

信息资源包括信息本身和对信息进行处理的信息系统。信息资源可大可小，大到国家级企业数据库、人口普查数据库中的数据信息，大型学术网站中的学术论文、资料网页，国家经济数据监测系统等；小到个人的藏书、计算机中的资料等。

信息资源利用的特点是“双螺旋模式”，信息的利用和积累是一个相互缠绕、螺旋上升的过程。在利用信息资源的过程中生产了新的信息，并同时进行信息的积累；在积累信息的过程中，也在利用已有的信息。信息资源的可积累性使人类能够不断继承前人的科技成果，开发更先进的科学技术，促进人类社会的进步。

人类利用信息资源的过程分为以下三个层次：

（1）满足社会需求。推动社会生产力的变革和发展，促进人类文明的进步和人类自身的完善。此时的信息资源利用称为社会利用，是指信息资源进入社会生产力系统，成为一种生产力要素。

（2）满足组织需求。通过信息交流，建立牢固的组织机构，统一组织行为，提升组织效能。此时的信息资源利用称为组织利用，是指组织机构内部根据信息流动方式和信息需求的特点形成自己的特色。

（3）满足个人需求。满足个人最基本的生存需要，建立与他人的联系，丰富个人生活。此时的信息资源利用称为个体利用，是指个人利用信息资源的行为，它因每个人的性格、环境和背景等因素的不同而存在巨大差异。

2.2.2　信息用户

信息用户是指能自觉地、有意识地、有目的地利用信息资源的个人或者团体。

1. 用户信息需求

在人类社会中，不同的组织和个人需求的信息差异很大。例如，政府、军队、公司、协会、教会、医院等，他们的信息需求特征差异非常明显。事实上，即使在组织内部，不同部门的信息需求也大不相同。例如，人事部门、生产部门、销售部门和后勤部门，因为从事的经济活动不同，信息需求的特征也就不同。

根据用户所属级别大小的不同，用户的信息需求分为国家级需求、区域级需求、行业级需求、组织级需求和个体级需求。

（1）国家级需求是指以国家为基本单位，考虑国家的社会结构、民族结构和经济结构等特征确定的信息需求。例如，发达国家和贫穷国家的信息需求不同；游牧民族国家与农业国家的信息需求不同；工业国家和旅游业国家的信息需求不同。

（2）区域级需求是指以行政区域划分为界，考虑其自然条件、气候情况、民族习俗和经济结构等来确定信息的需求。例如，海产养殖地区和农牧业地区信息的需求不同；山区和平原地区信息的需求不同。

（3）行业级需求是指不同的行业具有不同的信息需求特征。例如，商品零售业、产品制造业、国家安全机构、政府机构等信息需求的不同。

（4）组织级需求是指不同的、确定的社会团体、组织机构、公司和企业等，因其各自性质、目标、业务和战略等的不同，信息需求也不同。例如，生产医药的企业、提供电信服务的集团、生产食品的公司等，都有各自的信息需求。

（5）个体级需求是指由个人特征（如姓名、性别、年龄、民族、学历、特长、爱好等）、组织特征（如政治面目、组织职务等）、社会特征（如国籍、文化、经济、科技等）的不同而产生的信息需求。

在社会活动中，个体总是隶属于组织，个体行为总是与组织的行为和目标相联系。例如，家庭、工作单位和社会团体等。因此，个体需求的信息又可分为三类：家庭生活中的信息、工作中的信息和社会交往中的信息。

（1）家庭生活中的信息是指与家庭及个人隐私相关的信息。例如，婚姻、性格、家庭成员、受教育程度、社会关系等。

（2）工作中的信息是指由工作分工不同带来的信息。例如，工作环境、工作能力、业务过程和同事关系等。

（3）社会交往中的信息是指除了与生活、工作相关的信息以外的，与个人生活隐私相关的其他信息需求。例如，法律法规、交通规则、社会活动、伦理道德和民族习惯等。

2. 用户信息行为

（1）影响用户信息行为的因素。用户的信息行为是指用户与信息资源之间的交互行为，例如，查阅资料、上网搜索文档、阅读报纸、参观博物馆等。对于用户的个性化明显的行为不属于信息行为，例如，用户在外出时对路线的判断、购物时对商品的评价等，这类行为中的交互信息个性化明显难以共享，因此这类行为不是信息行为。

一般地说，用户的需求决定了用户的信息行为。影响用户信息行为的因素非常复杂，归纳起来有以下几类常见的因素会影响到用户的信息行为。

- 受教育的程度、专业背景、生活状况和当前生活环境等。
- 与相关信息组织的关系，对信息源的了解程度、接触能力和工作条件、工作特点。
- 社会地位、声誉和使用信息系统的时间限制。
- 以往的经验、掌握的知识、社交能力和活动领域的竞争状况。
- 对他人和组织的态度、知识能力、查询能力和信息组织的效率。
- 信息组织的产品和服务的种类。
- 信息系统的经济效率、使用的方便程度和如何使用已经获得的信息。

用户的信息行为除了受到以上因素的影响外，还与社会的文明程度有关，例如，没有电视时，人们只能从广告牌或收音机中获得商品的信息，以后，可以从电视中获得大量的信息，在因特网蓬勃发展之后，人们开始利用因特网主动地获取所需的信息。

（2）用户信息行为分类。信息是用户信息行为的对象，把用户的信息行为进行归纳可以分为四类。

1）对未知信息的需求，包括检索、搜寻、浏览、记录、收听和截留等，目的是认识信息的分布情况和获取所需的信息。

2）对已知信息的接收行为，包括背诵、记忆、理解、核对和隐藏等，目的是要将已知信息融进大脑内，消除其中的不确定状态或固化成用户自己的知识。

3）对已知信息的加工行为，包括变形、剪贴、思考、推敲、综合和评价等，目的是将已知信息按个人要求进行加工处理。

4）用户之间的交流，包括传递、讨论、公布、发送、接收等，目的是交换和共享信息，促进信息的扩散。

2.2.3　信息资源利用的问题和解决方法

信息技术、网络技术的发展极大地改变了人类的生活和工作方式，使人类进入了数字化的社会时代。人们在享受因特网、数字通信、电子商务、电子交易等服务同时，信息资源的开发和利用给人类带来了巨大的财富，也给人类带来了巨大的麻烦。

1. 信息污染与信息紊乱

信息污染和信息紊乱现象存在已久，例如，诽谤、传闻、流言、色情杂志等。在因特网发展之后，这些现象更加严重。因特网上的内容包罗万象，良莠不齐，给网络用户带来宝贵财富的同时也带来了严重的社会问题，网上的色情、暴力、反社会、种族歧视和反人类等内容已经成为一大公害。据有关部门调查，2008 年全世界的网站中有两成多的网站是色情网站，在一个月内有 4500 万人次浏览过色情网站，因特网上最热门的检索词汇中有关色情的词汇一直高居排行榜前列。此外，垃圾邮件和诽谤传闻也是因特网用户的一大公害，调查表明，几乎每个网络用户都收到过大量的垃圾邮件，这种垃圾邮件严重浪费了社会资源。

对于这种信息污染，人们已经采取了一定的有效措施，例如，美国民间建立的因特网内容评价协会（ICRA），宗旨是设立网络信息的评级标准，以此审查网络内容提供商（ICP）的行为；国内政府的相关部门，在网上建立了色情游戏、黄色网站的举报、封杀机制。此外，由微软、网景、美国在线等公司联合设立的因特网内容选择平台（PICS）也是一种标签格式标准，它利用在信息接收者和信息源之间插入阻塞软件的方法控制因特网的内容获取。PICS 是一种较为先进的信息过滤选择技术，支持多层次的管理机制，起到了防止信息污染与信息紊乱的作用。

2. 知识产权保护与信息资源共享

知识产权保护与信息资源共享是一对矛盾：发挥信息资源的价值就要信息资源共享，让大多数人得到信息，利用信息，才能发挥信息资源最大的价值；知识产权保护是使用法律、行政手段保护产权所有者的最大权益，使产权人能够获得足够的经济回报，使产权人愿意做出更多的努力，创造更多的信息，更多地增加社会财富。

在网络化、数字化的环境中，信息资源共享非常容易做到，知识产权的保护更困难。从本质上说信息资源的共享与信息知识产权的保护并不冲突，但是在实际的信息利用过程中，加强知识产权保护必然会缩小信息资源的共享范围，剥夺那些通过非限制共享获得利益的用户的收益。例如，在网络信息传输过程中，严格的知识产权保护措施将使网络信息的丰富性、快捷性和便利性大打折扣。

知识产权的保护会导致一定的信息垄断，而信息垄断会导致社会效率的低下，因此，在经济学界和法律界就知识产权保护的力度问题争论不休。知识产权保护和信息资源共享这对矛盾很难调和，加大信息共享力度必然损害信息产权人的利益，加大产权人的利益保护必然会降低社会发展的速度。我们只能一方面加大信息共享的力度，另一方面加强知识产权的保护，在社会效益和个人权利两者间获得一定的平衡。

3. 信息编码与标准化

在信息资源开发利用过程中，信息编码和信息标准化是非常重要的问题。

（1）信息编码。汉字编码使计算机软件系统能够汉化，大大地推动了计算机应用在中国的普及。同样，信息编码的优劣，也决定了各种信息的共享程度。信息编码应遵循以下原则。

1）科学分类。对信息进行科学的分类，使编码科学、规范。

2）便于使用。信息编码是为方便用户使用，力求含义单纯、容易理解。

3）具有通用性和稳定性。编码应尽可能便于行业、系统的信息交换。

4）适合计算机处理。信息编码要适于计算机识别。

5）具有唯一性。信息编码是信息唯一性的认定，一个编码只能唯一地表示一个信息分类对象，一个信息分类对象也只能有一个唯一的编码。

（2）信息标准化。不同的计算机应用系统，使用的计算机语言和开发平台也不同，它们各有特色。例如，常用的系统开发语言和软件有 C、VC++、C#、VB、VF、SQL、PB、JAVA、Oracle、Delphi 等；常见开发平台有 Windows、UNIX、Linux 等。用这些语言、软件和系统平台开发的信息系统，它们之间如果不能进行数据交换，信息系统就不能很好地集成工作，提高系统效率。

采用的开发语言不同，信息接口不协调，数据标准不一致，在这些系统之间进行数据共享和交换时就容易出现问题，还会导致新的信息孤岛产生。因此，信息的存储、组织、检索等信息资源的开发和利用，都必须制定信息的标准化，这种标准化不仅可以加快信息资源开发速度，还可以提高开发质量，增加社会效益，最终达到方便使用的目的。目前相关的信息标准有 ISO 系列、CMM 系列、GB 系列等。

4. 信息保护与安全

信息保护是指信息的完整性、保密性和可用性的保护，例如，个人隐私保护、国家机密保护、商业秘密保护等。信息安全是指信息系统安全、数据库安全、网络安全等。每年因为信息泄密和信息系统崩溃导致的经济损失是十分巨大的。

在开发利用信息资源之前，应该确定信息资源是否属于保密范围，对于保密信息的开发应该谨慎行事。例如，进行电子商务时，企业内部的保密信息，如果需要通过网络传输，那么安全问题就是首要考虑的因素。

随着计算机网络的发展，在网络环境中开发信息资源时，除了要保护信息的安全和防止泄密外，还要保护信息系统的安全，防止因人为因素导致的信息泄露、系统崩溃等现象的发生。例如，在建立企业网站时，不但要考虑网站的内容，还应该考虑服务器的可靠性和网络的稳定性等。

在信息资源开发过程中，面对这些棘手的问题，需要全面考虑应对方法，要从技术和法律等方面采取相应的措施。在技术方面，需要开发更先进的网络技术和更先进的防火墙，对网上信息进行过滤和审查，开发性能更强大的杀毒软件和防黑客软件，要研究信息伦理、网络伦理和网络规则等；在法律和政策方面，需要建立更加全面和详细的知识产权法律、更加合理的经济规则、更加有效的网络配置政策等，解决知识产权保护与信息资源共享的矛盾。

2.2.4 信息资源的开发与利用

信息资源的开发是指信息资源拥有者，对原始的初级信息进行叙述、搜集、记录、组织、揭示、加工和整理，对成熟信息进行宣传、显形、发布、传递等过程；是一次信息源或者二次信息源建立的过程。信息资源利用是信息需求者对信息资源的吸收和使用，为个人的行动或组织战略、决策等提供支持。

1. 信息资源的开发是信息资源利用的基础

根据以往的信息开发与利用的经验，信息开发和信息资源利用是相辅相成的，开发是利用的前提，利用为开发提供动力，确定开发的方向。一个组织的信息资源利用能力与利用水平，直接受其信息资源开发能力和开发水平的限制。在一个组织信息资源开发能力很低的情况下，信息资源的价值也很难得到挖掘和利用。到目前为止，对信息资源的认识仍不深刻，信息资源运动的各种规律还有待深入的研究。

2. 信息资源的开发与信息资源的利用相辅相成

信息资源开发的最终目的是在其利用过程中，产生社会价值和经济效益。开发信息资源就是通过信息资源的利用来放大信息资源的价值。因此，信息资源的开发和利用是不可分割的两种行为，信息资源的开发方便了信息资源的利用，而在利用过程中又促进了信息资源的开发，信息资源的开发与利用是相辅相成的。信息资源的利用分为以下两种：

（1）低级利用。信息资源的原始信息不经开发也可以利用。例如，企业的各类交易票据、变动的人事档案、技术资料和历史销售数据等，可以在各个部门内部使用，但是利用效率不高，远没有发挥它们应有的价值，这是一种低级的利用。

（2）高级利用。将信息资源的原始信息通过一定的技术方法，按统一的要求进行整理，使其按照人为的目的重新组织和共享，突破信息孤岛的束缚，发挥其最大的价值。例如，将设计图纸电子化，通过网络共享，可以大大地方便工程设计人员的检索和设计速度；将技术人员的人事信息和业绩记录统一集成，使系统自动计算各个技术人员的奖金份额，可以实现效益公平分配，避免利益纷争。

2.3　信息资源的开发

2.3.1　信息资源开发的内涵

1. 信息资源开发的概念

信息资源开发有“广义”和“狭义”两层含义。

（1）广义的信息资源开发。广义信息资源开发包括信息本体开发、信息技术研究、信息系统建设、信息设备的制造、信息机构的建立、信息规则制定、信息环境维护和信息人员培养等一系列活动。广义的信息资源开发定义，系统地考虑了以信息资源为核心的开发活动，以及与信息资源开发联系紧密的其他社会行为，能够揭示信息资源开发的系统性、复杂性和交叉性等。

（2）狭义的信息资源开发。狭义信息资源开发包括信息的生产、搜集、整序、组织、存储、检索、重组、转化、传播、评价、应用等。狭义的信息资源开发定义，充分体现了信息资源开发的特点，揭示了信息资源开发过程的本质。通过信息资源开发过程的各个环节不仅增加了信息资源数量和类型，还提升了信息资源的质量，完善了信息服务，方便了信息资源的利用。

信息资源开发就是挖掘信息资源的潜在价值和显在价值，在实现信息资源的经济价值（如信息服务、信息商品的价值）的同时，也降低对其他资源的消耗，实现其他资源的升值，增加总的社会效益。

总之，广义的信息资源开发包含了狭义的信息资源开发的相关内容，通过对信息的搜集、组织、传输和加工，使信息的价值得以增值。为了使增值活动能够有效地进行，还要开展信息系统建设、信息环境维护等活动。

2. 信息资源开发的意义

现今，信息资源蕴含量和信息资源开发水平决定着一个国家的生产力水平和综合国力。例如，美国是全世界信息资源最丰富，信息资源开发范围最广、价值最大的国家，因此保持并加大了在世界范围内的经济领先优势，成为世界上综合国力强大的国家。各个国家开发信息资源的意义可以归纳为以下几点：

（1）为国家发展提供战略资源。目前人们已经认识到信息资源就是国家的战略资源，开发信息资源可以减少其他物质资源和能源资源的消耗，加快综合国力的提升。

（2）为社会提供巨大的商业机会。信息产业与信息资源开发密切相关，不管是信息设备制造业、信息服务业、计算机软硬件开发业、信息传播业还是其他信息产业部门，都是与信息资源开发工作直接或者间接相关的产业，要开发信息资源就必须发展这些相关的产业。美国信息产业的巨大经济规模，展示了信息产业的光辉前景。

（3）增加就业机会，提高劳动力素质。信息资源的开发必然会带动信息产业的发展，这无疑将增加就业机会，扩大各种与信息资源开发工作相关的岗位数目，增加人员需求，减缓国家的就业压力，提高就业率。在信息资源开发过程中，普遍使用先进的技术、设备，相应的从业人员要有较高的文化素质，促进了劳动力文化素质、技术水平的提高。

（4）促进国家产业结构升级换代。大力发展高科技信息产业是世界上发达国家的国家战略。早在 20 世纪 70 年代，这些国家就已经开始了产业结构的升级换代，重点发展科技含量高、污染少、社会收益大的信息产业、计算机软硬件产业、知识产业、微生物产业等“朝阳产业”。在信息资源开发活动中，产生的新型产业，如咨询业、数据调查业、信息评估业、因特网服务业等，都是附加值高、社会收益巨大的新型产业。这些产业的发展可以替代部分传统产业，实现国家产业结构的升级换代，增强国家的国际竞争力。

（5）放大其他资源的价值。物质资源和能源资源，通过信息资源带来的附加价值，发挥其更大的价值。在这个过程中，信息资源的价值也得以体现，这就是信息资源的效用价值。信息资源的这种价值放大了与之结合的资源价值。例如，在科研领域，科学家通过使用联机检索系统，发现国际最新的科研成果，避免重复研究；在汽车生产领域，销售人员通过检索国际汽车销售价格的差异，抓住市场机遇，开拓新的市场，在产量不变的情况下提高利润水平。

（6）为人们的生活和劳动提供便利。信息资源的开发过程和开发战略必须以方便人们使用为原则，不管开发活动由公司还是由政府机构承担，最后的受益者都是社会大众。例如，国内互联网的开发，既增加了政府机构工作的效率和透明度，又方便了人们的工作和生活。

3. 信息资源开发的原则

信息资源开发的方式、方法很多，不管用什么样的方法开发，都应遵守下述六项原则。

（1）经济性原则。经济性原则就是在一切信息资源开发活动中，充分发挥市场机制和社会需求，对信息资源开发的引导作用，尊重市场规律，按照市场需求决定信息资源开发的规模。经济性原则有以下三个层次含义：

1）在信息资源开发者的层次。对信息资源开发之前，要运用传统经济学的方法来衡量、评价信息资源的价值，开发信息资源能够带来的预期经济收益。如果信息资源开发价值很大，开发活动必须努力提高开发的“产出/投入”比，提高信息资源开发者的净收益。

2）在社会利用的层次。开发信息资源还必须考虑其社会效益。在保证开发信息资源能够获得经济收益的同时，还要提高资源开发活动的社会总收益。

3）实现经济效益与社会效益的平衡与统一。

（2）全局性原则。信息资源作为社会资源，对它的开发活动必须从国家的战略高度进行全局统筹考虑。一方面要引入市场竞争机制，优胜劣汰，用市场的力量达到资源的最佳配置；另一方面还要动用政府的权威，进行宏观调控，避免开发过程中的低层次重复和各自为政，造成社会资源的浪费。

全局性原则包含以下两个方面：

1）开发内容的全局性。信息资源含义广泛，开发内容具有多样性，要求信息资源开发所涉及的软、硬件的开发工作，以及各个层次、类型的工作应同时进行不可偏废。

2）开发过程的全局性。在开发前应做详细的调查，包括信息资源的性质、存储格式、开发目标、开发标准、开发成果等。在开发过程中对各行各业、各单位、各部门之间进行协调。

（3）实用性原则。实用性原则就是根据实际需求开发信息资源，避免开发工作和开发成果的浪费。这是信息资源开发的指导原则，要根据各组织机构信息资源的实际情况，考虑人力、财力、物力、技术、设施、政策、环境等的条件，采取相应的开发方法，最大限度地开发已有的信息资源，使其得到充分的利用。

（4）用户导向原则。用户导向原则就是在市场经济环境下，一切以用户为中心，满足用户需求的开发活动思想，是信息资源开发成功与否的决定因素。用户导向原则有以下三个方面：

1）开发应从用户最迫切、最急需的领域开始，优先开发大多数用户需要的常用信息。

2）开发的方式、方法、层次，以及开发出的信息产品要有针对性，要考虑不同层次、不同类型用户的差异，并且能够从多方面满足用户的需求。

3）开发的信息资源对用户具有使用价值，便于用户使用。开发出来的信息产品和提供的信息服务，不仅要在内容和功能上符合用户的需求，还要具有易用性和简便性。这就要求开发者必须从多方面考虑用户的特征、要求和习惯，开发出有价值的、实用的信息产品或信息服务。

（5）持续发展原则。持续发展原则是指开发信息资源要考虑历史问题、发展战略、技术方法等，要有长远眼光，平衡近期利益和远期利益，考虑当前技术热点和未来技术的发展，在制度上避免出现频繁波动和无法继承的浪费，在技术上避免出现无法兼容和被老技术锁定、无法升级的情况。持续发展原则包括以下三个方面：

1）保持信息资源特色。经过多年的积累和建设，有些组织机构在信息资源的收集、加工上形成了各自的独特风格。这些独特风格可能是行业特色、专业特色、类型特色、语言特色等。对这些资源优势和特色要优先开发，充分发挥其突出的作用。

2）信息资源开发应实现开发的标准化、规范化和制度化。

3）在信息资源开发的方式、方法和技术上，要有继承和创新。找出可以持续发展的开发策略，实现信息资源的价值积累和增值。

（6）法制原则。法制原则是指开发信息资源应该合理、合法地进行，在知识产权和相关法律的允许范围内进行开发。开发信息资源的法制原则体现在以下四个方面：

1）树立知识产权意识，在开发信息资源时，不损害信息资源所有者的权益。

2）开发过程中要树立保密意识，不泄露国家、组织或个人的有关保密信息。

3）开发健康、有益的信息产品和信息服务，避免给用户带来信息污染和消极影响。

4）在信息资源开发过程中，涉及个人私有信息之处，应在公布这些信息之前，征得当事人的同意，避免因泄露他人的私密信息而给他人造成不必要的损失。

2.3.2 信息资源开发的战略

战略明确了组织的长期目标，是一个动态的概念，随着信息资源价值的提高，其经济地位也在上升。信息资源开发战略是指组织根据自身的资源和能力，为求得长期持续和均衡发展而制定的总体规划。它分为宏观战略和微观战略两类。

1. 信息资源开发的宏观战略

信息资源开发的宏观战略是指国家和地方政府的决策机构考虑到国家和地方的整体利益而制定的开发战略，是国家和地方总体发展规划的组成部分。宏观信息资源开发战略通过法律法规、舆论宣传、财政预算、政策导向、经济杠杆等多方面实现。西方发达国家在信息资源开发领域有先进的方法和丰富的经验，借鉴他们的成果对于我国的信息资源开发可以做到事半功倍。

（1）发达国家信息资源开发的宏观战略。以美、日、法、德为代表的发达国家，其信息资源开发的宏观战略各有特色，了解他们的经验，有助于制定适合我国国情的信息资源开发的宏观战略。

1）美国。美国政府已将电子化信息的生产、传播、获取和利用，作为一项基本国策进行实施和推广。从20世纪60年代起，美国政府制定了一系列政策、法规，为美国的信息资源开发和信息产业的发展打下了良好基础，其中主要有《信息自由法》《美国联邦信息资源管理政策》《电子信息收集政策指南》《公共信息准则》等。这些政策法规使美国成为全球最大的信息生产、出版和传播者，标志着美国的信息资源开发进入了一个崭新的历史时期。

进入21世纪，美国政府的信息资源开发战略主要有以下内容：

- 加强网络信息资源的开发，重点建设网络数据库系统。
- 政府与私营企业紧密合作，保证资金的投入，共同制定信息资源的开发战略。
- 加强信息政策、法规的研究，创造信息资源开发的良好环境。
- 重视信息人才的培养，引进外国的相关科研人员。

2）日本。日本是通过发展数据库产业，来实现信息资源开发战略的。公用数据网的建立和汉字终端的普及，为日本数据库产业提供了良好的技术环境，使日本的信息资源开发水平名列世界的前列，并取得了相当大的经济效益。为了振兴日本的数据库产业，日本数据库产业协会采取了很多措施，其中主要有以下内容：

- 明确数据库著作权的归属，促进数据库的公开和数据流通。
- 政府与民间组织共同承担建设数据库的任务，在税收方面实行扶持和优惠。
- 提高数据库开发与利用技术，注重培养数据库应用技术人才。
- 促进数据库技术的国际交流，推进数据库技术的开发工作。
- 按行业建设不同类型的数据库，大力促进地方数据库产业的发展。

3）法国。法国政府奉行的是独立自主的信息资源开发战略，重视数据库和信息网络的建设，大力发展本国的信息资源开发技术，避免过分依赖其他国家的信息资源，注意保护本国的文化和国家主权。在方针、政策上，法国政府提出了《电子技术五年计划》和《全民信息计划》，先后建立了国家科技信息研究所、科技文献与信息共济协调联会等各种类型的科技信息服务机构。

4）德国。德国联邦政府为促进信息资源开发工作制定了一系列政策法规，例如，《1985－1988 年联邦政府专业信息规划》《1990－1994 年联邦政府专业信息计划》和《信息 2000 年》法案等。这些政策法规的核心内容主要体现在五个方面：

- 加强和改善电子信息系统，建立高质量的数据库。
- 改善信息技术环境和经济发展条件，提高德国信息产品的技术含量和国际竞争力。
- 加强信息科学人才的培养。
- 加强信息领域的国际交流与合作。
- 加强有关信息政策、法规的指导与调节功能。

以法律的形式具体规定了信息服务提供者的权利和责任、信息服务中个人数据的保护法规、传播有害信息的法律责任、数据库著作权的保护以及信息服务的界定等。

（2）发达国家信息资源开发的经验。美、日、法、德等发达国家开发信息资源的战略虽然各有不同，但有其共同点。

1）政府高度重视和支持，提供高额开发资金。

2）政府对信息资源开发给以优惠的税收政策。

3）国家进行信息基础设施的建设和管理，为信息资源的开发和利用提供软、硬件平台。

4）强化信息资源管理领域的知识产权立法。

（3）可以借鉴的内容。发达国家信息资源开发的经验对我们是十分有益的，借鉴他们的经验会使我们少走弯路，迅速达到世界先进水平。可以借鉴的内容有以下六个方面：

1）信息资源作为国家和各类组织发展的战略资源，其开发速度应与信息基础设施的建设、信息资源增长的速度和用户需求的变化保持同步。

2）全社会民众的信息意识、信息素养和信息能力构成了社会的信息环境，它是实现信息资源价值的基础。政府在开发信息资源的同时还必须提高社会的信息环境，任何信息资源的开发成果都要被用户利用才能体现出价值。如果社会的信息环境不能伴随着信息开发活动而提高的话，任何信息开发工作都是无意义的，甚至是一种浪费。

3）信息产品的开发利用具有很强的用户导向性，用户将决定信息产品和信息服务的价值，用户评价是决定信息价值的主要因素。因此，在开发新型信息产品时，应该进行用户需求和市场调查，明确信息产品的市场定位，制订详细的开发计划。

4）加强对信息资源开发的宏观调控，重视网络信息资源的开发，加强全国范围内的信息资源共享，利用网络提高信息资源的利用率，制定各类数据库的开发标准，避免小规模、重复性信息资源开发。

5）重视信息产品品牌的培养，重视信息服务和信息产品品牌的市场地位，实现信息服务和信息产品的市场化，提高具有高附加值的信息产品品牌在信息产品市场中的竞争优势。

6）从国家或组织整体考虑信息资源的开发活动，注意信息资源的分布和利用情况，按照自然地域、学科领域、行业性质、社会结构等实际需要，建立全国性或区域性的信息资源共享网络，通过网际互联和共享策略，实现规模开发和综合利用，打破行政界限和部门隔离，消除信息孤岛，实现信息资源的充分共享，发挥信息资源的规模效应。

2. 信息资源开发的微观战略

信息资源开发的微观战略是指在具体的信息资源开发过程中制定的阶段性的规划。微观战略与宏观战略相比，它涉及的范围较小，作用的时间较短，变动比较频繁。微观战略主要有下述两层含义。

（1）面向信息资源本体。面向信息资源本体的战略，是为了丰富信息资源、提高信息资源质量、增加信息资源价值而预先制定的行动指导方针，影响并决定着信息资源开发的最终成果的数量、质量、类型等。信息资源开发主要包括以下四种基本战略：

1）数字化战略。现代信息资源开发是在信息开发过程中，直接生产数字化信息或将传统信息资源进行数字化处理，以方便传播和利用。传统信息资源的表现形式在实际利用中存在相当明显的缺陷，例如，保存不方便、难于检索、空间占用大、不能共享、受时间地域限制不能远距离共享、携带不便等。与之相比，数字化的信息资源完全克服了这类缺陷，具有存储方便、占用空间少，检索途径多、速度快，传播范围广、共享效率高等优点。目前数字化信息的存储形式主要是磁性介质和光介质。数字化信息在商业、医疗、工业、教育、军事、传播、交通、遥感、气象等领域的应用大大改变了人们的生活和工作环境。

2）网络化战略。网络化战略就是将数字信息接入网络，实现网络化应用。这样不仅可以增加网络信息资源数量，提高信息的共享程度，还可以加快网络规模的扩展。网络作为一种交流和通信工具，为人类提供了优越的信息流通渠道，极大地提高了人类传输信息的能力，有无数的企业、组织和个人在因特网上获取信息、发布信息或从事信息服务等。

网络化战略可以有以下两种：

- 增加网络上的信息资源数量，包括增加接入因特网的计算机数量和在网络上发布的信息的数量。
- 增加基于网络的应用系统和服务，包括基于因特网、Intranet、Extranet、ATM和虚拟专用网等，实现网络化管理；还可以在网上开展各种信息服务，例如，网络营销、网上交易、网络咨询、远程教育、网络社区、网络广告、网络游戏、网上纳税、网上报关等。

总之，信息资源网络化符合社会网络化的大趋势，在网络化过程中还应该考虑法律、文化、市场规则、民族习惯、国家安全等问题。

3）集成化战略。集成化战略是人们为了避免各类“信息孤岛”、发挥信息的最大价值、提高信息共享程度、增强系统自动化程度、减少重复劳动和资金浪费，提高信息系统综合效率提出的一种战略。这种战略以标准化、模块化、通用化为基础，采用二次开发或者标准的数据接口，实现各类信息系统之间的兼容、互联、互通和数据共享。

4）产品化战略。产品化战略就是以顾客的潜在需求为向导，生产能满足这些需求的信息产品。信息资源的产品化战略是以专有能力为基础的，专有能力又是通过信息资源的渗透作用，将信息资源置入到信息产品和信息服务中而形成的。信息资源的产品化战略，揭示出信息资源产品化不仅可以成为新的产业增长点，增加国民收入，还可以更深层次地挖掘信息资源的价值，细化社会分工，优化社会生产力结构，发挥信息资源的杠杆作用。

（2）面向信息资源的开发者。面向信息资源的开发者，是从组织角度考虑问题，把开发范围和决策空间限定在组织的内部。这个组织可以是一个企业、团体、机关、公司或图书馆等。

开发信息资源需要战略指导，这种指导由信息资源的社会地位和信息资源自身的特点所决定。

1）信息资源巨大的社会作用，决定了信息资源的开发必定成为国家经济、科技、文化等领域发展的重要组成部分。

2）信息资源是一种无形资源，它的积累需要较长的历史过程，因此，信息资源的开发存在历史依存性，即前期的开发思想、开发方法和开发系统，会对后期的开发过程和行为产生制约和影响，特别是信息资源的前期开发模式会锁定后期的开发模式。

信息资源开发的微观战略的制定，一方面要从开发者的角度考虑，降低开发过程的不稳定性，提高开发的效率；另一方面还要从用户的角度出发，考虑用户使用的方便性和友好性。微观战略着眼的范围和内容比较小、比较具体，但其内容的复杂程度却不容忽视。一般包括目标定位、可行性分析、技术标准、设备选型、开发模式、进度安排、投资方法等。如果是联合开发信息资源，那么在选择开发伙伴、利益分配、责任义务上还要进行详细计划。

例如，某企业为了实现内部各部门（包括人力资源、产品设计、物料配置、工艺流程、生产制造、产品销售等）数据信息的统一管理和共享利用，打破企业内部各部门间的信息孤岛，提高信息共享水平和利用效率，发挥其最大的经济效益。该企业准备投巨资开发一套新型的企业管理信息系统，为此要制定详细的开发战略规划书，该规划书必须考虑未来 3～5 年内该系统的投资方式、竞争优势、升级方法、可继承性、可维护性和可扩展性等。

2.3.3　信息资源的本体开发

信息资源的本体开发是指对信息本体的生产、创造、搜集、整理、识别、组织、检索、加工、排序、重组、总结、评论等活动，是以客观信息为对象的行为，目的是揭示信息、组织信息、评价信息，为利用信息做准备。

在信息资源的开发过程中，可以根据本体存在的方式、表现的形态不同，分为一次开发、二次开发和三次开发。这三个层次的开发活动是相辅相成的，前一个层次构成后一个层次的基础，后一个层次是前一个层次的升华和提炼。信息资源本体的开发就是从这三个层次对信息资源进行，必须协调每一个层次的开发方式、开发方法和开发标准等。

1. 信息资源的一次开发

目前，图形、图像、声音和字符都可以作为信息的类型，例如，字符信息、实物信息、口头信息、形体信息和思维信息等。信息元是客观存在、没有经过加工、没有明确表达或难以被人们直接利用的信息，是一种原始的、用于组成其他信息的基本单元。

信息资源的一次开发，就是运用试验、观察、描述、调查、记录、摄影、传输和交流等方法将信息元进行组合、显示和连接，形成最基本的信息资源，其特征是第一次面世、含有大量创造性的信息；就是将原始信息或者隐含在原始信息中的潜在信息进行加工处理，使其成为便于人们认识的显性信息。例如，考古学家对古人的字画进行研究，明确当时的社会风俗、文化流派等信息。

原始信息的开发受多种因素的限制，包括社会因素（如社会形态、社会结构和风俗习惯等）、法律因素、技术因素（如电子技术、化学方法和物理手段等）、人文因素（如人们的信息意识、信息素养和信息能力等）等。这些因素限制了人类社会开发原始信息的能力，在人类进入到现代社会之前，就已经存在着大量的信息，这些信息只能被简单地利用，人们无法从中得到更有价值的信息。

信息是客观存在的反映，也是头脑思维的反映，因此，信息的一次开发可以是发明创造，也可以是发现或认知。在这个过程中，人的因素是主导因素，因人而异的个性化的因素严重影响着信息元的最终合成结果，难以形成标准的开发策略和方法。

信息资源一次开发的从业人员多为科学家、工程师、作家、教师、画家、新闻记者、研究人员、影视工作者等。开发结果大多是科学家的论文、发明创造，作家的著作，记者的新闻，画家的画作，导演的影片等。

2. 信息资源的二次开发

信息资源的二次开发是以基本信息资源为开发对象进行分析、整理、归类、入库和推荐等行为，是对一次开发结果的再次开发。信息资源二次开发的目的是将杂乱无序的基本信息进行精简整理，使其条理化、有序化、规范化、标准化，剔除无益信息、干扰信息、冗余信息、垃圾信息、低价值信息等，这也是二次开发的特征。通过信息的有效组织和管理，减少海量信息带来的信息过量和空间占用，从原始信息中提炼出更有价值的、有规律的信息。例如，建立文本数据库，出版图书、画册集锦，建立期刊、报纸索引，建立剪报文摘、发表专题信息，开发网络导航、搜索引擎等。信息资源二次开发的从业人员是信息中心的检索人员、图书馆技术人员、数据库管理人员、音像资料库管理人员等。

在信息资源的二次开发过程中，会产生新的原始信息，对这些信息的搜集、记录和整理又构成了新的信息资源。

3. 信息资源的三次开发

信息资源的三次开发是指用人类的知识、智慧、技术对已有的信息资源进行研究、变化、宣传、推广和传播等活动，是对二次开发结果的继续开发。信息资源的三次开发的实质是对信息资源的浓缩、多样化及其发布和使其流通。例如，将印刷资料转化成数码形式，通过对大量信息进行分析产生的研究报告，将计算机中的信息在网上扩散，通过评价网站的内容引导用户访问有价值的网站，通过电台、电视和网络宣传现有的信息成果和使用方法，通过演讲教授某种技能或者知识等。信息资源三次开发的从业人员是情报研究人员，电台、电视台的主持人，网站工程师，培训师和新闻记者等。

实际上，这三次信息资源开发过程的界限不是十分明确，有时很难区分某一开发行为属于第几次开发过程，但这并不影响我们研究信息资源的开发重点。信息资源开发的每个阶段都会产出大量的信息和信息加工品，同时又需要使用大量的信息和信息产品。

总之，信息资源三次开发之间的关系和过程可以用图 2.3 表示。

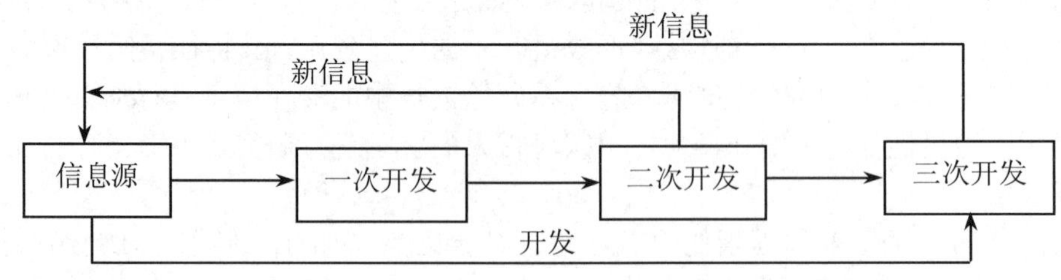

图 2.3 信息资源开发图

2.3.4 信息资源的应用开发

1. 应用开发

信息资源的应用开发是研究、探讨信息应用于社会和生产实践的可能性、途径、方法以及存在的问题，并建立理论模型，解决应用技术问题，制定具体实施方案等，是围绕着如何利用信息资源本体进行的辅助性开发活动，其目的是更准确、更高效、更全面、更深层次地利用信息资源。

信息资源的应用开发的形式很多，很难划分它和信息资源本体开发的界限，它们之间有重复、有交叉。例如，运用信息技术开发数字图书馆，对统计年鉴进行分析建立经济预警系统，用专利信息制造新产品，利用国外文献追踪先进的学术活动，在因特网上进行竞争情报的搜集工作建立企业情报分析系统，开发企业智能决策系统，利用网络技术开发联机检索系统等。

信息资源应用开发会涉及知识产权、语种差异、虚假信息、部门协调等问题，因此，应用信息资源时必须从多方面考虑问题。信息应用开发奠定了信息的资源价值，为信息资源应用于社会和生产实践扫清了理论障碍和技术障碍。

2. 信息服务

信息服务是信息资源应用开发的特殊形式。信息服务是对社会形态信息资源的高级开发行为，属于信息应用开发的范畴，又不同于一般的信息应用开发。信息服务的开发目的是将他人已经开发出来的信息和信息加工品作为服务内容，为用户提供个性化的信息服务。信息个性化是信息服务的基础。

信息服务的对象是信息资源的开发者和信息消费者，信息服务是通过实施信息个性化，为信息需求者提供信息服务，达到信息资源开发和应用的目的。例如，企业的管理者和产品生产者对信息的需求、购物者对商品信息的需求、市场调研、商品跟踪、信息咨询服务等，都依赖于信息服务。

2.3.5 信息资源的本体开发与应用开发的关系

信息资源的开发具有明显的阶段性，第一阶段是信息本体开发，称为信息基础开发；第二阶段是信息应用开发，称为信息应用开发。信息本体开发为信息应用开发提供信息资源，信息应用开发将信息资源转化为生产力。

信息资源开发的两个阶段构成了一个循环往复的动态递增系统，它向社会提供源源不断的永不枯竭的信息资源，促进了社会的进步和发展。在这个系统中，信息本体开发负责信息资源的生产和挖掘；信息应用开发负责将信息转化为生产力，同时为信息本体开发反馈需求信息，提供技术支持，起着指导和促进信息本体开发的作用。

信息资源开发的阶段性和知识产权的保护，为信息资源的开发策略提供了选择依据，应该重视信息的本体开发阶段，加强信息的应用开发阶段。由于信息的时效性，信息资源更新的速度跟不上社会的发展和需求的增长，信息资源本体的数量和规模还不足，我国与发达国家相比还有很大的差距。

信息资源应用开发是为用户利用信息提供途径、方法和技术保障，是信息资源向生产力转化的必不可少的环节，信息资源只有通过这一环节才能投入到生产和社会管理活动中。

例如，日本在第二次世界大战后成功地利用了这一开发策略，创造了产业和经济发展速度的奇迹。日本通过引进信息资源开发成果，加强信息与技术应用的开发与研究，将世界各国开发的信息资源变成了自己的财富。日本认为，“综合就是创造”“转移就是突破”。这里的“综合”，就是将他人的成果进行综合利用，形成自己的新技术、新发明；这里的“转移”，就是将他人使用的技术转移到自己的产品生产之中，形成新的产品优势。实际上就是将别人的信息开发成果为自己的经济发展服务，这是信息资源开发的一条捷径，这种捷径对于经济腾飞的起步是必不可少的。

2.3.6 信息资源开发的项目管理

现代信息资源开发建设是一项高投入、周期长、过程不稳定的高风险行为。在市场环境下用有限的资源（如人力资源、财力资源、物质资源和时间资源等），在规定的时间内开发出高效实用、符合目标要求、有竞争力的信息系统，实现信息资源价值的最大化，是要努力解决的一个难题。实际上，信息资源的开发就是以信息系统为目标、以人为本、以项目管理为控制手段的信息系统开发。

鉴于信息资源的优势作用，很多著名的跨国集团急于开发企业的信息资源，希望通过信息开发活动改善企业的管理水平和决策水平，以此获得竞争优势。在信息资源开发项目上投入上亿元的巨资，开发集成化的管理信息系统，结果往往是项目匆忙上马，又匆忙结束，以失败告终。有的企业因此一蹶不振，甚至破产倒闭。

从国内外企业开发信息资源的案例来分析，导致开发失败的因素有多种，其中主要因素就是缺乏科学的、严格的控制手段和管理方法；开发成功的原因是在开发过程中，运用了一套行之有效的管理方法，即项目管理法。现在，大多数信息资源的开发活动，都是以标准的项目管理法进行控制的。

美国项目管理学会（Project Management Institute，PMI）对项目、项目管理的定义是：项目是将人力资源和非人力资源结合成一个短期组织以达到一个特殊目的；项目管理是在项目活动中运用专门的知识、技能、工具和方法，使项目能够实现或超过项目发起人的需要和期望。由此定义可知，现代项目管理的特点主要有存在一个特定的目的，是一种一次性的工作，需要使用各种资源，有一个主要发起人，具有不确定性等。

项目管理的主要内容有九个方面：范围管理、时间管理、成本管理、质量管理、人力资源管理、沟通管理、风险管理和采购管理，如图 2.4 所示。

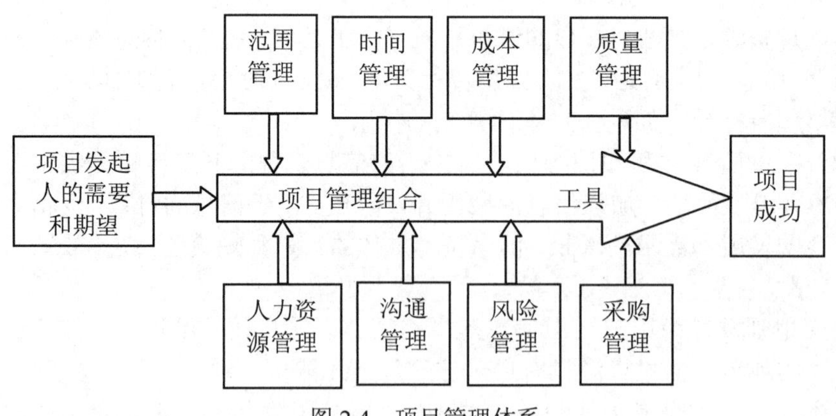

图 2.4 项目管理体系

1. 范围管理

范围管理就是根据项目的目标，确定项目所必须完成的工作范围，并对其进行管理。范围管理包括立项、项目范围的确认、范围核实、范围变更的控制等。范围管理的首要任务是确定哪些工作内容应该包含在项目范畴内，并对其他的项目管理工作起指导作用。无论是新技术、新产品的开发项目，还是服务性项目，必须先有效地定义项目范围。

2. 时间管理

时间管理就是制订项目活动的时间安排、项目的进度计划并对其进行控制。在范围管理的基础上，通过确定合理的工作顺序和工作进度管理，可以在满足项目时间要求的情况下，使资源配置和费用支出达到最佳状态。

3. 成本管理

成本管理就是控制项目经费不超出预算的管理过程，包括资源的规划、成本预算和控制等。由于项目的成本管理与项目范围、进度、质量等要素之间是相互关联的，因此，剥离项目的成本费用管理与其他项目管理职能的关系是非常错误的。

4. 人力资源管理

人力资源管理就是确保项目成员发挥最佳效能的管理过程，包括组织规划、人员招聘和项目团队的组建。人力资源管理还会涉及沟通、协商、激励、培训、指导、队伍建设、矛盾处理、执行情况评价、招聘、劳动关系和安全规则等。

5. 质量管理

质量管理就是满足客户对项目质量的需要，包括质量计划、质量保证和质量控制。项目管理更强调管理的质量，包括设定各种管理程序和过程。

6. 沟通管理

沟通管理就是确保与项目相关的信息能及时、准确地得到沟通和处理，包括制订沟通计划、信息传递、实施过程和评估报告。有效的沟通是保障项目成功的关键，在人员、信息和各种思想之间，沟通管理保证了每一个参与项目工作的人都能够以项目的语言进行交流，并理解这种交流对项目所产生的影响。

7. 风险管理

风险管理就是为了保证项目的成功，而需要进行的风险识别、度量、响应和控制。

8. 采购管理

采购管理就是保证项目所需的资源得到满足，包括采购计划、询价、招标、资源选择、合同的管理等。

9. 综合管理

综合管理就是确保项目的各个要素之间能够协调工作，包括项目计划的制订和执行、项目整体变化的控制。

目前，信息资源的开发都是以独立项目的方式进行的，其实施过程如图 2.5 所示。

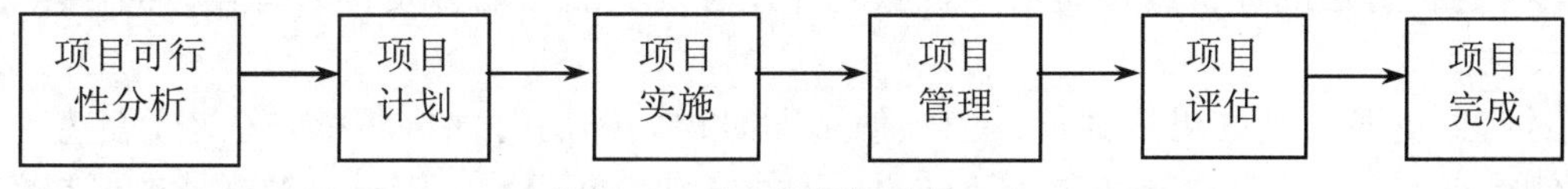

图 2.5　项目的实施过程

项目管理是项目开发过程中最关键的一个环节，它的成败直接决定了整个项目的成功与否。根据前人开发信息系统项目的经验总结，发现多数项目的失败在于开发过程的失控，即失败的主要原因是项目的管理者和参与者的人为因素造成的。因此，严格按照标准化的项目管理方法进行信息资源的开发，是信息资源开发项目成功的保证。

2.3.7 信息资源开发的评价

信息资源开发的评价包括对开发成果的质量评价和经济效益评价。

1. 信息资源开发成果的质量评价

信息资源的开发成果是多种多样的，例如，管理信息系统、智能决策系统、实时交互系统、文本数据库、业务数据库、数据传输网络、Web 网站、多媒体检索系统、搜索引擎、数字图书馆、市场调查报告、报纸期刊、信息服务等。为了评价信息资源开发成果是否达到了最初的开发目标和期望值，必须给予信息资源开发成果一个质量评价。

信息资源开发成果的形式是非常丰富的，有文本型、数值型、多媒体型、实物型等，评价这些开发成果的质量是相当困难的，还没有统一的评价标准。目前，是以开发深度、开发广度、开发丰裕度、用户数量、使用满意度、用户反馈等方面进行评价的。

由于信息资源的开发标准尚无统一，所以，信息资源的开发过程很难用 ISO 系列的国际质量标准进行质量跟踪、监测。对于同一个信息资源的开发成果，不同的用户会有不同的使用体验，用统计所有用户感受的方法，很难评价开发成果的质量。因此，在开发成果的质量评价方法上，根据已有的经验，使用最多、效果最好、最经济、最有效的评价方法就是专家评价法。

专家评价法就是聘请与要评价的信息资源开发成果相关的领域内的著名专家、学者按照一定的规则，进行独立的打分评价，统计这些分数，得出最后的综合评价结果。实践证明，专家打分评价法是一种切实可行、效果良好、结果准确的评价方法。现今，已广泛使用这种质量评价方法。

对信息资源开发成果的评价会受信息资源特性的影响，即信息资源存在时效性和共享性，因此，对信息资源开发成果的评价有两种方法：即时评价法和历时评价法。

（1）即时评价法。即时评价法是在开发成果完成并交付给委托方时，或者以某种方式面世并被最终用户使用时而进行的一种评价。这种评价的依据是信息资源开发成果的质量（包括技术、功能、性能、结构、逻辑性等）、内在价值、使用价值、初步使用的印象等。即时评价是信息资源开发成果评价必须经过的一个阶段，是衡量开发成果成功与失败的重要参考。专家评价法就是一种即时评价方法。

（2）历时评价法。历时评价法是在用户长期使用开发成果的过程中形成的，并不断修正的评价。这种评价由用户进行，是一种长期观察、感觉和比较的结果。与即时评价法相比，历时评价法更注重使用过程中的感觉，这种评价方法得出的结论更准确也更有意义，但它所需的时间较长，耗费的精力和资源更多。因此，对信息资源开发成果进行评价时，采用这种方法的比较少。这种方法的评价结论对信息资源的开发者及其后续的开发行为有较大的，甚至是决定性的影响。

对信息资源开发成果的评价，应该使用即时评价和历时评价两种方法才算完整。因为两者的侧重点不同，只有结合两种评价结果，才能客观、准确地对信息资源开发的成果作出最终的正确评价。

不管是即时评价还是历时评价，又可以分为定性的、定量的和半定量的三种评价方法。

（1）定性评价法。定性评价法是根据专家个人的判断，决定信息资源开发成果好坏的主观评价方法。这种评价一般分为多个等级（如 A、B、C、D、E 五级或者优、良、中、差四级等），评价方法的主观性较大，精确度不高，结果不太客观。

（2）定量评价法。定量与半定量评价法是根据已有的量化指标，运用模型、公式等手段，通过客观的数据和运算结果进行评判的方法。这种评价法克服了定性评价法易受主观因素干扰、精确程度不高的缺点，但是，实际操作起来比较复杂。

（3）半定量评价法。半定量评价法是一种定性方法与定量方法相结合的产物。典型的半定量方法有综合评分法和层次分析法等。在实际运用时，采用半定量评价法的比较多。

1）综合评分法就是确定评分项、评分等级、评分细则，然后由专家打分，最后统计这些打分结果，如有必要可以进行加权计算。

2）层次分析法是将复杂的问题结构化。即将复杂的问题分解为若干层次，形成层次结构模型，然后根据对客观现实的判断，为每一层的相对重要性给予定量表示，再使用数学的方法对每一层的全部元素进行相对重要性排序，以此分析和解决问题。

2. 信息资源开发成果的效益评价

（1）信息资源开发成果的评价指标。为了揭示信息资源开发成果的价值大小和防止信息资源开发活动中的浪费，必须对信息资源的开发成果进行效益评价，即对信息资源开发成果的投资收益进行分析。信息资源开发成果的效益不能只通过经济效益反映，还要考虑其社会效益。评价信息资源开发成果效益的指标要包括经济效益指标和社会效益指标。

1）经济效益指标。主要的经济效益指标有：直接经济效益指标，包括产值、利润、税收等；间接经济效益指标，包括增加产量，降低消耗，节约投入，改进质量，提高满意度，提高产值、利润水平等。

经济效益就是利用信息资源开发的成果（包括信息产品和信息服务）所创造的净收益。信息资源开发成果的评价是指信息产品的评价，根据信息资源的性质和范围，可将信息产品分为资源型信息产品和管理型信息产品两类，应采用不同的方法评价这两类信息产品所创造的经济效益。

- 资源型信息产品的效益就是通过信息资源本体开发的第三次开发的成果，在工业活动中的应用所创造的经济效益，可以用产量、质量、产值、成本、劳动生产率和利润率等指标来衡量。典型的评价指标有：利润指标测度，包括利用信息后获得的利润总额、利润增长额、使用价值替代与利润增长等；综合指标评价，包括信息经济效益对比系数、信息的时间节约效益、信息的潜在经济效益、信息消耗标准、信息系数、信息消耗、信息效益、信息经济效果和信息总体效果系数等。
- 管理型信息产品是信息资源的应用开发成果，评价这类信息产品的经济效益与评价开发普通产品的方法类似，可以利用投资回收期、资金回报率、盈亏平衡、敏感性分析等方法和手段进行评价。

2）社会效益指标。主要的社会效益指标有：增加信息、知识的积累，提高经营、决策、管理水平，促进科学技术发展，提高生活质量，推动社会发展，改善工作效率，降低行为的不确定性等。

评价信息资源开发的价值还须考虑到它的社会价值，不能只用经济效益来衡量收益。例如，中文期刊网的开发成功提高了网络利用率，方便了大众的查阅，改善了学术交流方法，减少了无形损耗等，这些都是社会收益。

（2）信息资源开发水平的整体评价。信息资源开发水平的整体评价是指在组织机构、团体、企业、区域、国家等范围内对其拥有的信息资源开发程度的评价。

信息资源开发水平的高低受到多种因素的影响，例如，信息资源存量、信息技术、信息政策、信息投资、信息人才、经济实力等。对信息资源开发水平的评价，可以从信息资源类型中存在最广泛、最重要的记录型信息资源开始进行评价研究。

在记录型信息资源中，传统的印刷文献型信息资源和网络型信息资源开发的意义最大，一般的开发活动主要集中在这两类资源上。具体的开发水平评价指标主要有：图书、期刊、报纸的出版种类、发行量及印刷量，影视、广播的产量及播出时间，数据库与信息系统的建设数量、规模及分布，网站和网页建设数量和规模，信息服务种类、层次及用户量等。

3. 网络信息资源开发的评价

网络化信息资源开发是现代信息资源开发的主流。网络信息资源评价为用户选择高质量的网站提供了方向，提高了网络使用过程的针对性。网络信息资源评价的真正意义在于，揭示高质量的网站特征、网络信息资源的分布以及一般用户需求特征等，确定网络信息资源开发需要遵守的规范标准，为全面优化网络信息资源的整体结构和质量做准备。

由于网络发展时间较短，网络信息的个性化较强，网络相关技术发展的速度很快，网络资源变动频繁等原因，很难制定网络信息资源评价标准。网络信息资源因其特殊性，所以拥有其特有的评价方法和指标体系。目前已有的网络信息资源评价方法分为四类：以定性（或半定量）方法为主的评价方法、以链接分析为主的定量评价方法、基于元数据的资源内容评价方法和基于用户调查评分的评价方法。

（1）定性评价。定性评价是根据事先制定好的评价标准由用户或专家进行评价，是一种直观感受式的评价。评价指标内容有：

1）网站的目的指标，包括网站建立目的、特定用户群、信息是在何种程度和层次上提供给用户的等。

2）网站内容收录范围指标，包括媒体种类、数量、形式，图形和多媒体设计等。

3）网站信息质量指标，包括学术水平、可信度、权威性、新颖性、内容连续性等。

4）网站功能指标，包括交互性能、易用程度、友好性等。

5）网站性能指标，包括稳定性和连续性等。

其中权威性、可信度和新颖性是主要的评价指标。定性评价的客观性差、缺乏灵活性、精确度不高。

（2）定量评价。定量评价又称网络计量法，利用统计数据的客观性克服了定性评价的主观性偏向，是网络信息资源评价的发展趋势。

1）访问量统计。定量评价最常用的是访问量统计。这种统计方法是用单位时间内用户访问流量显示网站的受欢迎程度，以此间接反映该网站拥有的网络信息资源的价值大小。访问量统计数据的来源，可以来自网站自身的访问日志，还可以来自第三方专门机构的流量统计。例如，通过网络服务商安装在客户端的监测软件便可客观地统计出各个网站的访问量。

2）链接关系分析。网站链接关系分析是定量分析方法的另一种手段。网络信息资源之间的链接关系可以称为“网络计量学”。

网页间的链接分为两类：内链接和外链接，分别表示链入关系和链出关系。目前网络信息资源的定量分析和评价刚刚开始，评价指标少，对网络信息资源的开发成果，难以给出客观、全面的评价。

（3）元数据评价。元数据是对网络信息资源进行描述的一种基础数据，包括描述性元数据和评价性元数据。描述性元数据用于网络信息资源的描述和定位，评价性元数据用于网络信息资源的发现和评价。例如，因特网内容选择平台就是网络信息资源和元数据结合的技术平台，这种技术可以帮助用户自动实现内容的过滤和发现网站。

（4）用户调查评价。在网页上都可以对网站或者网页的质量、内容、结构等方面进行调查，这种调查可以持续地在网页上出现。典型的调查方式有问题答案选择型、内容评分型、推荐与否型等。这些类型属于定性评价，能发挥用户的主动性。还可以进行网上定量分析，例如，统计用户对某类问题答案的选择数量。这种评价结果比较客观，具有一定的参考价值。

总之，网络信息资源开发成果的评价，必须结合定性评价和定量评价两种方法，还要结合元数据评价，考虑用户的个性化要求，这样就可以实现对网络信息资源开发成果的全面评价。随着网络计量学的发展，网络信息资源的定量评价指标体系将会逐步建全。

2.4　信息资源的管理

2.4.1　信息资源管理的发展

信息资源管理是 20 世纪 70 年代末才兴起的一个新兴领域。现代信息资源管理是在经济和科学技术高度发展的条件下，对文献、知识和信息管理的延伸和拓展。可以将信息管理分为三个阶段：传统管理阶段、技术管理阶段和信息资源管理阶段。这三个阶段对应着不同的管理内容和方法。传统管理阶段以信息资源的搜集、管理为重点；技术管理阶段以利用现代信息技术，实现对信息流的控制为重点；信息资源管理阶段强调对人类社会信息管理过程及相关要素进行综合管理。

1. 传统管理阶段

这一阶段以信息源管理为核心，以图书馆为象征，包括档案管理和文献资料管理等。人类对信息的保存与管理早已有之，但是，作为一项专门的工作和事业，是在图书馆出现之后才发展起来的，图书馆是人类社会活动发展到一定阶段的产物。

图书馆对文献资料的收藏是以利用为目的的，即为了可以多次反复的利用。图书馆自诞生之日起就十分重视文献资料的“藏”和“用”的统一，强调为“用”而“藏”。

人类的社会活动达到相当规模后，现有的图书馆系统已不能满足人类的社会活动的需求，尤其是在 20 世纪 40 年代后期，出现了大科学时代的“情报危机”：知识信息成指数增长，并威胁着人类再创造的能力。为了应对这种情况，在科技领域出现了一种专职的信息服务机构——科技信息机构。这类机构的任务就是对科技信息进行搜集、加工、存储、检索、提取和利用。由于科技信息主要以文献为载体，所以这类信息机构实质上仍是从事的文献管理工作，只是侧重于图书之外的文献（如期刊、专利、会议文献等）管理而已。

科技信息机构是为了克服传统图书馆在提供文献信息及其利用方面的滞后现象，在文献加工方面，既重视文献的外部特征，更注重内容特征，提供服务的方式主要是文献信息的多向主动传递。

从本质上，科技信息机构与图书馆之间无特殊差别。它们都是社会公益性事业机构，在国家财政拨款或公众税收支持下，从事以文献为载体的信息的搜集、加工、存储、检索、提取和利用，注重“文献信息源”的管理。尤其是在大量采用现代信息技术使得图书馆从书籍世界进入信息世界之后，图书、情报服务已趋于一体，这些都反映了以“信息源”为核心、以文献为主要载体、以公益性服务为主要目的的传统管理阶段，向技术管理阶段发展，从注重“源”的管理向注重“流”的控制过渡。

2. 技术管理阶段

这一阶段以信息流的控制为核心，以计算机技术为工具，以自动化信息处理和信息系统建设为主要工作内容。这是在计算机技术、信息技术高度发展和广泛应用的基础之上发展起来的新兴信息管理方式，是文献信息管理的一场革命。在这种信息管理方式中，只要把原始文献进行一次加工，输入计算机系统，就能从中选取和编制出二次文献索引的信息。这种文献信息加工和管理的方式，不仅大大缩短了二次文献信息输出的时间，而且文献收录的范围更加广泛，更能适应多样化的需求，给用户带来了方便。

随着计算机技术的发展，计算机信息处理功能越来越强，使人们对文献的加工有可能从宏观层次向微观层次深入，从文献的局部信息扩展到全部信息，极大地提高了人类对文献信息的处理和管理能力，提高了图书馆、情报中心对文献信息流的控制程度。

计算机在用于图书馆、情报中心的文献信息管理的同时，也广泛地用于公司、企业和各类行政机构的记录处理、财务数据处理、经营数据处理等方面。最初，这种数据处理只是在操作层次上，主要目的是用计算机代替手工操作，提高数据处理的速度和效率。随着数据处理量的不断增大，不仅需要解决大量数据的处理、组织和存储问题，而且还需要对数据进行保护，并且在需要时可以有效地进行提取。为了满足这种要求，就需要以系统思想为指导，全面考虑组织机构中各类数据（信息）的采集、加工、存储，检索、传输、提取和利用等，由此促成了管理信息系统（MIS）的诞生和发展。

技术管理阶段是使用计算机处理信息、控制信息流，技术因素占主导地位。这一阶段围绕着计算机应用，创造了许多信息加工、处理的方法和信息系统设计、开发理论。人们希望在高度发展的信息技术的支持下，克服由“信息爆炸”带来的信息利用方面的困难，实现对信息的有效管理和开发利用。

当“信息爆炸”带来的信息利用方面的困难，用信息技术也无法克服时，人们误以为是信息技术不够先进，一味地追求最先进技术的应用，完全忽视了信息管理中其他因素的作用。这种思路在部分人中一直持续到网络时代。

3. 信息资源管理阶段

信息资源管理阶段的主要目标是将信息作为资源进行应用，对信息实施资源性管理。“信息资源管理”这一新观念的提出是基于两个主要方面：一方面，信息管理阶段纯粹的技术手段不能实现对信息利用进行有效的控制；另一方面，也是更重要的方面，当代社会经济的发展使得信息成为一种重要的资源，迫切地需要从经济的角度进行管理，并对这种资源进行优化配置。

信息资源管理是信息管理从古代到当代的必然延伸，单纯依赖技术是不能对信息进行全面管理的。例如，在20世纪60年代，信息技术被迅速地应用于信息管理，建立了各种现代化的信息系统和网络，人们以为这样便可以一劳永逸地解决信息的有效管理和利用问题。随着信息技术的高度发展和广泛应用，带来了许多新的、复杂的难题，新的信息媒体和信息传播方式在社会的广泛应用，产生了许多始料未及的、传统管理无法应付的问题。

最突出、最棘手的难题是在信息的快速传播、高效处理、有效利用和共享的同时，如何保障信息安全（包括计算机安全、系统安全、数据安全和个人隐私等）和信息利益（包括知识产权、跨国数据流、信息收费和信息成本等）。

计算机信息系统的建立虽然能够有效地解决信息管理中的许多问题，但这仅是在微观层次上对个别的机构和组织进行的。随着信息技术的发展，这种模式必然导致信息系统的分散化和小型化，使得对信息的管理和控制而变得更加困难，宏观层次的信息共享和信息效益无法实现。这种纯技术的信息管理逐渐暴露出许多问题和缺陷，人们不得不重新思考信息管理出路的根本所在。

到了 20 世纪 70 年代，人们开始用行政的、法律的、经济的手段，协调社会信息化进程中的各种矛盾、冲突和利益关系，妥善处理信息管理中人与物的复杂关系，逐渐形成了信息资源管理的思想和观念。

信息政策是为了适应信息活动的宏观调节和管理需要而兴起的，很快就成为一个新的受到各国关注的重要领域。信息政策和信息法律的主要功能是规范信息活动中的人的行为，规定各方面的利益关系，已经形成了一个比较完备的庞大体系。信息政策和信息法律都具有明显的地域性，不同的国家和地区都有各自的政策和法律，采取不同的手段进行管理。

信息经济学对于理解和评价信息资源管理起着重要的作用。要用经济手段对信息和信息活动进行研究和管理，主要是基于三个几方面的原因：①用于信息活动和信息管理的经费有限，需要合理地进行分配；②信息系统采用的各种技术设备越来越昂贵，信息服务的成本越来越大，需要对成本效益进行分析；③有偿信息服务的份额增加。因此，引入经济手段是信息资源管理的必然趋势。

进入到 20 世纪 90 年代，以因特网为基础的全球信息高速公路的建设，彻底改变了人类信息活动的方式，计算机网络将成为信息资源存储和传播的主要场所。计算机网络上的信息资源种类繁多，分布在世界各地，都是以数字化信息为基础的电子信息资源，可以利用现代信息技术进行制作、加工、传播、转换和二次开发。

高速信息网把方便的信息服务带进了家庭、办公室，使人们可以像使用水、电和煤气一样方便地使用全球信息资源。但是，网络的迅速扩张也带来了信息污染、信息混乱、信息犯罪、信息侵权等负面影响，比“情报危机”、信息技术应用带来的问题要严重得多，主要有以下四个方面的问题：

（1）信息量爆炸性增长，网络无序扩大，网上信息陷入严重混乱，使人们难以通过网络获取所需要的信息。

（2）信息污染严重。由于各种网络都可以联入因特网，信息资源质量没有控制标准，一些质量低劣、粗制滥造的信息混入，使得因特网通信混乱，加上淫秽信息和病毒感染泛滥，网络上信息污染日趋严重。

（3）信息侵权和安全问题。由于高速信息网的开放性，使任何个人或团体都可以把自己的计算机或局域网连入，进出方便，存取自由，致使网络信息安全性大大下降、信息产权保护变得十分困难。

（4）根据需求和效率，配置网上信息资源的难度更大。

鉴于此，把技术、经济等手段有机地结合起来，对网络信息资源进行管理就显得十分迫切，也是信息资源管理需要研究、解决的重要问题。

4. 信息资源管理

信息资源管理作为一个新领域，人们对于什么是“信息资源管理”有不同的看法，而且这些看法又随着社会经济环境和技术条件的变化而不断变化。

比较有影响的有关信息资源管理的定义有：

M. 怀特（M. S. White）的定义：信息资源管理就是有效率地确定、获取、综合和利用各种信息资源，有效地满足当前和未来的信息需求的过程。

C. 伍德（C.Wood）的定义：信息资源管理是信息管理中几种有效方法的综合，它将一般管理、资源控制、计算机系统管理、图书馆管理以及各种政策制定和规划方法结合起来使用。

W. 梅德柯（W.D.Maedke）的定义：信息资源管理是企业中管理各种相互联系的技术群，使信息资源获得最大利用的艺术和科学。

综上所述，信息资源管理从 1979 年首次提出到现在，在短短的近 40 年的时间里，尽管取得的研究成果只是初步的、不成熟的，但已经引起了世界各地的许多著名专家、学者以及包括各国政府在内的社会各界的普遍关注和重视。有了各国政府的重视和介入，“信息资源管理”这门学科会迅速地发展起来，成为一个非常重要的科学领域。

2.4.2 信息资源管理的目标、任务及意义

1. 信息资源管理的目标

信息资源管理的目标不仅是信息资源管理活动的结果，也是指导信息资源管理活动的行动纲领。因此，首先要明确信息资源管理的目标。

信息资源管理的目标需要根据实际情况确定，并且受到各国信息经济与信息产业发展水平的制约。只有在信息资源管理的目标能够满足各国信息经济与信息产业发展的要求、符合各国经济发展的需要时，才能说这个目标是正确的，目标不正确会对信息资源管理产生不良的影响。

信息资源管理的目标一般分为两个：总目标和分目标。

（1）信息资源管理的总目标。信息资源管理的总目标是信息资源管理活动要达到的最终目标和最根本的行动纲领，也是信息资源管理的主体系统与被管理的客体系统间相互作用的最终结果。

总目标可以保证信息资源的开发与利用，是在有领导、有组织的统一规划和管理下，有条不紊、步调一致地进行，使各类信息资源以更高的效率、效能和更低的成本，在国家进步，经济发展，人民物质、文化和生活水平的提高等社会活动中充分发挥应有的作用。

（2）信息资源管理的分目标。信息资源管理体系中，各子系统的具体目标就是信息资源管理的分目标。分目标为保证总目标的实现服务，并受到总目标的制约。

为保证总目标的实现，可以将总目标分解为一系列并行且相互联系的分目标。这些分目标包括以下内容：

1）信息资源开发分目标。根据社会发展的需要进行合理地组织、规划信息资源的开发，保证相关的潜在信息资源能及时、经济地转化为现实的信息资源。

2）信息资源利用分目标。按照社会化、专业化和产业化的原则合理地组织信息资源的分配，确保信息资源能得到充分有效的利用。

3）信息资源管理分目标。遵循客观经济规律，建立健全科学的、合理的信息资源管理机制，完善信息资源开发、利用的保障体系。

总目标与分目标之间以及各分目标之间是相互联系、相互制约的，它们共同形成统一的信息资源管理目标体系。

2. 信息资源管理的任务

为了与信息资源管理的目标相适应，信息资源管理的任务主要包括以下四个方面：

（1）制定信息资源的开发战略规划、方针和政策，使信息资源的开发活动在国家统一的指导和管理下有条不紊地进行，使信息资源的开发成果能很好地做到贴近实际、贴近需求和贴近用户，满足国民经济和社会发展对信息开发成果的总体需要。

（2）制定信息资源管理的法律、法规，建立信息资源管理的监督和保障体系，使信息资源管理能够有法可依、有章可循，使开发出来的信息产品能够得到充分、及时和有效的利用。

（3）运用法律、经济和行政手段协调各部门、各地区和各企业之间的关系。明确各级信息资源开发利用机构的责任、权力和利益的界限，使信息资源的开发、利用机构在平等互利的基础上最大限度地实现资源共享。

（4）加强国家信息基础设施和信息资源管理网络的建设，使信息资源的开发、利用活动，建立在较高的起点和良好的社会基础之上。

3. 信息资源管理的意义

信息资源已成为当代国民经济和社会发展的基础性和战略性的资源，因此，大力加强信息资源的管理，具有非常重要的意义，主要体验如下：

（1）信息资源管理是新的管理科学领域。信息资源管理的出现，是科学技术的进步、生产力的巨大发展和生产社会化程度日益提高，生产力对信息需求的必然结果，是建立在管理、技术等科学基础之上的专门领域。

在当今物质资源和能源资源日益短缺的情况下，信息资源作为一种“超资源”，具有其他非信息资源所无法替代的独特作用，可以替代或部分替代物质资源和能源资源在经济活动中的作用，成为与物质资源和能源资源相并列的新的社会财富。这些特性与现代科学技术相结合，使信息管理突破了传统的管理思想、管理目标和管理方式，形成了新的管理科学领域。信息资源管理是真正建立在科学的、合理的基础之上的。

（2）信息资源管理是合理开发和有效利用信息资源的必要条件。要克服盲目开发和无节制的利用所带来的成本高、利用效率低，以及其他社会危害（如信息污染、信息犯罪等）问题，必须对信息资源进行严格的管理。合理开发信息资源就要有效地控制其使用，保证在成本最低时其经济功能达到最强。这就要求各组织之间，以及各开发机构、利用机构之间，在总体上必须有一种协调和控制机制。实际上，信息资源开发、利用的过程，本质上就是信息资源管理的过程，不论是开发还是利用，其中的每一步骤都会受到管理思想、管理行为和管理方式的影响与制约。

（3）信息资源管理是保证信息资源开发和利用机构的合法权益。信息资源管理的主要任务之一是制定、监督并实施有利于信息资源开发和利用的一系列法律、法规、政策、条例和制度。这些法律、政策、规章和条例对于保证信息资源开发和利用机构的合法权益、取缔非法或不合理的信息资源开发利用活动、制止和打击利用信息资源进行的违法犯罪行为都具有十分重大的意义。

2.4.3 信息资源管理的层次

信息资源管理的层次性主要表现为管理层次在管理目标、管理方式上的不同而产生的管理上的差异。信息资源管理可以分为宏观管理、中观管理和微观管理三种。因此，信息资源管理活动相应地也有宏观管理、中观管理和微观管理三个层次。不同的管理层次包含不同的管理内容。这三个层次信息资源管理的关系是：宏观管理和中观管理是微观管理的前提，微观管理是宏观管理和中观管理的基础。它们相辅相成，缺一不可。

1. 宏观信息资源管理

宏观信息资源管理是一种战略管理，由国家级管理部门运用经济、法律和行政手段实施，在宏观上通过国家的有关政策、法规和管理条例，进行组织和协调信息资源的开发利用活动，使信息资源按照国家的宏观目标，在不影响国家主权和信息安全的前提下，得到最合理的开发和最有效的利用。

宏观信息资源管理的目标是保证信息资源开发、利用活动的顺利进行，降低信息资源开发成本、提高信息资源利用率。宏观信息资源管理的任务，是从全局角度对信息资源的开发和利用活动进行总量和结构上的组织协调。近年来，随着国际间信息资源开发利用问题（如跨国数据流引发的国家或地区间的利益矛盾、信息传播和控制带来的国家主权和国家安全问题等）的日益突出，宏观信息资源管理要与国际政策相协调，与国际信息流通相结合。

国家从宏观上对信息资源进行管理应遵循以下基本原则：

（1）从思想上把信息资源提到战略的高度进行认识。

（2）信息资源管理是复杂的社会系统工程，规模巨大、结构复杂，必须实行分级管理。

（3）国家级的信息资源管理主要是确定战略目标、投资决策，为各级政府相关部门的中观信息资源管理提供条件。

（4）大力推广使用现代信息技术，提高信息资源的开发水平和利用效果。

（5）确定信息资源管理的保密等级和信息保存制度，协调与国际间的信息资源交流。

2. 中观信息资源管理

中观信息资源管理涉及各地区、各行业的信息资源管理部门，通过制定地区或行业性的政策法规和管理条例来组织、协调本地区、本行业内部信息资源开发和利用的活动，以及本地区、本行业与其他地区、其他行业间的信息资源交流，使本地区、本行业的信息资源开发和利用活动，在总体上与宏观信息资源管理活动不发生冲突，体现本地区、本行业的特色和水平。

中观信息资源管理是介于宏观和微观之间的一种资源管理层次，具有承上启下的功能。因此，原则上既要符合宏观信息资源管理的需要，又要有利于指导、规划微观信息资源管理活动，两者缺一不可。中观信息资源管理的主要任务是在本地区、本行业范围内组织、协调信息资源的开发和利用活动，管理功效是针对本地区、本行业的信息资源开发利用的，具有明显的地区或行业的性质。

3. 微观信息资源管理

微观信息资源管理是最低层的信息资源管理，由各级政府部门、信息机构和企业等基层组织负责。微观信息资源管理的主要任务是确认组织内部各级、各类人员对信息资源的需求，合理地组织、协调信息资源的开发利用。

西方发达国家中的一些大型企业相继设立了“信息总监”（Chief Information Officer，CIO）一职，到了20世纪90年代，随着知识管理新概念的出现，CIO开始逐步向“知识总监”（Chief Knowledge Officer，CKO）演变，一些著名的大公司（如可口可乐公司、施乐公司）纷纷设立了CKO这一引人注目的新职位。CIO和CKO的出现，使信息资源管理者的行政地位提升到了最高决策层，标志着微观信息资源管理的地位与作用越来越受到重视，成为影响企业命运的关键环节。

4. 信息资源的管理手段

信息资源管理手段的种类很多，没有固定不变的模式，常用的手段有四类：技术手段、经济手段、法律手段和行政手段。对这些手段进行科学、合理的选择与配合，就形成了不同的信息资源管理方法。

（1）信息资源管理的技术手段。信息资源管理的技术手段是指以计算机技术、现代通信技术和网络技术为基础的信息加工方法，是信息资源管理的主要手段和内容。随着信息技术的不断创新和发展，数据库系统和功能强大的信息系统相继研制成功，使信息资源的存取达到了传统手段无法实现的水平。数据库系统成为现代信息资源存在的主要方式，信息系统成为信息资源管理的基本手段，信息网络成为信息资源流通的主要场所。因此，现代信息资源管理在技术上就是通过信息系统和信息网络实现的。

（2）信息资源管理的经济手段。信息资源管理的经济手段是指运用各种经济规律、经济杠杆和经济利益的诱导作用，使信息资源的开发和利用活动更注重经济上的利益，是一种间接组织和协调信息资源开发和利用活动的手段。

在信息资源管理活动中，运用经济手段能够增强信息资源开发和利用机构的微观经济活力，发挥市场经济的作用。经济手段主要体现了信息资源自身的特点，以及信息资源开发利用活动中固有的经济规律，具有明显的诱导性和非强制性。在市场经济条件下，信息资源管理的经济手段主要是运用经济杠杆来诱导、调节和控制信息资源的开发利用活动。

信息资源管理的经济手段具有四种功能。①调节功能。调节信息资源开发与利用的各个机构之间、各个环节之间的关系，以及调节国家、集体和个人之间的利益关系。②控制功能。通过价格、信贷、财政补贴、税率等经济杠杆，控制各项信息资源开发利用活动，达到信息资源管理的目标。③核算功能。借助价格、税收、工资、利润等经济杠杆，核算信息资源开发利用活动的耗费，比较投入产出率。④监督功能。使用会计、统计、审计、银行、监管、稽查等手段，根据法律、法规，对信息资源开发利用机构及其与政府、职工和相关企业之间的关系进行监督管理。

（3）信息资源管理的法律手段。信息资源管理的法律手段是用于协调信息资源开发和利用活动中，各种法律、法规的总称。运用法律手段进行信息资源管理，就是各级信息资源管理者依靠国家的力量，通过经济立法和经济司法机构，运用经济法来协调信息资源开发与利用活动中各机构之间以及各环节之间错综复杂的经济关系，处理经济矛盾，解决经济纠纷，惩办经济犯罪，维护信息资源开发利用活动的正常秩序。

（4）信息资源管理的行政手段。信息资源管理的行政手段是指借助国家政权的权威，采取行政指令形式来直接管理和控制信息资源及其相关的一切活动。

行政手段是信息资源管理必要的辅助手段，合理地运用行政手段有利于整顿经济秩序、加强组织、减少混乱，有助于更好地运用信息资源管理的技术手段、经济手段和法律手段。行政手段的设置和使用，应当适合信息资源自身的特点和信息资源开发、利用的规律，任何夸大行政手段的职能行为，只能造成对信息资源开发和利用活动的危害。

运用行政手段管理信息资源时应注意以下问题：

1）明确行政手段的使用范围和条件。我国经济运行机制正逐步由直接管理为主转向间接管理为主，行政手段一般仅在必要时才使用。这就要求必须明确行政手段的使用范围和条件，既要使行政手段真正适用、有效，又不能破坏和妨碍市场机制的作用。

2）提高运用行政手段的决策水平。各种行政命令在发布之前都要有一个事先决策的过程，为避免决策过程中的主观性和片面性，提高行政手段的科学性和有效性，在运用行政手段前，应认真研究如何建立合理的决策程序、决策责任制和决策审批制度，研究如何正确地进行决策活动。

3）防止“多头管理”现象的发生。现阶段，我国信息资源管理的“政出多门”现象十分严重，同一个机构信息资源开发利用往往同时隶属于几个行政管理部门，关系十分复杂。为提高行政手段的有效性，应注意各级行政主管部门之间的相互配合和协调，切不可“多头管理”，政出多门，相互矛盾，否则会使各信息资源开发、利用机构无所适从。

4）注重原则性和灵活性的有机结合。行政命令来源于上级行政主管部门的硬性规定，虽然在制定行政指令时都考虑要尽可能地遵循信息资源开发、利用活动的客观规律，但是由于各种主、客观因素的影响，谁也不敢肯定已经出台的行政命令都是科学的、合理的，并能正确地反映信息资源开发利用活动的客观规律。

（5）信息资源管理的四种手段比较。技术、经济、法律和行政四种管理手段各有特点，各有不同的应用范围。技术手段是信息资源管理的基础，是信息资源管理的基本手段。在市场经济条件下，信息资源的开发利用活动正以前所未有的速度向产业化和市场化迈进，经济手段和法律手段的作用变得越来越重要，它们的运用不仅能使信息资源管理科学化，而且能有效地促进信息资源开发和利用的市场经济的发展。在当前我国市场经济体制尚不完善的情况下，行政手段不仅十分重要，而且是必不可少的。在某些情况下，行政手段具有直接、迅速、有效的特点，可以在一些比较特殊的信息资源管理场合显示出优越性。例如，属于行政管理失察、失职、失控、失灵的场合，只有通过相应的行政手段才能予以纠正，使用其他手段难以直接、迅速地奏效。在我国现阶段信息资源管理的正确方法应当是继续发展和完善技术手段，强化经济手段和法律手段，辅以必要的行政手段，并强调各种手段的协调与配合。这是现阶段实现信息资源管理科学化的基本方向。

2.5 企业信息资源的开发与管理

2.5.1 企业信息资源概述

在开发企业信息资源之前，应该明确什么是企业信息资源，以及企业信息资源的内涵，即明确企业信息资源的类型、内容、属性、特点、经济价值等。还要明确企业信息资源中哪些信息是有明显经济价值的，它们的分布、获得渠道、流动规律等，只有明确了企业信息资源的内涵，才能使信息资源的开发对企业是具有战略意义的。

1. 企业信息资源的定义

由于“信息资源”是一个比较新的学科领域，对信息资源没有统一的定义，因此，迄今为止对企业信息资源也没有统一、明确的定义。在此，本书认为以下的企业信息资源的定义是比较适合的：企业信息资源是在企业生产活动中，能够用于创造物质和精神财富，具有一定的使用价值，并经过加工处理，有序的和大量积累的信息集合。

不是企业中的所有数据和信息都能作为企业的信息资源，能作为企业信息资源的信息应具有的特征包括作用时效长、有一定的历史积累和数量、能辅助企业决策、可以有条件地共享、有明确的价值、具有战略意义或管理意义等。这些特征限定了企业信息资源的范围，排除了非资源型的信息，使企业信息资源的开发行为有了明确的对象和目标，避免了盲目开发和资源浪费。

2. 企业信息资源的内容

根据有关机构的研究，企业信息资源主要内容有以下三类：

（1）企业内部信息。企业内部信息：企业组织结构信息，企业产品市场占有率（产品集中度），主业与副业的比例关系（主业集中度），资源（人力、财力、物力）资产存量构成信息，资源资产增量结构信息，企业知识（技术）结构信息，企业发展过程的信息，企业创业经验总结，有关企业转型的信息，企业现状信息，企业下一步发展计划（如短期计划、中期计划和长期计划），企业发展的历史经验总结与知识积累，企业运营过程及其效果的评价，生产流程信息（作业或项目实施过程等），管理状态信息（如与同行业比较中反映出来信息等），资金、财务运行状态信息，产品质量状态信息与质量记录，产品销售状态信息，新产品研制信息，企业运营环境信息，国家的大政方针政策、法规条文、管理条例等，国家宏观经济环境，行业改革与组织状态、研究与开发动态、市场体系演变状态等，国际经济与贸易信息，等等。

（2）客户群信息。客户群信息：社会需求状态信息；预期需求状态，预期的市场需求目录类别与需求量；客户群的消费换代期与客户群的购买选择意向；消费群体的市场地域分布与商品流向的市场细分调查分析；社会需求环境信息；需求结构信息；客户群的购买结构与购买时间分析；需求层次信息；基本需求与多样化需求信息；现实需求与多样化需求信息；社会需求转化为有效需求，最终形成事实的消费过程的变换特征信息；客户群的购买欲望、动机与心理状态信息；支付能力信息；消费示范效应信息；国家有关企业收入分配的指导性政策信息；需求演变的历史背景资料储备与需求周期的规律性信息；需求变化趋势信息等。

（3）竞争对手信息。竞争对手信息：竞争状态信息；竞争形态是进攻型、稳健型还是保守型，是全面竞争还是部分竞争等；竞争对手的战略战术与战略战术模式；竞争实力状况；竞争对手采取行动的信息；竞争环境、结构信息；行业内企业结构信息；产品结构信息；市场结构信息；竞争能力与知识结构信息；竞争对手的历史性演变信息；行业内竞争对手的演变过程、演变原因与目前状态信息；产品更新换代周期的变化信息；市场筹供方面上游企业与下游企业的变化信息；行业内市场结构的变化与发展趋势信息等。

3. 企业信息资源的经济价值

企业的战略信息资源是信息资源总量中最重要和最具增值潜力的部分，是与企业发展战略相关的，或是企业战略管理过程中所需要的，以及在企业战略管理过程中所产生的信息资源总和。企业竞争信息是一种特殊的企业信息资源，这类信息资源属于企业的战略信息资源。企业竞争信息与企业命运密切相关，一般来自企业外部的市场环境和竞争对手，是企业决策层主要需求的信息。

2.5.2 企业信息资源的划分

1. 企业信息资源的类型和来源

根据企业信息资源的应用范围和使用目标，可以将其分为三类：战略型信息资源、管理型信息资源和业务型信息资源。①战略型信息资源对应于企业决策层，是浓缩的、具有战略意义的信息，绝大部分来自企业的外部，影响企业进行战略决策，例如，宏观市场信息、政策法规信息、竞争对手信息、用户信息、原材料信息等；②管理型信息资源对应于企业管理层，是企业各部门间进行协作和日常管理所需的信息，大部分来自企业的内部，影响企业的日常管理，例如，人事变动信息、项目进展信息、财务预算、采购计划、业务活动分析等；③业务型信息对应于作业层，全部信息来自企业的内部，是业务人员和生产人员开展日常工作需要的技巧型和操作方法型信息，例如，制作工艺信息、生产流程信息、生产计划信息、培训教育信息、业务技巧信息等。

不管企业所需的信息来自何方，最终都被企业按一定的方式存储和利用。从企业的角度看，所需的信息来源可以分为两类：来自企业内部的信息和来自企业外部的信息。来自企业内部的信息就是产生并存在于企业内部，主要在企业系统内部循环流动的信息，例如，生产信息、计划信息、技术信息、财务信息等；来自企业外部的信息是存在于企业外部社会环境中的公共信息或者与其他企业共享的信息，例如，合同信息、交易信息、政策法规信息、市场趋势信息、竞争对手信息等。

2. 企业信息资源存在的形式

企业信息资源存在的形式可以分为四种：记录型、实物型、智力型和零次型。这四种形式在信息利用时又表现出多种形式。

企业信息使用的形式，可以分为显性信息和隐性信息两种。显性信息就是以记录形式存在的，可以浏览阅读的信息，例如，物料清单、采购计划、营销计划、技术报告、年度总结、人事档案、产品目录等。隐性信息则是那些没有被记录的，存在于组织或者员工头脑中的信息，例如，实施经验、员工士气、人际关系、企业文化和精神等。虽然隐性信息没有被表达和记录，但是其作用十分重要，是企业长久生存的基础。实际上，显性信息是企业竞争力的表现，隐性信息是企业长久生存的精髓。

企业信息的载体有传统的印刷型（企划书、期刊杂志等），也有现代的磁介质型（磁盘、磁带等）、光介质型（光盘、缩微胶片等）和网络型（Internet、Intranet、Extranet 等）。

企业信息的表现形式有字符型、图片型、声音型、视频型、实物型、多媒体型等，此外还有正式的文献和非正式的书信、口头信息、布告栏信息等。

3. 企业信息资源的时效性

依据信息的时效性，企业信息资源可以分为沉淀信息、累积信息和即时信息三种。

（1）沉淀信息：长时间不变更、作用时效长的信息。例如，专利信息、企业文化信息、作业流程、规章制度等。

（2）累积信息：变化周期较长、作用时效较长的信息。例如，人事信息、客户信息、会议信息、审计信息、财务信息、市场调查信息等。

（3）即时信息：变化迅速、作用时间短的信息。例如，生产信息、销售信息、库存信息、公关信息等。

即时信息、累积信息和沉淀信息之间的关系如图 2.6 所示。

一般说来，企业内部的累积信息和即时信息的数量巨大、变化迅速、运算复杂，占据了企业信息资源的大部分，是企业日常生产、经营活动中，各类信息流动的主体，也是企业员工交流的主要内容。事实上，企业内部的管理信息系统中处理的信息就是这两类信息，加快它们的流动可以给企业带来巨大的促进作用和经济价值，它们是企业信息资源开发和管理的核心对象。

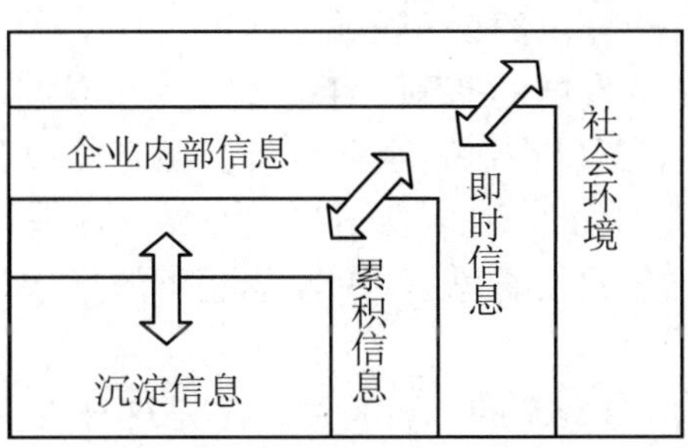

图 2.6　企业信息资源交流图

4. 企业日常信息的分布与获取

企业日常使用的信息可分为一般公开信息、限制性公开信息、企业内部非公开信息等。企业日常信息及其来源见表 2.1。

表 2.1　企业日常信息的分布及其来源

日常信息	分布及其获取渠道	信息来源
一般公开信息	行业报告、专业技术杂志、报纸、政府公告、正式出版物、企业网站信息、科技信息部门的出版物、国家统计资料、企业的各类广告、专利文献、企业目录和产品目录、新产品展览等	政府部门、科学研究机构、高等院校、行业协会、咨询公司、企业内部信息系统、数据库、图书馆、信息网络、档案馆、合作企业、竞争对手、投资机构、客户、市场调查公司、独立研究机构、智囊团、科技信息机构、专利局、批发商、广告公司等
限制性公开信息	专业协会通报、企业实施的市场调查报告、政府内部公文、技术报告、企业内部刊物等	
企业内部非公开信息	企业各职能部门的总结报告，行业考察报告，企业内部网络信息，企业内部数据库信息，会议记录，内部调查报告，交易记录文档（合同、协议、汇票），客户服务记录，日常记录信息，员工档案，绩效考核报告等	

2.5.3　企业信息资源开发的战略

1. 企业战略与企业信息资源战略

企业战略是企业面对变化激烈、挑战严峻的经营环境，为求得长期生存和持续发展而进行的总体性规划；是在符合和保证企业使命的条件下，分析企业的优势、劣势、机会和威胁，规定企业从事的经营范围、发展方向和竞争对策，合理地调整企业结构和分配企业资源，保证企业不断地拥有各阶段的竞争优势，最终实现总的战略目标。企业战略管理是一个过程，是一种为企业赢得竞争优势的手段。

信息资源作为现代企业发展和竞争过程中重要的一种资源，信息资源开发战略是企业战略的组成部分，与财务战略、人力资源战略、营销战略等共同构成了企业的战略基础。企业信息资源战略是一个长期的对信息资源、信息技术开发和管理的规划，它将保证信息资源和信息技术能够高效地支持企业的经营需求，实现信息资源和信息技术的共享。

信息资源战略规划的目标是将信息资源管理目标与企业经营目标相联系；保证信息共享，促进企业各部门之间的合作；进行长期战略指导，给出信息管理的基本原则，详细的信息资源开发计划为信息资源开发与管理提供约束和导向。

制定企业战略应从制约企业发展的瓶颈入手，制定企业信息资源开发战略也要如此。“信息孤岛”是企业最棘手的问题，所以在制定企业信息资源开发规划时必须从这里入手，解决信息资源开发与管理的根本问题。因此，在实际开发过程中，常采用集成战略和共享战略。共享战略和集成战略是两个密不可分的战略思想。共享思想下的集成是有价值的集成，而集成条件下的共享是高效率的共享。

（1）共享战略。共享是信息资源的一种特性，正是这种特性才促使企业十分希望其自身的信息能够在企业内部得到充分共享，发挥信息的最大价值。例如，美国著名的咨询企业麦肯锡公司建立的全球共享网络使得每一位麦肯锡公司的员工可以在任何地方共享公司的知识库，获取最佳的实践经验和技巧。

共享的实质是在可能范围内让尽可能多的人获得尽可能多的信息。现代网络技术为这种思想提供了技术支持。共享的内容可以包括在网络系统的各个组成部分之间、在企业的各个部门之间等。在网络环境下，企业的信息一方面得到了集成，另一方面也得到了共享。

共享战略和集成战略决不仅仅是一种技术或者一个系统，而是一种开发和利用信息资源的思想，这种思想借助现代信息技术、网络工程等工具等实现了信息资源前所未有的利用模式和效果。

（2）集成战略。集成战略就是将企业的各种信息资源集成为一体，具体包括企业外部的信息资源与企业内部的信息资源间的集成，记录型、实物型、智力型和零次型信息资源的集成，显性信息资源与隐性信息资源的集成，战略型、管理型和业务型信息资源的集成。集成战略的核心是强调信息资源和信息系统的集成。集成的内容包括数据集成、组织集成、功能集成和系统集成。集成战略的目标是通过一定的技术、思想、方法和手段实现信息资源的统一管理，使用户能够方便地获取和传递信息。

现代企业管理软件的发展就是朝着信息集成化的方向发展的，像企业资源计划（ERP）、客户关系管理（CRM）和企业信息门户（EIP）就是企业信息资源开发集成战略的具体体现。例如，现代 ERP 软件中集成了企业的采购、销售、订单、生产、计划、营销、财务、成本、库存、人力资源等系统信息，实现了不同部门的信息的交流；EIP（又称企业信息平台）更是将企业信息资源集成战略提到一个新的高度，随着网络技术的发展，信息资源的集成化程度将会更高，EIP 将成为企业信息的集成终端。

2. 企业信息资源开发步骤

开发和管理企业信息资源应采取的步骤如下：

（1）明确影响企业竞争能力和盈利能力的信息资源的范围，避免盲目的投资。任何企业都要开发和利用信息资源，但是企业开发信息资源必须结合自身的实际情况。企业在制订信息资源开发的计划之前，先要明确企业信息资源的内涵，确定哪些信息是资源型信息，对企业的竞争能力和盈利能力有多大的影响，有没有开发和管理的必要。

（2）确定信息组织，规范信息管理制度。在企业内部建立明确的信息组织，由该组织统一制定各类信息的规范、标准、管理制度、计划，评估各职能部门的信息开发预算和申请。建立信息组织后，应尽快发现企业信息流动规律，找出企业信息流动的瓶颈和升值的关键环节，准备开始对企业流程进行重新规划和改造。

（3）制定信息资源开发规划。企业的信息组织要根据企业现状和企业目标，制定合理的信息资源开发规划。在制定信息资源规划之前，应该明确企业的资金、技术、人力等资源和企业的任务、战略目标、组织结构等。通过广泛的调查研究，根据需求，结合业内最优的实践经验，制订一个开发进度表，规定各个阶段的任务及完成期限。同时还要确定信息资源开发过程中的评估标准和指标，提出一个切实可行的计划。

（4）建设基础信息网络平台。根据企业信息组织制定的资源开发计划和标准，进行基础信息网络平台的建设，这是企业信息资源开发的物质基础。通过信息网络可以构建一个信息资源开发和管理的环境，为信息系统建设打下良好的基础。

（5）建设各类计算机信息系统。一般说来，现代企业投资建设计算机信息系统不仅是信息资源开发的需要，也是企业改变管理模式和提高竞争能力的需要。现代企业的计算机信息系统多种多样，例如，产品数据管理（PDM）、企业信息平台（EIP）、企业资源计划（ERP）、客户关系管理（CRM）、供应链管理（SCM）、决策支持系统（DSS）、企业智能系统（EIA）、计算机辅助制造系统（CIMS）、计算机辅助设计系统（CAD）等。这些系统的投资巨大，一般企业可以根据自己的情况，建设一个或几个信息系统。

（6）整合企业信息资源，进行二次开发和系统互通互联。一般企业的各类信息系统都是分时分步进行建设的，各个系统之间无法进行信息共享，形成了一个个信息孤岛，大大地限制了信息系统的功能和信息价值的发挥。为了提高各个系统的效率，发挥网络效应，必须打破信息孤岛，实现各个系统的互通互联。在原信息系统的基础上通过升级、二次开发等技术手段，集成各类信息系统和信息资源，加快信息交换的速度。

（7）挖掘企业的信息资源，实现辅助决策。整合后的信息资源大大提高了生产效率。大量的企业数据和信息必须通过数据挖掘技术进行浓缩处理，才能提供与决策相关的信息，这些信息可以是销售数据、人事档案，也可以是财务数据、会计报表等。

3. 企业信息资源开发与企业信息化

企业信息化注重的是企业的基础设施的建设，例如，各类信息系统的建设，各类自动化设备和计算机软件的购置。信息化的结果提供了信息资源开发的网络平台、技术平台、物理平台等各种基础设施。信息资源开发注重的是在基础设施之上流动着的信息资源本体的加工处理，主要考虑信息标准化、易用性、共享和集成等。

企业信息化是企业信息资源开发的基础和前提，是企业发挥信息技术和信息资源价值的第一步，信息资源开发是第二步。如果企业只进行信息化，而忽略了信息资源的开发，那么企业实际上只做了投入而没有得到回报。

2.5.4　企业信息资源管理的策略

现代企业经济活动的特点是动态的，企业要维持一个最佳的信息结构，是件非常困难的事，这不仅要求企业的管理人员有敏锐的信息意识和准确的判断力，能够去伪存真，在复杂多变的信息环境中，及时迅速地获取企业所需的各类信息，而且还要求企业有完善、灵活的信息资源管理策略。

1. 企业信息资源管理

经过多年的发展，企业信息资源管理领域已经形成了以下的基本共识：

（1）正确的信息是企业一种有价值的资源，这种资源既可以独立产生价值，也可以放大其他资源的价值。错误的信息是有害的，企业必须通过一定的手段和技术选择和存储有效信息。

（2）企业信息资源管理涉及企业的各个领域，必须从企业管理工作的各个方面考虑，制定统一的信息资源管理制度和标准。

（3）企业信息资源管理工作需要专业人员管理，是现代企业竞争的核心，必须给予足够的重视。

（4）企业信息资源的开发不是一朝一夕的事情，必须制定正确的战略战术，持之以恒。

（5）提高企业信息资源管理水平不仅仅是技术问题，更重要的是观念的更新，要吸收和应用现代管理思想。

（6）企业内部的信息可以有条件地共享，共享水平越高，信息在部门间的流动越通畅，信息的价值就也越大。

2. 企业信息资源管理的策略

（1）企业信息资源的价值。在开发企业信息资源之前，必须确定信息资源的价值。有价值的信息可以是实现某种目标所需的知识，或是进行决策必需的资料，或是在解决特定问题的过程中能有效地发挥作用的信息等。随着企业信息资源存量和流量的增加，保持和维护信息资源的价值，成为非常耗费人力、物力和财力的难题。如何激发信息资源的潜在价值，使其发挥作用是现代企业亟待解决的问题。

有价值的信息除了必须具备及时、准确、权威、经济、易理解等特性外，还应具备的特征如下：

- 能够及时地提供解决问题的依据。
- 符合某些特殊的需求，具有针对性，信息费用与目标吻合。
- 具有较高的竞争性、准确性、完备性、权威性和可信度。
- 多数是原始信息，传递次数少。

（2）信息源。企业所需信息内容以及信息源的选择带有明显的导向性，即企业日常所需的信息有较为固定的来源，获取过程带有明确的目的性。例如，企业查询专利文献，进行市场调查，搜集竞争情报等。

企业内部的信息可以来自决策者、管理者、信息系统、员工、机器设备等，信息载体可以是交流会、研讨会、各类报表、BBS、公告栏、意见簿、信件、报告等。企业所需的信息来自企业内、外两个方面，来自企业外部的信息可以是工商、税务、法院、环保、行业协会、消费者协会、独立市场研究机构等，信息载体可以是电视、广播、网络、书籍、报纸、杂志、函件、政府文件等。

企业内部的信息源主要反映了企业的状态，更注重信息的及时性和畅通性；企业外部的信息源更注重信息的准确性和权威性，它影响和决定了企业的发展方向。

（3）信息准确度。信息评价的一个重要方面就是评价信息的准确度，这种评价可以从两个方面进行。

1）比较评价。比较评价有三种方法：

- 对从不同信息源获取的同一性质的信息进行比较。
- 调查同种信息以前是否出现过，并与新获取的信息进行比较。
- 从不同的信息源搜集、分析同种信息和相关信息，与已知信息进行比较评价。

2）要素评价。要素评价是从信息所含的六个要素出发，评价信息的准确度。这六个要素是：内容（What）、原因（Why）、时间（When）、地点（Where）、人物（Who）、状况（How），即常说的“5W1H”。

（4）信息利用的费用。信息的搜集、加工、分析和利用都会耗费人力、物力、财力和时间，信息的搜集存在滞后性，并受到约束和限制。因此，利用信息要考虑信息利用的费用，信息的价值越大，其价格也越高。要对信息进行经济、有效地利用，必须对信息进行评价。评价主要有三个方面：

- 存在性评价，就是调查各类信息源的类型特点和获取的难易程度。
- 适合性评价，就是分析所获得的信息与所需要的信息内容吻合程度。
- 可靠性评价，就是根据信息的状态评估信息的可靠程度。

2.5.5　企业信息资源开发与管理的任务

随着信息技术在整个社会的广泛应用，企业获得信息的能力和数量在成倍地增长，信息对企业各个方面的影响越来越大，信息在企业的地位逐渐提高并成为一种重要的资源。加强企业信息资源管理，构建以信息为基础的企业组织管理结构，强化信息和信息技术在企业经营管理中的应用，提高企业的管理和创新能力，是 21 世纪市场经济条件下，增强企业竞争力的重要手段和方法。

企业信息资源开发与管理的任务是要有效地获取、选择、处理、判断、分析和应用企业内外部信息，最大限度地提高企业信息资源的质量、可用性和价值，帮助企业的各个部门能够有效地共享这些信息资源，顺利完成日常工作，作出最优决策，完成企业资源的最优配置和价值最大化，从整体上提高企业的竞争力和现代化水平。

企业信息资源开发与管理的任务主要包括以下四个方面：

- 提高企业全体人员对信息价值的认识，促进企业活动对信息的需求；扩大企业获取信息的途径和能力，提高企业获取有效信息的数量和质量。
- 建立适合企业特点的信息组织结构，对企业的信息系统进行标准化，加强信息的可检索性。
- 提高企业各部门之间的信息共享水平，消除企业的信息孤岛现象；通过广告、信息发布等手段改善企业形象、提高品牌价值。
- 提高信息系统对企业决策的支持程度，保护企业的高价值、机密信息，避免其泄露。

根据管理任务，可以确定信息资源开发与管理要注重三个方面。

（1）提高未知信息的获取能力。提高未知信息的获取能力就是努力提高企业内部信息交换和传递的效率，提高企业从外界获取所需信息的数量、质量和速度等。

（2）对已知信息的加工、整理和管理。对已知信息的加工、整理和管理就是通过先进的信息技术、策略和制度来提高企业信息管理的效率，为信息利用创造良好的技术和人文环境。

（3）对有效信息的共享利用。对有效信息的共享利用就是充分挖掘信息资源的价值，提高企业从信息中获取价值和知识的能力，使企业能够吸收有效信息，实现对其他资源的节约和升值，增加企业的收益，促进企业的发展。

企业对信息资源的重视是基于社会对信息的依赖性增加的事实。现代企业普遍认识到，信息资源是现代企业的核心财富，例如，发明专利、调查报告、数据库、内部网络、管理软件系统、商业统计数据等。社会的进步促使现代企业摆脱了低级的机器、厂房、土地等基础设施的竞争，转向了更高级的竞争，信息资源就是企业战胜竞争对手的有力武器。

2.5.6 企业信息资源管理的组织结构

随着现代企业对信息技术的应用，为了适应现代企业信息管理的需要，企业必须有适当的信息组织，设置合适的信息管理职位，建立相应的信息管理制度。企业信息总监（CIO）是企业信息资源管理领域的最高负责人，标志着信息技术和信息系统已经成为现代企业管理与经营的基础平台，说明现代企业管理模式正在发生变革，信息资源管理已经具有战略意义。CIO体制下的企业信息资源管理部门的组织结构如图2.7所示。

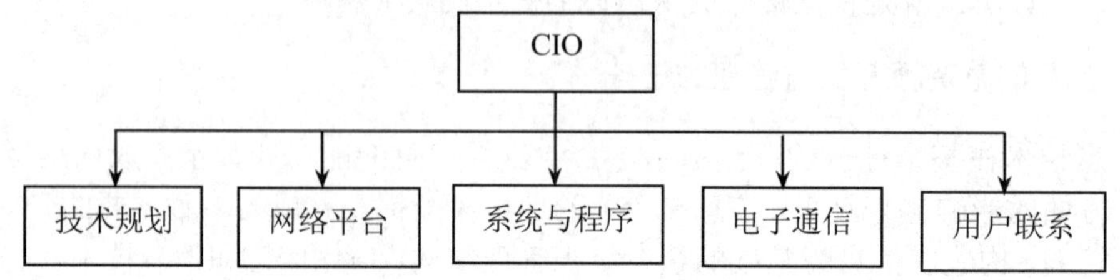

图2.7 企业信息资源管理部门的组织结构

企业信息资源管理的人力结构应包括信息技术人员和信息管理人员两类。

（1）信息技术人员。信息技术人员的任务主要是分析、设计、开发和维护企业的信息系统，包括系统分析员、程序设计员、系统维护员和数据库管理员等，保障信息资源的环境处于良好的状态。

（2）信息管理人员。信息管理人员利用各类运行良好的信息系统，完成特定的企业信息收集、整理、加工和传播的任务，评估企业信息的管理水平和状态，提出新的需求和简单设计，以便信息技术人员做进一步开发和维护。

2.5.7 企业信息资源管理系统

1. 企业信息资源管理系统的分类

企业信息资源管理系统是从管理信息系统基础上发展起来的，在发展过程中根据主题和目标的不同逐渐进行分化，现在，企业中常见的各类系统有近十种，它们涉及企业管理的各个层次，有决策支持系统（DSS）、企业资源计划（ERP）、客户资源管理（CRM）、供应链管理（SCM）、企业信息平台（EIP）、产品数据管理（PDM）、计算机辅助设计（CAD）、计算机集成制造系统（CIMS）和计算机辅助制造（CAM）。这些系统涉及的管理层次见表2.2。

表2.2 企业信息资源管理系统分类表

	决策层	管理层	业务层
DSS	√		
ERP	√	√	√
CRM	√	√	√
SCM	√	√	√
EIP	√	√	√
PDM		√	√

续表

	决策层	管理层	业务层
CAD		√	√
CIMS		√	√
CAM		√	√

2. 信息资源管理系统的建立

（1）企业信息资源管理系统建立的原则。建立企业信息资源管理系统应该遵守以下四项原则：

1）要有包括企业 CEO 在内的多方人员广泛而深入的参与。

2）确保信息资源管理系统的适用性、可靠性、稳定性和可升级性。

3）控制进入信息资源管理系统的信息质量，严防非特定用户对信息资源管理系统访问时的潜在危害。

4）重视对信息资源的增值管理。

（2）企业信息资源管理系统建立应考虑的因素。建立企业信息资源管理系统，应考虑以下六个因素：

1）根据企业的经营战略和目标，明确需要用何种形式获得哪些信息，提供哪些信息组织与服务，信息流的流量与最大限度。

2）企业现有系统在哪些方面、何种程度上无法满足企业管理或者业务活动的需要，是否构成企业发展的瓶颈。

3）确定信息组织的具体职能、权利和结构，能实现什么样的企业管理目标。

4）确定信息资源管理组织需要哪些人才、技术设备和支持才能完成使命。

5）信息资源管理工作需要哪些政策或技术保障。

6）确定信息资源工作的评价机制，制订相关的计划和失败的补救方法。

3. 信息资源管理系统的日常管理与发展

企业信息资源管理系统日常管理的内容非常多，主要包括以下三个方面：

（1）信息资源系统的管理：人员管理、行政管理、安全管理、备份管理、技术维护和升级管理等。

（2）信息资源本身的管理：资源本体的扩充、梳理、控制和维护等。

（3）与各业务部门之间的沟通管理：信息服务、信息交流管理等。

企业信息资源管理系统发展的动力来自两方面：一方面是信息资源本身的扩张；另一方面是信息技术的进步。信息社会产生的信息随着时间的流逝在飞速增长，信息资源管理的技术、手段、思想和方法等，也必须随着信息资源的膨胀而发展。当信息资源的规模达到现有信息资源管理系统的管理极限时，就必须用更高级的技术、更现代的设备来满足信息资源管理的需要。信息技术的发展也不断促使信息资源管理技术和手段的更新，提高管理的效率和水平。

企业信息资源管理的发展，主要体现在信息资源组织水平的发展与创新、企业信息资源管理技术的升级换代、信息资源管理部门与其他部门或者外界沟通的改进、信息资源管理方法和理论的突破与发展等几个方面。

2.6 大数据资源

从传统数据到大数据，管理对象发生了明显的变化。在大数据环境下，需要对来自新数据源的数据进行管理，很多组织不习惯从这些数据源采集信息，也难以处理如此大体量的多结构化数据。因此，大部分可以利用的数据没有被搜集或存储起来进行分析，使组织失去获得洞察力的机会。对于组织而言，拥有庞大的数据量并非是最重要的，重要的是如何有效管理与利用，将其转化为洞察力、创新和业务价值。

2.6.1 大数据资源概述

随着网络信息化时代的到来，移动互联网、社交网络、电子商务大大拓展了互联网的疆界和应用领域，我们正处在一个数据爆炸性增长的大数据时代，大数据对社会经济、政治、文化、生活等各方面产生深远的影响，大数据时代对人类的数据驾驭能力提出了新的挑战和机遇。

“大数据”作为最热的 IT 行业词汇，随之而来的数据仓库、数据安全、数据分析、数据挖掘等，围绕大数据的商业价值的利用，逐渐成为 IT 行业人士竞相追捧的利润焦点。

1. 大数据时代产生的背景

2012 年以来，人们越来越多地使用大数据（Big Data）一词，用它来描述和定义信息爆炸时代产生的海量数据。它已经出现在《纽约时报》《华尔街时报》的专栏封面上，进入美国白宫网的新闻，现身在国内一些互联网主题的讲座沙龙中，甚至被嗅觉灵敏的投资人写进了投资推荐报告，宣称大数据时代来临。

有人说 21 世纪是数据信息时代，我们在享受便利的同时，也无偿贡献了自己的行踪。在互联网上不仅可以知道对面是什么样的人，还可以知道这个人喜欢什么、几点出行、几点回家、几点睡觉等。我们不得不接受这个现实，每个人在大数据时代，都将是透明性存在。各种数据正在迅速膨胀并变大，它决定着企业的未来发展。现在人们并没有意识到数据爆炸性增长带来的问题隐患，随着时间的推移，人们将越来越多地意识到数据对企业的重要性。大数据时代对人类的数据驾驭能力提出了新的挑战，也为人们获得更深刻、全面的洞察力提供了前所未有的空间与动力。在商业、经济及其他领域中，决策将日益基于数据和分析才能作出，并非基于经验和直觉。正如有的学者所说：这是一场革命，庞大的数据资源使得各个领域开始了量化进程，无论学术界、商界还是政府，所有领域都将开始这种进程。

2. 大数据概述

美国互联网数据中心指出，互联网上的数据每年将增长 50%，每两年便将翻一番，而且世界上 90%以上的数据是最近几年才产生的。此外，数据并非单纯指人们在互联网上发布的信息，各种机电设备、仪器仪表上大量的数码传感器，随时测量和传递着有关位置、运动、震动、温度、湿度以及空气中化学物质的变化，随时产生海量的数据信息。大数据研究机构 Gartner 给出了这样的定义：大数据是需要新处理模式才能具有更强的决策力、洞察力和流程优化能力的海量、高增长率和多样化的信息资源。大数据这个术语最早的引用可以追溯到 Apache 的开源项目 Nutch。当时，大数据被描述为更新网络搜索索引，需要同时进行批量处理或分析的大量数据集。随着谷歌 MapReduce 和 GoogleFile System（GFS）的发布，大数据不仅用于描述大量的数据，还涵盖了处理数据的速度。

大数据是指那些超过传统数据库系统处理能力的数据。它的数据规模和转输速度要求很高，其结构不再适合现有的数据库系统。为了获取大数据中的价值，必须选择新方式来处理它。数据中隐藏着有价值的模式和信息，用传统的数据处理方法需要相当长的时间和很大的成本才能提取这些信息。例如，沃尔玛、谷歌这类领先的企业，要想从大数据中挖掘信息，都要付出高昂的代价才行。使用现代技术资源，例如硬件、云架构和开源软件等技术，使得对大数据的处理更为方便和廉价。

对于企业而言，大数据的价值体现在两个方面：分析使用和二次开发。对大数据进行分析能揭示隐藏其中的信息。例如，零售业中对门店销售、地理和社会信息的分析能提升对客户的理解。对大数据的二次开发则是那些成功的网络公司的长项。例如 Facebook 通过结合大量用户信息，定制出高度个性化的用户体验，并创造出一种新的广告模式。这种通过大数据创造出新产品和服务的商业行为并非巧合，谷歌、雅虎、亚马逊和 Facebook，它们都是大数据时代的创新者。随着云时代的到来，大数据也吸引了越来越多的关注。“著云台”的分析师团队认为，大数据通常用来形容一个公司创造的大量非结构化和半结构化数据，这些数据在下载到关系型数据库用于分析时会花费过多时间和金钱。大数据分析常和云计算联系在一起，因为实时的大型数据集分析，需要像 MapReduce 一样的框架，向数十、数百甚至数千的计算机分配工作。

从某种程度上说，大数据是数据分析的前沿技术。简而言之，从各种各样类型的数据中，快速获得有价值信息的能力，就是大数据技术。明白这一点至关重要，也正是这一点促使该技术具备走向众多企业的潜力。大数据可分成大数据技术、大数据工程、大数据科学和大数据应用等领域。目前人们谈论最多的是大数据技术和大数据应用。工程和科学问题尚未被重视，大数据工程是指大数据的规划建设运营管理的系统工程；大数据科学关注大数据网络发展和运营过程中发现和验证大数据的规律及其与自然和社会活动之间的关系。

（1）大数据的特性。大数据的特性主要有以下四个：

1）海量性。企业面临着数据量的大规模增长。目前，大数据的规模尚是一个不断变化的指标，单一数据集的规模范围从几十 TB 到数 PB 不等（1TB=1024GB，1PB=1024TB）。此外，各种意想不到的来源都能产生数据。

2）多样性。一个普遍观点认为，人们使用互联网搜索是形成数据多样性的主要原因，这一看法部分正确。然而，数据多样性的增加主要是由于新型多结构数据，包括网络日志、社交媒体、互联网搜索、手机通话记录以及传感器等数据类型造成的。其中，部分传感器安装在火车、汽车和飞机上，每类传感器都增加了数据的多样性。

3）高速性。高速描述的是数据被创建和移动的速度。在高速网络时代，通过高速计算机处理器和服务器，创建实时数据流已成为流行趋势。企业不仅需要了解如何快速创建数据，还必须知道如何快速处理、分析并返回给用户，满足他们的实时需求。根据 IMS Research 关于数据创建速度的调查，到 2020 年全球将拥有 220 亿部互联网连接设备。

4）易变性。大数据具有多层结构，这意味着大数据会呈现出多变的形式和类型。与传统的业务数据相比，大数据存在不规则和模糊不清的特性，造成很难甚至无法使用传统的应用软件进行分析。传统业务数据随时间演变已拥有标准的格式，能够被标准的商务智能软件识别。目前，企业面临的挑战是处理并从各种复杂形式的数据中挖掘价值。

（2）大数据的特征。除了有四个特性之外，大数据时代的数据还呈现出以下三个特征：

1）数据的类型繁多。包括网络日志、音频、视频、图片、地理位置信息等，多种类型的数据对数据的处理能力提出了更高的要求。

2）数据价值相对较低。随着物联网的广泛应用，信息感知无处不在，信息海量，但价值较低，如何通过强大的机器算法，迅速地完成数据的价值提纯，是大数据时代亟待解决的难题。

3）处理速度快，时效性要求高。这是大数据区分于传统数据挖掘最显著的特征。

（3）大数据的特点。大数据的特点主要有以下几点：

1）数据体量巨大，从TB级别，跃升到PB级别。

2）数据类型繁多，如网络日志、视频、图片、地理位置信息等类型。

3）价值密度低，商业价值高。以视频为例，连续不间断监控过程中，可能有用的数据仅仅有一两秒。

4）处理速度快，最后这一点也是和传统的数据挖掘技术有着本质的不同。

业界将其归纳为四个V——Volume、Variety、Value、Velocity。

3．大数据时代对生活、工作的影响

大数据技术的战略意义不在于掌握庞大的数据信息，而在于对这些含有意义的数据进行专业化处理。换言之，如果把大数据比作一种产业，那么这种产业实现盈利的关键在于提高对数据的加工能力，通过加工处理实现数据的增值。例如，物联网的发展离不开大数据，依靠大数据可以提供足够有利的资源。

大数据的影响除了经济方面，同时也在政治、文化等多方面产生了深远的影响，大数据可以帮助人们开启新的数据管理模式，大数据增加了对信息管理专家的需求。形成了当今社会的共识：三分技术，七分数据，得数据者得天下。事实上，大数据的影响并不仅仅限于信息通信产业，而是正在重构很多传统行业。运用数据分析手段管理和优化运营的公司，其实质就是一个数据公司。麦当劳、肯德基以及苹果公司等旗舰专卖店的位置都是建立在数据分析基础之上的精准选址。而在零售业中，数据分析技术和手段更是得到了广泛的应用，传统企业如沃尔玛通过数据挖掘重塑并优化供应链，电商如卓越亚马逊、淘宝等通过对海量数据的掌握和分析，为用户提供更加专业化和个性化的服务。

由于大量数据经常含有一些详细的、潜在的内容，能够展示相关的信息，大数据逐渐引起了人们对个人隐私的担忧。一些处理大数据的公司需要认真的对待这个问题。例如，美国天睿资讯给人留下比较深刻印象的是提出了人们不应该简单地服从法律方面的隐私保护问题，公司都应该遵从“谷歌不作恶”的原则，甚至应该做出更积极的努力。

4．大数据时代的发展方向和趋势

虽然大数据目前在国内还处于初级阶段，但是商业价值已经显现出来。未来，数据可能成为最大的交易商品。但数据量大并不能算是大数据，大数据的特征是数据量大、数据种类多、非标准化数据的价值最大化。因此，大数据的价值是通过数据共享、交叉使用后获取最大的数据价值。未来的大数据将会像基础设施一样，有数据提供方、管理者、监管者，数据的交叉使用将大数据变成一大产业。

大数据的整体态势和发展趋势主要体现在以下几个方面：大数据与学术、大数据与人类的活动，大数据的安全隐私、关键应用、系统处理和整个产业的影响。大数据在整体态势上将变得规模更大，数据资源化、数据的价值凸显、数据私有化出现和联盟共享。

随着社会的不断发展，大数据对IT技术架构的挑战、大数据的生态环境问题、大数据的应用及产业链将日益突出。大数据的发展会催生许多新兴职业，会产生数据分析师、数据科学家、数据工程师，有非常丰富的数据处理经验的人将会成为稀缺人才。随着大数据的发展，数据共享联盟将逐渐壮大成为产业的核心一环。随着大数据的共享范围越来越大，隐私问题也随之而来，例如，手机每天产生的通话、位置等信息，在给众人带来了便利的同时，也带来了个人隐私的泄露问题。数据资源化，大数据在国家、企业和社会层面成为重要的战略资源，成为新的战略制高点和创新的焦点。

（1）数据与机遇。数据已成为企业新的争夺前沿，企业数据本身就蕴藏着价值，但是将有用的数据与没有价值的数据进行区分是一个非常棘手的问题。显然，企业的人员情况、工资表和客户记录对于企业的运转至关重要，但是其他数据也拥有转化为价值的潜力。一段记录人们如何在商店浏览购物的视频、人们在购买企业服务前后的行为、如何通过社交网络联系企业的客户、是什么吸引合作伙伴加盟、客户如何付款以及供应商喜欢的收款方式等，所有这些场景提供了很多指向，将它们抽丝剥茧，透过特殊的棱镜观察，将其与其他数据集对照，或者用与众不同的方式分析解剖，就能让企业的行事方式发生天翻地覆的转变。但屡见不鲜的是，很多公司仍然只是将信息简单堆在一起，仅将其当作为满足公司制定规则而必须要保存的信息加以处理，而不是将它们作为战略转变的工具加以运用。

数据和人员是业务部门仅有的两笔无法被竞争对手复制的财富。在善用的人手中，好的数据是所有管理决策的基础，带来的是对客户的深入了解和竞争优势。数据是业务部门的生命线，必须让数据在决策和行动时无缝且安全地流到管理者手中。所以，数据应该随时为决策提供依据。例如，在政府公开道路和公共交通的使用信息时，看起来平淡无奇的数据为企业提供了巨大的价值，这些企业能够善用这些数据，创造满足潜在需求的新产品和服务。

企业的有效管理来自新旧数据，以及获取能够破解庞大数据集内涵的工具，这种挑战不容低估。数据的产生在数量上持续膨胀；音频、视频和图像等多媒体需要新的方法来发现；电子邮件、IM、tweet 和社交网络等合作和交流系统以非结构化文本的形式保存数据，必须用一种智能的方式来解读。企业应该将这种复杂性看成是一种机会而不是问题。处理方法正确时，产生的数据越多，结果就会越成熟、越可靠。传感器、GPS 系统和社交数据将给企业带来转变运营的惊人新视角和新机遇。即：数据=机遇。

早在 1951 年，对预测小吃店蛋糕需求的诉求就催生了计算机的首次商业应用。自那以后，人们利用数据处理技术来识别趋势和制定战略的能力不断呈指数级日臻完善。时至今日，商业智能已稳居 CXO 们的重中之重。在管理者中，IT 是巨大的杠杆，改变了企业的影响力，带来竞争差异、节省金钱、增加利润、愉悦买家、奖赏忠诚用户、将潜在客户转化为实际客户、增加吸引力、打败竞争对手、开拓用户群并创造市场。

大数据分析是商业智能化的前提，传感器、GPS 系统、QR 码、社交网络等正在创建新的数据流。所有的数据都可以得到发掘，这正是真正广度和深度的信息在创造不胜枚举的机会。要使大数据言之有物，让大中小企业都能通过更加贴近客户的方式取得竞争优势，数据集成和数据管理是核心所在。面对从全球化到衰退威胁的风暴，IT 部门领导需要在大数据掘金中打头阵。能认识到哪些数据是影响其进步最大的人，将会是新经济环境中的优胜者。当然，企业仍将需要聪明的人才作出睿智的决策，了解他们面临着什么，在充分利用的情况下，大数据可以赋予人们近乎超感官知觉的能力。《习惯的力量》一书的作者 Charles Duigg，在其黄金案例分析中的一个例子是美国零售商 Target，他发现妇女在怀孕的中间三个月会经常购买没有气味的护肤液和某些维生素。通过锁定这些购物者，商店可提供将这些妇女变成忠诚客户的优惠券。实际上，Target 知道一位妇女怀孕时，那位妇女甚至还没有告诉最亲近的亲朋好友，更不要说商店自己了。很明显，在可以预见的将来，隐私将仍是重要的考量，但是归根结底，用于了解行为的技术会为方方面面带来双赢，让卖家了解买家，让买家买到喜欢的东西。

大数据将会放大我们的能力，了解看起来难以理解和随机的事物。对其前途的了解提供了获取崭新知识和能力的机会，将改变企业运作的方式。

（2）数据回报率。“数据回报率”是为帮助企业领导对大数据的基本战术和战略进行讨论而设计的一个概念，此概念非常简单，即在提高数据对企业价值的同时，能降低管理企业数据的成本，从数据得到的回报就会增加。即：数据回报率=数据价值/数据成本。

在技术层面，数据回报率为数据集成、数据管理、商业智能和分析方面的投入，提供了一个分析方法，涉及企业的利润、开支、创造机会和管理风险。

5．企业应如何应对大数据时代

工信部在 2011 年 12 月 8 日发布的《物联网“十二五”发展规划》上，把信息处理技术作为 4 项关键技术创新工程之一提出来，其中包括了海量数据存储、数据挖掘、图像视频智能分析等，这都是大数据的重要组成部分。而另外 3 项关键技术创新工程，包括信息感知技术、信息传输技术、信息安全技术，也都与大数据密切相关。近些年，大数据已经和云计算一样，成为时代的话题。一个好的企业应该未雨绸缪，从现在开始就应该着手准备，为企业的后期的数据收集和分析做好准备，分析大数据的商机，有效应对大数据时代的到来，企业应该从以下五个方面着手，这样可以确保企业能够快速发展。

（1）以企业的数据为目标。几乎每个企业都有源源不断的数据需要收集，无论是社交网络还是车间传感器设备，而且每个企业都有大量的数据需要处理。IT 人员需要了解自己企业运营过程中都产生了什么数据，以自己的数据为基准，确定数据的范围。

（2）以业务需求为准则。虽然每个企业都会产生大量数据，而且互不相同、多种多样。这就需要企业的 IT 人员在开始收集数据之时，确认什么样的数据是企业需要的，找到最能反映企业业务情况的数据。

（3）重新评估企业基础设施。大数据需要在服务器和存储设施中进行数据收集，并且大多数的企业信息管理体系结构会发生重要大变化，IT 经理则需要准备扩大他们的系统，以解决数据的不断扩大。IT 经理要了解公司现有 IT 设施的情况，以处理大数据的需要为导向，采购必要的设备。

（4）重视大数据技术。大数据是最近几年才兴起的术语，并不是所有的 IT 人员对大数据都非常了解，例如，Hadoop，MapReduce，NoSQL 等技术都是近年刚兴起的技术，企业 IT 人员要多关注这方面的技术和工具，确保将来能够面对大数据的时候作出正确的决定。

（5）培训企业的员工。企业最缺乏的是大数据人才，当大数据来临时，企业将缺少对数据进行采集、分析的人才。对于企业，尤其是那些 IT 人员比较少的企业，工作人员将面临大数据的挑战。企业要在平时多对员工进行这方面的培训，确保在大数据到来时，员工也能适应相关的工作。

做到以上几点，当大数据时代来临时，企业面对大量数据就不会束手无策，而是成竹在胸，从数据中得到好处，促进企业的快速发展。

2.6.2　大数据结构

大数据虽然称为“大”，但并非所有数据都有很高的使用价值。在产业链的不同环节中，不同的数据其价值一定有高有低。从数据规模上来讲，大数据的基本要求是宏大。目前没有一个绝对的数字标准来衡量大数据的“大”，大是相对于传统抽样调查数据的计算能力所能承受的数据量而言的。当然，还包括了数据形式的样式之多、数据来源的渠道之多、数据分类的类别之多等方面。大数据的特点是：①海量；②结构复杂；③不重因果，重相关关系；④有预见作用；⑤数据分析结果的延展性。

数据结构是一个抽象的概念，大数据的数据结构是相对于传统抽样调查数据的单一结构而言的，数据结构代表的是不同数据互相之间存在的一种或多种特定关系的结合。数据结构越复杂，供分析、挖掘的深度就越大，分析结论就会越有价值。传统的抽样调查可以做到：统计参与调查者的性别构成与购物频次，发现二者之间的因果关系，再多一个统计因素就不能科学地推算它们之间的关系。而大数据能够做到：统计参与调查者的性别构成、购物的时间地点、购物内容等多种信息，可以得出一个调查前本没有设定的结论。例如，沃尔玛超市曾运用大数据技术计算出年轻的父亲通常会在给小孩购买纸尿裤的同时也会为自己够买啤酒，于是把纸尿裤和啤酒货架放在一起增加了啤酒的销量。这样的结果表示的不是因果关系，而是一种相关关系，也就是说只知道 A 现象引起了 B 现象，但其中的原因并不清楚。

大数据的这种功能得益于其数据的量大和统计计算方法的科学性，但是，并不是说把任何数据放在一起，都能算出关联，而是需要在结构上进行精心设计。而数据关联度也是数据结构设计的一个影响因素。在数字平台中，数据关联度是由其平台自身的辐射广度所决定的。数据关联度有表面的直接相关，也有潜在的隐性相关，不论怎样的关联，其核心就是用户本身。用户所需的、所想的和所做的，就是关联度最高的核心数据。

大数据的核心意义在于其预见作用。在传统企业的决策制定中，可用的数据我们姑且称之为经验，但大数据技术出现后，我们可以将过去无法统计计算的非结构化数据相互关联，把所谓的“经验”抽象化，以此来指导和完善决策的制定，不再执迷于少数数据所提供的精确性，拓展了更广阔的空间。

大数据包括结构化、半结构化和非结构化数据，非结构化数据越来越成为数据的主要部分。据互联网数据中心（IDC）的调查报告显示：企业中 80%的数据都是非结构化数据，这些数据每年都增长 60%以上。大数据就是互联网发展到现今阶段的一种表象或特征，没有必要神话它或对它保持敬畏之心，在以云计算为代表的技术创新的背景下，这些原本看起来很难收集和使用的数据开始容易利用了，通过各行各业的不断创新，大数据将会逐步为人类创造更多的价值。

想要系统地认知大数据，必须全面细致地分解它，这种分解应从以下三个方面来进行：

（1）理论。理论是认知的必经途径，也是被广泛认同和传播的基础。从大数据的特征定义来理解行业对大数据的整体描绘和定性；从对大数据价值的探讨来深入解析大数据的珍贵所在；从大数据隐私这个特别而重要的角度，审视人和数据之间的长久博弈，洞悉大数据的发展趋势。

（2）技术。技术是大数据价值体现的手段和前进的基石。要分别从云计算、分布式处理技术、存储技术和感知技术的发展，来说明大数据从采集、处理、存储到形成结果的整个过程。

（3）实践。实践是大数据的最终价值体现。应该从互联网的大数据、政府的大数据、企业的大数据和个人的大数据等四个方面，来描绘大数据所展现的美好景象和即将实现的蓝图。

2.6.3 大数据分析工具

大数据分析工具主要有以下几种：

（1）MATLAB Mastery Bundle。MATLAB 或 Matrix 是一个多范型数字计算空间和编程语言，它是一个工具，使编写代码、运行脚本、执行数据分析和可视化等工作变得轻松易学。即使解决复杂的问题，所使用代码也不那么复杂。

（2）Python Power Code BONUS Bundle。市面上有许多重要的编程语言可供选择，很多数据分析师使用这些语言来完成其日常工作，这些语言中首先是 Python。Python 语言有直观的、非常友好的用户界面，还拥有众多的功能，使用户能够在短期内学会使用它处理数据。

（3）大数据和分析工具包。数据分析师和高级分析咨询人员普遍使用编程语言和分析工具进行数据处理工作，这些工具中有四个是非常重要的分析工具，它们是：Minitab、SPSS、SAS 和 R Studio。

（4）使用 Tableau Desktop 9 Bundle 进行数据可视化。这是一款用于挖掘分析数据，并用可视化的方式呈现数据信息的工具。用户可以使用此工具创建自己的可视化数据视图。

（5）R 编程包。R 的核心是一种统计编程语言，非常适合挖掘和分析数据。它也具有高级图形和机器学习功能，在数据可视化和集成复杂算法方面具有一些独特的优势。

2.6.4 大数据技术原理

随着大数据技术的发展，科学进步越来越多地由数据来推动，海量数据给数据分析既带来了机遇，也构成了新的挑战。大数据往往是利用众多技术和方法，综合源自多个渠道、不同时间的信息而获得。大数据技术的原理主要有以下几点：

（1）数据核心原理：从“流程”核心转变为“数据”核心。大数据时代，计算模式也发生了转变，从“流程”核心转变为“数据”核心。Hadoop 体系的分布式计算框架已经是以“数据”为核心的范式。非结构化数据的分析需求，将改变 IT 系统的升级方式：从简单增量到架构的变化。这是大数据环境下的新思维——计算模式的转变。

（2）数据价值原理：由功能是价值转变为数据是价值。大数据的真正价值就是在线数据，这恰恰是互联网的特点。在非互联网时期，功能就是它的价值；在现今互联网时期，数据才是它的价值。

分析网络数据能知道每一个客户的消费倾向，他们想要什么，喜欢什么，每个人的需求有哪些区别，哪些又可以被集合到一起来进行分类。大数据是数据数量的增加，以至于能够实现从量变到质变的过程。

（3）全样本原理：从抽样转变为需要全部数据样本。大数据分析需要全部数据样本而不是抽样，因为你不知道的事情比你知道的事情更重要。如果现实可供分析的数据足够多，就会得出看得见、摸得着的规律。因此，大数据使人们觉得有足够的能力把握未来，对不确定的状态能够进行判断，从而作出自己的决定。

（4）关注效率原理：由关注精确度转变为关注效率。大数据标志着人类在寻求量化和认识世界的道路上前进了一大步，使以往很多不可计量、存储、分析和共享的东西，现在都被数据化了。大数据能够让我们知道市场的需要，每个人的消费需求，因此，大数据能提高企业的生产效率和销售效率。大数据让企业的决策更科学，由关注精确度转变为关注效率的提高，大数据分析能提高企业的管理效率。

（5）关注相关性原理：由因果关系转变为关注相关性。关注相关性而不是因果关系，社会需要人们放弃对因果关系的渴求，仅需关注相关关系，也就是说只需要知道是什么，而不需要知道为什么。

（6）预测原理：从不能预测转变为可以预测。大数据的核心就是预测，大数据的预测可以体现在很多方面。大数据不是要教机器像人一样思考，相反，它是把数学算法运用到海量的数据上，预测未来事情发生的可能性。这是因为在大数据规律面前，每个人的消费行为都有规律可循，没有本质的差异，所以商家会比消费者更了解消费者的行为。

（7）机器懂人原理：由人懂机器转变为机器更懂人。不是让人更懂机器，而是让机器更懂人，或者是在使用者很笨的情况下，仍然可以使用机器。甚至人可以不懂环境，而是让环境来适应人。自然环境下这是不可能的，但是，在数字化环境中机器更懂人已经是一种趋势，就是人们所在的现实世界，越来越趋向于机器适应人们的要求，更懂人们需求。哪个企业能够真正做到让机器更懂人，让环境更懂人，那这个企业一定具有很强的竞争力。“大数据”技术能够助企业一臂之力，让企业实现这种可能。

（8）电子商务智能原理：大数据改变了电子商务模式，让电子商务更智能。商务智能，是人们在大数据时代对电子商务的重新认识。例如：传统企业进入互联网，在掌握了“大数据”技术应用方法之后，会发现有一种豁然开朗的感觉。就像在黑暗中寻找道路，摸索半天找不到，突然有人升起信号弹，照亮所在的环境，能够立刻找到前进的方向一样。

（9）定制产品原理：由企业生产产品转变为由客户定制产品。接下来的变革是大规模定制，为大量客户定制产品和服务，成本低又兼具个性化。比如消费者希望他买的车有红色、绿色，企业既要满足消费者的要求，又要价格不至于像手工制作那样让人无法接受。这就要求企业必须对客户的需求有很深入的了解，因此，需要依靠大数据的分析技术，使消费者的定制能够积少成多，形成规模定制，降低生产成本，真正做到个性化的产品和服务。

2.6.5　大数据资源应用

随着企业信息化管理的不断深入，用信息技术提高管理效率、促进业务流程和组织结构的重组与优化，实现资源的优化配置和高效应用，增强了产、供、销协同运作的能力，提高了企业的市场反应能力、科学决策水平和经济效益，为企业创造了更大价值。同时也积累了大量的管理数据，例如，销售数据、生产数据、品质数据、财务数据等，这些海量的数据由于没有科学的分析和挖掘工具，使这些数据的价值得不到充分的发挥。

有的企业引入了 ERP 系统，还有很多企业没有引入任何管理系统，基本沿用传统的手工管理模式，即便是引入了 ERP 管理系统，也很难将企业的数据进行有秩序的存储，更不具备数据分析和数据挖掘的功能。企业只有简单的报表统计功能，只是对企业内部数据进行分析，不能形成大数据的应用。只有通过云计算技术将众多的企业数据汇总起来，借助数据挖掘与分析技术，才能真正实现企业的大数据的应用。这种大数据应用涉及企业的各个领域，如市场预测、产品预测、成本管理、人力资源管理、生产管理、物流管理等，大数据应用前景广阔，市场价值巨大。

一方面，在新经济背景下，企业运营与管理发生着深刻的变化。一是竞争日益激烈，依靠产品销售产生利润的上升空间有限，企业开始向管理模式或商业模式要利润；二是市场瞬息万变，企业迫切想把握这种万变的市场，精准地预知企业的未来，为企业的发展提供应变的空间。依靠数据分析工具把握市场规律、预测市场方向，精准制定企业战略已经变得非常重要。

另一方面，现代企业的数据越来越多，数据已经成为企业的资产。如何借助数据资产为企业的营销管理、生产管理、财务管理、物流管理、人力资源管理等提供决策依据，是企业越来越重视的问题。同时日益注重以数据为依据，借助数据进行预测未来，避免过去的粗放式管理和“拍脑袋”的决策方式，企业更多的是集中精力进行预防、提前应对管理中的漏洞，不断提升核心竞争力。所以对于只能为企业提供信息化的管理软件已经无法满足企业新的要求，应运而生的基于数据挖掘与分析的大数据应用系统，将能够帮助企业适应新的市场环境和新的市场竞争。

2.6.6 大数据资源管理

1．大数据管理

大数据管理与传统数据管理有一定相似之处，传统数据管理的重点是如何高效地管理数据库或者静态存储的持久化数据，而大数据管理将面临更多挑战。有学者认为大数据管理即大数据和数据管理的结合，共同实现组织的业务和技术目标，可以认为大数据管理是数据管理发展的新阶段。实际上大数据管理包含的内容，远远超出传统数据管理的范畴。大数据的庞大的数据量，加上其复杂性、流动性等特征给传统数据管理带来巨大的挑战，传统的数据存储和技术处理、工具和流程已无法满足大数据的管理需求。

对于大数据管理的概念，有人将其定义为管理、处理和存储大数据的过程；也有人表示大数据管理就是对大量结构化、半结构化和非结构化数据的管理；还有人认为大数据管理指在组织管理与商务智能领域管理大量未经组织或稍微组织的数据处理技术与活动。可见，大数据管理需要从组织和技术多个层面进行诠释，主要指对大数据从采集、存储到分析利用的整个生命周期的管理。

信息化的本质是生产数据的过程，数据被大量产生而形成了数据资源。大数据是数据资源开发利用的一种表现形式，即数据资源已经存在于网络空间，大数据是对网络空间数据资源的开发利用。网络空间的所有数据构成数据界，因此，大数据可以看成用数据界的数据来解决决策问题。大数据集应该是从数据界获取，而不是从自然界获取。数据信息的资源化需要三个环节：数据处理、数据传输、数据存储（云端）。可见，大数据资源与石油、煤炭等自然资源相似，需要经过必要的开发与有效的管理才能发挥其价值。

2．大数据资源管理概述

在信息资源管理领域，基于对信息资源的不同理解。有学者认为信息资源管理是指管理者为达到预定的目标，运用现代化的管理手段和方法来研究信息资源在经济活动和其他活动中利用的规律，并依据这些规律对信息资源进行组织、规划、协调、配置和控制的活动。还有学者认为信息资源管理是指对信息资源本身所进行的管理，包括对信息资源的采集、开发组织、传播、服务、利用管理和对信息设施、信息技术、信息投资、信息机构和人员所进行的规划、组织和控制。

基于对信息资源管理概念的理解，大数据资源管理同样应该从广义和狭义进行区分：狭义的大数据资源管理（Big Data Management）等同于大数据管理，也就是对大数据资源本身的管理；广义的大数据资源管理（Big Data Resources Management）是指管理主体（如中央或地方政府部门、企业或事业单位）对大数据资源本身以及其开发利用所需的要素进行组织、规划、协调、配合。

小 结

信息源即信息的来源，其含义广泛，在不同的学科有不同的含义。例如，在通信科学领域：信息源被称为信源，信源是消息的来源，可以是人、机器、自然物体等，也可以是一个事件。信息资源是指人类社会信息活动中积累起来的，以信息为核心的各种信息活动要素（信息生产者、信息技术、设备和设施等）的集合。信息源和信息资源是两个既有联系又有区别的概念。信息源与信息资源差异在于两个方面：①信息源不等于信息资源，信息源是蕴含信息的一切事物，信息资源则是可利用的信息的集合；②信息资源可以是高质量、高纯度的信息源，但信息源不全是信息资源。

信息资源的分类主要是根据人们解决实际问题的需要而进行的，没有固定的标准。从信息资源管理与应用的角度进行分类，可以将信息资源分为记录型信息资源、实物型信息资源、智力型信息资源和零次信息资源。这四类不同的信息资源概括和包含了信息资源的各种类型和各个层次，它们各具特点，对信息资源进行管理、开发和利用时，应遵循不同的原则，采用不同的方法。研究信息资源的功能，就是研究信息在社会经济活动中的功效和作用。根据信息资源在社会经济活动中发挥作用的特点，其主要功能有经济功能、管理与协调功能、选择与决策功能和研究与开发功能等。

信息的利用可以分为五类：①满足人类生存和交流的需要；②是决策和行为依据；③满足娱乐、学习和宣传的需要；④与经验相结合形成知识；⑤可以进行交易。信息资源的利用是指有目的、有选择、能动地使用信息资源，满足社会、组织或个人需要的行为。信息资源利用与信息利用的概念基本相同，只是它们之间有一定的区别：信息利用关注的是具体的信息利用行为、利用取向、利用目的等；而信息资源利用关注的是信息利用效果、效率，利用水平，利用过程的评价等。

信息资源开发战略是指组织根据自身的资源和能力，为求得长期持续和均衡发展而制定的总体规划，分为宏观战略和微观战略两类。信息资源的应用开发是研究、探讨信息应用于社会和生产实践的可能性、途径、方法以及存在的问题，并建立理论模型，解决应用技术问题，制定具体实施方案等，涉及知识产权、语种差异、虚假信息、部门协调等问题。因此，应用信息资源时必须从多方面考虑问题。信息资源开发的评价，包括对开发成果的质量评价和经济效益评价。

信息管理分为三个阶段：传统管理阶段、技术管理阶段和信息资源管理阶段。这三个阶段对应着不同的管理内容和方法。信息资源管理的目标不仅是信息资源管理活动的结果，也是指导信息资源管理活动的行动纲领。信息资源管理的目标需要根据实际情况确定，受到各国信息经济与信息产业发展水平的制约。

企业信息资源是在企业生产活动中，能够用于创造物质和精神财富，具有一定的使用价值，并经过加工处理，有序的和大量积累的信息集合。“信息孤岛”是企业最棘手的问题，所以在制定企业信息资源开发规划时必须从这里入手，解决信息资源开发与管理的根本问题。

随着社会的不断发展，大数据对 IT 技术架构的挑战、大数据的生态环境问题、大数据的应用及产业链将日益突出。大数据的发展会催生许多新兴职业，会产生数据分析师、数据科学家、数据工程师，有非常丰富的数据处理经验的人将会成为稀缺人才。随着大数据的发展，数据共享联盟将逐渐壮大成为产业的核心一环。随着大数据的共享范围越来越大，隐私问题也随之而来，例如，手机每天产生的通话、位置等信息，在给众人带来了便利的同时，也带来了个人隐私的泄露问题。数据资源化，大数据在国家、企业和社会层面成为重要的战略资源，成为新的战略制高点和创新的焦点。

习　题

一、名词解释

1．信息源
2．静态信息源
3．动态信息源
4．信息资源
5．记录型信息资源
6．实物型信息资源
7．智力型信息资源
8．零次信息资源
9．信息资源计划
10．信息用户
11．国家级信息需求
12．区域级信息需求
13．行业级信息需求
14．组织级信息需求
15．个体级信息需求
16．信息保护
17．信息安全
18．信息资源开发
19．信息资源开发的宏观战略
20．信息资源开发的微观战略
21．网络化战略
22．集成化战略
23．产品化战略
24．信息资源的本体开发
25．信息资源的一次开发
26．信息资源的二次开发
27．信息资源的三次开发
28．信息资源的应用开发
29．范围管理
30．时间管理
31．成本管理
32．人力资源管理
33．质量管理
34．沟通管理
35．风险管理
36．采购管理
37．综合管理
38．专家评价法
39．即时评价法
40．历时评价法
41．定性评价法
42．定量与半定量评价法
43．综合评分法
44．信息资源管理
45．沉淀信息
46．累积信息
47．即时信息
48．集成战略
49．共享战略
50．大数据

二、判断题

1．依据信息源的特性及其加工和集约程度，信息源可分为一次信息源、二次信息源、三次信息源、四次信息源等四个层次。

2．根据信息源的内容，可分为自然信息源、社会信息源、经济信息源、科技信息源、可控制信息源和不可控制信息源六类。

3．根据信息源的运动方式，可分为静态信息源和动态信息源两大类。

4．资源一般可以分为经济资源和非经济资源两大类。

5．信息资源是人类在社会活动中积累起来的信息、信息生产者、信息技术等信息要素的集合。

6．信息资源的特性有共享性、时效性、生产和使用中的不可分性、不同一性、驾驭性、需求性、稀缺性、选择性、再生性以及累积性等。

7．信息资源包括一切信息源已经发出、正在发出和将要发出的所有信息，其范畴包括已经保存下来的历史信息、现实信息和潜在信息。

8．数字化信息资源的信息来源主要是计算机的存储设备，包括计算机的内存、外存（如软、硬盘，光盘和 U 盘）等。

9．非数字化信息资源主要包括传统文献型信息资源和传统缩微型信息资源。

10．网络信息资源是指一切接入网络的数字化的信息设备及其存储的信息。

11．零次信息是信息客体的内容直接作用于人的感觉（包括听觉、视觉、嗅觉、味觉、触觉等）的结果。

12．信息资源作为经济资源，与物质资源和能源资源一样，具有经济资源的特性。

13．同一信息资源可以作用于不同的对象上，并产生多种不同的作用效果。

14．共享性是信息资源的一般特性。

15．信息生产者为一个用户或多个用户生产同一组信息时，其生产成本几乎没有差别。

16．现代经济的劳动、资本、能源、物质和信息等各种成分都是非消耗性、可以再生的资源。

17．除了劳动者、劳动工具和劳动对象这三个要素外，信息也是社会生产力的重要构成要素。

18．信息资源还具有直接创造财富、实现经济效益放大的功能。

19．信息资源与人力、物力和财力等自然资源一样，都是组织的重要资源，应该科学地进行管理。

20．信息收集是为了有计划、有目的地集成信息、组织信息，丰富组织的信息资源库。

21．信息的利用、加工和传输等都是以信息存储为前提的，没有信息的存储，就没有信息资源。

22．信息是没有生命周期的，从信息的产生、采集开始，到信息存储、加工、传输和利用，直至最后消亡，信息不会随着时间的变化或科学技术的发展变得过时或无用。

23．信息是对客观事物的运动状态和变化的描述，客观事物是运动的、变化的，因而描述其运动状态和变化的信息也是变化的。

24．信息是具有一定内涵的数据，接收者只有了解所接收数据的变化规律、相互关系、目标和含义时，数据才能转化为信息。

25．信息商品化是信息利用的必然趋势。

26．信息资源利用的特点是“双螺旋模式”，信息的利用和积累是一个相互缠绕、螺旋上升的过程。

27．根据用户所属级别大小的不同，用户的信息需求分为国家级需求、区域级需求、行业级需求、组织级需求和个体级需求。

28．信息污染和信息紊乱现象存在已久，例如，诽谤、传闻、流言、色情杂志等。

29．信息编码的优劣决定不了各种信息的共享程度。

30．由于采用的开发语言不同，信息接口不协调，数据标准不一致，因此，在系统之间进行数据共享和交换时就容易出现问题，还会导致新的“信息孤岛”产生。

31．在开发利用信息资源之前，不用确定信息资源是否属于保密范围，信息的保密与否与信息的开发应用无关。

32．在建立企业网站时，只需考虑网站的内容，不用考虑服务器的可靠性和网络的稳定性等。

33．网络病毒无论是在传播速度、破坏性还是传播范围等方面，都是单机病毒所不能比拟的。

34．黑客的攻击不具有明确的目的性，比病毒的破坏和危害要小。

35．信息资源的利用是信息需求者对信息资源进行吸收和使用。

36．信息资源开发的最终目的是在其利用过程中，产生社会价值和经济效益。

37．信息资源蕴含量和信息资源开发水平决定着一个国家的生产力水平和综合国力。

38．物质资源和能源资源，通过信息资源带来的附加价值，发挥其更大的价值。

39．信息资源作为社会资源，对其开发必须从国家战略的高度进行全局统筹考虑。

40．在信息资源开发的方式、方法、技术上不需要有继承和创新。

41．宏观信息资源开发战略应通过法律法规、舆论宣传、财政预算、政策导向、经济杠杆等多方面实现。

42．信息产品的开发利用具有很强的用户导向性，用户将决定信息产品和信息服务的价值，用户评价是决定信息价值的主要因素。

43．信息资源网络化是符合社会网络化的大趋势，在网络化过程中还应该考虑法律、文化、市场规则、民族习惯、国家安全等问题。

44．信息资源应用开发将涉及知识产权、语种差异、虚假信息、部门协调等问题，使用信息资源时不必考虑这些方面的问题。

45．信息服务的对象是信息资源的开发者和信息消费者，信息服务是通过实施信息个性化，为信息需求者提供信息服务，达到信息资源应用的目的。

46．信息管理分为三个阶段：传统管理阶段、技术管理阶段和信息资源管理阶段。

47．信息的技术管理阶段是使用计算机处理信息、控制信息流，技术因素占主导地位。

48．信息资源开发的成果是非常丰富的，形式有文本型、数值型、多媒体型、实物型等。

49．对信息资源开发成果的评价，应该采用即时评价和历时评价两种方法才算完整。

50．信息资源开发成果的效益只能通过经济效益来反映。

51．网络化信息资源开发是现代信息资源开发的主流。

52．信息经济学对于理解和评价信息资源管理起着重要的作用。

53．资源管理阶段的主要目标是将信息作为资源进行应用，对信息实施资源性管理。

54．企业信息资源存在的形式可以分为四种：记录型、实物型、智力型和零次型。

55．企业信息使用的形式，可以分为显性信息和隐性信息两种。

56．企业日常使用的信息可分为：一般公开信息、限制性公开信息、企业内部非公开信息、业务信息和非业务信息等。

57．当信息资源的规模达到现有信息资源管理系统的管理极限时，就必须用更高级的技术、更现代的设备来满足信息资源管理的需要。

三、简答题

1. 简述信息资源的划分。
2. 简述信息资源的特性。
3. 简述信息资源的功能。
4. 信息资源计划的目的是什么？
5. 简述定义信息的职能域。
6. 简述建立信息资源管理标准。
7. 简述信息收集计划。
8. 简述信息存储计划。
9. 信息资源利用的特点是什么？
10. 信息资源开发的意义是什么？
11. 简述信息资源开发的原则。
12. 简述信息经济学对信息资源管理所起的作用。
13. 信息资源管理的目标是什么？
14. 简述信息资源管理的意义。
15. 简述宏观信息资源管理的任务。
16. 中观信息资源管理是什么？
17. 信息资源的管理手段有哪些？
18. 简述信息资源管理的经济手段。
19. 简述信息资源管理的行政手段。
20. 简述企业信息资源的经济价值。
21. 企业战略型信息资源有哪些？
22. 企业管理型信息资源有哪些？
23. 企业业务型信息资源有哪些？
24. 简述企业信息资源开发步骤。
25. 简述企业信息资源开发与企业信息化的关系。
26. 企业信息使用的形式有哪些？
27. 信息资源战略规划的目标是什么？
28. 如何对信息进行评价？
29. 大数据的特性有哪些？
30. 简述大数据的三个特征。

四、论述题

1. 试述信息源的层次。
2. 试述信息源的分类。
3. 试对信息源与信息资源的差异进行比较。
4. 企业的信息管理与协调功能有哪些？体现在哪些方面？
5. 试述信息的研究与开发功能。

6. 影响用户信息行为的因素有哪些？
7. 试对用户的信息行为进行分类。
8. 试述知识产权保护与信息资源共享的关系。
9. 试述信息资源的开发是信息资源利用的基础。
10. 广义信息资源开发包括哪些内容？
11. 试述信息资源开发的微观战略含义。
12. 试述信息资源的一次开发。
13. 试述信息资源的二次开发。
14. 试述信息资源的三次开发。
15. 试述信息资源的应用开发。
16. 信息服务有哪些？
17. 试述信息本体开发与信息应用开发的关系。
18. 试述信息技术应用带来的问题。
19. 试比较有影响的有关信息资源管理的定义。
20. 试对信息资源管理的四种手段进行比较。
21. 试述企业信息资源开发与管理的任务。
22. 建立企业信息资源管理系统，应考虑哪些因素？
23. 试述大数据的特点。

第 3 章　信息产业管理

知识点

- 信息产业、信息产业结构、信息技术
- 信息产业管理、信息产业政策、信息服务

难点

- 信息产业的结构与特征的分析
- 信息产业的分类、信息产业的管理体制

要求

熟练掌握以下内容：

- 信息产业管理的内容与主要任务
- 信息产业政策的特征、作用与信息产业政策的制定原则
- 信息服务业、网络信息服务业发展的对策
- 信息产业对经济增长的作用与贡献

了解以下内容：

- 网络信息服务的类型、网络信息服务业的组织

3.1　信息产业概述

现代信息技术的飞速发展，极大地推动了社会生产力的发展，引发了传统的经济结构、产业结构和生产方式的巨大变革，一个把信息产业作为社会先导产业、把信息经济作为社会主导经济的信息时代已经到来。信息产业是以信息资源的开发利用为核心，以信息产品的生产、分配、消费和交换为主体，凭借自身强大的生命力不断发展壮大，迅速从传统产业中独立出来，成为最有生命力的新兴战略产业。

3.1.1　信息产业及其理论的形成

产业的形成是对国民经济中某一行业的宏观整体而言，是指在国民经济大系统中，根据构成该系统的各个元素（经济实体）经济活动的性质与特点，对国民经济结构进行的划分。产业既是国民经济中具有某种相同或相似属性的一组元素（如企业等）的集合，也是国民经济按一定标准（如生产性、服务性等）所进行的分类。

1. 信息产业的形成

根据产业经济学原理，一个产业的形成并能持续发展，需要具备三个充要条件：①社会和经济发展的迫切需求；②支撑产业发展的物质和技术基础；③产业形成与发展所需的宏观政

策环境，这三个条件缺一不可。

信息产业的形成是一个历史的发展过程。人类社会的发展过程，就是对各种资源的开发利用过程。进入现代社会以后，除了物质资源、能源资源、人力资源和金融资源以外，以知识形态存在的信息资源构成了社会财富的主要来源。随着社会信息需求的不断增长，人类开发利用信息资源的规模不断扩大，必然要出现一系列专门从事信息采集、加工、存储、流通、利用和服务等相关活动的产业部门，即信息产业。特别是现代信息技术的巨大进步，更是促进了信息资源的开发利用活动向产业化方向发展。

2. 信息产业形成的内在因素

（1）信息产业形成的基本条件。在生产力低下的原始社会，信息活动就普遍存在，信息活动也是当时人类社会生产活动的有机组成部分，只是那时的生产活动处于最简单的直接交流阶段，规模很有限。因此，信息活动的产业化既是人类社会的一个发展目标，也是一个动态的过程，具体表现在产业群体规模化、产业功能社会化、产业政策规范化、产业分工专门化、生产过程系统化、生产技术现代化、产品服务商业化、产品市场成熟化等诸多方面。

随着生产知识不断丰富，生产技能不断提高，人类社会的信息活动开始进入到积累和交流阶段。当人类从农业社会进入工业社会进而跨越到信息化社会以后，信息已经成为现代生产力的要素之一，与劳动者、劳动工具和劳动对象共同构成现代生产力的基础。信息要素通过优化生产要素，使生产要素能够合理有效地配置，改进生产关系及上层建筑的素质和协调性等方面，发挥信息要素的生产力功能，使生产力得到了巨大发展。

信息生产力对社会生产力系统具有举足轻重的作用，作为推动生产力向现代生产力过渡的革命型要素正发挥着划时代的巨大作用。信息生产力是社会生产力的一个构成要素，其功能作用由小到大、由弱到强，已演化为当代和未来新一代生产力的主体，使人类对信息及信息活动的认识产生质的飞跃。这是信息产业能够形成的最基本条件。

（2）产业结构的变革。产业结构是指一个国家国民经济领域里各种产业间的相互关系。在产业革命浪潮的推动下，传统的产业结构面临着一次次大的变革。

信息产业的兴起是社会生产力发展的必然结果，也是社会分工的合理体现。随着生产力的发展，出现了社会分工，社会分工越精细，劳动生产率就越高，产业结构体系就越加复杂。在人类社会发展的不同历史阶段，新兴的产业总是伴随着新技术的产生和发展。以手工生产为主的农业社会，体力劳动者作为生产力的主体，使用简陋的劳动工具，生产规模小，建立在农业技术基础上的产业结构是以第一产业——农业为核心；以机器生产为主的工业社会，专业劳动者逐渐取代了简单的体力劳动者，生产规模趋向大型化，建立在工业技术基础上的产业结构是以第二产业——工业为核心；随着工、农业的高度发展，消费领域不断扩大，产业结构逐渐形成了以服务为基础的第三产业——服务业为核心；在以信息生产力为主的信息社会，信息劳动者正在成为劳动者的主体，以知识、智力和技术密集型为核心的第四产业——信息产业为核心。

四大产业结构发展的历史表明，产业结构的发展在时间上存在着序列性，新兴产业的产生总是以原有产业的发展为前提和基础。信息产业的形成就是信息产业从无到有的过程，这一过程是在内在的主动因素和外在的影响因素共同作用下实现的。

（3）信息产业形成的主要推动因素。任何产业的形成都是靠社会需求推动的，信息产业也是如此。当人们的物质需求满足到一定程度，人们对信息类商品和服务的消费欲望迅速提高、消费支出不断扩大。人们愿意购买并消费信息产品及信息服务，这不仅能够满足人们物质生活的需要，带来高效率、高收益和高智能，而且还能够满足人们精神生活的需要，提高人们工作与生活的质量。社会成员对信息产业的精神生活需求，成为信息产业形成的主要推动因素之一。

计算机的大量增加，促进了对经贸、法律、科技和教育等各类数据的需求，要对大量数据进行快速、有效地传递，就要建立现代化的网络联系，因而带动了计算机业、网络通信业、信息服务业的产生和发展，需要大量的服务人员，技术人员、维修人员、管理人员等，创造了大量新的就业机会。当信息产品和信息服务成为一般社会成员稳定的需求时，信息产业将会迅速形成和发展。

（4）信息技术的发展。20 世纪 40 年代以来，信息技术得到了飞速发展，已渗透到社会生活的各个方面，成为当代社会、经济发展的核心技术。信息技术的发展、应用是信息产业产生、壮大的根本动力。信息技术的发展在信息载体、信息工具和信息内容三个方面增强了人类的信息能力：

1）信息载体促进了信息设备制造业的形成和发展。

2）信息工具增强了开发、利用信息的广度和深度。

3）信息内容扩展了信息服务业的范围和服务方式。

信息技术具有对信息的获取、存储、传输及处理能力，信息技术的发展扩展了人类相应信息器官的功能，同时也成为信息产业中相应行业的重要支撑技术，如图 3.1 所示。

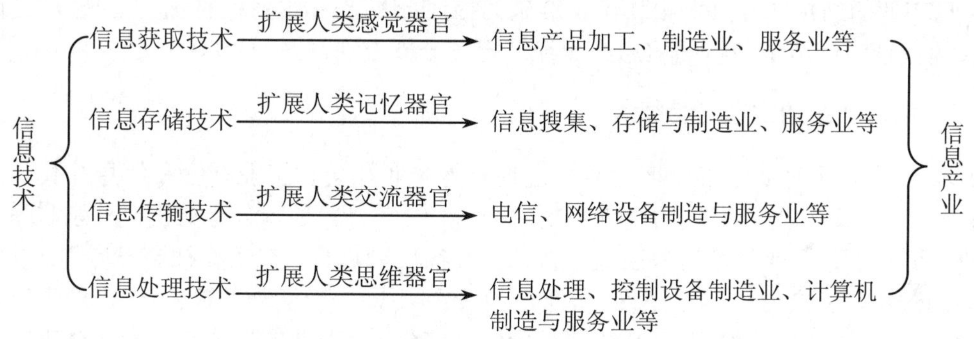

图 3.1 信息技术与信息产业形成关系

3. 信息产业理论的形成

20 世纪 60 年代初，美国经济学家马克卢普（F.Machlup）开创性地提出了“知识产业”的概念，认为“知识产业”是一类为自己或为他人消费、使用而生产知识、提供信息服务或生产信息产品的机构——厂商、组织和部门，有时可能是个人和家庭。知识产业包括教育、科研开发、传播媒介、信息设备和信息服务五个部分。马克卢普精辟地分析了知识生产与分配的经济机制，并对美国的知识产业进行了定量测算。他的研究成果有力地证实了知识和信息在经济发展中的地位和作用，特别是他的研究思路和研究方法，为后继学者开拓了一个全新的研究领域，极大地震动了西方经济学界。有人评价说：“知识产业的概念简直是一个足以把传统经济学炸飞的炸药包。”

与马克卢普同时期的日本学者梅棠忠夫发表了《信息产业论》一文，在世界上首次提出了“信息产业”的概念。梅棠忠夫的理论是一种阶段发展理论，特点是提出了产业发展或产业结构变动，类似于动物进化的观点。他预言，在农业和重工业发展到一定水平以后，信息产业就会得到迅速发展。梅棠忠夫的理论揭示了信息产业的拟人律演进机制，由此引起了人们对于

“信息社会”和“信息化”的关注和讨论，以至于对20世纪60年代末至70年代初日本政府和企业的产业政策研究和制定都产生了强烈的影响。

波拉特（M.U.Porat）是继马克卢普等人之后，对信息产业理论与实践进行系统研究的集大成者。美国商务部为他提供经费，委托他在信息经济领域里进行深入的研究，1977 年波拉特发表了九卷本的研究报告《信息经济》，系统地提出了一套关于信息产业经济分析的体系和测度方法，并对美国经济中的信息活动进行了定量分析测算。他将经济活动分为两类：一类与物质和能量的转换有关，另一类与信息形态的转换有关。前者是包括农业、工业和服务业在内的物质经济，后者是以信息产业为主导的信息经济。他认为，信息是组织好的、可传递的数据，信息活动就是与信息产品及信息服务相关的经济活动。信息活动所消耗的资源有两种：信息资本（包括信息设备和信息建筑物）与信息劳动者。这种信息活动不是仅仅涉及几个行业，而是渗透到国民经济的各个领域。

波拉特把从事信息活动的部门分为一级信息部门和二级信息部门。一级信息部门是指直接向市场上提供信息产品和信息服务的部门，二级信息部门是指把信息服务只提供给内部消费，而不进入市场的部门。波拉特发展了马克卢普的思想，提出的信息产业分析方法将人类社会的基本产业结构从三分法发展为四分法，并且创造了一级信息部门和二级信息部门的概念，找到了一种定量分析宏观信息经济的方法，并以此成功地利用现有国民经济核算体系的统计数据，对信息产业的结构和经济规模作出了准确的描述。因此，波拉特对信息产业经济的研究做出了重大的贡献，创造了独特的信息产业经济定量分析方法。

3.1.2 信息产业的定义与特征

从社会生产力的角度，可以把人类社会划分为农业社会、工业社会和信息社会。无论是哪一种社会形态，其存在和发展的基础都是生产力。生产力就是以一定的生产关系联系起来的人们，利用生产工具改变劳动对象以适合自己生存需要的过程。在人类社会发展的历史中，随着生产力的进步，社会分工逐渐完善，而形成了从事不同生产活动的群体。“产业”就是在生产活动中，具有同类性质的若干生产群体所形成的综合体。产业的形成是社会化分工的必然结果，产业的发展则是由社会生产力水平所决定的。

1. 信息产业的定义

当今世界正处于信息时代，信息作为现代社会的重要战略资源，是社会、经济、科技发展的基础。随着信息科学理论的日趋成熟和信息技术的不断发展，世界的经济结构、产业结构和社会结构正在发生深刻的变化，以高新技术为代表的信息产业逐渐从第三产业中分离出来，成为现今社会最具发展前途的产业。

对信息产业的定义，由于研究角度、重点和时间的不同，国内外著名学者有着不同的看法，具有代表性的有以下学者。

（1）美国学者。美国信息产业协会（AIIA）认为：信息产业是指依靠新的信息技术和信息处理的创新手段，制造和提供信息产品和信息服务的生产活动组合。

（2）欧洲学者。欧洲信息提供者协会（EURIPA）认为：信息产业是指提供信息产品和服务的电子信息工业。

（3）日本学者。日本学者认为：信息产业是一切与各种信息的生产、采集、加工、存储、流通、传播和服务等有关的产业。

（4）中国学者。中国学者认为：信息产业是与信息的收集、传播、处理、存储、流通、服务等相关的产业的总称；或信息产业是指从事信息技术的研究、开发与应用，信息设备与器件的制造以及为公共社会需求提供信息服务的综合性生产活动和基础结构。

上述对信息产业的定义都带有一定的局限性，可以明显地看出，对于信息产业的定义从外延特征是在不断地扩大的，是一种演进的概念。

综合多方面的定义，信息产业是社会生产活动中专门从事信息技术开发，设备、产品的研制、生产和提供信息服务的企业、部门的统称，是一个包括信息采集、生产、检测、转换、存储、传递、处理、分配和应用等，门类众多的产业群。主要包括信息工业（包括计算机设备制造业、通信域网络设备制造业和其他信息设备制造业）、信息服务业（包括电信业、咨询业等）和信息开发业（包括软件产业、数据库开发产业和电子出版业等）。

信息产业就是从事信息技术设备制造及信息产品生产、开发与流通服务的新兴产业群体。信息产业化是指遵循经济规律和市场导向原则，从信息经济行为入手，将以往分散于各领域、各部门的与信息生产、流通、分配、消费直接相关的企、事业单位及个人组合起来，使其信息活动逐步走上产业化的道路，在微观上形成一个信息经济活动的产业集合，在宏观上形成一个相对独立的产业部门群。由此可见，信息产业化有两层含义：一是信息技术的产业化；二是信息产品与信息服务的产业化。前者从第二产业中萌发并独立出了新的电子信息技术设备制造产业，为传统产业改造和第三、第四产业的发展提供了技术与物质基础；后者使第三产业中出现了新兴的信息服务业，为带动传统信息产业的发展和第四产业的形成开辟了道路。

2. 信息产业的特征

信息产业作为一个新兴的、充满活力的产业，与传统产业相比具有许多新的特征，它在国家产业结构中的地位越来越重要，在社会经济发展中的作用越来越显著。充分认识这些特征和作用，不仅是信息产业管理科学化的必要保证，而且对信息产业的持续发展也具有积极的意义。

信息产业主要有以下特征：

（1）信息产业是具有战略性的新兴主导产业。信息已成为现代社会的重要战略资源，促进和实现社会信息化和信息社会化的信息产业，就成为今天和未来社会发展中最大的战略产业，在工业发达国家，它正在逐步取代钢铁、造船、汽车、石油等传统产业的战略地位，成为社会经济发展的主导产业。

（2）信息产业是技术、知识、智力密集型产业。信息产业的核心技术（如计算机技术、通信技术等），既是信息产业自身的装备技术，又是服务和应用于社会各领域的应用技术。信息产业的主要资源是信息资源，并以知识和智力的研究、开发、交流和服务为主要职能，人类社会的知识几乎都集中在或出自信息产业。

（3）信息产业投入高、风险高、增值能力高。信息产业是技术、知识和智力密集型产业，这决定了它不仅需要较高的智力投入，而且还需要大量的资金投入。不论是信息产品的研制，还是提供服务，没有掌握先进信息技术的高级专业人才，没有充裕的资金支持，是不可能发展起来的。随着信息产业发展规模的不断扩大，竞争越来越激烈，这种投入的数额和风险也在迅速增长。

（4）信息产业受外界影响大、更新速度快。信息产业的更新换代速度是其他产业的数倍或数十倍，甚至百倍、千倍，这主要是由于科技进步缩短了信息产品从研制到生产、使用的周期。摩尔定律所揭示的规律一直在统治着信息产业界，目前，平均每三个月就有一项新的信息技术问世，信息产品的平均寿命周期在 2.5 年左右。

（5）信息产业辐射面广、渗透性高。这是由于信息产业已高度融合于社会经济的各个部门，广泛渗透到其他产业的结构与形态中，使得许多产业部门的产品和产值都包含有信息产业的产值。信息产业已辐射并服务于社会经济的各个领域，提高了社会经济发展的整体水平。

（6）信息产业省资源、低公害。随着信息产业的发展，信息资源的开发利用水平得到了极大的提高，信息资源对物质资源、金融资源、人力资源和能量资源的优化和替代作用更加显著。并且，通过发展信息产业和信息经济，人类生活和社会进步逐渐减少了对自然资源的依赖，一种低消耗、高增长的社会经济发展模式已经形成。

（7）信息产业增长快、需求广，就业面大。信息产业一直以高于其他产业的增长速度迅猛发展，其平均增长率始终在两位百分数。信息产业的发展，创造了广泛的市场需求和就业机会。在经济发达国家的社会就业结构中，信息产业部门的劳动力已逐渐占有最大的份额。信息技术与信息产业的高智力特点，对就业者的知识水平要求很高，这在某种程度上，会给社会带来结构性失业现象。

3.1.3 信息产业的地位和作用

信息产业的目标是提高人类开发、利用信息资源的能力和水平，创造信息财富，改善生活质量。信息产业的形成和发展，引起了产业结构、就业结构、资源结构直至社会结构的巨大变化，极大地推动了人类社会生产力的发展，在相当大的程度上改变了生产方式、经营方式和竞争方式。因此，信息产业在现代社会经济活动中具有非常重要的地位和作用。

1. 信息产业的地位

（1）信息产业是工业经济向信息经济转变、工业社会向信息社会转变的核心。信息产业是知识密集型产业，其形成与发展在微观上体现在单位产品价值的构成中，物质、能源的消耗减少，信息及信息服务的消耗增加；在宏观上表现为，GNP 中信息产业所占比重和社会就业人口中信息劳动者所占比重迅速提高。此比重达到一定数值，如超过 50%，就意味着工业社会已转化为信息社会。

以信息产业为中坚所形成的信息经济是社会信息化的先决条件。一个国家如果没有发达的信息产业，就不可能有高水平的现代化经济，更谈不上进入信息社会。因此，大力发展信息产业，不能认为是一项常规的产业政策，而是实现人类社会新的飞跃，即由工业社会向信息社会转变的具有重大历史意义的战略举措。

（2）信息产业是现代社会经济发展的动力和国家竞争实力的基础。在工业社会里，起主导作用的是劳动密集型产业，资本是战略资源。近几十年来，西方发达国家的传统工业都很不景气，被称为“夕阳工业”。而以信息技术为主导的信息产业显示出了勃勃的生机和无限的活力。

经济分析专家们认为，信息产业的迅猛发展是美国经济取得良好成绩的一个重要原因。事实证明，在现代社会经济中起主导作用的是知识密集型产业，资本是信息和知识。一个国家的信息产业能力决定这个国家的生产力和竞争力，是取得经济成就的关键因素，是推动社会经济持续发展的坚强后盾。

2. 信息产业的作用

（1）信息产业对国民经济各部门的发展具有先导作用。信息产业凭借自身的强大生命力，从传统产业中迅速独立出来，成为国民经济各产业部门发展的先导。主要表现在以下两方面：

1）信息产业与传统产业的结合。信息产业在其发展过程中，通过与传统产业相互融合、渗透，可以促进传统产业的改造和升级，使传统产业重新获得生机和活力。信息产业与传统产业的关系就像是火车头与车厢的关系，例如，汽车工业通过采用 CAD/CAM/CAQC 以及 ERP/Intranet 等技术，不仅大大节约了原材料和制造成本，而且使技术更先进，驾驶更舒适，质量更高，产品更新快，做到了按需定制，深受用户的欢迎，使汽车工业这一工业时代的代表性产业更加繁荣兴旺。

2）信息产业是促进其他技术产业形成和发展的基础。信息技术是现代技术群的核心和领头技术，其他技术及其产业难以突破的障碍只有在信息技术及其产业取得相应突破后才能克服。由于各种技术功能的实现，都要应用信息技术，因此，其他高技术产品都必然以相应的信息技术设备为其部件和功能子系统。这样，信息产业的发展水平对其他技术产业的发展是至关重要的。

（2）信息产业对国民经济结构具有软化作用。当今世界各国国民经济基础结构变化的突出特点是，世界经济模式正由以往的刚性结构逐步向柔性结构转化，即从以生产大型化、重型化为主的“硬”经济结构时代，向以高效、智能化的知识生产和信息服务活动为主的软件化经济结构时代过渡。这种经济结构软化主要表现在以下五个方面。

1）产业结构软化。

- 软产业在国民经济中的比重上升，硬产业比重下降。
- 在制造业等硬产业经济中，软化的趋势日益明显。

2）就业结构软化。就业人口中从事农林和制造业的蓝领工人人数在不断下降，而从事经营管理、研究开发、咨询服务等“软职业”的白领职员所占比例越来越大。

3）消费结构软化。人们的消费重心从对商品的多少、大小、轻重等硬性需求，转向美观、轻巧和高质量等软性需求；从对物质、能量等硬件商品的单一需求，转向物质与精神并重的双重需求。文化娱乐、学习、旅游等精神生活在消费支出中占有越来越大的比重。

4）投资结构软化。

- 在整个国民经济总投入中对软产业的投资比重不断增加。
- 投资趋向的软化，即现代经济活动的投资正由大工程、先进设备等“硬投入”方面，逐步转向人才、智力、信息和服务等“软投入”方面。

5）贸易结构软化。服务贸易在全球经济贸易中所占的比例越来越大，特别是随着信息商品化和信息市场的发展，信息产品和信息服务的贸易已变得与物质产品的贸易一样重要。此外，还有大量的信息贸易活动隐含在技术转让、设备引进、人才交流等经济活动中。

3.1.4　信息产业的分类

根据对信息产业定义的内涵和外延的理解不同，人们对信息产业的划分出现了多种形式。

1. 美国的信息产业分类

美国信息产业协会以信息为核心，将信息产业分成八类：广播网、通信网、通信技术、集成技术、信息服务、信息包、软件服务和信息技术。

2. 日本的信息产业分类

日本科学技术与经济协会将信息产业分为两大产业群：①信息技术产业，包括信息设备产业、软件产业、信息媒介业；②信息商品化产业，包括报道业、出版业、数据库产业、咨询业、代理人业、教育业和培训业等。

日本科学技术与经济协会认为，信息技术产业是指开发、制造和出售信息设备和软件的产业。信息商品化产业是指使用信息设备进行信息的收集、加工、传输和处理等，提供信息服务的产业，培养适应知识化社会人才的产业和提供专业信息、代理主题行动的产业等。

3. 中国的信息产业分类

（1）信息产业分类的规则。根据逻辑学关于划分和分类的理论，对信息产业进行分类时必须遵循一定的规则，违反这些规则进行的划分是不科学的，会犯最基本的逻辑错误。对信息产业进行划分的规则有以下四条：

1）划分必须相称。划分必须相称是指划分出的各个子项的外延之和必须等于母项的外延，既不能大于，也不能小于。

2）子项不能超级。在划分出的子项、子子项体系中，属于哪一层级的子项只能处在哪一层级上，既不能上提，也不能下放，否则整个体系就会混乱。

3）子项要互相排斥。划分出的子项要互相排斥是指各子项之间必须是不相容的关系，或者是各子项之间在内容范围上没有相互交叉或重复。如果划分的子项不是不相容的话，就会出现有的对象既属于这个子项，又属于那个子项，必然在分类体系中引起混乱。

4）划分的根据必须同一。每次划分的根据就是划分的标准。根据必须同一，就是在每一次划分中，只能是一个标准，不能在同一层次划分时采用不同的标准。

（2）信息产业的分类体系。根据上述分类标准和划分规则，构建的信息产业的分类体系包括三大门类：①信息技术设备制造部门，包括微电子器件制造业、计算机设备制造业、通信与网络设备制造业、视听设备制造业、缩微复印设备制造业、电子设备制造业、信息基础设施业；②信息商品化部门，包括信息生产业、信息传播业、信息服务业；③内部信息部门。

3.2 信息产业的结构

信息产业是一个多因素、多部门、多层次的产业系统。凡系统均有结构，结构是组成系统要素间的相互联系方式。确定信息产业系统的结构，不仅可以了解信息产业发展过程中内外各种因素的组成、联系和变化的趋势，而且还可以为制定正确的信息产业政策提供科学的依据。

3.2.1 信息产业结构概述

由于人们研究的出发点和目标相同，对信息产业的划分和描述也有差异。经济学家有经济学看法，社会学家有社会学解释，信息技术专家有技术方面的界定。研究信息产业的结构与测度方法，探讨信息产业与其他产业之间的相互关联和相互作用，明确信息产业的特征及其在国民经济中的地位，是进行信息产业管理的重要前提。迄今为止，在各种传统的产业分类法中，都没有将信息产业作为一个独立的产业门类划分出来。因此，对信息产业结构的确定涉及对产业结构的再认识和产业的重新分类。

3.2.2 信息产业结构分析

1. 信息产业结构

按照信息产业界较为公认的结构划分方法，信息产业分为两级：一级信息部门和二级信息部门。一级信息部门的划分较为简单，可以根据国家、地区的经济普查或统计调查，按照各产业的分类细目，建立一级信息部门账户体系，并使之与国民收入和生产账户相协调。

在一级信息部门的建立过程中，有些信息行业（如计算机、电信等）可以直接从原产业分类结构中划分出来，另外一些行业是信息产业和非信息产业的混合体（如金融保险业、医疗卫生业、不动产业等），需要通过详细调查和具体分析来确定信息生产与信息服务所占的份额。

二级信息部门的情况比较复杂，因为该部门的信息产品或信息服务的价值未能在市场上直接反映出来，而是作为中间产品或中间投入在非信息行业内部消耗。专家们通过测量那些直接支持二级信息部门运行所消耗的各种劳动力和资本的价值，推算出这些部门中不直接进入市场的信息服务的“准市场”价值。

例如，美国学者波拉特由此测算出，1967 年美国信息经济产值约占 GNP 的 46%，信息劳动者人数占就业总人数的 45%，信息部门就业者的总收入占就业者总收入的 53.52%，信息部门就业人员的收入比非信息部门就业人员收入平均高 38%。

2. 信息产业的定量分析

对信息产业进行定量分析的方法主要有最终需求法、增加值法和估算法，以及附加价值的概念。

最终需求法（又称“最终产品支出法”），包括计算个人消费支出（耐用品、非耐用品和服务等）、国内民间总投资（固定资本投资、建筑、机械设备、库存等）、净出口（出口减去进口）、政府采购支出等。最终产品是在一定时期内（通常以年计）已经加工完毕进入市场，可供社会使用和消费的产品。研究最终产品的构成，可以了解各部门产品的市场份额，发现影响国民经济发展的“瓶颈”部门。

增加值是指在生产商品和提供劳务的过程中所增加的价值，包括固定资产折旧和新创造价值两大部分，但是不包括作为中间消耗的物质产品和劳务的价值。研究增加值的构成可以了解各部门对 GNP 的贡献有多少，分析出各部门的经济效益。考虑到有些信息部门没有独立的数据，故需要引进“附加价值”的概念，将传统产业中与信息活动有关的贡献分离出来，分离时主要使用估算法来确定相关的比例。据统计建筑业的信息附加值为其总产值的 15%，不动产业约占 38%，医疗部门约占 50%，银行业约占 81%等。

估算法是一种简便快速的近似计算方法，巧妙地应用估算法可以大大提高计算效率。一般用在根据题意分析挖掘隐含的条件和寻找进行科学转化的依据，简化问题的求解过程和难度，对数据进行科学的近似处理得到结论。

附加价值（简称“附加值”），是在产品的原有价值的基础上，通过生产过程中的有效劳动新创造的价值，即附加在产品原有价值上的新价值，包括人工劳动、动力消耗、技术开发和利润等费用。

例如，波拉特根据上述分析，得出美国信息产业 1967 年的测度结果：按最终需求法计算，GNP 的 21.9%来自一级信息部门，GNP 的 3.4%来自二级信息部门；按增加值法计算，GNP 的 25.1%来自一级信息部门，GNP 的 21.1%来自二级信息部门，即 1967 年美国 GNP 的 46.2%是由信息产业创造的。

1986 年，我国的经济研究人员运用波拉特方法对国内的信息产业进行了首次定量分析，并发表了研究报告——《中国信息经济初步分析》。该项研究的数据主要来自《中国 1982 年人口普查资料》、有关部委的 1982 年统计年报、财政部的 1982 年决算、国家统计局 1982 年 GNP 测算数据和《国民经济行业分类和代码》等资料。具体分析步骤如下：

（1）根据 1984 年发布的《国民经济行业分类和代码》列出的 14 大类 668 种行业，从中识别出 8 大类 140 种信息行业，占所有行业的 21%；根据《中国 1982 年人口普查资料》列出的 8 大类 301 种职业，从中识别出 5 大类 120 种信息职业，占所有职业的 40%。

（2）区分、归纳出一级信息部门，测算其产值及其就业人数。

（3）采用排异法推算二级信息部门及其就业人数的计算方法为

二级信息部门就业人数＝信息部门总人数－（一级信息部门就业人数）

（4）利用人均工资、人均固定资产折旧，估算出二级信息部门的人均收入和人均固定资产折旧额。

（5）二级信息部门增加值的计算方法为

二级信息部门的增加值＝二级信息部门就业人数×（人均工资＋人均固定资产折旧额）

（6）测算结果：1982 年中国的信息产业产值为 698 亿～795 亿元，占 GNP 的 14%～16%。其中一级信息部门为 455 亿元，约占 GNP 的 9%；二级信息部门为 243 亿～340 亿元，占 GNP 的 5%～7%。1982 年中国的信息劳动者为 4574 万人，占总劳动人口的 8. 77%。

3.2.3 信息产业宏观结构分析

1. 信息产业的宏观结构

信息产业内涵丰富，外延广泛。从宏观上，可以把信息产业划分为信息工业和信息服务业。在国民经济活动中，信息产业由六部分组成。

（1）信息基础设施业：计算机、通信设备、网络设备制造，广播电视设备和其他传媒设备制造，信息建筑的建造与装修等行业。

（2）信息生产与开发业：研究开发、发明创新、数据库开发以及气象、测绘、勘察、计量等行业。

（3）信息报道分配业：新闻报道、广播电视、报刊杂志、印刷出版、教育和教养等行业。

（4）信息传播流通业：邮政、电信、计算机网络等行业。

（5）信息提供服务业：文献服务、报道服务、检索服务、咨询服务和网络内容提供等行业。

（6）信息技术服务业：软件开发、信息处理、系统集成、系统维护和技术培训等行业。

2. 信息产业的三个层次

信息设施制造部门原属于工业，严格地说不能隶属于信息产业，把它们从工业中分离出来，有利于分析信息技术与信息产业发展的依存关系。要从工业中把信息工业分离出来，必须结合信息产品和信息产业的定义，着重考察产品的用途。凡属于为生产信息产品或提供信息服务创造物质条件的均为信息“生产资料”制造部门。将信息建筑业从建筑业中的分离出来也是如此。

在信息化过程中，出现了信息产业化和产业信息化两种趋势，直接信息部门是最基本的信息产业部门，是信息产业化的直接结果，而间接信息部门是产业信息化的主要对象。间接生产信息产品或提供信息服务的部门，因为融合在其他非信息部门里，没有形成独立的产业部门，不能直接归并到信息产业中，要将其从非信息部门中分离出来，再归并到信息产业中，这将有利于考察产业信息化的进程。

借鉴先进国家的对信息产业结构划分的经验，结合我国经济的特点，并考虑到信息产品的性质，广义的信息产业可分为三个层次，信息技术部门、信息商品化部门（直接信息部门）

和准信息部门（间接信息部门）。

（1）信息技术部门，包括信息设施制造业、软件业、信息媒介业、信息建筑业等。信息技术部门是指为生产信息产品或提供信息服务提供各种支持的部门，包括提供信息设施（如计算机、网络设备等）的部门、提供软件的部门、提供信息媒介（如电信、邮政等）的部门和信息建筑业等。

（2）信息商品化部门，包括教育业、教养业（“教养业”是日本人对政治思想、道德品质教育等职业的总称）、新闻业、出版业、咨询业、代理业、数据库业等。信息商品化部门是指在信息技术部门的支持下，进行社会、企业和家庭生活方面的信息化活动的部门。信息商品化部门有两个基本特征：①生产活动的成果是信息产品；②生产活动的成果作为商品在市场上进行交换。按信息产品的用途，信息商品化部门有三种：①与经济活动直接相关的部门（如代理业、咨询业、数据库业等）；②与经济活动无直接关系的部门（如教养业）；③介于两者之间、与经济活动有一定关系的部门（如教育业、新闻业、出版业等）。

（3）准信息部门，包括金融保险业、医疗卫生业、不动产业等。准信息部门是相对于信息商品化部门而言的，其生产活动性质及产品用途均与信息商品化部门类似，二者的区别在于产品的交换形式不同：准信息部门的产品不通过市场进行交换。准信息部门的活动组织形式依附于非信息产业，是非信息产业生产活动的一个环节。由于准信息部门的信息产品是在非信息产业内部生产、使用或消费的，故一般都不能独立核算其产值，只能根据在这些部门工作的信息人员情况来推算。

3. 信息产业的投入产出分析

信息产业投入产出分析的主要目的是全面了解信息产业与非信息产业之间的相互依赖关系，从信息经济的角度分析信息产业的内部结构与外部关联的特征，研究信息产业政策和发展战略等。

根据各信息部门的特点，可以编制出信息产业的投入产出表，以此可以了解和推算信息产业的发展进程。信息产业的投入产出分析主要采用两种方法计算产值：分离法和推算法。

（1）分离法。从已有的三大产业的投入产出表中，将有关信息产业的部分行业分离出来，并将其产值相加，即可得到信息技术部门和直接信息部门的产值。

（2）推算法。由于间接信息部门的产值不能直接从原有的产业内分离出来，要根据部门内信息人员在全体职工中的比例，来推算信息部门产值在该部门总产值中所占的比重。在假定信息工作者的劳动生产率与其所在单位全员劳动生产率相同的基础上，可推算出间接信息部门的产值。间接信息部门产值的推算公式如下：

间接信息部门产值＝信息劳动者人数×该部门全员劳动生产率

例如，在1990年，国家信息中心以“1987年中国投入产出表”为基础，对1987年的中国信息产业规模进行了投入产出分析。结果表明，1987年我国GNP为11743.11亿元，按最终需求法计算，GNP的16.47%来自信息技术部门和信息商品化部门，比1967年的美国低5.43%。准信息部门的份额为2.68%，比1967年的美国低0.72%；按增加值法计算，GNP的13.12%来自信息技术部门和信息商品化部门，比1967年的美国低11.98%，GNP的12.27%来自准信息部门，比1967年的美国低8.83%。1987年我国信息产业对GNP的总贡献为25.39%，比1967年的美国低20.81%。这说明我国的信息产业与美国相比，无论是在产业结构上，还是在经济效益上，都有很大的差距。

3.2.4 信息产业内部结构分析

从系统的观点看，信息产业的宏观体系结构包括两个方面的因素：一是信息产业内部要素间的相互关系，称为信息产业的内部结构；二是信息产业与其外部环境的相互制约、相互作用，称为信息产业的外部关联。这里主要讨论第一个因素：信息产业内部要素间的相互关系。

信息产业的内部结构包括产值结构、就业结构、部门结构、投资结构、技术结构、产品结构、层次结构和区域分布结构等。信息产业的发展必然对国民经济的产值结构和就业结构产生深刻的影响，研究信息产业发展中的内部结构，特别是产值结构和就业结构，以及由此对国民经济其他产业结构的影响程度，具有特别重要的意义。

1. 信息产业的产值结构

信息产业的产值结构是指信息产业的总产值、信息产业各部门的生产总值占国民生产总值（GNP）或国内生产总值（GDP）的实际百分比。前者是信息产业外部结构的产值结构，后者是信息产业内部结构的产值结构。美国在不同时期信息产业产值占 GNP 的百分比见表 3.1，不同国家的信息产业产值占 GDP 的百分比见表 3.2。

表 3.1 美国不同时期信息产业产值占 GNP 的百分比

年份	1967	1972	1985	1987	1990	2000
百分比/%	46	50	60	67	75	90

表 3.2 部分国家信息部门产值在 GDP 中的百分比

国家	年份	一级信息部门/%	二级信息部门/%	信息部门总计/%
美国	1972	24.8	24.4	49.2
英国	1972	22.0	10.9	32.9
新加坡	1973	12.8	11.6	24.4
日本	1979	14.7	20.7	35.4
匈牙利	1982	16.3	19.2	35.5
中国	1982	9.0	6.0	15.0

一个国家的国民生产总值（GNP）和国内生产总值（GDP）是反映其经济发展水平的重要指标，信息产业各部门占 GNP 或 GDP 的比例，就构成了信息产业的产值结构。通过分析信息产业的产值结构，明确信息产业各部门对国民经济的贡献程度，根据不同的贡献采取有针对性的战略措施，促进信息产业的整体均衡、协调地发展。

根据部分国家对信息产业经济规模的定量分析结果（表 3.2），可知在世界各国信息产业部门的产值结构中，一级、二级信息部门对 GDP 的贡献存在着差别，这与各国的工业基础和信息服务发展历史有着密切的关系。美国和新加坡的一级、二级信息部门的产值大体持平，他们强调的是信息产业的整体均衡发展；日本和匈牙利一级信息部门的产值低于二级信息部门的产值，这表明他们比较重视企业或组织内部的信息活动，并使信息产业各部门之间保持一定的协调比例；英国和中国一级信息部门的产值明显高于二级信息部门的产值，这说明他们注重以一级信息部门来带动整个信息产业的发展。总之，从表中的数据可以反映出世界各国在信息产业的产值结构上有相当大的差距，世界各国的信息产业发展道路并不相同。

工业化水平低是发展中国家的信息产业与信息经济启动缓慢的普遍原因。对于广大发展中国家来说，单纯发展一级信息部门的做法恐怕难以从根本上保证本国信息经济的健康发展。因此，发展中国家在发展信息产业时，应特别注意信息产业各部门的整体协调发展，在加强对一级信息部门投入的同时，优先增加对二级信息部门的投入，大力推进企业信息化和政府信息化，通过信息化来促进工业化的发展，从而为信息产业和信息经济的发展奠定坚实的基础。

2. 信息产业内部的就业结构

信息产业内部的就业结构，是指各种信息职业的就业人数占全国总劳动人口的分布比例。从信息产业就业结构形成的历史过程和变化规律来看，信息产业的发展与整个国民经济的增长，特别是与引起现代经济起飞的劳动力结构调整之间有着不容忽视和不可分割的联系。社会就业结构随着社会产业结构的变化而变化，使四大产业的从业人数跟着变化，在 20 世纪呈现出的就业规律与特征是：农业就业人数急剧下降，工业明显上升，而后又逐渐下降，服务业始终缓慢上升，信息业的递增率最高，就业人数显著增长。发达国家的信息产业之所以发展得较快，就在于信息劳动力的不断增加和结构调整，使信息产业的就业人数占国民经济全部就业人口的百分比不断上升，甚至超过了 50%。而发展中国家的农业人口的百分比过大，以至于严重地妨碍了信息产业的发展。

由于信息职业种类繁多，为了便于统计各种信息职业人数，联合国经济与发展组织（OECD）将信息职业划分为四大类：

（1）信息生产者，包括科技人员、信息采集与咨询人员、市场调查与协调人员等。

（2）信息处理者，包括监管人员、信息处理与管理人员、文秘以及相关的办公人员等。

（3）信息分配者，包括各类教育和信息传播工作者。

（4）信息基础设施职业者，包括各类信息设备的制造和操作者、邮政电信工作者。

其中，世界各国的信息处理者在信息劳动者中占有的比例最高，其次是信息生产者，信息分配者和信息基础设施职业者居第三位。有关研究数据表明，在美国、日本、英国、芬兰、澳大利亚等世界上信息产业发达的国家中，信息部门的就业人数占总劳动力的百分比，在 20 世纪 80 年代为 30%～40%，到了 90 年代达到了 50%以上；而我国在 80 年代，信息产业的就业总人数占总劳动力百分比仅为 8.77%，到了 90 年代上升为 32.1%，虽然取得了很大的发展，但是，我国的经济信息化程度和发达国家相比还具有很大的差距。

通过上述分析可知，信息处理人员的匮乏，是妨碍发展中国家发展信息产业和实现国民经济信息化的主要原因之一。

信息产业的发展一方面可以通过其产值的递增情况来描述，另一方面也可以通过信息劳动者人数的变化来分析。世界各国的经济发展历史表明，劳动力作为一种资源，与资本有相似之处。劳动力流向哪个产业，哪个产业就得到加强，就获得了发展的条件；没有足够劳动力的产业，其发展就会受到限制。但是，劳动力又是一个可塑性极强的生产要素，不仅有质和量的区别，而且有结构层次的区别。世界各国信息产业的发展水平不同也表明，劳动力流向和结构的变化，对于信息产业的结构调整和变化趋势有着巨大的制约作用。

3. 信息产业的其他结构

（1）部门结构。产业部门是具有相同特征产业的集合体，选取不同的特征可以集合不同的产业。信息产业的部门是以产业的产出形态不同为特征，将信息产业划分为信息设备制造部门和信息商品化部门。产出为物质形态产品的划分为信息设备制造部门，产出为非物质形态产品和信息劳务的划分为信息商品化部门。

根据产出性质的不同，可将信息商品化部门再分为信息生产、信息传播、信息服务三个部门。信息生产部门产出的是创造性的新信息，信息传播部门产出的是传播他人信息的劳务，信息服务部门产出的是用户信息需求的服务。

（2）技术结构。信息产业的技术结构，是指由信息产业在产业活动中使用的各种技术类型所组成的体系结构。信息产业的技术结构分为主体技术和支撑技术两类。主体技术有信息获取技术（包括传感、探测技术等）、信息传播技术（包括网络、通信技术和传播软件技术）、信息处理技术（包括计算机软、硬件技术和多媒体技术等）、信息利用技术（包括控制、系统集成技术和数字化技术）等；支撑技术有电子技术、材料技术和生物技术等。

（3）层次结构。信息产业层次结构是从微观、中观和宏观三个方面描述信息产业的结构。

1）微观层次。以专业化分工为原则，根据科研项目或研究方向组成信息产业的研究机构；在各高校、科研院所等地，建立信息专业的教学和研究基地；在电子行业、电信行业和图书馆情报业，从产品到服务建立完整的信息企业市场体系，形成产业活动的网络结构。

2）中观层次。根据产业部门的能级耦合原则建立起一个或几个以科研开发为中心、高科技园区为主体的信息产业群。其主体是适应区域信息资源优势的电子、金融、电信、科研、图书、情报、软件开发、咨询服务等产业。这种组织结构，通过所在的中心城市或区域，推动信息产业和与信息产业相关联的产业一起发展。

3）宏观层次。信息产业的宏观层次又包括国家宏观、亚宏观和超宏观三个方面。

国家宏观层次包括两个方面：一个是以国家为研究对象的信息产业结构；另一个是具有独立经济实体的国家级组织机构，例如，国家信息中心、中国国际信息中心等。

亚宏观层次是指国家内几大经济区或若干大型产业带。在这种经济区内，信息产业的组织结构具有整体性，并通过内部循环机制实现最佳的区域综合效益。

超宏观层次是指国家经济与世界经济的接壤之处。

3.2.5 信息产业的外部关联

信息产业的发展不仅受到内部结构因素的影响，而且还受到外部环境的各种因素制约。这些因素包括消费结构、社会结构、贸易结构、市场机制、科技进步、政策法规、社会可提供的资源条件和经济发达程度等。其中，消费结构和社会结构是决定信息产业外部结构变化的主要因素。

1. 信息产业的消费结构

消费结构是包含需求结构和供给结构、收入结构和价格结构的相互制约、相互联系的综合体。消费结构的形成取决于信息的供求结构关系，从根本上说，实现信息资源的有效配置、信息产业结构的合理化和保证信息经济的快速增长，必须使信息产品的生产和服务在结构上要满足社会的信息需求。信息生产脱离了信息需求，也就失去了意义。对于运用信息资源的生产单位，在需求结构的引导下，相应地实现最大限度的产出，就构成了供给结构。需求结构和供给结构相互统一，就形成了消费结构与生产结构的合理性。需求结构对于信息产业的成长起着主导性的作用，是决定信息产业扩大再生产过程的重要因素。

根据实际调查得知，中小企业的信息需求正处于非常强烈却又无法得到满足的状态。这反映出我国在发展信息产业的过程中，对于信息需求结构重视不够，忽视了中小企业的信息需求。我国中小企业受体制和生产经营性质的局限，对信息产品和信息服务的需求差别较大，这反映了信息产业的结构改变要有一个相当长的适应过程。由于我国信息产业的产品结构与需求结构不一致，使得一些中小企业对获取信息的积极性不高。

消费结构的改变还取决于国民收入水平，恩格尔定律表明了这种收入与消费结构的变更关系。随着人均收入的提高，消费结构也将发生相应的变化，特别是从购买物质生活用品转向购买信息活动用品，这将促进信息产业的发展，影响信息产业的结构变化。目前，我国城镇居民家庭的人均消费支出结构中，虽然是以物质产品消费为主要内容，但是在信息产品和信息服务方面的支出增长迅速，这对信息产品的生产和流通有极大的促进作用。

2. 信息产业的社会结构

信息产业的形成、发展和结构变化无时无刻不受到社会结构的影响。信息产业结构作为社会经济结构的一个组成部分，与其他社会结构的组成部分有着相互制约、相互促进的关系。因此，信息产业的结构将表现为社会经济各种结构的内在联系和组合，也将受到人口结构、城乡结构、家庭结构、阶层结构、文化结构等社会结构因素的制约和影响。其中，人口结构是劳动力结构的基础，其变动将直接影响到国民经济各部门的关系，也影响着信息产业的形成与发展。

一个国家的人口结构与就业结构、产业结构的关系，决定了这个国家人力资源配置与自然资源配置的协调程度。人口结构是社会现实，而且在短期内难以改变。就业结构必须建立在人口结构的基础上，人口结构是就业结构形成与变动的基本约束条件。就业结构是产业结构的一部分，人口结构对产业结构调整的影响一般是通过就业结构的变动来实现的。

在一定条件下，就业结构要服从产业结构的需要，保证产业结构的协调稳定。如果只考虑就业结构，不从人口结构来考虑信息资源的开发利用，就不能表明信息产业结构的合理性和变动规律。人口结构包括年龄结构、性别结构、民族结构、文化教育结构等，其中文化教育结构对信息产业的影响最大。文化教育结构影响着产业选择能力、转换方式和转换进度，文化教育水平的不同导致了不同的信息素质，引起了不同的信息需求变化。文化教育水平越高，对信息产品的数量和质量的需求就越高，信息消费支出也就越大。我国人口科学素质水平偏低，文化教育结构不合理，科技人员所占百分比小，这在一定程度上严重地阻碍了我国信息产业的发展。

3. 信息产业的外部关联效应

信息产业的外部关联既包括影响信息产业发展与结构变化的因素，又涉及信息产业与其他产业之间的关联效应。

- 关联效应：某一产业投入产出关系的变动，对其他产业投入产出水平的影响及其连锁反应。
- 后向关联效应：当信息产业扩张或收缩时，引起了向信息产业提供“原料”（中间产品）的其他产业的扩张或收缩，则称为信息产业的后向关联效应。
- 前向关联效应：当信息产业扩张或收缩时，引起了把信息产业的产品作为中间投入的其他产业的扩张或收缩，则称为信息产业的前向关联效应。

信息产业对其他产业的后向关联表明了信息产业部门对其他产业部门产品的需求程度，信息产业的发展具有从前面带动其他产业发展的作用；信息产业对其他产业的前向关联表明了其他产业部门对信息产业部门的需求程度，优先发展信息产业对其他产业具有推动作用。

其他产业部门对信息产业部门的产品需求越大，信息产业的发展就越能有效地促进其他产业的扩张。其他产业部门的信息需求不足，会导致信息产业的萎缩。因此，要大力发展商品经济，促进市场竞争，扩大社会的信息需求。由于产业的前后关联以及关联的波及效应，信息产业的生产活动必然影响或受影响于其他产业的生产活动。

3.3 信息产业管理

信息产业的形成与发展，不仅使社会结构、经济结构发生了巨大的变化，而且还给传统的经济价值观和产业体系带来了彻底的变革。作为新兴产业，一方面，信息产业的快速发展，成为社会经济发展的新目标与希望，是社会经济持续发展的基本动力；另一方面，信息产业的迅猛扩张必然会产生大量的、人们前所未遇的问题和矛盾，出现管理体制的混乱。如何解决这些问题和矛盾，理顺管理体制，深化对信息产业发展规律的认识，加强对信息产业活动的科学管理，实现信息资源的优化组合和信息产业结构的调整，加速社会信息化的进程，是信息产业管理的主要任务。

3.3.1 信息产业管理的含义

信息产业管理是对信息产业的发展进行规划、决策、组织、协调和指导的一种控制活动。信息产业是一个高速发展、体系庞大、结构复杂、联系众多的新兴产业，信息产业管理是在国民经济宏观管理体系下的产业管理，比一般的产业管理要复杂得多，涉及的范围要广泛得多。

信息产业管理（相对于国民经济的宏观管理和企业的微观管理属于中观管理），是由政府主管部门实施的、为满足国民经济发展的需求，对信息产业的各类产业活动进行规划、组织、协调和控制的社会活动的全过程，在大多数情况下是一种政策法规的管理，要通过信息产业管理体制来实现。

信息产业管理的主体是国家工信部和各级信息产业局。信息产业管理的客体是信息产业活动，包括信息产业的规模和水平的发展、产业组织的构建、产业内各行各业活动的协调、与其他产业之间的交往等。

信息产业管理的任务是对内促进本产业的发展，对外协调与其他产业之间的关系。完成任务的标准是满足国民经济发展的需求，这就要求信息产业管理者必须站在国家利益的立场上，支持那些能够满足国民经济发展的活动对信息产业的要求，限制甚至牺牲本产业的某些局部利益。

例如，中国电信同工信部完全脱钩，从整个信息产业的发展来说，打破垄断，改变政企不分的落后状况，符合国家经济发展对信息产业的要求，但是，对中国电信来说，脱离的同时就失去了部分市场以及工信部对原中国电信离退休人员的负担等。

3.3.2 信息产业管理的内容

信息产业管理工作主要有六个方面的内容。

1. 政策法规管理

信息产业的政策法规管理，是指信息产业管理部门通过信息产业政策和法律、法规对信息产业进行管理。因为信息产业是由许许多多企业组成的，企业的运作是各个企业管理者的事情，信息产业管理者不能直接指挥企业的各种生产经营活动，只能通过建立相应的政策法律来规范企业管理者的行为，使企业管理者按照国民经济发展的要求去行动，达到信息产业管理的目的。因此，政策法规管理既是信息产业管理的主要内容，也是信息产业管理的主要手段。

2. 信息产业发展的宏观调控

产业活动是以生产社会化的形式进行的，任何社会化的生产活动都要进行调节。市场经济条件下的宏观调控，是政府以指导性规划进行的间接调控，利用信息产业政策和经济杠杆，实现信息产业的结构优化和总体平衡，保证信息产业的持续、稳定地发展和良性循环。

宏观调控的任务由国家级的信息产业管理部门完成，负责制定信息产业的政策、规划和标准，对全国性的信息产业活动（如全国性的信息基础设施），由国家统一部署实施，对信息产业内各行各业的生产经营活动由信息产业的管理部门进行协调，使信息产业的发展符合国民经济发展的整体利益。

例如，工信部按照国家发展战略的要求，制定的信息产业“十一五”规划，确定了信息产业发展的五大任务：①大力发展集成电路、软件等核心产业，重点培育数字化音视频、新一代移动通信、高性能计算机及网络设备等重点产业群，以自主创新提升产业技术水平；②加强宽带通信网、下一代互联网等信息基础设施建设，推动电信业转型，增强企业业务创新和市场拓展能力，提高对信息化建设的支撑服务水平；③加强信息资源开发与共享，推进信息技术的普及和应用，推动全社会信息应用水平的提高；④实施互利共赢的开放战略，在更加开放的市场条件下，不断增强企业的国际竞争力；⑤健全行业管理和监管体系，坚持依法行政，创造良好的外部环境，保持行业持续协调健康发展态势，加快推进信息产业由大到强的转变。

这五大方面就是国家通过工信部对全国性的信息产业活动进行宏观调控，最大限度地使信息产业的发展符合国民经济发展的整体利益。

3. 信息产业的市场监管

市场调节机制是推动信息产业生产要素的流动、促进信息资源优化的基本机制，对于信息产品的生产、流通、组织与调控也是非常重要的手段。因此，要大力培育和发展信息市场体系，完善信息交易法规和信息市场管理制度，使市场调节机制在法制的监管下运行，逐步地形成有序的信息市场体系。

在规范的信息市场体系中，信息企业将获得充分的自主经营权，各自承受着信息市场化带来的竞争压力。规范的信息市场体系使信息企业摆脱了行政束缚和行业垄断，是信息企业发展的动力。

4. 信息化进程的推进

信息化是当今世界发展的大趋势，是推动经济社会变革的重要力量。大力推进信息化，是我国现代化建设的战略举措，是贯彻落实科学发展观、全面建设小康社会、构建社会主义和谐社会和建设创新型国家的迫切需要和必然选择。

在信息产业管理任务中，信息产业肩负着推进各类信息化进程的责任：既有信息产业、信息企业的信息化，也有非信息产业、非信息企业的信息化，还有国民经济信息化、社会信息化等。

工信部将充分发挥国家对信息化建设的主导作用，实现统一规划和标准，协调各部门、各行业的信息系统工程建设，大力组织重点领域信息资源的开发利用，鼓励发展各类公共数据库，实现资源互动共享，以改造传统产业为重点，全面推进各个领域的信息化建设。

5. 信息产业的技术创新

自主知识产权是信息产业独立形成的主要标志，必须不断地进行技术创新，才能在信息技术的核心技术上取得自主知识产权。在信息产业管理中，要大力推进产业内各部门科研机构的优化组合和改组转制，在企业建立信息技术开发中心，实现技术创新、开拓市场和生产经营一体化。要促进信息产业的技术创新，必须把握六个方面：

（1）信息产业的科研、开发和产品生产部门，要牢固地树立市场意识，积极面对市场，把满足经济和社会发展的需要作为工作的出发点。

（2）要充分调动各方面的积极性，形成产、学、研、用相结合的格局，逐步建成企业主动、市场拉动、环境促动、政府推动的信息产业化运行机制。

（3）信息企业要成为技术成果产业化的主力军，积极占领国内外的现有市场和潜在市场，担负起技术创新的重任。

（4）科研院所、高等院校的信息科研成果，要以产业化为目标，把产品化、商品化放在突出的位置，要以体制改革和机制转换为契机，将自身建设成为信息产业技术创新的源泉和中心。

（5）信息技术创新不能闭门造车，要与当前国际信息产业的科技水平接轨，使我国信息技术成为世界信息技术体系中不可缺少的组成部分。

（6）信息产业的技术创新必须集中有限的资源，把科研资源用在刀刃上，实现重点领域的重点突破，最大限度地发挥技术创新的整体作用。

6. 信息企业的运营指导

产业管理部门不能代替企业管理者去管理企业，但是，产业管理部门也不能对企业的生产运营情况不闻不问。

信息产业管理的主要任务就是对信息企业的生产、经营活动给予具体指导，帮助企业建立现代企业制度、做好各项日常管理工作等。

3.3.3 信息产业的管理体制

信息产业的形成与发展，不仅使自身成为国民经济的一个重要部门，而且使国民经济结构发生了巨大的变化。随着科学技术的进步和生产社会化程度的提高，以信息产业为中坚所形成的现代化信息经济是社会信息化的先决条件。因此，加强对整个信息产业的管理，保证信息产业的持续发展，提高社会信息化水平，是一项十分重大而艰巨的任务。

1. 信息产业管理体制的定义

信息产业管理体制是指对信息产业进行宏观管理的体制，是推动信息产业发展的管理机制，以及运用其进行管理的各级管理机构和管理制度等的统一体。

该定义涉及三个方面：管理机制、管理机构和管理制度。

（1）管理机制。管理机制是指推动信息产业发展的各种社会力量和约束力，包括运用何种社会动力、采用何种方法推动信息产业各部门的活动，协调它们之间的关系。

（2）管理机构。管理机构是指管理信息产业活动的各级组织机构，包括如何设置信息产业组织管理机构、设置哪些管理层次、各层次之间的关系如何确定以及各自的权利和责任等。

（3）管理制度。管理制度有两方面的含义：①管理机构运用管理机制的方式、方法的规范化和法制化；②保证信息产业各部门能正常运行的规则的规范化，包括在什么范围内，对什么样的问题采取什么样的程序进行解决、实施管理，对信息产业活动必须遵循的准则进行规范化。

信息产业的管理体制是实现信息产业发展目标的重要组织保证，决定着信息产业运行方式的有效性，制约着信息产业的管理水平，是合理组织信息产业发展所需人力、物力、财力和信息等资源，保证信息产业系统正常运转的主要手段。

2. 信息产业管理体制的模式

信息产业的管理体制有三种模式：集中式、分散式和集中与分散相结合式。

（1）集中式。集中式管理体制是由国家按照既定的规划，对全国信息产业的发展进行有意识的控制和协调，对信息产业的各行各业、各个部门的发展进行统一的管理，使全国的信息产业形成一个有机整体的管理机制。这种体制从中央到地方都有专门的职能管理机构，在行政与业务上进行统一领导。

这种体制的优点是有利于统一调动信息生产要素，充分发挥国家宏观调控的功能，尤其是对全国性的信息工程，容易实施，实现全国信息资源的合理开发和充分共享。

这种体制的缺点是需要政府的大量投入，行政管理机构庞大，容易导致整个产业管理体制的僵化，难以适应不断变化的信息环境，对企业会形成束缚，限制企业的自主发展。如果出现部门所有的条块割据的局面，还会造成行政垄断，扼杀公平竞争，极大地束缚和妨碍着信息产业的发展。

（2）分散式。分散式的管理体制是指政府不对信息产业做任何干预，完全由信息产业各部门、各企业根据信息市场的需求自行进行协调的管理体制。

这种管理模式是信息产业在发展过程中根据市场需求自发形成的，在这种管理体制之下，国家对信息产业的发展并无统一的管理，各级政府部门也没有设立相应的信息产业管理部门。信息产业各部门的发展方向、工作内容和任务等，完全是各单位根据市场的需求自由地选择，选择的准则是企业自身的发展需求和效益，并由此形成有效的竞争，在竞争中求得信息产业各部门、各企业的相对平衡。

分散式管理体制的优点是能够及时地满足不断变化的社会信息需求，服务效率和质量比较高，可以满足企业或部门为了适应环境变化而进行灵活管理的需要。

分散式管理体制的缺点是国家缺乏整体的统筹安排和全面规划，难以进行全国性的信息工程项目，影响信息产业的平衡发展，产业内各行业的过度竞争还会导致资源的浪费。

（3）集中与分散相结合式。集中与分散相结合式的管理体制是将集中式和分散式结合在一起的管理体制，可以避免上述两种模式的弱点，发挥两种模式的长处。这两种模式各有其特点，各国的信息产业管理体制多是采纳这两种模式的长处，实行集中与分散相结合的信息管理模式。

一个国家的信息产业实行什么样的管理体制，应根据这个国家的政治经济体制、社会经济水平和该产业的发展水平、资源约束条件、社会环境的影响和制约等情况决定。有的国家强调集中（如日本的产业政策导向模式），有的国家强调分散（如美国的自由市场竞争模式）。

我国信息产业的管理体制采用什么样的模式，应该从我国的国情和信息产业的现状出发。根据我国的国情和信息产业现状，结合集中式模式和分散式模式的优点，在我国建立宏观由国家调控和微观由市场调节的宏观集中与微观分散相结合的管理模式，是必然、合理的选择。这样，一方面信息企业将脱离行政束缚和行业垄断，而获得充分的自主经营权，同时也将承受信息市场竞争的压力而产生新的发展动力；另一方面，信息市场在国家的宏观调控下得到规范，形成有序完善的信息市场体系，为推动信息产业的持续发展和良性循环奠定基础。

根据我国的国情和信息产业现状，结合集中式模式和分散式模式的优点，在我国建立宏观由国家调控和微观由市场调节的宏观集中与微观分散相结合的管理模式，是必然、合理的选择。这样，一方面信息企业将脱离行政束缚和行业垄断，而获得充分的自主经营权，同时也将承受信息市场竞争的压力而产生新的发展动力；另一方面，信息市场在国家的宏观调控下得到规范，形成有序完善的信息市场体系，为推动信息产业的持续发展和良性循环奠定基础。

3.4 信息产业政策

信息产业的持续稳定发展是由多方面的因素决定的，其中最主要的一点是必须依赖于对信息产业的优先发展和长期扶持的国家宏观政策，依赖于信息产业政策的科学制定和有效实施。

要实现信息产业的有效管理，必须有与信息产业的发展水平相适应的信息产业政策，政府对信息产业的宏观调控，就是通过信息产业政策的制定与实施实现的。信息产业作为现代国民经济的先导产业，在社会经济中占有越来越重要的地位，因此，在制定信息产业政策时必须注意信息产业的自身特点和活动规律，对信息产业实行适当的产业超前政策，以扶持信息产业的优先发展。

信息产业政策既是信息政策的一部分，也是产业政策的一部分，是信息政策与产业政策相关部分的组合。信息产业政策的主要功能是指导信息产业的发展，实现信息资源的最优配置，保护民族信息产业，强化信息产业管理。

3.4.1 信息产业政策的特征

现代社会的信息产业活动都是在信息产业政策的宏观指导下进行的。信息产业政策作为人类开展信息产业活动的原则和指导方针，其特征主要有下述四个方面。

1. 信息产业政策的层次性

信息产业活动是广泛多样的，呈现出许多层次。既有全球性、全国性的信息产业政策，也有地区性、部门性的信息产业政策。有人将其分为宏观信息产业政策、中观信息产业政策和微观信息产业政策。信息产业政策的各个层次不是绝对的，只具有概念上的相对意义，某些高层次的微观政策在低层次看来就是宏观政策了。这些不同层次的信息产业政策相互联系、相互影响，形成了具有一定层次结构的信息产业政策体系。

2. 信息产业政策的目的性

信息产业系统是有目的性的系统，信息产业政策与其他政策相比，具有很强的目的性。这主要表现在信息产业政策的目标不仅在每一个信息产业政策的制定中占有非常重要的地位，而且在信息产业政策的实施中也起着唯一的指导作用。任何信息产业政策都必须阐明其目标，不同的信息产业政策具有不同的目的。目标不明确会造成信息产业政策的失误，给社会信息事业和信息产业的发展带来负作用，甚至导致信息环境的混乱。

3. 信息产业政策的整体性

信息产业政策不是孤立的，而是以整体效应的形式出现的。信息产业政策的整体性既表现为信息产业政策是由政策规划、政策执行、政策评估等环节构成的整体过程，又表现为信息产业政策与其他信息政策相互联系构成信息政策的完整体系，还表现为信息产业政策与信息环境中的其他要素相互作用，构成信息环境系统。因此，在制定一项信息产业政策时，必须考虑它与其他信息政策的匹配，必须注意它与信息环境中的其他要素的协调。

4. 信息产业政策的动态性

信息产业政策不仅仅是一个单纯的政策制定过程，而且是一个解决和处理社会信息经济活动，促进信息产业发展的过程。信息经济活动处于一个不断变化的社会环境中，随时会遇到各种各样需要解决的问题。因此，社会信息环境的变化要求信息产业政策必须根据变化的情况，经常调整和完善，以适应信息产业发展的需要。

3.4.2　信息产业政策的作用

信息产业政策为社会信息活动提供具有导向性和约束力的行为准则，指明信息产业的发展方向，对于信息资源的合理开发和有效利用具有重要的意义。信息产业政策的主要作用有下述五个方面。

1. 明确信息产业在国民经济发展中的地位和作用

信息产生于人类社会生产活动和科研实践，是开展经济建设不可缺少的资源和财富。信息资源开发利用的水平成为衡量一个国家综合国力的重要标志之一。所以，信息产业政策要明确信息产业在国民经济发展中的地位和作用，不断地把信息产业的发展推向新的阶段。

2. 规定信息产业在一定时期内的发展目标和任务

信息产业发展的目标与任务，不仅是根据国家科技、经济、社会发展的信息需求而确定，而且是随着社会经济形势的不断发展而变化。不同时期，国家对科技、经济和社会的发展提出不同的战略要求，因此，信息产业的发展要响应这些要求，不断地修改自身的发展战略。

3. 促进信息资源的合理配置、开发利用和保护

为了有效地进行信息资源的开发利用和管理，实现信息资源的共享，国家需要制定相关的信息产业政策，根据科技、经济和社会发展的程度，合理地配置信息资源，通过宏观调控和市场调节机制，打破地域和部门界限，对全国信息资源进行全面和统一的调配，实现信息资源社会化。

4. 有利于信息产品的生产经营

信息产品属于知识形态产品，同其他物质产品一样，具有商品的属性，可以进入市场进行交换，并通过使用价值的交换实现其商品的价值。然而，信息产品的生产经营同其他物质产品不同，有其自身的特点和规律。因此，必须通过特殊的信息产业政策阐明信息产品生产、经营的特点，引入信息产品生产经营机制，建立新型的信息产品生产、经营模式，开拓信息市场，扩大信息流通领域，加速信息产品商品化的进程。因此，要根据价值规律，从政策上确立信息产品的价值观，合理地计算信息产品生产的投入与产出，逐步扩大信息产品的服务经营效益。

5. 加强信息产业发展的信息队伍建设

信息产业要持续地发展，关键在于建设一支规模相当、结构合理、素质良好的信息队伍，特别是要培养和造就一批高水平的信息专家。因此，从信息产业政策上要采取必要的措施，加强与高等院校联合创办信息专业的正规教育和在职继续教育，调整信息产业队伍结构，提高信息产业从业人员的整体素质，促进信息人才的稳步增长。

3.4.3　信息产业政策的制定原则

信息产业政策是指导和调整信息产业发展的国策，鉴于信息产业的特殊性，在制定信息产业政策时，主要应当遵循下述四项原则。

1. 从国情、国力出发的原则

制定信息产业政策要从国情出发，对影响本国本地区信息产业发展和结构变动的具体情况有客观的认识和正确的理解。由于我国幅员辽阔，各地的经济、科技和文化等方面的发展水平不同，社会信息需求和信息环境各不相同，可供信息产业发展的资源和约束条件也有很大的

差异。因此，在制定信息产业政策时，必须实事求是，从实际出发，因地制宜，量力而行。

例如，有的地区尚未实现从农业化到工业化的转变、人们的生活水平正从温饱型向小康型过渡，却宣布将信息产业作为本地区的支柱产业和新的经济增长点。

对于这种现象，国家要进行有效的控制管理，要科学地研究和设计国家信息产业的发展方向和总体布局，将各地区的信息产业纳入国家信息产业政策体系的宏观调控之下，根据我国的国力、各地区的信息资源和实际条件，借鉴国外的经验，搞好信息基础设施建设的总体规划。明确各地区的职责分工，加强总体协调，在信息装备、信息网络、信息资源的开发利用，以及人才培养等方面协同发展，整体推进，尽量避免重复建设和地区分割，提高信息产业的整体效益。

2. 服从国家经济建设和社会发展的实际需要原则

要根据一个国家在特定历史时期确立的经济建设方针和社会发展目标的需要，确定信息产业政策的目标，制定有效的信息产业政策。国家信息产业发展战略，提出了我国信息产业发展的总体目标，确定了我国信息产业发展的战略方针是：统筹规划、资源共享，深化应用、务求实效，面向市场、立足创新，军民结合、安全可靠。要以科学发展观为统领，以改革开放为动力，努力实现网络、应用、技术和产业的良性互动，促进网络融合，实现资源优化配置和信息共享。要以需求为主导，充分发挥市场机制配置资源的基础性作用，探索成本低、实效好的信息产业发展形式。

一个国家的社会经济建设总目标、总战略和基本指导思想，是这个国家信息产业政策目标选择的宏观背景。用信息产业的发展，促进国民经济持续、快速、健康地发展，逐步形成全国统一、开放、竞争、有序的市场体系，转变政府管理信息产业的职能，形成以间接手段为主的宏观调控体系。经济增长方式的转变要求使经济增长从依靠生产要素的投入转变到依靠科技进步，用先进的信息技术改造传统产业，走产业信息化的道路。这就为我国的信息产业发展指明了方向，明确了任务。信息产业政策要紧密围绕实现社会经济的根本目标，为推动国民经济信息化服务。

3. 符合信息产业发展需要的原则

信息产业政策制定之前，必须对信息产业发展规律、特征有深刻的认识和理解。因为，信息产业作为一种新兴的产业，受国家既有经济体制的影响，往往被多重分割和交替经营，市场准入条件既不规范也不明确，造成信息产业界行业垄断与重复建设、相互独立与彼此重叠的现象十分严重。所以，政府在此时的作用是，当市场经济的调控作用失灵时，用信息产业政策对信息产业经济实施宏观调控，使之稳定而有序地发展。这是制定和完善信息产业政策的理论依据之一。

信息产业的规模经济和自然垄断特征，决定了信息产业需要政府的管制，并且政府要直接经营部分关系到国计民生的信息产业部门。例如，对亏损的国有信息企业进行民营化改造，或者通过股份制改造使国有信息企业提高经营效率，或者通过价格管制手段迫使信息企业提高劳动生产率，或者通过投资、税收和反垄断政策对信息企业的规模、经营范围和发展方向进行宏观调控等，都是政府对信息产业进行管制的有力措施。

4. 与其他产业政策或信息政策相互协调的原则

信息产业政策是国家产业政策体系的重要组成部分，也是构成其他信息政策的基础。信息产业政策的制定不仅是为了满足信息产业自身发展的要求，而且更重要的是为了满足社会经济的发展需要，满足提高国家综合竞争实力的要求。

在制定信息产业政策时，必须保证它与国家有关产业经济的发展政策、科学技术政策等协调一致，不发生矛盾和冲突。在制定本国的信息产业政策同时，还要考虑其他国家信息产业政策的作用与反作用，注意与国外信息产业政策的“接轨”问题，在坚持本国信息产业政策基本原则的前提下，尽量靠近国际惯例。信息产业政策不仅是构成国家总体产业政策和总体发展战略的核心内容，而且应符合世界信息产业发展的总体趋势，以适应全球信息化发展的需要。

3.4.4　信息产业政策体系

信息产业政策不是孤立的政策，而是一个完整的政策体系。根据信息活动的层次范围，既有国家级的信息产业宏观调控政策，也有各级地方政府的地区信息产业发展政策，还有各行、各业、各个领域的信息产业政策。概括地说，信息产业政策是政府为实现某种经济目标而形成的与信息产业相关联的经济制度、法律制度、行政措施与行业规范的总和。从信息产业的特点出发，考虑到信息产业在国民经济中的地位和作用，信息产业政策体系的主要内容有八个方面。

1. 发展政策

发展政策包括信息产业的发展方向、发展战略、战略目标与战略规划等。

2. 投资政策

投资政策包括有关风险投资、交叉融资、引进外资等政策，以及国家为扶持信息产业发展而采取的优惠贷款、税收、补贴和产业发展基金等政策措施。

3. 技术政策

技术政策包括技术创新、技术转让、技术引进等政策，以及推动信息产业发展的关键技术选择等。

4. 人才政策

人才政策包括信息劳动力的发展措施（如信息专业人才的培养、考核、定级制度），以及人才流动政策等。

5. 市场政策

市场政策包括信息产品、服务规范与质量标准，以及市场交易活动的管理办法，反不正当竞争与制止行业垄断等政策措施。

6. 国际政策

国际政策包括信息产业发展的各种进出口限制（如对国外信息服务提供者的市场准入限制措施）、对越境数据流的控制等。

7. 基础设施政策

基础设施政策包括社会公用信息基础设施建设与发展措施、通信网络等基础设施的统筹建设措施等。

8. 相关法律法规

相关法律法规包括各种相应的信息产业法律和法规，如信息公开法、数据保护法、知识产权法、电信法和新闻出版法等。

信息产业政策是信息产业立法的基础，而信息产业立法是信息产业政策体系的必然延伸。信息产业政策不是一成不变的，是随着信息产业的快速发展而改变的。随着信息产业的不断发展壮大，信息产业政策措施的内容和范围也将不断扩展和充实，在一定的政策实践阶段之后，许多比较成熟的、还要进一步贯彻执行的政策被规范化和定型化，演变成为信息产业的法律和法规，这就是信息产业政策的法律化。

3.4.5 发达国家的信息产业政策

虽然世界各国的国情和社会经济发展水平各不相同，信息产业的发展规模也有很大差别，但是，许多信息产业发达的国家和地区在发展信息产业方面，已经积累了大量的成功经验可供我国借鉴和参考。

1. 美国的信息产业政策

美国是世界上信息产业最发达的国家，美国的信息产业政策是使美国保持这一领先地位的重要因素。美国推动信息产业发展的基本政策主要有以下三方面：

（1）依靠私营企业和市场自由竞争，尽量减少和消除不必要的、妨碍市场发展的规章制度，加强信息技术和信息产品的开发和创新，提高效率并以合理的价格向公众提供信息服务。这是美国政府发展信息产业的一个基本政策原则。

美国政府在信息产业领域中的作用，是按照国家利益的整体原则制定有关产业自由化政策，保证私营企业的建立和竞争有一个公平、开放的经济环境。为此，美国政府取消了对私营部门研究与开发投资的不必要限制（如反托拉斯法和采购条例中有关对联合企业和联合研究开发的限制），提出了新的鼓励措施（如增加研究开发的免税率），通过了“史蒂文森-威德勒技术革新法”“联邦技术转移法”等，促进大学和产业界的联合研究，推动政府部门的研究成果向私营企业转让。保证私营企业有一个税收优惠、知识产权保护和公平竞争的法制环境，使私营企业在市场自由竞争的推动下，成为美国信息技术研究开发和信息服务的主力军。

（2）政府及时颁布有关信息产业政策，大力扶持信息产业，特别是对国家竞争力有关键影响的信息技术产业的发展。美国历史上的“阿波罗登月计划”和“星球大战计划”等都对巩固和加强美国在信息技术方面的世界领先地位起到了重要的作用。

1993 年克林顿政府颁布的“国家信息基础结构”（NII，俗称“信息高速公路”）计划，提出了美国政府在推动“信息高速公路”建设方面应遵循的九项原则和目标，极大地刺激了美国信息产业和信息经济在 20 世纪末的持续增长，并引发了全球性的“信息高速公路”建设热潮。

（3）减少政府干预，保证信息产品和服务在全球范围内自由流动，是美国信息产业政策的一个基本特征。美国政府历来认为，当信息作为国家资源进行开发利用和作为一种有经济意义的商品时，没有必要控制信息本身，因为这种控制的代价一般大于其带来的效益。倡导信息自由流动，有助于提高信息活动的效率和效益，促进美国信息产业的发展和提高其国际竞争力。为此，美国制定了一系列政策法规，涉及言论出版自由与信息公开、通信传播能力的扩展、信息加密、知识产权、越境数据流和个人隐私保护、信息估价和征税等诸多方面。

美国政府还提出了建立“信息高速公路”的五项基本政策原则：① 鼓励信息设施领域的私人投资；② 促进电信和信息技术以及信息服务领域的竞争；③ 更大程度地开放市场；④ 打造一个灵活的规章制度；⑤ “普遍服务”机制确保所有社会成员都能享用这一设施。1997 年 7 月，克林顿政府发布了“全球电子商务政策框架”。该框架提出，应当由市场而不是政府来决定电子商务的技术标准和其他操作性机制。1998 年，美国政府又通过了 Internet 免税法案，要求世界各国仿效美国的做法，对 Internet 服务及电子商务缓期征税，以推动网络贸易的发展。

2. 日本的信息产业政策

日本政府早在 20 世纪 50 年代起就确立了从振兴电子工业起步，以赶超美国为目标的产业政策，并制定了一系列的法律，确保信息产业政策的实施。

例如，1957 年日本政府提出了《电子工业振兴临时措施法》（即《电振法》），该法案规定了振兴日本电子工业的基本计划和措施，对电子工业的研究开发项目实行资金补助政策。1970 年日本政府还实施了《信息处理振兴事业协会及其有关法律》（即《信振法》），以协会的形式促进信息处理业的发展。1971 年日本政府实施了《特定电子工业及特定机械工业振兴临时措施法》（即《机电法》），该法主要是针对第四代计算机的开发研制而制定的。1978 年日本政府又实施了《特定机械、信息产业振兴临时措施法》（即《机信法》），将振兴范围扩展到整个信息产业。1989 年日本开始实施《软件生产开发事业推进临时措施法》，以解决软件生产能力落后的局面，缩小与美国软件工业的差距。2000 年 5 月美国众议院通过了把 Internet 税缓征期延长到 2006 年的法案，电子商务获得潜在的大发展。

日本政府通过立法确保了信息产业初期的稳步发展，这些法案的内容都涉及了以计算机为主线的电子工业发展和软件开发应用的实施计划、组织形式、资金保证、防止垄断和政府职责等政策，以法律的形式作出了明确的规定。

日本政府信息产业政策的具体实施主要是通过其投资和税收政策体现的。日本政府在 20 世纪提供的一系列与计算机及其相关技术开发“补助金”，从资金上保证了信息产业的发展。例如，1976 年实施的“下一代计算机用大规模集成电路开发促进补助金”，对 80 年代中期日本大规模集成电路工业超过美国具有重大影响。1982 年设立了“第五代计算机的研究与开发项目补助金”，是日本企图在计算机工业上赶超美国的一个重要战略决策。从 1982 年起日本政府规定，凡购买高性能信息处理设备者，其设备价值的 10%～13%可抵免应交税金。

1971 年日本政府为促进信息服务业的发展，改变以往的电信垄断状态，部分修改了《公众电气通信法》，使数据通信作为一种公共电信业务合法化。1985 年日本发布了《电气通信事业法》，废止了《公众电气通信法》。日本根据《日本电信电话株式会社（NTT）法》，把 NTT 民营化，以提高信息服务的效率。在美国的“信息高速公路”计划出台以后，1997 年日本又通过修订电信法扫除了市场分割障碍，使多媒体数据通信及信息服务的社会环境更加完善。在此基础上，2001 年 6 月，日本通过修改《电信事业法》开始实行新的鼓励电信市场竞争政策。电信市场竞争进一步深化。2002 年 11 月，日本的电信运营商达到 10，950 家，较 2001 年新增 430 家。数据显示，NTT 分别占话音通信业务、线路出租业务、数据传输业务销售收入 83.8%、73.7%和 53.5%的份额，较 2000 年分别降低了 1%、4.4%、4.5%。移动通信业务方面，NTTDoCoMo 销售收入市场份额为 60.5%，较 2001 年增长 1%。电信资费大幅度下降。电信运营商之间的竞争及技术进步使电信服务资费稳步下降，尤其是长途和国际电话服务资费已降到 1985 年的 10%。从东京到大阪的长途通话资费下降了 95%，从日本到美国的国际通话资费下降了 97%。移动通信基本资费从 1993 年到 1999 年下降了 75%，通话费下降了 73%，本地呼叫资费下降了 15%～16%。

3. 欧盟的信息产业政策

欧盟的主要成员西欧各国早在 20 世纪 70 年代对信息产业政策问题就十分重视。例如，法国 1978 年提出的“集成电路五年计划”、1981 年的“办公自动化计划”、1982 年的“电子五年计划”、1985 年的“全民信息计划”等，通过一系列国家措施大力推进国家的信息化进程；英国 1978 年提出的“微电子工业支持计划”和“微处理机应用计划”、1981 年的“信息技术研究与发展计划”、1982 年提出的“信息技术规划”、1983 年的“阿尔维计划”等，对信息技术工业的发展起到了重要的推动作用，1996 年英国政府推出了“电子政府计划”，使企业可以利用 Internet

等网络技术，方便地获得政府的服务。德国政府于 1996 年颁布了《电信法》，1997 年颁布了《信息通讯服务法》，并制定了《信息 2000 年——通往信息社会的德国之路（联邦政府报告）》提出了联邦政府在近几年内的工作任务。1997 年联邦教研部和经济部与德国电信公司共同启动了题为“中小型企业信息通信”促进项目，属于联邦政府的工作重点。为保持德国在全球经济一体化中的领先地位，德国政府将全力支持开发信息产业技术，在信息、通信和多媒体研究领域，联邦政府教研部 1999 年投入 9.85 亿马克的科研经费，其中 1.81 亿马克用于多媒体研究。

欧共体在协调西欧信息产业政策方面也发挥了重要的作用。1982 年欧共体委员会提出了“欧洲信息技术研究与发展战略计划（ESPRIT）”，计划在 10 年间，通过促进欧共体成员国的信息技术合作，赶超美国和日本在微电子和数据处理方面的领先地位。1984 年，欧共体部长理事会又提出了“欧洲先进通信技术研究与发展计划（RACE）”，以保持欧共体在通信市场上的优势。1985 年启动“尤里卡计划（EUREKA）”。

美国提出 NII 和 GII 计划之后，得到了欧共体的积极响应。1993 年欧共体委员会发表了“德洛尔白皮书”，提出要建设欧洲的“信息高速公路”。为此，欧盟各国合作建立了泛欧网络，纷纷开放国内的电信市场，加强国内外信息服务企业间的竞争与合作。1997 年欧盟提出了“欧盟电子商务行动方案”，并于同年底与美国共同发表了有关电子商务的联合宣言。欧盟希望利用自身的网络通信基础优势，通过与美国在国际信息市场上的政策协调来达到振兴欧洲地区信息产业的目的。随着互联网时代的到来，欧盟对单一市场的数字化进行了新的规划。2015 年 5 月 6 日欧盟委员会发布数字化单一市场战略，该战略将确保在互联网时代欧盟国家的发展不会落后于其他国家。2016 年 4 月 14 日通过新的欧盟数据保护条例《一般数据保护条例》，欧盟委员还将审议《电子隐私指令》来增强社会对数字服务的信任和安全感。

3.4.6 我国的信息产业政策

我国的信息产业政策是从 20 世纪 50 年代开始的，对我国信息产业的发展起到了积极的推动作用和促进作用，是我国信息产业健康稳定发展的根本保障。

1956 年中国政府的科学规划委员会编制了《十二年科学技术发展远景规划》，规定了我国科技情报工作的主要内容。1958 年国务院颁布了《关于开展科学技术情报工作的方案》，提出了我国科技情报工作的任务和机构设置，将中国科学院科学情报研究所扩大为全国科技情报中心，改名为“中国科学技术情报研究所”。1991 年国务院颁布《计算机软件保护条例》，国家科委发布《国家科学技术情报发展政策》，国务院部署制定加速发展我国信息产业的方案，有关部委展开信息产业的研究咨询和方案制定工作。1999 年国务院发布《中华人民共和国计算机信息系统安全保护条例》和《计算机信息网络国际联网出入口信道管理办法》。此时，国家对计算机信息系统和信息网络互联的安全给予了高度的重视。2000 年国务院发布《互联网信息服务管理办法》和《鼓励软件产业和集成电路产业发展的若干政策》，原信息产业部发布《软件产品管理办法》和《电信服务标准》。2001 年国务院发布《计算机软件保护条例》，原信息产业部发布《信息产业“十五”计划纲要》和《公用电信网间互联管理规定》。2005 年工信部发布《电子认证服务管理办法》和《互联网新闻信息服务管理规定》，强化了网络信息服务的公正、公平和可信性。2006 年国务院发布《信息网络传播权保护条例》。

尤其是工信部发布《信息产业“十一五”计划纲要》，对我国信息产业的发展具有深远的影响，纲要指出在 21 世纪初的 5 至 10 年，是我国国民经济和社会发展的重要时期，是信息产业快速发展的关键时期。世界信息产业和信息技术的快速发展以及激烈的市场竞争，既给我国信息产业带来了难得的发展机遇，也使我国信息产业面对严峻的挑战。政府已经明确信息化是我国产业优化升级和实现工业化、现代化的关键环节，要把推进国民经济和社会信息化放在优先位置。因此，振兴我国电子信息产品制造业、通信业和软件业，推进我国国民经济和社会信息化进程，是信息产业的主要任务。要把推进国民经济和社会信息化放在优先位置，推进国民经济和社会信息化涉及全国各行各业各部门，要加强领导和协调工作。

我国已建设了规模巨大、技术先进的通信网络，基本适应了现阶段信息化的要求。抓好信息资源的开发利用，加强信息技术的推广使用，是推进国民经济和社会服务信息化的重点，而信息资源的开发利用是重中之重，是我国信息化的关键。

3.5　信息服务业

3.5.1　信息服务业的发展原则

信息服务业是信息生产和消费的桥梁，是信息产业实现经济效益目标的经营实体，也是实现信息资源合理配置和信息资源共享，促进信息经济繁荣的重要行业。信息服务业发展至今规模仍然不大，是我国信息产业的薄弱环节，应大力发展信息服务业，促进信息服务的社会化和市场化，使公众能够获得所需要的信息服务。国家在制定到 2020 年信息产业发展规划时指出，信息服务业的发展原则是："大力扶植，积极引导，按市场机制运行，与国际规范接轨"，分为以下五个方面：

（1）实现"四化"（功能社会化、结构网络化、信息生产与服务产业化、手段现代化）、发展"两业"（事业与实业），是我国信息服务业发展的核心内容和最基本的要求。

（2）建立多层次、多元化、结构合理的信息市场体系，是我国信息服务业的重要支撑。

（3）加速信息产业人才的培养，是我国信息服务业发展的关键环节。

（4）制定有效的政策和法规，是我国信息服务业发展的重要条件。

（5）从中央到地方建立信息服务业管理机构，通过行政手段对全国信息服务业进行统一管理和宏观调控，是我国信息服务业发展的组织保证。

在信息服务业发展中，以高新技术改造传统服务手段，大力发展系统集成技术，促进以计算机通信为手段、以信息咨询和综合技术服务为内容的现代化信息服务业的发展，已成为我国信息服务业发展的主流。

3.5.2　信息服务业发展的对策

我国加入 WTO，对于信息服务业的发展既是机遇，也是挑战。应对方法有关键的三条：① 熟悉 WTO 规则，做好开放准备，保护自己；② 加快转制、改制，按市场经济规律办事；③ 提高信息服务业的整体素质，增强国际竞争力。总之，应加大体制改革的力度，尽快按国际规则，完善我国的市场经济体制。发展我国信息服务业的主要对策有下述六个方面。

1．加快结构调整，增强竞争力

信息产业要通过加快产业结构、产品结构、企业结构、地区经济结构、技术结构和投资结构的优化与调整，尽快形成具有竞争力的产品，提高信息产业的竞争力。

2. 扬长避短，发挥优势

认真分析我国信息服务业的优势与劣势，发挥已经形成的信息服务业的优势，使之成为今后信息服务业发展的基础。倡导竞争与合作，加快新的信息服务产品的研究开发。

3. 改善发展环境，防止人才流失

行业竞争，归根到底是人才的竞争，为减缓信息服务业的人才流失，关键在于提供一个有利于吸引人才、留住人才的发展环境。要建立人才的评估机制，通过提高工资、奖金、福利和给予股权、期权等来建立合理的利益机制。

4. 开拓新市场，增强抵御风险的能力

不断开发新的市场是信息服务业发展的长期方向，这有利于信息服务业增强抵御风险的能力。对大中城市市场应不断开发新的信息服务品种，形成新的消费热点；对尚待开发的小城镇和农村市场，应加快推出功能适中、价格低廉、使用方便的信息服务产品。

5. 优化信息服务产品的结构，开拓海外信息服务市场

要分析信息服务业的形势和社会经济环境，制定出信息服务业的发展规划，抓好重点信息服务项目，加大政策支持力度。信息服务业要优化信息服务产品的结构，提高资本密集型、技术密集型信息服务项目的效率，加快资本回收速度。同时要扩大境外信息服务品种，开拓新兴市场。

6. 加强立法执法和执法

加快、加强信息服务业的立法和执法工作，建立并完善我国经济、贸易和信息产业的法律体系，运用法律手段保护和促进我国信息服务业的发展。

近几年发展信息服务业的重点任务是：扩大信息服务业的规模，扶持、培育年营业额超过亿元、10 亿元的大型信息服务企业；调整信息服务业的产业结构；提高信息产品和服务质量；抓紧制定配套的政策法规、行业规范，促进有序竞争，加强知识产权的保护。

3.6 网络信息服务业

3.6.1 网络信息服务业发展的对策

未来的经济是以知识为基础的知识经济，人们将从各种计算机网络、个人通信装置、电视会议和电子邮件中获取各种信息和服务。科研人员可以通过计算机网络传输的多媒体信息参加电视会议，开展共同研究活动；医生可以通过网络为病人看病，甚至“动手术”；警察将利用网络数据库查找与办案有关的线索；飞机驾驶员将成为飞行监控员，不再是操作员；教师不再被束缚于课堂，可以在网络上进行教学，成为学生和信息世界的中间人；等等。所有这一切，源于网络信息服务的快速发展。

1. 网络信息服务业发展对经济和社会的影响

网络信息服务业的发展对经济和社会产生的影响，比以往任何时候都更加深远，主要体现在以下五个方面：

（1）制造业与网络信息服务业紧密地结合。制造业将利用计算机的一体化控制系统，使生产、设计和制造联成一体，直接面向市场进行生产。它包括计算机网络系统、管理信息系统、生产过程控制、质量管理和库存管理等各个部分。这种系统既可以从事大规模、大批量的生产，也可以从事小规模、小批量、多样化的生产。制造技术与信息技术、网络信息服务的结合不仅

可以节省人力，提高劳动生产率，而且还可以通过网络信息提高设备利用率，加速原材料和资金周转，缩短新产品的交货期，带来巨大的经济效益。

（2）网络信息服务业向多样化、大容量发展。现在，光缆正在取代传统的同轴电缆，成为未来通信的主要载体。由于光缆具有传输容量大、干扰小等特性，光纤网的发展和普及为通信的多样化、综合化创造了条件。综合业务数字网、交互型图像信息系统、光纤通信等将成为今后网络信息服务业的发展方向。

（3）微型计算机市场的繁荣为网络信息服务提供条件。功能强大的工作站和高档计算机将是网络信息服务的普及工具，在网络通信和办公自动化等领域中发挥重要作用。在结构上，多机系统、局域网络和远程网络将形成功能强大的网络信息服务体系。

（4）产品更新换代速度加快，对网络信息服务的要求大大提高。信息产业正进入一个加速发展的新时期，以科研、生产和网络信息服务为先导的产业特征日益突出，设计自动化、生产自动化、控制远程化和柔性加工系统的广泛采用，将大大缩短新产品的更新周期，大大提高对网络信息服务的要求。

（5）网络信息服务，促进数字化、智能化技术的快速发展。通过网络信息服务，世界各地的科研人员可以共同完成对微电子集成电路技术和数字化技术的研究，加快科研的进程。目前，微电子集成电路技术与数字化技术相辅相成，已成为现代电子信息技术的“两条腿”。现代通信系统将使综合业务通信网络系统，在数字化基础上将各类电子信息设备与计算机技术相结合，向智能化、自动化的方向发展，孕育着更大的突破和新一代电子技术的诞生。

2. 网络信息服务中的竞争与合作对策

人类社会发展的历史证明，社会发展与经济协调的根本机制就是竞争与合作。在社会发展的各个阶段，虽然竞争的焦点与合作的内容各不相同，但是围绕着社会发展而展开的竞争却是社会竞争与合作的共同特点。鉴于当今社会信息化的总体趋势，网络信息服务业的竞争与合作已成为社会经济发展中的一大焦点。

（1）网络信息服务业发展中的国际竞争与合作。网络信息服务的国际竞争与合作是在各国不同的文化背景下展开的。竞争与合作共存的根本原因是竞争各方的单方行动无法达到预定目标，因而必须相互配合、联合行动，使竞争各方都能获得一定的收益。竞争中合作是指竞争者之间必须共同遵守的规则、协调行动。例如，“欧洲信息市场计划”就是欧盟各国共同努力发展“欧洲信息市场计划”，就是欧盟各国间竞争与合作的结果。竞争与合作相辅相成，使国际信息产业能够在一定的秩序下快速发展。

网络信息服务业是知识密集型产业，具有知识性和综合性等特点。各国在网络信息产业发展中，应以自己的强项参与国际竞争，在薄弱之处与他国合作，才能快速发展和提高本国的网络信息产业。网络信息服务业的国际合作一般采用以下的形式进行：

1）技术与资源合作。引进先进国家的信息技术开发本国的信息资源，开拓信息服务的新领域。这种模式主要用于发展中国家与发达国家的信息产业合作。例如，加拿大与美国毗邻，约40%的管理业务信息由美国的信息中心处理，形成了跨越加、美国界的信息流。

2）技术市场合作。利用先进国家的技术开发本国的信息市场。例如，20世纪80年代挪威的远程通信公司直接利用比利时的终端设备开发本国的信息市场。欧盟各国之间的广泛技术合作，通过“信息市场计划”开发欧洲以及世界信息市场等。随着信息产业的国际化，信息技术市场综合、合作模式日益广泛。

3）资源与市场综合性合作。这是一种普遍的合作方式，例如，美国的远程通信公司和医学数据库服务公司合作建成世界范围的医学信息服务系统，利用该系统在世界上许多国家和地区进行市场开发和全球性信息服务。

4）资源、技术与市场的综合合作。这种综合是一种整体化的产业合作与竞争模式，体现了信息技术与信息服务业务相结合的优势，是信息产业综合发展的必然结果。例如，英国泰晤士开发传真业务与加拿大的通信业务相结合，构成加拿大的电传系统服务业务，其合作机制是集信息资源开发与信息技术互补和市场共享为一体。

当前，网络信息服务业正在向专业化和综合化方向发展，各种专门的网络信息服务业务（如商品流通、原材料、航运、股票、债券、石油、人才信息服务等）日益深化；同时，与多种信息服务类型（如数据服务、远程信息处理与传输服务、信息咨询等）相结合，最终导致信息产业竞争与合作向整体化和集约化方向发展。

（2）我国网络信息服务业的发展。在信息产业竞争与合作中，国家主权问题日趋突出。新信息技术革命的冲击，对先进的信息设施的不加限制的利用，迫使人们不得不重新考虑“主权”的内涵和范畴。例如，卫星遥感技术的使用，已不可能阻止发达国家利用远距离测地装置，获取发展中国家尚未发现的本国自然资源的分布和其他信息。因为这种活动是在商业和军事限制之外，所以造成了对发展中国家主权的侵犯。许多发展中国家强烈要求国际社会讨论信息技术与信息产业发展对国家主权的影响，以建立各国共同遵守的国际信息法规。

我国根据国际竞争与合作的格局，决定了网络信息服务业将在以下几个领域加速发展。

1）系统集成市场。我国系统集成行业正处于稳步发展阶段，2017 年系统集成市场规模为 12151 亿元，同比增长 15.9%；其中工业领域机器人系统集成市场规模为 836 亿元，同比增长 30.8%。随着网络服务工程的推进，系统集成市场将会有很大发展，预计 2020 年中国系统集成市场规模达到 17028 亿元，未来几年年均增长超过 10%。

2）网络增值服务。各部委和省市信息中心在网络数据库开发和信息咨询方面将会有较大的发展，除部委信息中心进入服务业外，一些网络信息服务公司将成为发展热点。

3）数据库服务。大力开发商用数据库，使基于网络的商务活动能够快速发展。

4）咨询服务市场。外商的涌入将使市场咨询服务大幅度增长，预计网络咨询服务量年递增 40%左右。

5）维修和培训服务。随着网络用户装机量的大幅增长，使维修服务业、培训业得到迅速发展，为网络服务的开展提供必要的条件。

6）电子出版。现有的报刊将逐步发展成电子报刊在网上传递。

7）网上展览业务。随着计算机市场的发展，网上展览业务将以每年 30%左右的速度增长。

总之，网络信息服务业的发展将在以下几方面取得突破性进展。

- 信息服务将在电信业，尤其是网络通信、网络工程等方面得到迅速发展。
- Internet 服务业和 BBS 都将成为发展的焦点。
- 网络信息服务国际化使我国信息服务市场的竞争更加激烈。
- 基于网络的业务（如电子商务等）将成为信息产业发展的新增长点。

3.6.2 网络信息服务的类型

网络不仅为人们提供了丰富的信息资源，而且也产生了许多新的服务项目。这些项目的特征是以计算机硬件和通信设备为依托，以应用软件为手段，以数据库信息资源为利用对象，将信息提供、信息发布和咨询服务统一起来，最大限度地实现面向用户的个性化服务。网络信息服务的主要形式有：①图文信息电视广播服务；②电子出版物服务；③电子函件；④电子公告服务；⑤联机公共目录查询服务；⑥光盘远程检索服务；⑦远程电视会议服务；⑧用户电子论坛；⑨用户专项服务等。

网络信息服务离不开因特网的环境，与因特网相关的网络服务必然以因特网信息服务为基础。基于因特网的信息服务可以划分为两大主要类型：一类是基本信息服务，包括电子邮件、文件传输、远程登录、免费软件下载、网络信息查询、域名查询以及基于电子邮件的各项服务；另一类是网络信息检索服务，包括名录、索引、网络数据库检索、交互式服务和网络图书馆服务等。

3.6.3 网络信息服务业的组织

网络信息服务业以社会、经济和信息技术的发展为依托，具有政府主导、大市场经济运作和适应国际信息化环境等特点。虽然在网络信息服务业发展中，各国的组织模式不尽相同，但是组织的基本原则都是一致的。我国网络信息服务是从社会发展全局的角度进行组织的。

1. 网络信息服务业的组织原则

网络信息服务是一种涉及全社会的信息服务，其社会组织是一种政府控制的组织行为，对于任何国家都是如此。网络信息服务业的基本组织原则有下述几点。

（1）政府主导、集中规划。政府主导的原则主要体现在如下七项中：

1）通过适当的法律法规和税收政策，促进民间企业对“信息高速公路”计划投资。

2）扩展“全民服务”的概念，保证所有用户能以负担得起的价格享用信息资源。

3）促进技术创新和新技术的应用，实施重要的政策研究计划，进行专项拨款，帮助民间企业开发和研究国家信息基础结构所需的信息技术。

4）促进国家信息基础结构，以完备的、交互式的、用户驱动的方式运行，政府将保证用户能方便、有效地通过网络传递信息。

5）保证信息安全和网络的可靠性，提高无线电通信的可靠性。

6）保护知识产权，协调各级政府以及与其他国家的行动。

7）提供利用政府信息的机会，改善政府的采购政策。

这七项原则反映了政府在实现“信息高速公路”计划、推动网络信息服务业发展中应发挥的作用的认识。概括起来就是：有限介入，宏观协调和引导，以政策、经济杠杆调节，以立法手段支持，在具体问题上进行组织协调和灵活管理，扩展全民服务概念，搞好自身信息向全民的开放，在网络信息服务业发展中充当裁判员的角色。简而言之就是“政府起引导作用，企业起主导作用”。

鉴于我国社会、经济、政治环境和条件，国家在信息高速公路建设和网络信息服务业发展中的主导作用是必需的，应在此前提下引入竞争机制，鼓励有序竞争。

（2）网络信息服务业务的开展。传统信息服务存在于工业社会，而工业社会是一种迂回经济，依靠固定资产的再投资来产生新的价值；网络信息服务则以信息社会为基础，信息社会是直接经济，可以依靠低进入成本来代替工业时代的耗费。所以网上服务的真正作用不仅体现在电子化、网络化的服务手段上，更重要的是网络信息服务在本质上让企业与用户之间产生直接的互动，能够充分发挥 Internet 的交互作用。

例如，传统商务的中间环节要占用和耗费物质资源才能维系各项功能，而电子商务不需要烦琐的中间环节和物耗就可以实现同样的功能。这样就缩短了资本迂回的路径，从传统工业性的价值耗费中节省了一大笔财富，这也是信息经济隐含的价值来源。

网络信息服务有效地取消了中间环节、缩短了迂回路径，能最大限度地创造财富。附加价值产生于对原有资源的重新排列组合，即在网络通信的基础上，对相关业务进行融合性改造。例如，传统银行要依靠广泛地建立营业网点来提高自己的经营价值，而实行网上存储、汇兑、工商税收、报关管理，银行业务便可以更加透明化、简单化和高效率，能够最大限度地减少工业化付出的物耗、时耗、人耗，最终完成对高流动性的信息与知识的体系重建。

Internet 能够克服时间、空间上物化体系对信息流动的阻滞，使企业加快对市场的反应，更加快捷、直接地面对用户。现在，我国各行业都面临着从计划经济向市场经济的转变，各地区都需结合本地的资源特点，加快产业结构的调整，形成 21 世纪经济的新增长点。信息技术正是主导这两大转变的重要因素。以 ISP 企业的资源优势与行业、地域信息化建设相结合，可以形成优势互补与资源共享。

立足于社会化信息服务业务的开展，是网络信息服务社会组织的基本出发点。其中，政府主导和行业分工的原则从根本上体现了以用户为基础的组织网络信息服务的思想。

2. 我国网络信息服务体系的建立

我国的网络信息服务随着信息化建设的发展而发展，近几年，我国通信业以近 60%的年增长率快速发展，国家信息网络的发展已具规模，包括公共通信与数据传输网络、科技与经济信息网络和其他专业网等。

（1）公共通信与数据传输网络。各类信息增值业务网络均建立在公共数据传输网络基础之上，经过几年的建设与发展已初具规模。

1）中国公用分组交换数据网（ChinaPAC）。ChinaPAC 于 1993 年开通，覆盖全国县以上城市和部分经济发达地区的乡镇，网络规模与技术水平属于世界先进行列，与世界数十个国家和地区的数据网互联。

2）中国公用数字数据网（ChinaDDN）。ChinaDDN 于 1994 年开通，到 1996 年底已覆盖全国 3000 个县以上城市，目前主要为银行、证券、外商驻华机构和科研教育部门服务。

3）中国公用帧中继网（ChinaFRN）。ChinaFRN 目前已覆盖到经济发达的城市和地区，向社会提供高速数据和多媒体通信等多项信息服务。

（2）科技与经济信息网络。我国的科技与经济信息网络以政府认定，并由专业部门进行集中管理，以中国教育科研网、中国科学技术网、中国公用计算机互联网和中国金桥网为主体。除了这四大网络外，主要网络还有中国经济信息网（CEINET）、科技信息网（STINET）、中国医学信息网（CMINET）等。

1）中国教育科研网（CERNET）。CERNET 已连接了全国上千所大学，对这些大学校园网的建设和保障服务、信息资源交流起到了推动作用。

2）中国科学技术网（CSTNET）。CSTNET 是以中国科学院的 NCFC（中国国家计算与网络设施）和 CASnet 为基础，连接中国科学院以外的一批中国科研单位形成的网络。NCFC 网络由城域网（主干网）、院校网、局域网三级组成，其最重要的网络服务是域名服务。

3）中国公用计算机互联网（ChinaNET）。ChinaNET 是我国邮电部门经营管理的基于

Internet 网络技术的互联网，它与国内的企业网、校园网和其他专业网互联，是中国公用计算机互联和信息资料共享的骨干网，是国际互联网的重要组成部分。

4）中国金桥息网（ChinaGBN）。ChinaGBN 是我国 1993 年开始启动的金桥工程的业务网络，1996 年开通向社会提供国际互联网业务服务。

3. 我国网络信息服务业的组织体系

我国以信息设施建设和网络设施建设为基础，已形成全国性网络信息服务业组织体系，如图 3.2 所示。

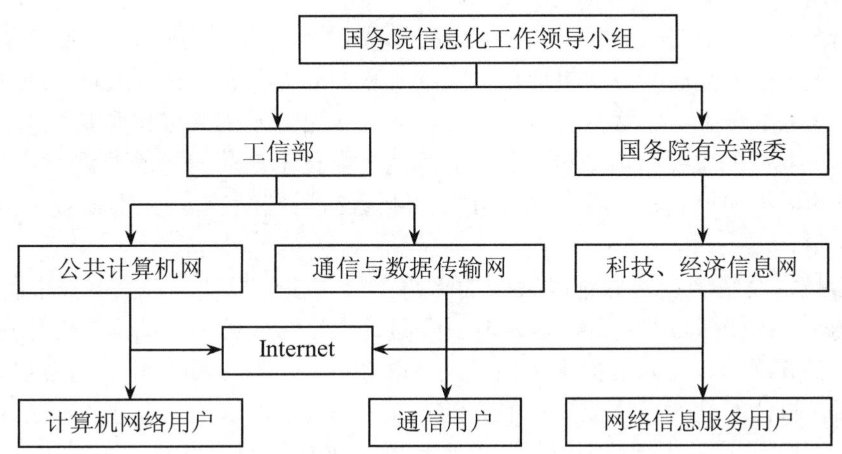

图 3.2 全国性网络信息服务业组织体系结构

科技信息网和经济信息网由科技部和国家信息中心的专网构成，通信与数据传输网提供通信的网络支撑。这些网络分别与 Internet 相连，实现国内信息资源共享。由于体制的限制，国内网络用户基本上按所属系统、行业，分属于各个网络。因此，我国的科技与经济信息网络服务基本上是按系统进行的。

虽然各类信息网的业务有别，但是我国信息网络服务的业务组织应有共同的准则，基本业务包括：① 为国家科技与经济发展宏观决策提供可靠的信息保障；② 提供科技、经济和社会信息资源共享服务；③面向科技、经济领域的专业用户提供专业性信息服务；④ 面向公众进行大众化的信息服务；⑤为用户提供国际性信息（如 Internet、CompuServe 等）联网服务；⑥ 开展其他网络信息功能服务。

3.7 信息产业与经济增长

3.7.1 信息产业对经济增长的作用

1. 信息产业在国民经济中的地位

（1）信息产业是国民经济的基础产业。基础产业是国民经济的物质来源和物质基础，其发展规模和水平制约着国民经济的发展速度和质量。基础产业没有得到充分的发展，将成国民经济发展的瓶颈。信息产业中的邮电通信、网络基础设施是国民经济中重要的基础性产业，虽然邮电通信、网络基础设施的资本投入较高、需要的资金和设备较多、建设周期较长，但为国民经济创造的经济效益和社会效益要数倍甚至数十倍于产业自身的效益。

例如，2015 年底，我国的移动支付用户数量已达 3.64 亿人，比 2014 年增长了 23.8%。2013 年移动支付交易规模超过 13010 亿元，发展势如破竹，比 2012 年增长了 80.3%。第三方互联网支付市场也迅速增长，突破了 59666 亿元，比 2012 年增长了 56.9%。显而易见，近几年移动支付在我国快速发展。

因此，各国对邮电通信、网络基础设施的发展都给予了很高的重视。信息产业的发展水平对其他产业的发展具有基础产业的作用，如同传统产业中的机械制造业为其他工业部门提供各种装备的作用一样。

（2）信息产业是国民经济的先导产业。在世界范围内许多高新技术产业相继产生并构成新兴产业群，无论是航空航天、卫星通信、生物工程、海洋开发、光纤通信、新材料工业、新能源产业还是新兴服务业，都离不开信息产业作为其应用开发的突破口和带头部门。信息产业作为高新技术产业群的主要组成部分，是带动其他高新技术产业腾飞的龙头产业。对高新技术的原理、机理的认识和控制、应用，以及功能、目标的设计和实现，无不依赖于信息技术的新突破和综合应用。

许多高新技术及其产业遇到难以突破的障碍，只有在信息技术及其产业取得相应突破后才能消除。例如，在被称为“生命科学阿波罗登月计划”的人类基因图谱的诞生过程中，康柏公司的 Alpha 服务器为研究人员提供了出色的计算工具。业界分析人士称，在这场激烈的基因解码竞赛背后，隐含的是一场超级计算能力的竞赛。因此，可以说，信息技术是其他高新技术的先导性技术，而基于信息技术的信息产业，更是促进其他产业形成和发展的先导产业。

（3）信息产业是国民经济的支柱性产业。信息产业成为世界经济的支柱产业是必然的，这里主要从两个方面分析。

1）信息产业符合支柱产业的基本要求。在需求方面，信息产业的弹性高，潜在的市场空间很大；在供给方面，信息产业的生产成本较低，具有较强的开拓和占领市场的能力。

2）信息产业给国民经济的增长带来倍增效应。发展信息产业能够直接或间接地使国民经济成倍增长，信息技术在改造传统产业中的投入产出比非常高，我国一般为 1∶4，发达国家可达到 1∶10 甚至更高。

随着信息产业的发展，信息产业将成为继纺织工业、钢铁工业、电力工业、汽车工业之后的第五个支柱产业。信息产业的发展将推动整个国民经济产业结构的高度优化，信息产业创造的价值在 GDP 中所占的比例将大大提高，国民经济发展将由以传统工业为主导转向以信息产业为主导。

（4）信息产业是国民经济的战略性产业。信息产业已经成为各国争夺科技、经济、人才和军事主导权和制高点的战略性产业，其中的软件产业和集成电路产业既是信息产业中独立的产业，又是与国民经济中其他产业紧密结合的产业，软件和集成电路成为信息产业的核心和关键，其渗透性极强。通信网络是国民经济的基础设施，网络与信息安全是国家安全的重要内容，强大的电子信息产品制造业和软件业是确保网络与信息安全的根本保障，信息技术和装备是国防现代化建设的重要保障。因此，各国政府近年来纷纷制定信息产业发展战略，采取重大举措，大力发展信息产业，抢占世界经济竞争以及信息安全的制高点。

2. 信息产业对传统产业的作用

信息产业作为新兴产业，既具有独立性，又对各行各业具有极强的渗透性，信息产业的发展给原有的传统产业的发展带来了新的活力。信息产业对其他传统产业产生的巨大的影响已经成为推动传统产业、社会经济向前发展的内在动力。

（1）信息产业对传统产业的作用途径。信息产业对传统产业的作用主要通过以下五条途径：

1）信息产业的发展，在不断地更新传统的生产技术和设备，并使企业的生产方式不断地发生改变，劳动生产率不断得以提高。

2）信息产业中某些行业的协调发展可以为企业发展提供良好的人才基础，使企业生产的发展和提高劳动生产率成为可能。

3）信息产业所提供的信息产品和信息服务使传统产业的经营方式、管理方式发生了改变，提高了传统产业的产品质量和生产效益，减少了决策过程中的失误。

4）信息产业中房地产管理、行政机关等部门的发展为传统产业的发展创造了良好的外部环境，提供了必要的资金保证和风险补偿机制。

5）信息产业中信息基础设施制造业的发展为传统产业提供了良好的信息设备，使企业的生产方式、经营方式、管理方式、营销方式等方面发生了重大的变化，提高了传统产业的生产效率和经营效益。

（2）信息产业对第一产业的作用。第一产业包括农业、林业、畜牧业、水产养殖业等，其共同点是产品基本上从自然界中取得，属于有形物质产业。因而，自然环境或者说自然条件对第一产业的影响较大。

产业经济的发展，在超越第一产业范围之后，自然条件的影响力逐渐减弱。因此，第一产业对信息产业的作用具有间接性，它只是为信息产业提供最基本的物质基础。而信息产业的发展壮大，在相当大的程度上依靠农业剩余劳动力的转移。反之，信息产业作为高知识、高技术产业，以其高渗透性、高效益性、高增值性等特点，对现代农业有着广泛而深刻的影响。主要表现在以下五个方面：

1）通过实现农业机械设备的电气化、自动化、智能化，大大提高农业劳动生产率。

2）通过先进的农业科学技术的发明创造，如改良动植物品种，改善农药、化肥效能等，可以大大提高农副产品的产量和质量，降低生产成本。

3）通过环境技术的发明和应用，协调农业生产与大自然的关系，使农业可持续地发展。

4）及时、准确地提供与农业生产、供销有关的咨询服务，减少天灾人祸。

5）通过农业人员的技术培训提高农业劳动力的素质，实现增产增收。

由这五个方面可见，信息产业在提高农业劳动生产率的同时，也为自身的发展创造了生存的空间。

（3）信息产业对第二产业的作用。

近代工业的迅猛发展，覆盖了人类社会物质生活资料的所有领域。工业在以农业为基础的同时，创造了服务业，即交通、运输、旅游、商业、通信和保险等行业。随着科学技术的飞速发展，工业与信息产业的关联作用越来越强。一方面，高度发达的工业为信息产业的形成和发展奠定了坚实的物质基础和提供了巨大的资金保障。另一方面，工业的发展创造了对信息产业广泛而迫切的需求。信息产业对以工业为代表的第二产业的作用是直接而且强烈的。主要表现在以下五个方面：

1）通过对工业生产工艺设备的改造及技术创新，大大提高了劳动生产率，降低了劳动成本，提高了工业产品的质量。

2）通过新材料，新能源的开发，开拓了新的资源领域，提高了原有资源的利用率。在创新工业产品的同时，不断涌现出新的生产部门及服务行业。

3）通过对劳动者的教育培训，提高工业劳动者的文化素质，为创造新的经济增长提供了高素质的人力资源。

4）通过信息交流方式的转变，加快了企业之间的竞争，为工业的成熟和发展创造了良好的市场经济环境。

5）信息产品、信息服务以及信息技术设备的提供，使第二产业的信息环境发生改变，从而改变了第二产业的生产方式、经营方式和管理方式，提高了产品质量和生产效益，为传统工业带来了新的生机。

（4）信息产业对第三产业的作用。

第三产业是指生产无形产品的服务性产业，又分为传统的服务行业和新兴的服务行业。传统服务行业包括商业、饮食业、运输业等；新兴服务行业包括通信、咨询、技术服务等。

随着信息技术的快速发展，其产品通过广泛的实用化和商品化，使一些行业从第三产业中分离出来，形成了信息产业。所以，信息产业与第三产业有着千丝万缕的关联，信息产业对第三产业的促进作用也最为明显，主要体现在以下三个方面：

1）信息技术与信息服务，扩展了服务性行业的经营领域和范围，例如，通信技术的发展使异地医疗、远程办公、电子购物等活动成为可能。

2）信息技术的应用改变了传统服务业的经营方式，不仅提高了服务行业的工作效率，而且为这些行业带来了直接的经济效益和良好的社会效益。

3）信息技术的广泛应用，使第三产业的各产业部门间出现了重新组合的态势，新兴的服务部门不断涌现，原有的服务部门相互融合、重组，使服务产业不断向前发展。

（5）信息产业与传统产业的互动关系。信息产业是高渗透、高增值的新兴产业，除了在产业内部自我循环和增值外，更重要的是通过对传统产业进行改造，在传统产业增值的过程中拓展自己的市场发展空间。前者即为“产业信息化”，后者即为“信息产业化”。信息产业与传统产业之间的相互促进关系，是通过传统产业对信息产业的有效供给与传统产业对信息产业的有效需求保持动态平衡来实现的。

传统产业由于信息化而产生大量的需求，为信息产业提供了广阔的应用领域，并培养出一批能将信息技术与传统产业相结合的复合型人才，同时也为信息产业提供了丰富的原始产业数据和信息。信息产业向传统产业提供信息技术、信息设备、信息内容和信息服务，推动传统产业的信息化进程，极大地增强了传统产业的竞争力。随着传统产业有效需求向大范围、高层次发展，信息产业日趋合理化，信息产业的规模也在不断地扩大。

总之，信息产业在国民经济中具有极其重要的地位和作用。信息产业的快速兴起带动了相关产业的发展，信息技术已经成为世界经济产业结构调整的驱动力。社会与经济发展水平越高，信息产业的作用就越大，信息产业越发达的国家，其社会与经济的发展程度就越高。两者相辅相成，互相推进。

3.7.2 信息产业对国民经济的贡献

信息产业持续快速发展，对经济增长贡献度稳步上升。信息产业对经济增长的贡献主要体现在下述三个方面。

1. 对国民经济增长的直接贡献

信息产业对经济增长的直接贡献，从产值的明显的增加就能体现出来，这是由信息产业在国民经济的比重不断扩大决定的。例如，美国的信息产业在国民经济中的比重逐年上升，从 1993 年到 1999 年间，计算机软件和服务业保持了年均 10. 4%的增长速度；通信服务业年均增长 4. 6%；硬件产业年均增长 14. 2%；同时，美国经济整体年均增长保持在 5%。信息产业的年均增长率远远超出其他产业的平均增长率，是带动美国整体经济发展的主要动力。美国信息产业的年产值从 1990 年的 3470 亿美元到 1998 年的 6800 亿美元，几乎翻了一番，考虑到信息产品价格的不断下降，实际产量的增长还远不止于此。如果说在工业时代美国经济的支柱产业是钢铁业、汽车制造业和建筑业的话，现在的支柱产业就是信息产业。

信息产业不仅在美国的国民经济中占有了重要的比重，更是对其经济增长起到了关键作用。在 1993 年至 1998 年间，信息产业对美国国民经济增长的贡献率见表 3.3，可见美国信息产业对整个经济的实际增长率的平均贡献超过了 1/3。

表 3.3　信息产业对美国国民经济增长的贡献率

项目	1993 年	1994 年	1995 年	1996 年	1997 年	1998 年
国民经济的增长率/%	2.2	4.1	2.9	3.5	4.2	4.1
信息产业的贡献率/%	0.6	0.6	1.2	1.5	1.2	1.2
其他产业的贡献率/%	1.6	3.5	1.7	2.0	3.0	2.9
信息产业所占比重/%	2.6	15	41	42	38	29

六年来，美国经济的增长直接受益于信息产业的部分就已达 1/3，其他产业或间接受益于信息产业提供的新装备，或受益于国民收入的提高等因素，也是和信息产业的高速发展分不开的。

我国信息产业对国民经济的贡献率见表 3.4，从表中可以直观地看出信息产业在 20 世纪 90 年代中后期，对 GDP 增长的贡献率明显提高，由 3%达到了 10%以上，这一时期正是我国信息技术飞速发展时期，计算机得到普及，网络深入到人们的生活中，信息技术产业已经由原来微不足道的小产业发展成对国民经济的增长具有重要影响的产业。

表 3.4　信息技术产业对我国国民经济增长的贡献率

年份	电子及通信设备制造业	邮电通信业	计算机应用服务业	信息技术产业	国内生产总值	信息技术产业贡献率/%
1993	355.14	299.7	855.80	7872.78	34634.4	3.8761
1994	484.27	481.6	1829.96	11085.69	46759.4	2.6498
1995	635.00	676.7	2752.68	14623.97	58478.1	3.0193
1996	663.31	876.4	4006.32	17499.43	67884.6	3.0569
1997	902.37	1107.6	6377.99	22613.19	74462.6	7.7741
1998	1120.96	1235.1	6074.84	25995.18	78345.2	8.7106

到了 2005 年，我国信息产业增加值占 GDP 的比重已达到 7.2%，对经济增长的贡献率达到了 16.6%。电子信息产品制造业出口额，占总出口额的比重超过了 30%。部分骨干企业掌握

了一批具有自主知识产权的关键技术，国际竞争力不断增强。

2. 对国民经济增长的间接贡献

信息产业的发展对国民经济间接的贡献，主要体现在信息产业能够对传统产业进行改造，使传统产业获得新的生命力。

（1）信息技术使传统产业的生产率获得了前所未有的提高。例如，美国的福特公司通过运用网络技术，使票据审核时间由原来的两周缩短为两小时，专门负责票据处理的人员由500人减少到150人；一个投资800万美元开发的知识管理系统，运行后的第一年就为公司节约了2.4亿美元的运营成本。这些事例，说明了信息技术正在改造着传统产业，提高其运行效率。

（2）信息技术正在改造传统产业的产品。例如，现代汽车工业已经不像是传统的制造业，更像是以知识为基础的工业，电子系统已占到一辆高级车总成本的70%，普通车的33%，这样的汽车可以称为“高技术产品”。近年来，美国的众多企业都在试图以提高产品的信息技术含量来加速自身传统产品的更新换代，以适应新经济条件下的竞争环境。

（3）互联网使传统产业能够集成整个供应链。电子商务在原材料供应、生产制造、分销批发、客户服务等传统商务流程中减少中间环节，实现更大的规模、更低的成本、更好的服务。在此过程中，原材料的采购将通过全新的、简洁的供应链来实现，生产与制造过程将大量使用企业资源规划（ERP），分销与客户服务则将体现为一对一的个性化网络营销与服务。

3. 对控制通货膨胀的贡献

信息产业的发展对通货膨胀也有控制的作用，这一点在发达国家表现得较为明显。

例如，信息产业不仅在很大程度上构成了美国经济的一部分，促进了其增长，还有一项令人惊异的影响，美国信息产业的高速增长不仅没有拉动通货膨胀率的上升，反而还对降低通货膨胀率起到了积极的作用。

从1991年到1997年，由于信息产业的贡献将美国整体通货膨胀率降低了一个百分点。美国经济持续出现在高速增长和低失业率背景下的低通货膨胀率，这在很大程度上是由于信息产业能够较大程度地减少迂回生产模式带来的物耗和能耗等资源浪费，这是知识生产与物质生产的不同之处。工业经济的增长，由于主要依靠物化的迂回过程，中间物耗的投入是生产的基础，又是引起通货膨胀的最主要原因，而信息经济中其生产资料是知识并不需要多少物耗，所以这种经济从本质上对通货膨胀具有免疫能力。

4. 对解决就业的贡献

根据美国信息产业对就业增长贡献率的调查显示，1993年以后信息产业对美国经济中的整体就业状况开始呈现出正面的增长影响。美国政府在商业部所做的《浮现中的数字经济》报告中得出了一个结论：信息技术发展将促进经济中的总就业。

我国的信息产业，对解决就业问题的贡献也可以从数据中看出。2000年电子信息行业的就业人数已达313.23万人，占总就业人数的0.43%；2001年这一数据增加到333.91万人，在总就业人数的比重增加到0.46%。

信息产业为什么能促进总就业呢？从现象上来看，是因为新创造的就业机会多于失去的就业机会。内在原因是，以往一种新兴产业出现时，最初的表现是财富向少数人积聚的再分配过程，以及就业机会向少部分人的开放。信息产业作为一种新兴产业出现，是基于人类共同需求。它的生命力是对共同需求的满足，离开了这种需求，信息产业就不可能生存。因此新的就业机会，必将构成对信息产业本身产生需求的基础。新技术革命只是在一个历史阶段，对人们的就业结构进行调整，引导就业结构的变化，不可能增加或减少总体的就业水平。新的财富聚集引导人们新的就业流向，最终达到相对平衡。

小　　结

一个产业的形成是对国民经济中某一行业的宏观整体而言，是指在国民经济大系统中，根据构成该系统的各个元素（经济实体）经济活动的性质与特点，对国民经济结构进行的划分。产业既是国民经济中具有某种相同或相似属性的一组元素（如企业等）的集合，也是国民经济按一定标准进行的分类。信息产业是以信息资源的开发利用为核心，以信息产品的生产、分配、消费和交换为主体，凭借自身强大的生命力不断发展壮大，迅速从传统产业中独立出来，成为最有生命力的新兴产业。

“产业”就是在生产活动中，具有同类性质的若干生产群体所形成的综合体。产业的形成是社会化分工的必然结果，产业的发展则是由社会生产力水平所决定的。信息产业的形成是一个历史的发展过程，是对各种资源的开发利用过程。信息产业是一个多因素、多部门、多层次的产业系统。确定信息产业系统的结构，不仅可以了解信息产业发展过程中内外各种因素的组成、联系和变化的趋势，而且还可以为制定正确的信息产业政策提供科学的依据。

信息产业的形成与发展，不仅使社会结构、经济结构发生了巨大的变化，而且还给传统的经济价值观和产业体系带来了彻底的变革。信息产业管理的主体是国家工信部和各级信息产业局。信息产业管理的客体是信息产业活动，包括信息产业的规模和水平的发展、产业组织的构建、产业内各行各业活动的协调、与其他产业之间的交往等。信息产业管理的任务是对内促进本产业的发展，对外协调与其他产业之间的关系。衡量任务是否完成的标准，是满足国民经济发展需求的程度。这就要求信息产业管理者必须站在国家利益的立场上，支持那些能够满足国民经济发展的活动对信息产业的要求，限制甚至牺牲本产业的某些局部利益。

我国信息产业的管理体制采用什么样的模式，应该从我国的国情和信息产业的现状出发。根据我国的国情和信息产业现状，结合集中式模式和分散式模式的优点，在我国建立宏观由国家调控和微观由市场调节的宏观集中与微观分散相结合的管理模式，是必然、合理的选择。

信息服务业是信息生产和消费的桥梁，是信息产业实现经济效益目标的经营实体，也是实现信息资源合理配置和信息资源共享，促进信息经济繁荣的重要行业。网络不仅为人们提供了丰富的信息资源，而且也产生了许多新的服务项目。这些项目的特征是以计算机硬件和通信设备为依托，以应用软件为手段，以数据库信息资源为利用对象，将信息提供、信息发布和咨询服务统一起来，最大限度地实现面向用户的个性化服务。网络信息服务业以社会、经济和信息技术的发展为依托，具有政府主导、大市场经济运作和适应国际信息化环境等特点。虽然在网络信息服务业发展中，各国的组织模式不尽相同，但是组织的基本原则都是一致的。

习　　题

一、判断题

1．信息产业是以信息资源的开发利用为核心，以信息产品的生产、分配、消费和交换为主体，成为最有生命力的新兴战略产业。

2．产业既是国民经济中具有某种相同或相似属性的一组元素（如企业等）的集合，也是国民经济按一定标准进行的分类。

3．信息生产力不是社会生产力的构成要素，这是信息产业构成的最基本条件。

4．产业结构是指国民经济领域里各种产业间的相互关系。

5．信息产业的兴起与社会生产力的发展无关，是社会分工的体现。

6．信息产业迅速形成并发展与现代信息技术无关。

7．知识产业包括教育、科研开发、传播媒介、信息设备和信息服务五个部分。

8．经济活动分为两类：一类与物质和能量的转换有关；另一类与信息形态的转换有关。

9．信息活动所消耗的资源有两种：信息资本与信息劳动者。

10．信息活动已渗透到国民经济的各个领域。

11．一级信息部门是指把信息服务只提供给内部消费，而不进入市场的部门。

12．二级信息部门是指直接向市场上提供信息产品和信息服务的部门。

13．信息作为现代社会的重要战略资源，与社会、经济、科技的发展无关。

14．信息产业就是从事信息技术设备制造及信息产品生产、开发与流通服务的新兴产业群体。

15．信息产业化有两层含义：一是信息技术的研制；二是信息产品与信息服务的开发。

16．信息产业的目标是提高人类开发、利用信息资源的能力和水平，创造信息财富，改善人们的生活质量。

17．一个国家如果没有发达的信息产业，就不可能有高水平的现代化经济，更谈不上进入信息社会。

18．在现代社会经济中起主导作用的是制造产业，资本是资金和设备。

19．信息产业是一个多因素、多部门、多层次的产业系统。

20．信息产业的内部结构包括产值结构、就业结构、部门结构、投资结构、技术结构、产品结构、层次结构和区域分布结构等。

21．工业化水平低是发展中国家的信息产业与信息经济启动缓慢的普遍原因。

22．信息产业的技术结构，是指由信息产业在产业活动中使用的各种技术类型所组成的体系结构。信息产业层次结构是从微观、中观和宏观三个方面描述信息产业的结构。

23．信息产业的发展不仅受到内部结构因素的影响，而且还受到外部环境的各种因素制约。

24．中小企业的信息需求正处比较强烈，完全能够满足的状态。

25．由于我国信息产业的产品结构与需求结构不一致，使得一些中小企业对获取信息的积极性不高。

26．人口结构包括年龄结构、性别结构、民族结构、文化教育结构等，其中文化教育结构对信息产业的影响最大。

27．文化教育水平越高，对信息产品的数量和质量的需求就越高，信息消费就越大。

28．信息产品既有实物形式的，也有精神形式的。

29．信息产业管理的任务是对内促进本产业的发展，对外协调与其他产业之间的关系。

30．信息产业的政策法规管理，是指信息产业管理部门通过信息产业政策和法律、法规对信息产业进行管理。

31．市场调节机制与推动信息产业生产要素的流动、促进信息资源优化无关。

32．自主知识产权是信息产业独立形成的主要标志，必须不断地进行技术创新，才能在信息技术的核心技术上取得自主知识产权。

33．信息产业政策的主要功能是指导信息产业的发展，实现信息资源的最优配置。

34．信息产业政策与其他政策相比，具有很强的目的性。

35．任何信息产业政策都必须阐明其目标，不同的信息产业政策具有同一目的。

36．信息产业政策要明确信息产业在国民经济发展中的地位和作用，不断地把信息产业的发展推向新的阶段。

37．信息产品的生产经营与其他物质产品相同，有共同的特点和规律。

38．在制定信息产业政策时，必须实事求是，从实际出发，因地制宜，量力而行。

39．我国信息产业发展的战略方针是：统筹规划、资源共享，深化应用、务求实效，面向市场、立足创新，军民结合、安全可靠。

40．经济增长方式的转变要求用先进的信息技术改造传统产业，走产业信息化的道路。

41．信息产业政策是信息产业立法的基础，而信息产业立法是信息产业政策体系的必然延伸。

42．政府在信息产业领域中的作用，是按照国家利益的整体原则制定有关产业自由化政策，保证私营企业的建立和竞争有一个公平、开放的经济环境。

43．未来的经济是以知识为基础的知识经济。

44．网络信息服务业以社会、经济和信息技术的发展为依托，具有政府主导、大市场经济运作和适应国际信息化环境等特点。

45．网络信息服务取消了中间环节、缩短了信息传递路径，能最大限度地创造财富。

46．信息产业将成为继纺织工业、钢铁工业、电力工业、汽车工业之后的第五大支柱产业。

二、简答题

1．一个产业的形成并能持续发展，需要具备哪些条件？

2．信息产业形成的内在因素有哪些？

3．信息产业有哪些特征？

4．信息产业的地位如何？

5．信息产业的作用有哪些？

6．信息产业的宏观结构由哪些组成？

7．简述技术信息产业的结构。

8．信息产业管理的主要内容有哪些？

9．简述信息产业管理体制。

10．信息产业政策有哪些特征？

11．信息产业政策有哪些作用？

12．简述信息产业政策的制定原则。

13．网络信息服务有哪些形式？

14．简述信息产业的政策体系。

15．发展我国信息服务业的应对之策有哪些？

16．网络信息服务业发展对经济和社会有哪些影响？
17．简述信息产业在国民经济中的地位。

三、论述题

1．信息技术对人类相应信息器官的功能有哪些扩展？
2．试述信息产业形成的主要推动因素。
3．试述信息产业的定义。
4．信息产业分类有哪些规则？
5．试述信息产业的结构。
6．信息产业可分为几个层次？
7．试述信息产业的投入产出分析的主要方法。
8．试述信息产业的就业结构。
9．试述信息产业管理的含义。
10．试述信息产业管理体制的模式。
11．试述我国信息服务业的发展原则。

四、复习思考题

1．信息产业是如何形成的？ 形成的标志是什么？
2．信息产业的特征有哪些？
3．举例说明信息产业在现代社会经济活动中的地位和作用。
4．试分析集中式和分散式信息产业管理体制的利弊。
5．信息产业的经济特性有哪些？如何理解这些特性？
6．信息产业对经济增长的贡献体现在哪几方面？
7．信息产业对传统产业的影响作用有哪些？
8．制定信息产业政策的原则是什么？
9．美国、日本及欧盟的信息产业政策的基本特点是什么？
10．通过对我国信息产业内部结构与外部关联的分析，试述信息产业政策应重点解决的问题。
11．信息产业的构成与测度方法有哪些？
12．信息服务的基本内容是什么？
13．信息服务在决策中有何作用？
14．网络时代的信息服务业务包括哪些内容？
15．信息化的发展进程包括哪几个阶段？
16．根据我国信息化建设现状，试分析在推动信息化进程时应采取哪些对策。

第2篇

现代物流信息管理

当前物流业正在向全球化、信息化、一体化发展，一个国家的市场开放与发展必然要求物流的开放与发展。信息技术的发展，使物流的功能发生了质变，大大提高了物流效率，同时也为物流一体化创造了条件。物流信息的管理是物流管理工作的重要组成部分，随着物流行业的发展壮大，物流信息的重要性日益为物流业管理者所重视。随着商品经济的发展，商品流通分解为商流、物流和信息流。这三种流的关系是：商流产生了物流和信息流，而信息流决定着商流和物流。物流信息管理就是对物流全过程产生的信息以及相关的信息进行收集、加工、整理、存储、传输和利用的信息活动过程，也就是将物流信息从分散到集中，从无序到有序，从产生、传播到利用的过程。在这一篇中将介绍有关物流信息管理的概念、技术和方法，掌握了这些概念、技术和方法，才能深入探讨对物流信息系统的有效使用方法。

第 4 章 现代物流信息管理概述

知识点

- 物流系统要素、物流分类、物流体系框架
- 物流信息、物流信息管理、物流信息标准化、现代物流信息技术

难点

- 物流信息分类编码、物流信息技术的组成
- 物流信息标准化的实施、物流信息传输与交换标准

要求

熟练掌握以下内容：

- 物流信息的主要内容与现代物流信息的作用
- 现代物流信息的分类、物流信息技术的组成与作用
- 现代物流信息标准化及其实施、物流信息分类编码
- 现代物流信息的传输与交换标准
- 现代物流信息管理的概念、模式与基本内容

了解以下内容：

- 物流信息管理的功能与原则

4.1 现代物流概述

4.1.1 物流概述

1. “物流（Logistics）”一词的形成

最早对物流进行定义的是美国销售协会（1935 年），认为“物流（Physical Distribution）是包含于销售之中的物质资料和服务，与从生产地到消费地流动过程中伴随的种种活动”。1981 年，日本综合研究所编著的《物流手册》，对“物流”一词的表述是：“物质资料从供给者向需要者的物理性移动，是创造时间性、场所性价值的经济活动。物流的范畴包括包装、装卸、保管、库存管理、流通加工、运输、配送等诸种活动。”

在第二次世界大战期间，美国对军火等供应进行战时管制，采用后勤管理（Logistics Management）对军火的运输、补给、屯驻等进行全面管理。从此，后勤逐渐形成了单独的学科，并不断发展为后勤工程（Logistics Engineering）、后勤管理（Logistics Management）和后勤分配（Logistics of Distribution）。后勤管理的方法后被引入到商业部门，称为商业后勤（Business Logistics）。

1986 年，美国物流管理协会 N.C.P.D.M（National Council of Physical Distribution Management）改名为 C.L.M（The Council of Logistics Management），将 Physical Distribution 改为 Logistics，其理由是 Physical Distribution 包括的领域较狭窄，Logistics 包括的领域较宽广、连贯。

Logistics 与 Physical Distribution 的不同，在于 Logistics 突破了商品流通的范围，把物流活动扩大到生产领域。物流已不仅仅从产品出厂开始，而是包括从原材料采购、加工生产到产品销售、售后服务，直到废旧物品回收等整个物理性的流通过程。因为随着生产的发展，社会分工越来越细，大型的制造商往往把成品零部件的生产任务包给其他专业性制造商，自己只是把这些零部件进行组装，而这些专业性制造商可能位于世界各地。在这种情况下，物流不但与流通系统维持密切的关系，同时与生产系统也产生了密切的关系。这样，将物流、商流和生产三方连接在一起，就能产生更高的效率和效益。

由此可知“Logistics”的特点是：① 其外延大于狭义的物流（即销售物流），因为它把起点扩大到了生产领域；② 其外延小于广义的物流（Business Logistics），因为它不包括原材料物流；③ 其外延与供应链的外延相一致，因此有人称它为供应链物流。

2. 物流的定义

（1）7R 定义。7R 定义：Right Product、Right Quantity、Right Condition、Right Place、Right Time、Right Customer、Right Cost，即“在恰当的时间、地点和恰当的条件下，将恰当的产品以恰当的方式和恰当的成本提供给恰当的消费者”。7R 定义深刻揭示了物流的本质，暗含了物流的基本活动，在强调时空重要性的同时，对于服务与成本花费也给予了重视。

（2）美国物流管理协会对物流的定义。

1）1986 年定义，“以适合顾客的要求为目的，对原材料、在制品、制成品与其相关的信息，从生产地点到消费地点之间的流通与保管，为求有效率最大的‘对费用的相对效果’而进行计划、执行和控制。”

2）1992 年定义，“物流是为满足消费者需求而进行的对货物、服务及相关信息从起始地到消费地的有效率与效益的流动与存储的计划、实施与控制的过程。”

3）2001 年定义，“物流是供应链运作中，以满足客户要求为目的，对货物、服务及相关信息在原产地和销售地之间实现高效率和低成本的正向和反向的流动和储存所进行的计划、执行和控制的过程。”

（3）日本工业标准对物流的定义。日本工业标准（JIS）的定义，“将实物从供给者物理性地移动到用户这一过程的活动，一般包括输送、保管、装卸、包装以及与其有关的情报等各种活动。”

（4）欧洲物流协会对物流的定义。欧洲物流协会的定义，“物流是在一个系统内对人员和商品的运输、安排及与此相关的支持活动进行计划、执行和控制，以达到特定的目的。”

（5）中国国家标准对物流的定义。中国国家标准的定义，“物品从供应地向接收地的实体流动过程。根据实际需要，将运输、储存、装卸、搬运、包装、流通加工、配送、信息处理等基本功能实行有机结合。”

由这些定义可以看出，现代物流包括了更深刻和更广泛的管理内容，不仅是实物物流的管理，还包括相关的信息管理与控制。其范围是从原材料采购，到生产全过程直至营销活动的整个过程，以及对其进行统一的协调管理与控制。具体的内容包括运输、仓储、物料搬运、包装、订单处理、预测、信息处理、采购、生产计划、客户服务、选址、废料处理及逆向回收等相关活动。

4.1.2 物流发展概况

随着经济全球化步伐的加快，信息技术、通信技术等科学技术的发展以及跨国公司的出现，全球采购、本土化生产、全球消费趋势的加强，现代物流得到了前所未有的发展。

1. 全球化的物流

21 世纪是一个物流全球化的时代，经济全球化、企业外包扩大和信息技术的迅速发展必然要求企业物流运作的全球化。在充分开放市场的同时，维护公平竞争的环境，维护客户和公众利益的机制正在进一步完善。大物流公司也开始了它们的全球化扩张战略，大规模的并购和重组是大物流公司战略调整和全球物流市场整合的主要特征。例如，荷兰邮政集团（TPG）对英国的 Taylor Barnard 运输配送公司和美国的 CTI 运输公司的收购；APL 物流公司结盟日本濑户内海九州快递株式会社，收购美国第二大以仓储服务为主业的 GATX 物流公司和德国的 Mare 物流公司等，从中可以看出物流运作全球化正在迅速展开。

2. 优质的物流服务

随着消费多样化、生产柔性化、流通高效化时代的到来，客户对物流服务的要求越来越高，优质的物流服务是物流发展的重要趋势。物流成本不再是选择物流服务的唯一标准，人们更注重物流服务的质量。例如，台湾大荣货运以其顾客至上的精神、主动积极热忱的服务成为台湾第一家荣获 ISO9000 系列国际品质认证的货运公司，并以其优质的服务大大增强了公司的实力；上海友谊集团的物流服务从“产品推销”向“市场营销”发展，为客户提供个性化的物流服务，与客户建立起良好的物流合作伙伴关系。这些公司、集团成功的原因主要是能够提供独特的物流服务，给客户带来高效、可靠的物流支持，使客户在市场上具有独特的、不可替代的竞争优势。

3. 快速发展的第三方物流

第三方物流（Third Party Logistics）是指由供需双方之外的第三方完成物流服务的物流运作方式。第三方以合同的形式在一定的期限内，为企业提供所需的物流服务。第三方物流是商业流通的一个环节，通过提供物流活动来为整个供应链服务。例如，英国的 GKN 货运服务有限公司（GKNFSL）、丹麦 DFDS 运输公司都是提供第三方物流服务的，它们的客户都是知名的跨国公司，保持着良好的合作关系。随着第三方物流业的迅速发展，又出现了第四方物流，甚至是第五方物流。

4. 电子物流的兴起

基于 Internet 和电子商务的电子物流（E-Logistics）正在兴起。电子物流能够让企业迅速、准确、全面地了解所需的信息，可以使企业内部、企业与供应商、企业与消费者、企业与政府之间加强联系和沟通，对货物可以进行在线追踪、在线规划投递路线、在线进行物流调度、在线进行货运检查等，大大提高了物流的作业效率。可以说电子物流将是 21 世纪物流发展的一个趋势。

5. 绿色物流（Environmental Logistics）

绿色物流是融入了可持续发展理念的物流活动，是物流管理与环境科学相融合的结果。通过改革运输、储存、包装、装卸、流通加工等物流环节，在物流过程中抑制物流对环境造成的危害，实现对物流环境的净化，使物流资源得到最充分的利用。这不仅要求减少物流活动对环境可能会造成的不良影响，而且还要求在逆向物流过程中合理回收废旧物品，减少对环境的污染。尽最大可能地对废旧物品再利用，是绿色物流需要考虑的主要内容，也是物流发展的又一趋势。

6. 提高物流技术水平

物流技术主要包括运输、装御、搬运、配送、包装技术、自动化仓储技术、库存控制技术、管理技术、信息技术等，物流技术水平的高低是实现物流效率高低的一个重要因素。国外物流企业使用的技术已达到相当高的水平，正朝着信息化、自动化、智能化、集成化、柔性化和标准化的方向发展。国内物流企业应尽快提高物流技术水平，应对新的挑战。

4.1.3　现代物流系统的要素

物流系统的要素是指物流系统所具有的基本能力，通过对这些基本能力的有效组合，便形成了物流系统的总体功能，能合理、有效地实现物流系统的总目标。

1. 物流系统的一般要素

物流系统的一般要素是物流系统的最基本要素，由三方面构成。

（1）劳动者要素。劳动者要素是物流系统的核心要素。提高劳动者的素质，是建立一个现代化的物流系统并使它高效运转的根本。

（2）资金要素。现代物质交换是以货币为媒介的，实现交换的物流过程，实际上也是资金流动的过程。物流服务本身也需要以货币为媒介，物流系统建设是资本投入的一大领域，离开资金这一要素，物流不可能实现。

（3）实物要素。实物要素是指物流系统的劳动对象，即各种实物。无此要素，物流系统便是无的放矢。

2. 物流系统的功能要素

物流系统的功能要素由运输、储存、保管、包装、装卸搬运、流通加工、配送、物流信息处理和废旧物品的回收与处理等项构成。

（1）运输功能要素。运输是物流的核心业务之一，在物流活动中处于中心地位，也是物流系统的一个重要功能。运输功能要素包括物流中的车、船、飞机等方式的运输，生产物流中的管道、传送带等方式的运输，解决了物质实体从供应地到需求地之间的空间差异，创造了物品的空间效用。运输的方式有很多种（如公路运输、铁路运输、船舶运输、航空运输、管道运输等），选择何种运输手段对于物流效率具有十分重要的影响。

（2）储存功能要素。储存是物流中的又一极为重要的职能，与运输构成物流的两大支柱，同处于中心位置，其他物流活动都是围绕着储存与运输进行的。储存不但缓解了物质实体在供求之间、时空之间的矛盾，创造了商品的时间效用，同时也是保证社会生产连续运行的基本条件。储存功能的作用主要表现在三个方面：① 存储与保管物资，能完好地保证其使用价值；② 调节供需矛盾；③ 调节物资运输能力。

（3）保管功能要素。保管功能要素包括堆存、保管、保养、维护等活动。对保管活动的管理，要求正确确定库存数量，明确仓库的功能是以流通为主还是以储备为主，合理确定保管制度和流程，对库存物品采取区别管理的方式，力求提高保管效率，降低损耗，加速物资和资金的周转。

（4）包装功能要素。包装功能要素包括产品的出厂包装、生产过程中在制品、半成品的包装以及在物流过程中换装、分装、再包装等活动。包装具有保护物品、便于运输、美化商品、促进销售等功能，它可以保护货物在运输、存储过程中免遭因冷热、干湿、碰撞和挤压等损害所造成的损失，使货物完好地运送到用户手中，还可以通过包装装饰形式取悦于消费者，达到促销的目的。

（5）装卸搬运功能要素。装卸搬运是伴随着运输和存储而产生的必要的物流活动，装卸搬运功能要素包括对输送、保管、包装、流通加工等物流活动进行衔接的活动，以及在存储、保管等活动中为进行检验、维护、保养所进行的装卸搬运活动。装卸和搬运作业质量的好坏、效率的高低是整个物流活动的关键，也是顺利实现运输、储存等物流活动的基本保证。对装卸活动的管理，主要是确定恰当的装卸方式，力求减少装卸次数，合理配置及使用装卸机具，做到节能、省力、减少损失、加快速度，获得较好的经济效果。

（6）流通加工功能要素。流通加工功能要素又称流通过程的辅助加工活动，是在流通领域的生产过程中，对商品所做的辅助性加工。这种加工可以更有效地满足客户的需要、促进销售、弥补生产过程的加工不足、更好地衔接供需双方、更合理地利用资源。加工内容非常丰富，有装袋、定量小包装、配货、拣选、分类等，还有生产外延的流通加工，如打孔、折弯、组装、改装等。在物流过程中，流通加工同样重要，在提高运输效率、改进产品品质等方面起着不可低估的作用。

（7）配送功能要素。配送功能要素是物流体系中的一种综合的、特殊的形式，是物流进入最终阶段，以配送、送货形式最终实现资源配置的活动。传统的物流将配送活动看成是运输活动中的一个组成部分，是短距离的运输，未将其独立作为物流系统实现的功能，没有当作独立的功能要素对待。从实质上，配送作为现代物流的标志，又是整个物流活动的一个缩影，集经营、服务、库存、分拣、装卸搬运于一身，已不是简单的送货运输所能包含的。配送作业内容主要包括：进货、搬运、储存、盘点、订单处理、拣货、补货、出货等。

（8）物流信息处理功能要素。随着物流全过程服务的发展，顾客对上述各项要素有关的活动计划、预测、动态（运量、收、发、存数）信息，以及有关的费用、生产和市场信息等，无时限沟通的要求越来越强烈，对信息进行及时、有效的传递和处理也显得更加重要。现代物流也需要依靠信息技术才能保证物流体系的正常运作。信息是连接运输、储存、保管、包装、装卸搬运、流通加工、配送等各功能要素的纽带，同时一些诸如物价、市场、交易等商业信息也为物流的运作提供了依据。没有各个物流环节之间信息的通畅、及时传递和处理，也就没有物流活动的时间效率和管理效率，也就失去了现代物流的整体效率。

由此可见，信息功能是物流活动顺畅进行的保障，是物流活动实现高效率、高效益的前提，也是现代物流企业的又一重要标志。

（9）废旧物品的回收与处理。废旧物品的回收与处理是为了恢复物品价值、合理处置废旧物品和包装材料等，包括对生产和消费过程中的废弃物进行收集、分类、加工和处理，还包括对不合格的材料或残次品进行退货、包装品的回收利用，以及其他原因造成的对产品的回收。具有不确定性、逆向性、处理费用高等特点。在节约社会资源、降低物料成本、提高企业形象、促进企业不断创新、增强企业竞争力等方面有着其他物流活动不可替代的优势。

3. 物流系统的支撑要素

物流系统的建立离不开社会环境要素的支撑，尤其是处于复杂的社会经济系统中，要确定物流系统的地位，要协调与其他系统的关系，这些要素都必不可少。主要包括以下内容：

（1）体制与制度。物流系统的体制与制度决定了物流系统的结构、组织、领导和管理方式。管理方式以及系统的地位，是物流系统运行的重要保障。有了这个支撑条件，物流系统才能确立在国民经济中的地位。

（2）法律法规。物流系统的运行，不可避免地涉及企业或个人的权益问题：法律法规一方面限制和规范物流系统的活动，使之与更大的社会系统协调，另一方面是给予企业或个人权益的保障。合同的执行、权益的划分和责任的确定等，都要依靠法律法规进行维系。

（3）行政命令。物流系统与一般系统的不同之处在于，物流系统关系到国家、军事和经济的命脉，因此，行政命令等也常常是支持物流系统正常运转的重要支持要素。

（4）物流系统标准化。标准化是保证物流系统中各个环节协调运行，保证物流系统与其他系统在技术上实现联结的重要支撑条件。

4. 物流系统的资源要素

物流系统的建立和运行，需要有大量的技术装备和基础设施，这些装备与设施的有机联系对物流系统的运行有着决定意义。资源要素对物流系统的运行是必不可少的，主要有以下几个方面：

（1）物流设施。物流设施是组织物流系统运行的基础条件，包括物流站、场，物流中心、仓库，运输线路，建筑、公路、铁路和港口等。

（2）物流装备。物流装备是保证物流系统运行的条件，包括仓库货架、进出库设备、加工设备、运输设备、装卸机械等。

（3）物流工具。物流工具是物流系统运行的物质条件，包括包装工具、装卸工具、劳动工具、办公设备等。

（4）信息技术与网络技术。信息技术与网络技术是掌握和传递物流信息的主要技术，根据所需信息水平的不同，需要的技术与设备也不同，主要有通信设备及线路、传真设备、计算机及网络设备等。

（5）组织与管理。组织与管理是物流网络的“软件”，起着连接、调配、运用、协调和指挥其他各要素的作用，保障物流系统目标的实现。

4.1.4　现代物流的作用

许多经济学家和企业家，将物流业视为“尚待开发的金矿”“第三利润的源泉”“经济界的新大陆”，它在推动现代经济发展和提高社会经济效益等方面发挥着重要的作用，经济地位日显突出，已成为国民经济的重要组成部分。

1. 物流的增值作用

现代物流的核心是创造价值，而物流创造价值的基本途径之一就是创造效用。具体表现为增加了产品和服务的空间效用、时间效用、占有效用、形态效用、品种效用、信息效用和风险效用等。

（1）空间效用。空间效用是指有效地克服产品生产和消费在空间上的差异而创造价值。经济的全球化发展更加突出地体现了这一点。不同的地区具有不同的生产优势和生产结构，即使是同一产品，由于现代社会的产业结构和社会分工的存在，在不同地区其价值也不同，物流通过改变产品的地域空间位置实现了价值的增值。

（2）时间效用。产品从生产到消费的过程是一个时间延续的过程，时间效用是指通过调整这个过程的时间所创造的价值。例如，生产过程中原料的及时送达，不但保证了生产的连续性，也节省了库存成本。在市场中，抓住需求信息的提前量也同样产生时间效用。例如，时令性或集中性消费产品的生产，是一种长期连续的生产，通过仓储、运输等物流活动，不仅解决了生产和消费在时间上的矛盾，还增加了产品的时间效用。

（3）占有效用。通过营销手段、技术支持、客户服务等手段，直接或间接地增加消费者需要某种产品或服务的愿望，帮助消费者实现这种愿望的同时，也就实现了占有效用。占有效用与时间、空间效用是互相依存的。时间与空间效用只有通过占用效用才能够实现，反之，如果没有时间与空间效用的实现，消费者便实现不了拥有产品或服务的愿望，或者根本就没有这种愿望，占有效用的实现也就无从谈起了。

（4）形态效用。形态效用是指在生产产品或服务的过程中，通过加工、包装等手段使产品或服务以适当的形式提供给用户。例如，将各种电子元件组装成整机出售、将产品进行包装后再出售等，都产生了产品的形态效用。

（5）品种效用。消费者所需的产品是多种多样的，而专业化的生产厂商生产不能满足这一需求。物流则集中了不同的产品提供给消费者，解决了这一问题，同时创造了品种效用。

（6）信息效用。21 世纪是信息的时代，信息在商业运作及经济管理中起着举足轻重的作用，例如，产品供求信息、产品使用说明、行业发展情况、用户反馈意见等各种信息都会出现在整个生产、经营活动中。对这些信息进行过滤、筛选、整理和分析，总结出规律用于指导生产、经营活动，提高工作效率。在这期间所获得的价值是无形的，也是不可估量的，称为信息效用。

（7）风险效用。在经济活动中隐藏着许多风险，例如，质量风险、财务风险、信贷风险、汇率风险、政策风险、金融风险等。谁来承担这些风险责任，常常会引发供求各方的争论，不仅浪费物流运作的时间，还会极大地增加交易成本。由专业的物流企业来承担这些风险无疑会极大地增强供求双方的信心，加快物资流通的速度和再生产的过程，节省了各种成本。

2. 物流在经济中的作用

（1）物流是保证社会生产顺利进行的必要条件。社会生产是人类社会发展、繁衍的物质基础，生产与消费是一个互相依附、循环往复的过程。生产过程中的原材料采购、产品的生产、包装、运输、配送、销售、客户服务，废旧物资的回收、再利用等，都需要物流系统的支持才能顺利地进行。即使在企业内部，各种生产资料也要在各个生产部门和工序之间传送，经过加工才能成为最终产品。由此可知，不论是在企业的内部，还是在整个社会的生产过程中，没有物流相伴，生产将会受到影响，甚至不能进行。

（2）物流是国民经济的循环系统。在经济社会中，存在着众多的产业部门、企业单位、商业机构等，它们之间的关系错综复杂，既相互依赖又彼此竞争。物流正是这些企业、商业之间联系的媒介，通过物流的作用，将它们及其产品、信息和服务等有机地结合成当今社会生机勃勃的经济实体。同时将社会经济中的各个部分有机地结合起来，构成了一个时间上延续、空间上存在的发展实体。

（3）物流与商流是实现商品价值和使用价值的基础。物流和商流是两个相对的概念，商流是实现商品价值与使用价值，经过商流，产品完成所有权、支配权、使用权的转移；物流解决的是产品从产地到销售地的运动。二者相辅相成，形影相随，既相互关联又各具特点。商流的兴旺，会带动物流的发达，反之如若物流的发展滞后，也会影响商流的发展。

（4）物流是决定生产规模和产业结构的重要因素。物流技术的发展为生产的社会化、专业化、规模化和协调、可持续发展提供了强有力的支持和保障。当今社会生产发展的趋势，要求商品生产要有规模和产业结构要优化，没有物流技术的相应发展，这些是难以实现的。只有生产规模和物流规模相适应，社会的商品生产才能持续发展，这是市场经济的客观要求。一般情况下，只有物流规模、物流的运载能力、物流的效能达到一定水平，商品的生产规模才可能扩大。物流技术的发展，进一步促进了生产力的布局和产业结构的优化。高新技术的应用，使得物流效率更高，其促进作用就更加明显。

（5）现代物流是“第三利润源”。良好的物流管理不仅可以降低企业的成本，提高企业的微观经济效益，而且还可以提高整个社会生产的宏观经济效益。在提高微观经济效益方面，物流的作用表现在三个方面。

1）降低企业运营成本。物流成本是构成生产成本和流通成本的重要组成部分，这部分成本约占商品价值的 30%～50%，甚至更多，一般包括库存费用、运输费用和管理费用三部分，另外还可以有配送费用、信息服务费用等。物流活动在商品的生产周期上占有很大的比例，物流活动所用时间一般情况下是商品加工时间的 20 倍左右。因此，要采用先进的物流技术，提高物流服务效率，降低企业的物流成本。

2）减少流动资金占用。企业的流动资本对企业的资金状况有很大的影响。物流服务水平和物流效率的提高可以减少生产过程中的资金占压，提高库存周转率，增加客户的满意度，加速资金流的速度，减少对流动资本的占用。

3）提升企业竞争力。物流提高了企业产品在市场上的占有率，增加了企业的销售收入，物流服务的高效率为企业赢得更高的价值回报，提升了企业的竞争力。

物流系统占用的社会资金多少及其在经济中的比重，直接关系到整个社会经济效益的水平。例如，2000 年我国 GDP 为 8.94 万亿元，物流费用为 1.78 万亿元，约占 GDP 的 20%，同时期美国等发达国家全社会物流费用不足 GDP 的 10%。物流水平越高，周转速度也就越快，流通费用越少，因此，提高了社会的经济效益。

3. *物流在组织中的作用*

随着物流管理的深化，物流涉及的范围也在不断扩大，企业在整个经营组织中开始考虑物流活动，使物流在组织中的作用越来越重要。企业本身就是一个组织，其内部可以根据职能、业务、工作地域等进行划分，例如，生产部门、销售部门、财务部门等，都是企业的组成部分。随着人们对物流认识的逐渐加深，物流活动逐渐从各个部门中分离出来，形成了独立的部门。然而，它们之间的相互作用仍然是不可忽视的，例如，销售部门都是以营销理念为中心进行日常运作的，随着物流理念的发展，客户服务逐渐替代了营销的主导位置，成为许多组织特别是销售部门重新整合的重要因素。

现代物流要求企业及其内部各部门的组织结构和管理模式与之相适应，使信息传递更为顺畅，并且能够得到及时有效的处理。物流与组织的发展相辅相成，物流的运作与进步需要以适当的组织结构为基础，同时又对组织的完善与发展提出了更高的要求。

4.1.5 现代物流的分类

物流在社会生产过程中涉及的领域极为广泛，虽然其功能要素基本相同，但是应用在不同的领域，其目的、对象、范围都不尽相同，这就决定了物流存在着各种不同的类型。对物流的分类有很多，目前还没有统一的标准，从不同的角度可以将物流分成不同的类型。从整体和局部的角度，物流可以分为宏观物流和微观物流；从空间概念上，物流又可以分为国际物流和区域物流；从物流的活动上，物流可分为一般性物流和特殊性物流；按照物资的流向，物流活动可分为正向物流和逆向物流；按照物流涉及的社会主体范围，可以分为社会物流和企业物流；按照物流与企业的所属关系的不同，物流又可划分为自营物流和第三方物流。

4.1.6 现代物流业的构成

物流业目前由四大行业构成，这四大行业又由 17 种小行业组成。

1. 四大行业

（1）交通运输业。交通运输是物流业的主体行业，不但包括各种不同运输形式的小行业，而且还包括对交通运输起支撑、保证和衔接作用的许多行业。因此，交通运输业本身便是一个综合若干小行业的大行业。

（2）储运业。储运业是以存储为主体的兼有多种职能的行业，包括若干小行业也包括和储存联系密切的运输业。我国的储运业有五个行业，即军队储运业、物资储运业、粮食储运业、商业储运业和乡镇储运业。

（3）通运业。通运业是货主与运输业之外的第三者从事托运和货运委托人的行业。各种运输业除了直接办理承运手续以外，都由通运业从事委托、承办和代办等实现货主的运输要求。通运业是物流业中发展迅速的一个行业，在国外已达到了较大规模，是国外物流业中的主要行业之一，在我国该行业是新兴行业，尚未达到一定规模。

（4）配送业。以配送为主体的各个行业，这个行业要从事大量商流活动，是商流、物流一体化的行业。

2. 17 种小行业

物流业的四大行业之下还有许多小行业，其中不少小行业同时属于两个或两个以上的大行业：

（1）铁道运输业。铁道运输业包括与铁道运输有关的装卸、储运、搬运等，在物流概念中是属于运输范畴的活动，其主要业务有整车运输、集装箱运输、混载货物运输和行李货物运输四类。

（2）汽车货运业。汽车货运业分为一般汽车货运和特殊汽车货运两个领域，一般汽车货运业从事长途或区域内货运；特殊货运业从事超长、超大、超重货物或危险品、特殊物品的货运。汽车货运业在许多领域是附属于其他行业的。例如，为配合仓储发货的汽车运输，为实现配送的汽车运输，为增加铁道、航空、水运等服务功能的汽车运输等，都各自隶属于主体行业。

（3）远洋货运业。远洋货运业就是从事海上长途运输的船运行业，一般称为海运业。这种行业的业务活动是以船舶运输为中心，还包括港湾装卸和运输、保管等，这种运输往往是国际物流的一个领域。远洋运输业主要包括船舶运输、船舶租赁和租让、运输代办等。

（4）沿海船运业。主要从事近海沿海的海运。

（5）内河船运业。在内河水道从事船舶货运的行业。

（6）航空货运业。航空货运业又分为航空货运业和航空货运代理业，前者是直接接受货主的运货委托，后者是中间人行业，受货主委托，代办航空货运。航空货运业主要包括国际航空货运、国内航空货运、快运、包机运输等。

（7）集装箱联运业。集装箱联运业是专门办理集装箱“一票到底”联运业务的，可以完成各种运输方式的联合运输，并组织集装箱“门到门”运输、集装箱回运等业务。

（8）仓库业。以仓库存货为主体的行业，主要业务包括代存、代储、自储等。

（9）中转储运业。以中转货物为主的仓储业。

（10）托运业。以代办各种小量、零担运输和代办包装等为主体业务的行业。

（11）运输代办业。以代办大规模、大批量货物运输为主体业务的行业。

（12）起重装卸业。以大件、笨重货物装卸、安装和搬运为主体业务的行业。

（13）快递业。以承接并组织快运快送服务为主体的行业。

（14）拆船业。以拆船加工为主体的行业。

（15）拆车业。以拆解汽车为主体的行业。

（16）集装箱租赁业。专门从事集装箱出租业务的行业。

（17）托盘联营业。组织托盘出租、交换等业务的行业。

4.1.7　现代物流标准体系

物流标准化是从物流系统的整体出发，制定各个子系统的设施、设备、专用工具、信息化等技术的标准、业务工作标准和服务规范等，重点是与信息化技术相关的编码、数据交换格式、数据接口等基础和应用标准。物流标准化是研究各个子系统技术标准和业务工作标准的配合性，研究物流系统与其他相关系统的配合性，将整个物流系统的标准进行统一。

现代物流是一个大系统，各个环节彼此联系，存在着配合与协调等问题，现代物流标准体系的编制应遵循完整性、协调性、层次性、明确性、可扩展性原则。物流标准体系共分三层，层与层之间是包含与被包含关系。

1. 物流标准体系的总体框架

物流标准体系的总体框架包括物流基础标准、物流信息标准、物流设施与技术装备标准、物流作业流程标准、物流管理标准、物流服务标准六个部分。这六个部分包括了所有的物流技术标准，是标准体系表的第一层次。

2. 物流标准体系的第二层

物流标准体系的第二层是由第一层的六个部分扩展而成，共包括 27 个方面。

（1）物流基础标准：① 物流术语标准；② 计量单位标准；③ 模数尺寸标准。

（2）物流信息标准：① 编码与标识标准；② 数据采集标准；③ 物流数据结构标准；④ 物流信息交换标准；⑤ 物流信息系统及相关标准。

（3）物流设施与技术装备标准：① 基础设施标准；② 运输工具标准；③ 储运设备标准；④ 装卸设备标准；⑤ 包装容器标准。

（4）物流作业流程标准：① 运输作业标准；② 包装作业标准；③ 装卸/搬运作业标准；④ 配送作业标准；⑤ 储存作业标准；⑥ 流通加工作业标准；⑦ 关键作业流程标准。

（5）物流管理标准：① 规划与设计类标准；② 评估类标准；③ 统计类标准。

（6）物流服务标准：① 物流服务设计规范；② 物流服务分类标准；③ 物流服务质量规范；④ 从事物流管理企业资质认证标准。

3. 物流标准体系的第三层

物流标准体系的第三层是由第二层扩展而成，共分若干个方面，每个方面又都可以继续扩展成若干个更小的方面，每一个更小方面都可以组成本专业的一个标准系列或一个标准。

鉴于信息技术在物流业中的作用，我国目前急需对物流标识体系、自动识别与数据采集技术及标准化、信息交换技术及标准化进行系统的研究，并制定相关的标准或规范。

4.2 现代物流信息概述

4.2.1 现代物流信息的概念

随着商品经济的发展，商品流通分解为商流、物流和信息流。这三种流的关系是：商流产生了物流和信息流，而信息流决定着商流和物流。物流信息是物流活动所必需的信息，既包括伴随物流活动产生的信息（例如，运输工具、运输路线、在途货物的跟踪、仓库库存、最佳库存数量等），也包括在物流活动以外发生的，对物流活动有影响的信息（例如，商品交易信息和市场信息等）。

1. 物流信息的含义

物流信息是反映物流各种活动内容的数据、符号、资料、图表、图像、情报、指令、消息等的统称，是物流活动过程中，各个环节产生的信息。物流信息是伴随着从生产到消费的物流活动而产生的，与物流过程中的运输、保管、装卸、包装等各种职能结合在一起，是整个物流活动必不可少的要素。例如，在物流中对各项活动进行预测、计划和分析时，还需要提供物流费用、生产情况、市场动态等有关信息。

数据是构成信息的“原材料”，物流信息是经过物流信息系统处理后得到的“产品”。物流情报是物流信息的一部分，需要经过特殊方式和渠道进行传送的最新的情况、报导，具有一定的目的性和很强的时效性。

物流消息是物流信息的外壳和形式，物流信息是物流消息的核心内容，不同的物流消息所包含的信息量是不同的。

2. 物流信息的特点

与其他信息相比，物流信息具有以下特点：

（1）信息量大。物流信息随着物流活动大量产生，多品种少批量的生产和多频度小数量的配送使库存、运输等物流活动频繁，信息量剧增。随着企业间合作倾向的增强和物流信息技术的发展，物流活动产生的信息量会越来越大。

（2）更新速度快。物流信息的更新速度快。例如，多品种、少批量生产和多频次、小批量配送，以及利用 POS 系统的即时销售等，使物流、销售活动频繁，要求物流信息不断更新，而且更新的速度越来越快。

（3）信息来源多样化。物流信息不仅包括企业内部的信息（例如，生产信息、库存信息和销售信息等），而且还包括企业间的物流信息以及与物流活动有关的其他信息。企业竞争优势的获得需要供应链中各企业之间的相互协调、合作，协调合作的重要条件就是物流信息的及时交换，这就要求企业的物流信息来源多样化，例如，需要掌握与物流活动相关的道路、港口、机场等与社会物流基础设施有关的信息，并且要将这些物流信息标准化和格式化，利用 EDI 在相关企业间进行传递，实现信息共享。

（4）不一致性。物流信息是在物流活动过程中形成的，信息的产生、处理在时间和地点上不一致，以及采集周期和衡量尺度不一致，使物流信息在应用方式上不一致。

3. 物流信息的特性

（1）可得性。物流信息必须具有容易而又始终如一的可得性。即在需要的时候能够方便及时地获得所需的信息，并且以数字化的形式获得。目前，企业获得的有关物流活动的重要信息，多数是以书面形式表达的，很难进行计算机处理。

对于消费者可得性也是必要的，因为顾客要不断地获得有关货物存取和订货状态方面的信息。另外，物流作业的分散化，要求物流企业对信息具有较强的获取能力，并且能从国内甚至世界范围的任何地方，都能方便地对信息进行存取和更新，以便借助较强的信息可得性来减少物流作业和制订计划的不确定性。

（2）准确性。物流信息必须准确地反映当前物流的状况和定期的活动状态，以衡量顾客订货和存货的水平。准确性是指物流信息系统的报告与实际状况的差异程度。例如，平稳的物流作业要求实际的存货量与物流信息系统报告的存货数据的误差率应在 1%以下。当实际存货量和信息系统的存货数据之间的准确性较低时，就必须采取缓冲存货或安全存货的方式来适应这种不确定性。提高信息的准确性，可以减少为安全存货而增加的库存量。

物流信息反映了物流系统的状态，不准确的信息和物流作业过程的延迟都会削弱物流系统的表现。因此，物流信息的质量是物流作业质量的关键因素。

（3）及时性。及时性是指物流活动的发生与该活动在物流信息系统中的反应之间存在的时间差。例如，产品从“在制品”状态进入“制成品”状态，存货量的更新应是及时的。尽管实际是连续的产品流，但是信息系统的存货状况是按固定的时间（如按每小时、每班，甚至是每天）进行更新的。显然，采取实时更新或立即更新则更具及时性，但是这会导致记录工作量的增加。采用条形码扫描和 EDI 等方法，有助于及时而有效地更新数据。

物流信息必须能够及时地提供给管理者。及时的信息减少了不确定性，减少了存货需要量，并增加了决策的准确性。

（4）分布性。物流的活动范围很大，物流信息伴随着物流分布在不同的地点，因此，物流信息的信息源多、信息量大、分布面广。随着物流活动的不断扩展，需要在全球范围内对物流信息进行收集、处理和加工。在这个大范围内若不能实现信息管理的统一和标准化，信息就缺乏通用性。

（5）动态性。物流信息动态性特别强，信息的价值衰减速度也很快，这是由物流活动的复杂性和物流客户的多样性所决定的。物流信息在不同的物流活动阶段有不同的变化，这就需要具备对动态信息的捕获和揭示能力。例如，超市销售的商品种类和数量在一天里甚至一小时里都会有很大的变化。

4. 物流信息的传递特征

物流信息的传递特征主要有以下四个方面：

（1）传递成本低。物流信息是借助于实物性的传输介质，实现非实物化信息的传递，因此传递成本较低。

（2）传递速度快。物流信息传递的速度比实物化的物流速度要快不知多少倍，并且随着信息技术的创新，还在不断地提高，物流信息传递中的“拥挤”现象得到了明显地改善。

（3）占据的空间小。物流信息的传递载体和中继站所占空间非常小。

（4）传递方式多。物流信息流传递的方式，随着信息技术的发展越来越多，如光纤通信、卫星通信、电缆通信、蜂窝式通信和数字通信等，并且信息传递方式还在进一步地发展。

4.2.2 现代物流信息的作用

物流信息有助于物流从无序趋向有序转变。在信息不充分的情况下，物流往往不能选择最合理的路径，在物流信息充分的作用下，物流将会容易地选择最合理的流向，导致物流的有序化。物流的有序化使“盲目运输”和“舍近求远”的情况减少到最低程度，使货物位移的平均运距缩短，在物流统计中表现为货物运输周转量的减少。

物流信息是伴随着物流活动而产生的，贯穿于物流活动的整个过程，在物流活动中起着中枢神经系统的作用，它不仅对物流活动具有支持和保证的作用，而且还具有对物流系统进行整合优化的作用。正是由于物流信息具有这些作用，使得物流信息在现代企业经营战略中，占有越来越重要的地位。建立物流信息系统，提供迅速、准确、及时、全面的物流信息是现代企业获得竞争优势的必要条件。物流信息的作用主要表现在下述三个方面。

1. 物流信息在物流规划中的作用

物流战略规划的制定，关键在于能否获取正确的内、外部信息。如果缺乏必要的信息，或信息的准确性差，战略规划就无法作出，甚至会作出脱离实际的规划决策。

物流信息在建立长期战略规划模型中发挥着重要作用。物流信息对物流预算的制定，以及控制预算等方面起着非常重要的作用。物流信息在订货、库存管理、仓库管理、装卸、包装、运输、配送等具体物流环节计划的制订，例如，安排物流节点，决定库存水平，确定运输手段，制订运输计划、配货的最佳搭配等方面都发挥着重要的作用。

2. 物流信息在物流实施中的作用

（1）物流信息使物流活动形成有机的整体。物流信息使物流活动形成一个有机的整体系统，有助于物流活动各环节之间的相互沟通和衔接。物流系统有物流信息的作用，不再是各个独立活动的组合，而是各组成部分的有机联系和密切的组合。物流系统内各组成部分的相互衔接是通过信息进行沟通的，而且系统内基本资源的调度也是通过信息的传递实现的。通过物流信息的指导，才能保证物流活动的正常运转。例如，企业在收到客户的订货信息后，要检查商品的库存信息，如果有，就可以通知配送部门进行配送活动；如果没有，就要发出采购或生产信息，通知采购部门进行采购活动，或由生产部门安排生产，以满足顾客需要。配送部门得到配送信息之后，会按照配送信息的要求设计配送方案，产生对商品的运输信息；运输部门对商品按照配送计划实施运输；在商品运输的前后，配送中心还会发出装卸信息，指导商品的装卸过程；当商品运送到顾客手中之后，还要传递相应的反馈信息。因此，物流信息连接着物流活动的各个环节，并指导各个环节的工作，起着桥梁和纽带的作用。

（2）物流信息对物流活动的各个环节起控制协调作用。物流信息对物流活动的各个环节起控制与协调的作用，如果信息失误，则指挥活动便会失误，如果没有物流信息，整个物流系统便会瘫痪。要组织物流活动就必须依赖物流信息的沟通，只有通过高效的信息传递和反馈才能实现整个系统的合理有效的运行。例如，根据客户订货信息和库存反馈信息安排采购或生产计划，根据出库信息安排配送或货源补充，等等。因此，利用物流信息，能够有效地支持和保证物流活动的顺利进行。物流信息系统就像传递中枢神经信号的神经系统，高效的信息系统是物流系统正常运转的必要条件。

（3）物流信息能够提高物流管理和决策水平。有效的物流管理可以提高客户服务水平，物流管理需要大量准确、及时的信息和协调物流系统运作的反馈信息。任何信息的遗漏和错误，都将直接影响物流系统的运转效率和效果。物流系统产生的效益来自于整体物流服务水平的提高和物流成本的下降，物流服务水平的提高，必须有畅通的物流信息在物流过程中起协调作用。物流管理通过加强各个活动环节之间的信息交流与协调，使其中的物流和资金流保持畅通，实现供需平衡，提高经济效益。

（4）物流信息是物流活动的支撑和保障。物流信息对物流活动的支撑和保障作用，体现在物流信息对全部物流活动所起的支持作用，没有这种支持，物流设备、设施再好，也很难正常运转。当然，只有物流信息的支持，而没有物流本身的技术水平、管理水平提高，物流活动也不会达到一个高水平。只有支撑体和本体都保持高水平，才会有整体的高水平。

物流信息对物流活动还有决定效益的作用。物流系统的优化，各个物流环节优化的办法、措施，例如，选用合适的设备、设计合理的路线、决定最佳库存等，都要切合物流系统实际，即都要依靠能够反映实际情况的物流信息。否则，任何物流活动都会带有盲目性。所以，物流信息对提高物流经济效益起着非常重要的作用。

（5）物流信息是物流预测和订货依据。

1）物流预测。物流预测就是预计未来的需求，指导库存定位，满足预期的顾客需求。预测使物流经理能够利用物流信息达到控制物流作业的目的，在诸如及时性、快速反应，以及持续供应等方面对顾客的需求做出更快的响应。由于大量的物流是在未来的需求之前发生的，不准确的预测会引起存货的短缺或过剩，过分乐观的预测会导致不恰当的存货定位。

2）订货管理。订货管理工作涉及处理具体的顾客需求，顾客订货是物流过程中的一项主要活动。物流服务既对外部进行，也对内部进行。外部对象包括消费产品或服务的顾客，以及进行分销的贸易伙伴；内部对象包括企业内需要的物流，承担其指定工作的组织单位。订货管理的过程涉及从最初的订货到交付、开票以及通常的托收等与顾客发生关系的方方面面。

订货信息在具体的顾客需求方面可能不准确。处理不准确的订货将产生无效的物流成本，因为退货要增加物流成本。由此可知，物流信息需求中的每一个错误都会对总的供应链产生潜在的隐患。

3. 物流信息在物流评价中的作用

物流评价就是对物流活动的实际效果进行评述。物流信息在物流评价中的作用很大，由于物流活动地域广阔，内容十分丰富多彩，为了把各种物流活动维持在合理的状态，就要制定一个“物流活动范围”，同时还要规定物流系统的评价标准。

然而只限制范围并不能保证维持其合理性，还需要经常检查计划和效果，对差距大的地方加以修正。正是这样的反复循环，才能使物流进入更合理的状态。

物流活动的地域范围广泛，活动内容繁多，对物流的效果很难控制，因此，只有掌握物流活动的全部信息，才能作出正确的评价。例如，订货处理系统，可以是以日或月，甚至是年输出必要的数据，日常控制使最终的评价活动得到完善。

4.2.3 现代物流信息的分类

对物流信息进行分类是一项基础工作，物流信息的分类方法很多，主要有下述六种。

1. 按物流信息产生和作用领域分类

按信息产生和作用的领域，物流信息可分成由物流活动产生的信息和由其他信息源产生并供给物流使用的信息两类。在物流信息处理工作中，前一类是发布物流信息的主要来源，可以用于指导物流活动，也可以作为经济领域的信息提供给社会其他部门使用。后一类是物流信息处理工作收集的对象，是其他社会领域（如经济领域、工业领域）产生的，对物流活动有指导作用的信息。

2. 按物流信息的来源分类

物流信息根据来源划分，分为物流系统内部信息和物流系统外部信息两个方面。

（1）物流系统内部信息。物流系统内部信息是指随着物流活动而产生的信息，包括交通运输信息、包装信息、流通加工信息、仓储信息、装卸搬运信息和配送信息等。物流是一个系统工程，强调系统的整合性和协调性，因此，信息传递的及时性和通畅程度对物流系统有着重要的影响。各个物流环节信息的整合和系统化筛选是十分重要的，每个环节的信息都不能间断，否则物流系统的整体优势就会受到影响，甚至失去物流本身存在的意义。

（2）物流系统外部信息。物流系统外部信息是指在物流活动以外发生的，供给物流活动使用的信息，包括商流信息、资金流信息、生产信息、消费信息以及国内外政治、经济、文化等信息。例如，零售商根据对消费者需求的预测和库存状况制订购货计划，向批发商或直接向生产厂家订货，等等。

3. 按物流信息的功能分类

（1）物流计划信息。物流计划信息是指当作目标确认，还尚未实现的一类信息。如物流计划、仓库进出库计划、车皮计划、与物流活动有关的国民经济计划、工农业产品产量计划等。例如，具体的工作计划安排、协议、合同、投资意向等信息，只要尚未进入具体操作的，都属计划信息，这种信息具有相对稳定性、信息更新速度较慢等特点。这对物流活动有着非常重要的战略意义，因为掌握了这种信息就可以对物流活动进行战略思考。例如，如何规划本企业的长远发展战略等。因此，物流计划信息是物流企业进行战略决策不可缺少的依据。

（2）物流控制与作业信息。物流控制与作业信息是物流活动过程产生的信息，带有很强的动态性，是掌握物流状况不可缺少的信息。例如，库存商品种类、库存量、在运量、运输工具状况、运费、船舶的到发情况等。这类信息的特点是动态性极强，更新速度快、时效性很强。主要作用是控制和调整正在进行的物流活动和指导即将发生的物流活动，实现对过程的控制和对业务活动的微调。

（3）物流统计信息。物流统计信息是指对整个物流活动一种总结性、归纳性的信息。这种信息是一种不变的信息，具有很强的资料性。已产生的统计信息就是一个历史结论，恒定不变。诸如年度、月度发生的物流量、物流品种、运输方式、运输工具种类及其使用量、仓储量、装卸量以及与物流有关的工农业产品的产量、内外贸易量等都属于这类信息。

（4）物流支持信息。物流支持信息是指能对物流计划、业务、作业有影响或有关的文化、科技、产品、法律和教育等方面的信息，例如，物流技术的变化、物流人才的需求等信息。这些信息不仅对物流战略发展具有价值，而且对物流的控制、操作也能起到指导和启发的作用，属于从整体上提高物流水平的一类信息。

4. 按物流信息加工的程度分类

物流地域广泛，过程时间长，决定了信息的发生源多，信息量大。物流信息量过大，导致人们难以收集，无法从中观察和区分哪些信息有用，更无法有效地利用信息。这就是人们所说的“信息爆炸”对物流信息系统有效性的严重影响。因此，需要对信息进行加工，按加工程度的不同可以将信息分成两类。

（1）原始物流信息。原始物流信息是指未加工的物流信息，是物流信息工作的基础，也是最具权威的凭证性信息，可以从原始物流信息中找到真正的依据。如果只重视加工信息忽视了原始信息，一旦有争议、有疑问，无法用原始信息进行核实，在这种情况下，加工信息便毫无意义。因此，应重视原始物流信息的作用，其可靠性是对信息进行正确加工的保证。

（2）加工物流信息。加工物流信息是指对原始物流信息进行加工处理后的物流信息。这种物流信息是对原始物流信息的提炼、简化和综合，将物流信息整理成有使用价值的信息和资料，便于使用。对物流信息的加工处理需要各种各样的加工方法，例如，分类、汇编、汇总、精选、报表、制音像资料、制文献资料和制数据库等。

5. 按物流活动的领域分类

物流活动领域的不同，其活动产生的信息内涵和特征也不同。按照活动领域功能分类，有运输信息、仓储信息、装卸信息和配送信息等。如果细化还可以分成集装箱信息、库存量信息、托盘交换信息、汽车运输信息等。按物流的不同功能领域对信息进行分类是物流管理的基本要求。

6. 按管理层次中信息的功能分类

物流信息是将物流活动的各个功能进行整合的纽带。整合过程就是根据管理层次的划分，建立四个功能层次的物流信息。

（1）操作管理信息。操作管理信息属业务层，主要是处理日常交易行为的信息。这类信息主要包括记录订单的内容、安排存货、选择作业程序、装船过程控制、定价和开票以及解答顾客询问等，通常具有信息量大、发生频率高等特点。

（2）控制管理信息。控制管理信息属管理控制层，这类信息主要包括成本控制、资产管理、顾客服务质量的评价、生产水平和管理质量的控制等。

（3）战术管理信息。战术管理信息属决策分析层，这类信息主要包括存货水平和管理费用、月物流计划完成情况、物流网络及设施的选址与配置、第三方与外源的一体化等。

（4）战略管理信息。战略管理信息属战略决策层，涉及物流企业的发展。这类信息主要包括企业战略联盟的形成、全年经营业绩综合报表、市场动态与市场开发、顾客服务质量分析、国家有关政策法规等。

4.2.4　现代物流信息的主要内容

物流信息的内容涉及非常广泛，主要包括：①与商流的关系，由于物流的货源来源于商业购销业务部门，只有时刻掌握有关货源的信息，才能有针对性地安排物流活动；②与交通运输部门的关系，物流运输除部分短途运输用汽车外，主要的运输工具还是铁路、航运和空运等，只有随时了解车、船和飞机等运输信息，才能使商品流通顺利进行；③对运输市场和仓储市场，要做到知已知彼，还要学习国内外在物流管理方面的有益经验。

物流信息不仅量大，而且来源分散，更多更广地掌握物流信息，是开展物流活动的必要条件。物流信息主要有五个方面的内容。

1. 货源信息

货源的多少是决定物流活动规模大小的基本因素，货源信息既是商流信息的主要内容，也是物流信息的主要内容。货源信息，是物流企业制订物流计划，确定月度、季度以至年度的运输量、储存量指标的依据。货源信息主要有以下的内容：

（1）商业购销部门的商品流通计划或供销合同，委托运输和储存的计划或合同。

（2）工农业生产部门的销售统计和分析，以及相应的运输和储存计划或合同。

（3）社会性物资的运输量和储存量分析，以及相应的运输和储存计划或合同。

根据以上三方面的货源信息的分析，如果掌握的货源大于物流企业的运能时，要从充分发挥物流设施的使用效能，挖掘潜力，尽最大可能满足货主需要，同时在制订物流计划和签订储运合同，可以对货源作出有利于物流企业的选择；反之，如果掌握的货源小于物流企业的运能，则要采取有力的措施，积极组织货源，取得物流企业最大的经济效益。

2. 市场信息

物流企业要从宏观上进行决策，还必须对市场动态进行分析，掌握有关的市场信息。市场是经常变化的，这些变化会直接影响到委托单位所提运输计划和储存计划的准确性，更重要的是，市场的变化趋势要引起物流企业宏观上的思考，在制订远期计划时作出正确的决策。市场信息是多方面的，主要包括以下的内容：

（1）货源信息，包括货源的分布、结构、供应能力。

（2）流通渠道的变化和竞争信息。

（3）运输与价格信息。

（4）市场管理信息。

广义上的市场信息还包括社会上各个物流行业的信息，也就是通常所说的行业信息，随着运输市场和仓储市场的形成，物流行业有了很大的发展，例如，城市近郊的农村仓库发展迅速，社会托运行业的兴起，加之铁路、港务部门直接受理面的扩大等，这些行业的发展，不可避免地吸引部分货源。因此，了解同行的信息，对争取货源、确定竞争对策具有同样重要的意义。

3. 运能信息

运输能力的大小，对物流活动能否顺利开展，有着十分密切的关系。运输条件的变化，例如，铁路、公路和航空运能的变化，会直接影响物流系统对运输工具和运输路线的选择，也会影响到能否及时交货和物流费用的变化。运能信息主要有以下的内容：

（1）交通运输部门批准的运输月计划，包括追加和补充计划。

（2）具体的装车、装船日期；对承运商品，要着重掌握到达车次、日期和时间。

（3）运输业的运输能力，包括各地方船舶和车队的运输能力等。

运能信息对商品储存也有直接的关系，要及时掌握外地待储商品到货的数量和日期，以便安排储存；对库存的待运商品，要密切注意运能动态。了解交通运输的发展趋势和具体进度，对制定物流企业的远景规划和宏观决策，也是十分必要的。

4. 商业物流信息

商业物流信息主要有以下的内容：

（1）商业产生的物流信息。商品在商业物流系统内的各个环节流转，每个环节都会产生相应的信息，例如，在本环节内有哪些商品，每种商品的性能、状态如何，每种商品有多少、在某个时期向下一个环节输出多少商品以及在某个时期需要上一个环节供应多少商品等信息。

（2）供应商产生的物流信息。供应商向零售商物流系统发出发货通知，表明有哪些商品、有多少商品将要进入物流系统等。供应商也是物流信息的来源。

（3）零售商产生的物流信息。

1）零售商向物流系统发出的采购计划信息，包括需要采购哪些商品、采购数量等。

2）零售商物流系统产生的物流信息。零售业每种商品的库存量，需要由配送中心供应哪些商品、供应多少、什么时候供应等。

5. 物流管理信息

加强物流企业的管理，实现物流的系统化，是一项繁重的任务，要尽可能地多收集一些国内外有关物流管理方面的信息。这些信息包括物流企业的管理、物流中心的配置、物流网络的组织，以及自动分拣系统、自动化仓库的使用情况等，借鉴国内外有益的经验，不断提高物流管理水平。

4.2.5 现代物流信息处理概述

物流信息处理是对收集到的物流信息进行筛选、分类、加工及储存等活动。物流信息只有进行处理后，才能方便地使用。在信息量比较大、信息来源比较多而复杂的情况下，信息处理是必不可少的程序。物流信息处理的主要内容有以下九个方面，每个方面又分三个阶段进行。

1. 订货信息处理

（1）计划阶段，选定订货方法；确定订货信息的传递手段等。

（2）实施阶段，订货处理；核对库存；核对装卸能力；核对配送能力；制作进、出货单；迟到货物的管理等。

（3）评价阶段，订货统计分析；退货处理；进、出货管理分析等。

2. 库存信息处理

（1）计划阶段，确定仓库位置与数量；商品库存的合理配置；设定库存预算；拟定标准的库存周转率。

（2）实施阶段，实际库存；进出库处理；移送货物处理；装卸桥状况；卸货货架数量等。

（3）评价阶段，库存预算与库存实际的对比；标准库存周转率与实际周转率的对比；分析过剩与缺货库存；分析商品破损情况；计算保管费用和保险费用。

3. 进货信息处理

（1）计划阶段，确定进货方式；选定进货信息传递方法。

（2）实施阶段，进货；掌握应进而未进的商品；督促进货。

（3）评价阶段，进行进货统计分析。

4. 仓库信息处理

（1）计划阶段，决定租用仓库还是使用自有仓库；确定仓库容积和仓库设备的设计；保管形式的确定；仓库设备投资的核算。

（2）实施阶段，自动仓库的经营；存货场所的指示；仓库设施的安全维护。

（3）评价阶段，分析仓库的使用情况；进行设备故障分析；计算修理费用，计算保养设施费用。

5. 装卸信息处理

（1）计划阶段，装卸方法的设定；确定装卸设备；装卸设施投资的经济核算。

（2）实施阶段，装卸作业指示；装卸商品检查。

（3）评价阶段，装卸费用分析；装卸设施使用分析。

6. 包装信息处理

（1）计划阶段，确定包装形式；决定运输货物的方式；拟定包装标准。

（2）实施阶段，决定包装材料；包装设施的维护；不同包装类型的指示；集装箱的使用情况。

（3）评价阶段，包装费用的分析，事故统计分析。

7. 运输信息处理

（1）计划阶段，选定运输工具；确定运输路线，大宗货物的运送决策。

（2）实施阶段，调配车辆；货物装载指示；跟踪货物。

（3）评价阶段，计算运费；分析装载效率；车辆调动分析；运输路径分析；事故分析。

8. 配送信息处理

（1）计划阶段，确定配送中心的数量和位置；决定配送区域。

（2）实施阶段，配送指示；联络配送货物地点；货物跟踪。

（3）评价阶段，运费计算；分析装载效率；车辆调动分析；计算退货运费；误差分析。

9. 综合系统信息处理

（1）计划阶段，物流综合系统的设计；需求预测。

（2）实施阶段，订货处理；流向跟踪。

（3）评价阶段，综合实效分析；分析综合流通费用；服务时间和服务效率的分析。

4.3 现代物流信息技术

4.3.1 物流信息技术概述

1. 物流信息技术的内涵

物流信息技术是指用于物流领域的信息技术，现代物流的重要特征是物流的信息化，现代物流是物流与信息流的结合，信息技术是影响物流增长与发展的关键因素。信息技术正以前所未有的速度向前发展，通过使用计算机技术、通信技术和网络技术等，加快了物流信息的处理和传递速度，使物流活动的效率和快速反应能力得到大大提高。

2. 与物流有关的信息技术

能扩展人类信息功能的技术都属信息技术，与物流有关的信息技术是指利用计算机和现代通信技术实现信息的获取、传递、存储与处理等技术，主要包括以下四个方面的技术：

（1）传感与识别技术。传感与识别技术是扩展人类获取信息的感觉器官的功能，包括信息识别、信息提取、信息检测等技术。传感技术、测量技术与通信技术相结合产生的遥感技术，使人类感知信息的能力得到进一步的扩展。

信息识别包括文字识别、语音识别和图形识别等。通常是采用一种叫作“模式识别”的方法。

（2）信息传递技术。信息传递技术的主要功能是实现信息快速、可靠、安全地传输。各种通信技术都属于这个范畴，广播技术也是一种信息传递技术。信息的存储与记录可以看成是从“现在”向“未来”或从“过去”到“现在”的信息传递活动，因此，也可将其看作是信息传递技术的一种。

（3）信息处理与再生技术。信息处理包括对信息的编码、压缩、加密、统计、排序和重组等。在对信息进行处理的基础上，可以形成新的、更深层次的决策信息，这信息被称为“再生”信息。信息的处理与再生都有赖于现代计算机的超凡功能。

（4）信息施用技术。信息施用技术是信息过程的最后环节，包括控制技术、显示技术等。

与物流有关的信息技术有传感技术、通信技术、计算机技术和控制技术等，它们是信息技术的四大基本技术，其中计算机技术和通信技术是信息技术必不可少的两大支柱。

3. 物流信息技术的组成

根据物流的功能和特点，在现代物流组织中广泛采用的物流信息技术主要包括电子数据交换、网络通信技术、自动识别技术、信息交换技术、数据（仓）库技术、数据挖掘技术、Web 技术、智能标签技术、条形码与射频技术、地理信息系统（CIS）、全球定位系统（GPS）、信息安全技术等。在这些信息技术的支持下，形成了集数字通信、资源管理、监控调度管理、自动化仓储管理、业务管理、客户服务管理、财务管理等多种业务于一体的现代物流信息系统。

4. 现代物流管理中的信息技术

信息技术在物流系统中的应用，降低了物流成本，提高了物流系统的运行速度、效率和效益，提升了物流系统的管理水平和服务质量，为物流的系统管理创新与变革提供了技术支持，成为提高物流系统生产率和竞争能力的主要因素。现代物流管理运用的信息技术主要包括以下五个方面：

（1）信息化。信息化是现代物流系统的基础，没有物流的信息化，任何先进的技术设备都不能应用到物流领域，信息技术和计算机技术在物流中的应用将会彻底改变世界物流的面貌。物流信息化主要表现在：物流信息收集数字化；物流信息处理计算机化；物流信息传递网络化、标准化和实时化；物流信息存储数据库化。

（2）自动化。物流自动化的基础是信息化，自动化的核心是机电一体化，其效果是省力，目的是扩大物流作业能力，提高劳动生产率，减少物流作业差错，获取更大的利润。物流自动化系统有信息引导系统、自动分拣系统、条码自动识别系统、语音自动识别系统、射频自动识别系统、自动存取系统、货物自动跟踪系统等。

（3）网络化。物流网络化是物流信息化的必然，是电子商务下物流活动的主要特征之一，全球网络技术的普及为物流网络化提供了良好的外部环境。物流网络化有两层含义：①物流配送系统的通信网络用于物流配送中心与供应商或制造商的联系和配送中心与顾客之间的联系，通过电子订货系统（EOS）和电子数据交换（EDI）实现物流信息通信；②组织的网络化，通过公司的内部网络（Intranet）实现公司内部的信息交换。

（4）智能化。物流系统智能化是物流系统自动化和信息化的高层应用，在物流自动化的进程中，也是不可回避的技术难题。目前，应用的技术有物流专家系统、物流预测系统、库存水平评价系统、运输路径选择系统、自动导向车运行轨迹和作业控制系统、自动分拣机运行系统、物流配送中心管理决策系统等。

（5）柔性化。柔性化的理念是“以顾客为中心”，根据消费者的需求组织生产，安排物流活动。柔性化的物流是为适应生产、流通与消费者的需求，发展起来的一种新型物流模式，要求物流配送中心要根据消费者的需求呈现“多品种、小批量、多批次、短周期”的特点，灵活组织和实施物流作业。

5. 物流信息技术发展趋势

经济全球化引发的贸易伙伴大量涌现、廉价商品的来源广泛、市场日益增多等，都迫使不同规模的企业不得不建立联盟、建立网上商业系统和有效的物流系统，以便有效地将商品销售给全球的顾客。于是，物流企业、巨型物流公司都以全球的观点，制定新的策略，力求能在物流的需求与供给之间共享信息，共同合作，从而抓住实时的需求，及时掌握从供应商到消费者的商品流动情况。在这种情况下，信息技术对物流未来的发展起到了非常关键的促进作用。物流信息技术发展趋势主要体现在下述四个方面。

（1）高速、大容量。物流信息系统的速度越来越高、容量越来越大。

（2）业务综合化。现代物流系统的业务越来越综合化，包括业务综合和网络综合。

（3）物流设备数字化。物流设备数字化有两大好处：

1）便于大规模生产。过去生产一台模拟设备需要花费很多时间，模拟电路的每一部分都需要进行单独设计和调试。而数字设备是单元式的，设计非常简单，便于大规模生产，可以极大地降低成本。

2）有利于综合。每个模拟电路的物理特性区别都非常大，而数字电路由二进制电路组成，非常便于复杂性能的综合。

（4）物流信息个性化。物流信息个性化就是个人通信的可移动性和全球性。每个人在世界的任何地方都可以用同样的通信手段了解自己货物的情况，可以利用同样的信息资源和通信方法进行信息交换。

目前，物流业已经成为现代商品流通的基础行业，对商业流通体系，甚至对整个国民经济都有着举足轻重的影响。现代物流引入了新的管理观念和高科技信息技术，已经具备了一套先进的组织方式和管理理念，是现代企业除了降低能耗、物耗和提高劳动生产率以外的利润源泉。

4.3.2 物流信息技术应用案例

美国联邦快递公司（FedEx），成立于1907年，是世界上最大的配送公司，公司向制造商、批发商、零售商、服务公司以及个人提供各种范围的陆路和空运的包裹和单证的递送服务，业务分布于全球的200多个国家。联邦快递公司能在激烈的竞争中生存，且大而不僵，保持着跨国公司的活力，最大的原因就是，联邦快递公司把自己的业务与先进的信息技术相结合，根据业务需求不断地完善自己的管理系统，使整个公司业务在竞争激烈的环境中，有条不紊地发展。2000年，联邦快递公司年收入接近300亿美元，其中包裹和单证的流量约35亿件，平均每天向遍布全球的顾客递送1320万件。

联邦快递公司的核心竞争优势，表面上来源于其15.25万辆货车和560架飞机组成的运输队伍，实际上其成功的原因并非仅限于此。联邦快递公司采取了两大举措，使其牢牢地保持着行业之首的位置。

1. 提供全面的物流信息服务

20世纪80年代初，联邦快递公司以其棕色货车车队和及时的递送服务，控制了美国陆路的包裹和单证快递市场。然而，到了80年代后期，随着竞争对手利用价格策略、跟踪和开单等创新技术，对联邦快递公司的市场进行蚕食，使其收入开始下滑。许多大型托运人希望服务公司能提供全程的配送服务，并且顾客希望通过掌握更多的物流信息，便于自己控制成本和提高效率。随着竞争的加剧，这种服务需求变得越来越迫切。正是基于这种服务需求，联邦快递公司从 90 年代开始致力于物流信息技术的广泛利用和不断升级。当今，提供全面的物流信息已是包裹快递业中一个核心竞争要素。

联邦快递公司通过应用三项以物流信息技术为基础的服务提高了竞争能力。

（1）条形码和扫描仪。条形码和扫描仪使联邦快递公司能够有选择地每周 7 天、每天 24 小时跟踪和报告装运状况，顾客只需拨打联邦快递公司的免费电话，即可获得“跟踪服务”和航空速递服务。

（2）数控笔记本电脑。给联邦快递公司的递送驾驶员配备以数控技术为基础的笔记本电脑，可以在路途上接收递送信息。这种笔记本电脑使驾驶员能够用数字记录包裹接收者的签字，以便及时进行核实。通过电脑协调驾驶员信息，减少了差错，加快了递送速度。

（3）应用最先进的信息技术。联邦快递公司最先进的信息技术应用，是建于 1993 年的一个全美无限通信网络，该网络使用了 55 个蜂窝状载波无线电话。蜂窝状载波电话技术使驾驶员能够把实时的信息从货车上传送到联邦快递公司的中央电脑。无线移动技术和系统能够提供电子数据储存，并能实时跟踪公司在全球范围内的数百万笔递送业务。通过安装卫星地面站和扩大系统，到 1997 年联邦快递公司已经实现了对包裹的实时跟踪。

2. *广泛应用物流信息技术*

以联邦快递公司为代表的企业应用和推广的物流信息技术是现代物流的核心，是物流现代化的标志。尤其是飞速发展的计算机网络技术的应用使物流信息技术达到一个新的技术水平，物流信息技术也是物流技术中发展最快的领域，从数据采集的条形码系统，到办公自动化系统的微机、互联网，各种终端设备硬件和计算机软件都在日新月异地发展。

联邦快递公司通过在以下三个方面进行推广，发挥了物流信息技术的核心竞争优势。

（1）信息技术。在信息技术上，联邦快递公司已经配备了第三代快递资料收集器（DIAD），这是业界最先进的手提式计算机，可以同时收集和传输实时包裹传递信息，也可以让客户及时了解包裹的传送位置。

（2）信息系统。在信息系统上，联邦快递公司将应用在国内运输货物的物流信息系统，扩展到了所有国际运输货物上。这些物流信息系统包括署名追踪系统和比率运算系统等，其解决方案包括自动仓库、指纹扫描、光拣技术、产品跟踪和决策软件工具等。这些解决方案从商品源起点到市场或者最终客户，在整个供应链上帮助公司和客户改进了业绩，实现了双赢。

（3）信息管理。在信息管理上，最典型的应用是联邦快递公司在美国国家半导体公司位于新加坡仓库的物流信息管理系统，该系统有效地减少了仓储量，节省了货品的运送时间。现在联邦快递公司的仓库管理员，将一台扫描仪扫过一箱新制造的计算机芯片，随之就启动了高效和自动化的送货程序。这箱计算机芯片由仓库发往码头，而后送上货车和飞机，在短短的 12 小时内，就会送到国家半导体公司的客户——远在万里之外硅谷的个人计算机制造商手中。在整个芯片运输过程中，由嵌入的电子标签让客户以高达 91.4cm 的精确度跟踪订货。

通过该案例可知，信息技术与信息管理是现代物流的灵魂。物流信息技术通过深入物流企业的业务流程来实现对物流企业各个要素（运、储、配等）进行合理组合与有效利用，降低了物流成本，产生了直接、明显的经营效益。它有效地把各种零散数据变为商业智慧，赋予了物流企业新型的生产要素——信息，大大提高了物流企业的业务预测和管理能力，通过“点、线、面”的立体式综合管理，实现了物流企业内部一体化和外部供应链的统一管理，有效帮助物流企业提高了服务素质，提升了物流企业的整体效益和竞争力。

信息技术有效地为物流企业解决了单点管理和网络化业务之间的矛盾、降低成本和提高客户服务质量之间的矛盾、有限的静态资源和无限的动态市场之间的矛盾、现在和未来预测之间的矛盾等。先进的信息技术为现代物流管理提供了强有力的信息管理工具，并不断地改变着世界物流业的面貌。以现代信息技术和信息管理为基础的现代物流业的发展，也会极大地促进信息技术及其应用的蓬勃发展。

4.4 现代物流信息标准化

4.4.1 物流信息标准化的意义

标准化是指行业或专业领域各分工、各部门或各单位之间为了有效协作、实现共同目标，在质量监管、生产过程、技术平台、服务水准等诸多方面制定统一遵守的规则和标准，完成在这些行业或专业领域协调一致的行动和有效的沟通与整合，促进整个行业或领域的发展。标准化是社会化分工的必然结果，只要有分工就必须有标准化。

物流信息标准化是指制定出不同物流系统之间信息交流与处理的标准，作为跨系统、跨行业和跨地区的物流运作规则，顺利实现企业间的物流信息的交流、不同地区间的物流信息交流、供应链系统的信息交流、不同物流软件系统的信息交流等，最终实现物流系统集成和资源整合的目的。

如果没有共同的标准，物流信息系统在交换数据时需要做特别转换，或者重新进行输出、输入处理；而后再录入输入；或因信息的混乱和无规则使得系统运行出现信息冗余的同时又丢掉了必要的信息，使物流系统瘫痪，严重降低了物流系统的效率。

物流系统发达的国家在推进物流信息化时，为统一国内不同信息系统颇费周折，造成了大量资源的浪费，走过许多弯路。我国的物流信息化刚刚起步，要借鉴国外的经验，采用国家主导、统一标准、统筹规划、联合建设、互联互通、资源共享的原则，与国际信息标准组织合作，大力推进物流信息的标准化，少走弯路，提高效率，促进我国物流现代化的进程。

物流信息系统是跨行业、跨企业，甚至跨国界的系统，涉及交通、仓储、包装、装卸、分拣、配送、生产、采购等多种行业的物流作业，因此物流标准不可能自立门户，另搞一套，而是必须结合物流系统特点，以物流作业为核心，采用包容性和开放性原则，尽量吸收交通、仓储、货运、报关、通信等现行国家信息分类标准，或改进原有标准，在此基础上，建立和完善自己的标准化体系。

4.4.2 物流信息分类编码标准体系

物流信息分类编码标准体系旨在汇集与物流信息系统相关的现有国家标准，提出需要制定的相关国家标准，一方面明确物流信息标准制定工作的要求，另一方面反映现有的标准化状况，为物流信息系统设计人员提供参考，为进一步采用国际标准和国外先进标准做准备。

物流信息分类编码标准化是信息分类标准化工作的一个专业领域和分支，其核心是将信息分类编码标准化技术应用于物流信息系统，实现物流信息系统的自动数据采集和系统间的数据交换和资源共享，促进物流活动的社会化、现代化和合理化。

物流信息分类编码就是对大量的物流信息进行合理的分类，然后用代码加以表示，将物流信息分类编码以标准的形式发布，就构成了物流信息分类编（代）码标准。用计算机进行物流信息处理时，物流信息分类编码标准就显得尤为重要。统一的物流信息分类编码是物流信息系统正常运行的前提条件。物流信息分类编码标准体系重点体现在三个方面。

1. 基础标准

基础标准是制定物流信息分类编码标准时所必须遵循的、全国统一的标准，是物流信息分类编码标准的技术基础和方法指南，具有较长时期的稳定性和指导性。

基础标准主要包括《标准化工作导则 信息分类编码的编写规定》(GB/T 7026－1986)、《标准化工作导则 信息分类编码的基本原则和方法》(GB/T 7027－1986)、《信息分类编码通用术语》(GB/T 10113－1988)、《事务特性表定义和原理》(GB/T 10091－1989)、《标准体系表编制原则和要求》(GB/T 13016－1991)、《文件格式分类与代码编制方法》(GB/T 13959－1992)、《国家标准制定程序的阶段划分及代码》(GB/T 16733－1997)、《数据处理 校验码系统》(GB/T 17710－1999 和 ISO 7064－1983，以及信息业的主要标准《信息分类编码的维护方法和规定》)《信息分类编码标准的管理规定》和《信息分类编码标准的注册规定》等。

2. 业务标准

业务标准是针对物流活动中采购、运输、装卸、仓储、包装、生产物流配送、流通加工等物流各个环节信息交换的技术标准，对物流信息系统建设具有重要的指导意义。业务标准有六个类别。

（1）物品分类编码标准。物品分类编码标准，是描述和表征物品的分类代码，其中不同的分类代码标准适用于不同的场合，主要包括《危险货物分类与品名编号》(GB/T 6944－1986)、《全国工农业产品（商品、物资）分类与代码》(GB/T 7635－1987)、《危险货物品名表》(GB/T 12268－1990)、《瓶装压缩气体分类》(GB/T 16163－1996)、《货物类型、包装类型和包装材料代码》(GB/T 16472－1996)、《中国煤炭编码系统》(GB/T 16772－1997)、《储运单元条码》(GB/T 16830－1997)、《通用商品条码》(GB/T 12904－1998）等，《全国产品分类与代码 可运输产品部分》和《全国产品分类与代码 不可运输产品部分》已替代了 GB7635－1987，《中华人民共和国进出口商品分类和代码》正在制定国家标准。

（2）参与方分类代码标准。参与方分类代码标准，用来标识物流活动的各参与方（如发货人、收货人和保险人等），主要包括《全国组织机构代码编制规则》(GB/T 11714－1997）并采用国际标准 ISO 6523)、《全国组织机构代码信息数据库（基本库）机读格式规范》(GB/T 16987－1997)、《公民身份证号码》(GB/T 11643－1998）等。

（3）位置分类编码标准。位置分类编码标准，实现对物理位置和地理位置的唯一标识（如标识仓库、货位等具体详细的物理位置），主要包括《中国及世界主要海运贸易港口代码》(GB/T 7407－1987)、《县以下行政区划代码编制规则》(GB/T 10114－1988)、《中华人民共和国铁路车站站名代码》(GB/T 13016－1991)、《城市道路交叉口、街坊、市政工程管线编码规则》(GB/T 14395－1993)、《世界各国和地区名称代码》(GB/T 2659－1994)，并采用国际标准 ISO 3166－1993、《中华人民共和国口岸及有关地点代码》(GB/T 15514－1995)、《位置码》(GB/T 16828－1997)、《中华人民共和国行政区划代码》(GB/T 2260－1999）等，《中国机场名称代码》和《仓储货位分类代码编码规则》正在制定国家标准。

（4）运输分类编码标准。运输分类编码标准，对车辆、船舶和集装箱等进行标识，主要包括《集装箱运输状态代码》(GB/T 4290－1984)、《货物运输常用残损代码》(GB/T 14946－

1994）、《集装箱常用残损代码》（GB/T 15119－1994）、《国际集装箱货运交接方式代码》（GB/T 15419－1994）、《道路车辆分类与代码——机动车》（GB/T 918.1－1989）、《道路车辆分类与代码——非机动车》（GB/T 918.2－1989）、《国际航行船舶识别代码》（GB/T 12410－1990）、《内河船舶分类与代码》（GB/T 16158－1995）、《民用航空业信息分类与代码》（GB/T 16300－1996）、《道路车辆 识别代号（WIN）位置与固定》（GB/T 16735－1997）、《集装箱代码、识别和标记》（GB/T 1836－1997）等。

（5）单证分类编码标准。单证分类编码标准，作用是规定标准单证（单证格式、单证指标和编码等），主要包括《贸易单证样式》（GB/T 14392－1993）、《国际贸易交货条款代码》（GB/T 15423－1995）、《国际贸易合同代码规范》（GB/T 16963－1997），以及物流业的主要标准《物流单证数据元、指标体系分类编码》等。

（6）时间和计量分类编码标准。时间和计量分类编码标准，用于规定时间表示方法和标准计量单位系统，是物流的基础。主要包括《数据元交换格式、信息交换日期和时间表示法》（GB/T 7408－1994）和 ISO 8601－1988、《国际单位制代码》（GB/T 9648－1988）和 ISO 2955－1983、《表示货币和资金的代码》（GB/T 12406－1996）和 ISO4 217－1995）、《国际贸易用计量单位代码》（GB/T 17295－1998）等。

3. 相关标准

相关标准，是与物流信息交换有关的专门领域标准，EDI 应用、电子商务和电子政务（如报关）等与物流活动密切相关，GPS 是提供对运输工具（含运输物品）的动态实时跟踪，也与物流活动密切相关。相关标准主要有四个方面。

（1）EDI 相关代码标准。EDI 相关代码标准主要由 EDI 基础标准（主要包括 EDIFACT 基础标准和开放式 EDI 基础标准）、EDI 代码标准（主要包括管理、贸易、运输、海关、银行、保险和检验等各行业的代码标准）、EDI 报文标准（主要包括海关报文标准、账户报文标准、退休金、卫生、社会保障、统计、通用运输、集装箱运输、危险品、转运以及各种商业报文标准等）、EDI 单证标准（主要包括各式各样的贸易单证标准，如管理、贸易、运输、海关、银行、保险、检验等单证标准）、EDI 网络通信标准（主要包括用于 EDI 的各种通信规程和网络协议）、EDI 管理标准、EDI 安全保密标准和 EDI 应用标准等组成。与 EDI 有关的国标代码标准包含在商业贸易相关代码标准中。

（2）商业贸易相关代码标准。商业贸易相关代码标准，应用较多的有《用于行政、商业和运输业的电子数据交换的语法实施指南》（GB/T 16703－1996）、《贸易数据元目录标准数据元》（GB/T 15191－1997）、《用于行政、商业和运输业的电子数据交换代码表》（GB/T 16833－1997）等。

（3）条码技术标准。条码的应用范围非常广泛，几乎所有自动识别领域都可以应用，商业是应用最广泛的领域。

条码技术标准主要包括条码规则、条码设备、条码检测方法和条码应用等方面的内容。已发的国家条码标准有《条码系统通用术语、条码符号术语》《条码符号印刷质量的检验》《三九条码》《库德巴条码》《通用商品条码》《通用商品条码符号位置》《中国标准书号（ESBN 部分）条码》《417 条码》等。

（4）GPS 相关代码标准。GPS 相关代码标准主要有《地理格网代码》（GB/T 12409－1990）、《1:500 1:1000 1:2000 地形图要素分类与代码》（GB/T 14804－1993）、《1:5000 1:10000

1:50000 1:100000 地形图要素分类与代码》（GB/T 15660－1995）、《地理点位置的纬度、经度和高程的标准表示法》（GB/T 16831－1997）等。

4.4.3　物流信息标准化体系

在物流信息标准系统中，如已有了国家标准，要首先采用国家标准，对其中不适合物流系统实际的部分要结合物流系统实际情况进行修改；对国际标准和国外先进标准，在国家标准没有覆盖的领域，可以根据实际情况引进和采纳；对已成熟的信息交换标准优先采用，并纳入物流信息标准体系。对确实需要制定的物流信息标准，要通过大量调研，广泛搜集标准资料，并借鉴大型物流企业已经形成的事实标准，研究制定新标准。

主要的物流信息标准有下述几个方面。

1. 物流术语标准

物流术语标准是对物流行业用语进行统一规范，避免因语言习惯不同引起误解。物流用语常常因国家、地区、行业、人员的不同而具有不同含义，在传递物流信息时，可能会引起误解而发生物流作业差错，因此，必须统一物流专业术语，为物流信息交流提供标准化的语言，这是物流信息标准化的基础工作。2001 年 8 月中国物流与采购联合会和中国物流学会颁布施行的《物流术语》国家标准，收入并确定了当前物流领域已基本成熟的 145 条术语及其定义，为我国物流信息标准化创造了一个良好的开端。

2. 物流信息分类编码标准

物流信息分类编码标准是物流信息标准化工作的一个专业领域和分支，是将大量物流信息进行合理化的统一分类，并用代码加以表示，构成标准的物流信息分类代码，便于人们借助代码进行手工方式或计算机方式的物流信息检索和查询，是物流信息系统正常运转的前提。物流信息分类编码标准由三个层次组成，第一层次为基础标准，第二层次为工作标准、管理和技术标准，第三层次为单项标准，如图 4.1 所示。

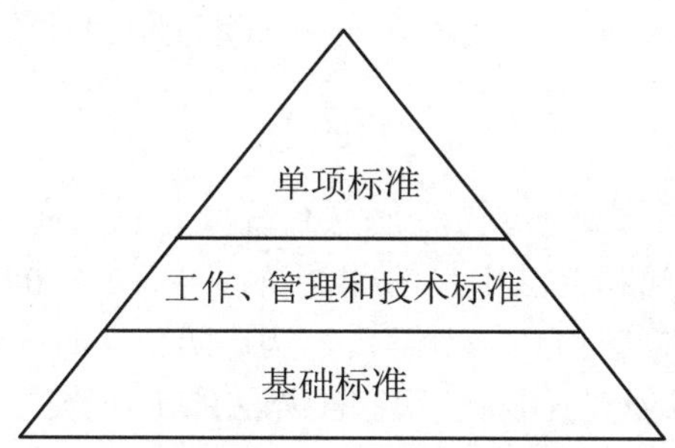

图 4.1　物流信息标准化体系示意图

3. 物流信息采集标准

物流信息采集标准是对物流信息的采集方法、手段和格式等进行统一规定。例如，在条形码标准中，对使用条形码的种类、范围和每种条码的排列规则、起始符、终止符、数据符、空白区和校验符等参数进行了严格的统一规定，并统一了条码的阅读和处理程序标准等；在射频识别（Radio Frequency Identification，RFID）的电子标签（TAG）标准中，对电子标签的信息存储格式、阅读方式、有效距离、外形尺寸、电源形式、工作频率等进行了统一的规定。

4. 物流信息传输与交换标准

物流信息传输与交换标准是对物流信息的通信协议、传输方式、传送速度、数据格式、数据交换方式、安全保密等级等进行统一规定。例如，在电子数据交换（EDI）标准中，对数据格式和报文标准进行了规定，对于食品杂货采用 UCS 标准（Uniform Communication Standards，统一通信标准），对于大多数商人采用 VICS 标准（Voluntary Inter-Industry Standards Committee，自发的行业内通信标准委员会），对仓库采用 WINS 标准（Warehouse Information Network Standards，仓库信息网标准），对运输经营者采用 TDCC 标准（Transportation Data Coordinating Committee，运输数据协调委员会），对汽车行业采用 AIAG 标准（Automotive Industry Active Group，汽车行业行动小组）等。

5. 物流信息记录与存储标准

物流信息记录与存储标准是对物流信息的记录、存储和检索模式等进行统一规定。例如，对存储介质、存储形式、存储过程、数据库类型、数据库结构、索引方法、压缩方式、查询处理、数据定义语言、数据查询语言、数据操纵语言、完整性约束等制定统一标准。目前有关的标准有《信息处理系统——开放系统互连文卷传送、访问和管理第 2 部分：虚拟卷存储器定义》（GB/T 16505.2－1988）、《信息处理交换用 9 磁道 12.7 毫米宽 63 行/毫米调相制记录磁带》（GB/T 6550－1986）等。

6. 物流信息系统开发标准

物流信息系统开发标准是对物流信息系统的系统调查、需求分析、系统设计、系统实施、系统测试、系统调试、系统运行与维护和系统退出等建立起标准或规范。例如，过程标准（如方法、技术、度量等）、产品标准（如需求、设计、部件、描述、计划、报告等）、专业标准（如级别、道德准则、认证、特许、培训等）以及标记标准（如术语、表示法、语言等）。目前有关的标准有《信息处理——数据流程图、程序流程图、系统流程图、程序网络图和系统资源图的文件编制符号及约定》（GB/T 1526－1989）、《信息处理——程序构造及其表示的约定》（GB/T 13502－1992）、《信息基础开放技术互连——管理信息构造第 1 部分：管理信息模型》（GB/T 17175. 1－1997）等。

7. 物流信息安全标准

物流信息安全标准是防止或杜绝对物流信息系统（包括设备、软件、信息和数据等）的非法访问（包括非法用户的访问和合法用户的非法访问）而制定的一系列技术标准。例如，物流信息系统中的用户验证、数据备份、加密解密、病毒防范、防火墙技术、端口设置、日志记录等。目前有关的标准有《信息处理 64bit 分组密码算法的工作方式》（GB/T 15277－1994）、《信息技术安全技术——带消息恢复的数字签名方案》（GB 15851－1995）、《计算机信息系统——安全保护等级划分准则》（GB 17859－1999）、《信息处理——数据加密物理层操作性要求》（GB/T 15278－1994）、《信息技术——包过滤防火墙安全技术要求》（GB/T 18019－1999）、《信息技术——应用级防火墙安全技术要求》（GB/T 18020－1999）等。

8. 物流信息设备标准

物流信息设备标准是对计算机、服务器、路由器、交换机、集线器、不间断电源、条码打印机、条码扫描器、存储器、数据终端等一系列物流信息设备所制定的统一标准和技术规范。目前有关的标准有《信息技术——设备用不间断电源技术条件》（GB/T 14715－1993）、《信息处理系统——小型计算机系统接口》（GB/T 15533－1995）、《信息技术设备的无线电骚扰限值和测量方法》（GB 9254－1998）等。

9. 物流信息系统评价标准

物流信息系统评价标准是对物流信息系统产品进行测试、评价的统一规定。目前有关的标准有《计算机软件单元测试》（GB 15532－1995）、《信息技术软件产品评价质量特性及其使用指南》（GB/T 16260－1996）、《工业控制用软件评定准则》（GB 13423－1992）、《信息技术——软件包质量要求和测试》（GB/T 17544－1998）、《商场管理信息系统基本功能要求》（GB/T 17917－1999）等。

10. 物流信息系统开发管理标准

物流信息系统开发管理标准是对物流信息系统开发的质量控制、过程管理、文档管理、软件维护等一系列管理工作所制定的统一标准。现有的如《软件文档管理指南》（GB/T 16680－1996）、《计算机软件配置管理计划规范》（GFT 12505－1990）、《计算机软件可靠性和可维护性管理》（GFT 14394－1993）、《计算机软件产品开发文件编制指南》（GB/T 8567－1988）等。

4.4.4　物流信息标准化的实施

在我国物流信息化刚刚起步，此时实施物流信息标准化，是少走弯路、提高效率、促进我国实现物流现代化的关键。为了保证物流信息标准化的顺利实施，应采取下述措施。

1. 重视基础工作

在物流信息术语、物流信息采集标准、技术标准、传输标准、物流信息处理和物流信息系统开发标准等方面密切注意物流发达国家的标准和国际标准，及时制定我国的与物流信息相关的标准。物流行业应积极采用国家标准，与国际信息化标准组织合作，做好物流信息标准化的基础工作。

2. 实现标准统一

物流信息标准涉及的行业众多，例如，包装行业、装卸行业、仓储行业、运输行业、生产行业、商业行业、机械行业、医药行业、电子行业、烟草行业、能源行业和信息行业等，每个行业都有自己的行业标准，因此，必须对各种现行的与物流信息活动相关的国家标准、行业标准进行深入研究，对已经落后的信息标准应尽快淘汰或更新，对通用性较强的物流信息技术和装备的标准进行全面梳理，对其中落后的部分进行修改和完善，使各种相关的技术标准协调一致，制定跨行业、跨地区的现代物流信息标准。

3. 加强组织、协调工作

采用国家主导、统筹规划、物流企业联合实施的原则，搞好物流信息标准化的组织与协调工作，以国家级物流行业协会和学会为桥梁，连接政府、科研机构与物流企业，集合各方的优势，研究解决带有共性的物流信息标准和服务标准问题。根据实际工作需要引进和采用国际先进的物流信息标准，借鉴已成熟的先进技术标准，切不可各自为政，否则必然会造成巨大的人力、物力和财力的浪费。

4.5　现代物流信息管理

4.5.1　现代物流信息管理概述

物流信息的管理是物流管理工作的重要组成部分，随着物流行业的发展壮大，物流信息的重要性日益为物流业管理者所重视。在欧美等发达国家，物流业的产值已经占到国民生产总值相当大的部分，其中物流信息系统对物流行业的贡献不容忽视。物流管理人员和决策人员如何利用物流信息，充分发挥其在现代物流管理中的作用，已经成为物流企业所面临的一个重要问题。

1. 物流信息管理发展概述

物流信息管理的发展经历了三个阶段：传统物流阶段、物流系统化阶段和物流信息化阶段。

（1）传统物流阶段。传统物流阶段以仓储、运输为主要业务，并将仓储和运输看成是两个独立的部分，把商品库存看成是调节市场供应的主要手段，因而物流功能简单、系统性差、没有整体效益之说。

（2）物流系统化阶段。物流系统化阶段是将系统理论和方法与物流活动相结合，把物流活动的各环节看成是相互联系和相互作用的有机的整体，寻求物流过程的整体优化，提高物流系统的经济效益和社会效益。这一阶段物流已不再是原来的储存和运输两部分，而是包括包装、装卸、流通加工、配送、信息处理在内的物流系统。

（3）物流信息化阶段。物流信息化阶段以信息技术在物流系统的应用为重要标志，实现信息标准化和数据库管理、信息传递和信息收集电子化、业务流程数字化。物流信息化使物流系统反应敏捷、效率提高、整体效益明显提升。物流信息化的最终目标是实现物流系统智能化，使物流信息管理走向知识管理高度。

2. 物流信息管理概念

物流信息管理就是对物流全过程产生的信息以及相关的信息进行收集、加工、整理、存储、传输和利用的信息活动过程，也就是将物流信息从分散到集中，从无序到有序，从产生、传播到利用的过程。同时对涉及物流信息活动的各种要素，包括人员、技术、工具等进行管理，实现资源的合理配置，强调对物流信息管理的准确性、有效性、及时性、集成性和共享性。

物流信息管理不仅包括采购、销售、仓储、运输等物流活动的信息管理，还包括了对物流过程中各种决策活动，例如，采购计划、销售计划、供应商的选择等提供决策支持；还要充分利用计算机的强大功能，汇总和分析物流数据，作出最佳的进销存决策，能够充分利用物流企业的各种资源，降低物流作业成本，提高物流作业效率，增强物流企业的竞争力。

物流信息化管理可以实现物流作业的自动化，通过条码和数控工具、GPS 等现代管理工具与方法，可以大大提高劳动的生产效率。同时可以实现三流的统一，就是说资金流、物流与信息流可以及时集成并反映到工作人员的眼前，使工作人员做到心中有数，办事有力。

3. 物流信息管理特点

物流信息管理与物流管理的其他方面不同，具有其独特的地方，主要体现在以下几方面：

（1）灵活性。物流信息管理的规模、内容、模式和范围等，可以根据物流管理工作的需要进行调整，可以有不同的活动内容和重点侧重。

（2）专业性。物流信息管理是专门收集、加工、整理、存储、传输和利用物流全过程的相关信息，为物流管理和物流业务活动提供信息服务。

（3）广泛性。物流信息管理涉及的信息对象广泛，例如，货物信息、作业流程、人员信息、设施和设备信息、操作技术和方法信息、物流的时间和空间信息等。

4. 物流信息管理模式

根据物流信息管理的体制，采用的管理方法和手段的不同，可以分为四种模式。

（1）资源管理模式。资源管理就是利用现代信息技术，特别是网络技术和通信技术，将物流信息系统与物流企业以及相关行业的信息系统进行集成，形成一个统一的信息平台，便于信息的挖掘和利用。

（2）系统管理模式。系统管理就是利用计算机网络技术，将多种物流信息系统进行集成，达到物流信息共享的目的，实现减少物流数据的冗余和不一致性的目标，提高物流信息管理的效率和效果。

（3）应用系统管理模式。应用系统管理就是利用计算机系统，对单项物流活动产生的信息进行管理。如销售时点信息系统（POS）、库存管理系统（WMS）等。

（4）手工管理模式。手工管理就是利用传统数据记载介质，进行人工信息收集、记录、加工、整理、存储、传输和利用等活动，这是物流业早期的传统物流信息管理方式。

4.5.2　现代物流信息管理的内容

1. 物流信息管理的层次

物流信息管理是分层次的，不同层次的管理部门或人员，需要不同类型和层次的信息。一个完善的物流信息管理体系，要有不同的层次。

（1）业务数据层。负责对物流信息进行收集、加工和整理，并以数据库的形式存储。

（2）业务管理层。负责对合同、单证、票据和报表等日常业务进行处理。

（3）计划控制层。负责制订仓库作业计划、配送方案，选择最优路线，根据反馈信息检测物流系统的状况。

（4）战略分析层。建立各种物流系统分析、控制与评价模型，辅助高层管理人员制定物流战略规划。

2. 物流信息管理的基本内容

物流管理主要是对物流信息的处理，物流管理中大量岗位的作用就是进行信息的收集、挑选、重组和转发。物流信息管理人员的任务就是利用现代信息技术，充分发挥现代物流管理理论的作用，这已经成为企业所面临的一个重要问题。

物流信息管理的基本内容有以下四个方面：

（1）根据物流企业目前物流过程和未来的发展，对物流信息进行采集、处理、存储和传输等活动所需要的信息设施进行设备选购，构建通信网络和数据库支持等环境，充分利用物流系统内、外部数据资源，促进物流信息的数字化和网络化。

（2）强调信息的准确性、有效性、及时性、集成性、共享性。在信息的收集、整理过程中要避免信息的缺损、失真和失效，强化对物流信息的组织与控制，建立有效的管理机制。

（3）进行有效的物流信息收集、整理、存储、传输和利用，将物流信息从分散到集中，从无序到有序，从产生到利用进行整理，对涉及物流信息活动的各个要素，包括人员、技术、工具等进行控制，实现资源的合理配置。

（4）建立信息的交流和共享机制，形成信息的积累和优势转化，信息只有经过交流才会产生价值。

4.5.3　现代物流信息管理的功能

信息是能反映事物内在本质的外在表现，如图像、声音、文件、语言等，是事物内容、形式和发展变化的反映。物流活动的内容、形式、过程及发展变化的反映，在现代物流活动中起着神经系统的作用。物流信息在物流活动中的控制作用，是通过四项基本功能实现的。

（1）业务控制功能。物流服务的水平和质量，现有的管理方法和资源管理，要有信息系统进行管理控制，要有完善的考核指标体系，对作业计划和绩效进行评价和鉴别。

（2）工作协调功能。在物流运作中，加强信息的集成与交流，有利于物流工作的时效性，提高物流工作的质量与效率，减少物流作业劳动强度。

（3）决策支持和战略定位功能。强调物流信息系统的决策支持和战略定位作用。物流信息管理人员与管理层工作人员共同进行评估和成本－收益分析活动，能够更有效地进行决策活动。

（4）交易活动功能。强调整个物流信息系统的效率和集成性。物流信息的交易作用就是记录物流活动的基本内容，其特征是：程序化和规范化。交易活动主要记录接货内容、安排物品储存、选择作业程序、制定价格及有关信息的查询等。

4.5.4 现代物流信息管理的原则

1. 完整性原则

物流信息管理的完整性原则，主要体现在两方面。① 物流信息管理功能的完整性，根据企业物流管理的实际需要，使物流信息系统能全面、完整地覆盖物流管理的信息化要求。② 保证物流信息系统开发的完整性，制定相应的管理规范，如开发文档的管理规范、数据格式规范、报表文件规范等，保证信息系统开发和操作的完整性和持续性。

2. 可靠性原则

物流信息管理的可靠性原则，主要体现在以下两个方面：

（1）系统在正常情况下的可靠性，要求物流信息系统具有准确性和稳定性。一个可靠的物流信息系统能在正常情况下达到系统设计的预期要求，不管输入的数据多么复杂，都能输出可靠的正确结果。

（2）非正常情况下的可靠性，是指系统的灵活性。系统在软、硬件环境发生故障的情况下仍能部分使用和运行。一个性能良好的系统也应是一个灵活的系统，在系统设计时必须考虑一些紧急情况的应对措施。

3. 经济性原则

物流信息管理的经济性原则，主要体现在两方面。① 企业是趋利性组织，追求最大的经济利益是其活动的最终目的，因此，每次投入都要考虑产出。在对系统的投入中也要做到投入最小，效益最大，这就要求物流信息系统的开发费用必须在保证质量的情况下尽量的压缩。② 物流信息系统投入运行后，必须保持较低的运行、维护费用，减少不必要的管理费用。

小　结

物流的出现，是世界经济和科学技术发展的必然结果。当前物流业正在向全球化、信息化、一体化发展，一个国家的市场开放与发展必将要求物流随着开放与发展。世界商品市场的形成，使物流的功能发生了质变，大大提高了物流效率，同时也为物流一体化创造了条件，使物流一体化已成为国际物流业的发展方向。随着经济全球化步伐的加快，信息技术、通信技术等科学技术的发展以及跨国公司的出现，全球采购、本土化生产、全球消费趋势的加强，现代物流得到了前所未有的发展。

物流标准化是从物流系统的整体出发，制定各个子系统的设施、设备、专用工具、信息化等技术的标准、业务工作标准和服务规范等，重点是与信息化技术相关的编码、数据交换格式、数据接口等基础和应用标准。现代物流是一个大系统，各个环节彼此联系，存在着配合与协调等问题，现代物流标准体系的编制应遵循完整性、协调性、层次性、明确性和可扩展性原则。随着商品经济的发展，商品流通分解为商流、物流和信息流。这三种流的关系是：商流产生了物流和信息流，而信息流决定着商流和物流。物流信息是物流活动所必需的信息，既包括伴随物流活动产生的信息，也包括在物流活动以外发生的，对物流活动有影响的信息。

物流信息的内容涉及非常广泛，主要包括与商流的关系、与交通运输部门的关系和对运输市场、仓储市场做到知己知彼。现代物流是物流与信息流的结合，信息技术是影响物流增长与发展的关键因素。信息技术正以前所未有的速度向前发展，通过使用计算机技术、通信技术和网络技术等，加快了物流信息的处理和传递速度，使物流活动的效率和快速反应能力得到大大提高。

物流信息分类编码标准化是信息分类标准化的核心，是将信息分类编码标准化技术应用于物流信息系统，实现物流信息系统的自动数据采集和系统间的数据交换和资源共享，促进物流活动的社会化、现代化和合理化；是对大量的物流信息进行合理的分类，然后用代码加以表示，将物流信息分类编码以标准的形式发布，就构成了物流信息分类编（代）码标准。用计算机进行物流信息处理时，物流信息分类编码标准就显得尤为重要。统一的物流信息分类编码是物流信息系统正常运行的前提条件。

物流信息管理的发展经历了三个阶段：传统物流阶段、物流系统化阶段和物流信息化阶段。物流信息管理就是对物流全过程产生的信息以及相关的信息进行收集、加工、整理、存储、传输和利用的信息活动过程，也就是将物流信息从分散到集中，从无序到有序，从产生、传播到利用的过程。物流信息管理不仅包括采购、销售、仓储、运输等物流活动的信息管理，还包括了对物流过程中各种决策活动的决策支持，要充分利用计算机的强大功能，汇总和分析物流数据，作出最佳的进销存决策，能够充分利用物流企业的各种资源，降低物流作业成本，提高物流作业效率，增强物流企业的竞争力。

物流信息管理是分层次的，不同层次的信息对应着不同层次的管理部门或人员，他们需要不同类型的信息。一个完善的物流信息管理体系，要有不同的层次。

习　题

一、名词解释

1．第三方物流	2．电子物流	3．绿色物流
4．物流技术	5．物流系统要素	6．物流设施
7．物流装备	8．物流工具	9．空间效用
10．时间效用	11．形态效用	12．宏观物流
13．微观物流	14．国际物流	15．区域物流
16．一般物流	17．特殊物流	18．正向物流

19．逆向物流
20．退货物流
21．回收物流
22．社会物流
23．企业物流
24．自营物流
25．物流标准化
26．物流信息
27．物流评价
28．物流系统内部信息
29．物流系统外部信息
30．物流计划信息
31．物流控制与作业信息
32．物流统计信息
33．物流支持信息
34．原始物流信息
35．加工物流信息
36．物流信息处理
37．物流信息技术
38．物流信息标准化
39．物流信息分类编码标准化
40．物流信息分类编码
41．基础标准
42．业务标准
43．物品分类编码标准
44．参与方分类代码标准
45．位置分类编码标准
46．运输分类编码标准
47．单证分类编码标准
48．时间和计量分类编码标准
49．物流术语标准
50．物流信息采集标准
51．物流信息传输与交换标准
52．物流信息记录与存储标准
53．物流信息系统开发标准
54．物流信息安全标准
55．物流信息设备标准
56．物流信息系统评价标准
57．物流信息系统开发管理标准
58．物流信息管理

二、判断题

1．Logistics 一词的出现，是世界经济和科学技术发展的必然结果。

2．信息技术的发展，使物流的功能发生了质变，大大提高了物流效率，同时也为物流一体化创造了条件。

3．7R 定义：Right Product、Right Quantity、Right Condition、Right Place、Right Time、Right Customer、Right Cost。

4．经济全球化、企业外包扩大和信息技术的迅速发展不必要求企业物流运作全球化。

5．物流成本不再是选择物流服务的唯一标准，人们更注重物流服务的质量。

6．劳动者要素不是物流系统的核心要素。

7．储存不但缓解了物质实体在供求之间、时空之间的矛盾，创造了商品的时间效用，同时也是保证社会生产连续运行的基本条件。

8．包装包括产品的出厂包装，生产过程中在制品、半成品的包装以及在物流过程中换装、分装、再包装等活动。

9．流通加工是在流通领域的生产过程中，对商品进行辅助性加工。

10．配送功能是物流体系中的一种综合的、特殊的形式，是物流进入最终阶段，以配送、送货形式最终实现资源配置的活动。

11．现代物流的核心是创造价值，而物流创造价值的基本途径之一就是创造效用。

12．宏观物流主要研究的内容是，物流总体构成、物流与社会经济发展的关系等。

13．微观物流研究的是具体的和局部的，微观物流是贴近具体企业的物流。

14．配送行业是商流、物流一体化的行业。

15．物流标准体系的总体框架包括物流基础标准、物流信息标准、物流设施与技术装备标准、物流作业流程标准、物流管理标准、物流服务标准六个部分。

16．随着商品经济的发展，商品流通分解为商流、资金流、物流和信息流。

17．数据是构成信息的“原材料”，物流信息是经过物流信息系统处理后得到的“产品”。

18．物流消息是物流信息的外壳和形式，物流信息是物流消息的核心内容，不同的物流消息所包含的信息量是不同的。

19．物流信息的更新速度较慢。

20．物流信息不仅包括企业内部的信息，还包括企业间的物流信息以及与物流活动有关的其他信息。

21．物流信息必须具有容易而又始终如一的可得性。

22．物流信息的质量是物流作业质量的关键因素。

23．及时性是指物流活动的发生与该活动在物流信息系统中的反应之间存在的时间差。

24．物流信息的信息源少、信息量大、分布面窄。

25．物流信息在不同的物流活动阶段没有变化。

26．物流信息的传递载体和中继站所占空间非常小。

27．物流信息有助于物流从无序趋向于有序。

28．物流信息是伴随着物流活动而产生的，在物流活动中起着中枢神经系统的作用。

29．物流战略规划的制定，关键在于能否获取正确的内、外部信息。

30．物流信息使物流活动形成一个有机的整体系统，有助于物流活动各环节之间的相互沟通和衔接。

31．只有通过高效的信息传递和反馈，才能实现整个物流系统的合理有效的运行。

32．订货信息在具体的顾客需求方面可能不准确。

33．操作管理信息属业务层，主要是处理日常管理的信息。

34．战略管理信息属战略决策层，涉及物流企业的发展。

35．更多更广地掌握物流信息，是开展物流活动的必要条件。

36．货源信息是商流信息的内容，不是物流信息的内容。

37．运输能力的大小，对物流活动能否顺利开展没有关系。

38．物流信息不用处理，就能方便地直接使用。

39．信息处理包括对信息的编码、压缩、加密、统计、排序和重组等。

40．信息化是现代物流系统的基础，没有物流的信息化，任何先进的技术设备都不能应用到物流领域。

41．用计算机进行物流信息处理时，物流信息分类编码标准不是重要的。

42．统一的物流信息分类编码是物流信息系统正常运行的前提条件。

43．在物流信息标准中，如已有了国家标准要首先采用。

44．物流信息管理的发展经历了三个阶段：传统物流阶段、物流系统化阶段和物流信息化阶段。

45．物流信息管理不仅包括采购、销售、仓储、运输等物流活动的信息管理，还包括了对物流过程中各种决策活动的决策支持。

46．物流信息管理是分层次的，不同层次的管理部门需要不同类型和层次的信息。

三、简答题

1．简述 Logistics 的特点。

2．现代物流如何分类？
3．简述现代物流业的构成。
4．物流信息的特点有哪些？
5．物流信息的特性有哪些？
6．物流信息的传递特征是什么？
7．简述物流信息在物流实施中的作用。
8．与物流有关的信息技术有哪些？
9．现代物流管理中运用了哪些信息技术？
10．物流信息技术的发展趋势体现在哪些方面？
11．简述物流信息分类编码的标准体系。
12．简述物流信息标准化体系。
13．如何保证物流信息标准化的实施？
14．物流信息管理的发展经历了几个阶段？
15．简述物流信息管理模式。
16．物流信息管理有哪些基本功能？
17．简述物流信息管理的原则。

四、论述题

1．试述 Logistics 与 Physical Distribution 的差异。
2．试述现代物流系统包括哪些要素。
3．试述现代物流的作用。
4．现代物流信息有哪些分类？
5．物流信息的含义有哪些？
6．试述物流信息技术的组成。
7．试述物流信息标准化的意义。
8．试述物流信息管理的特点。
9．物流信息管理的基本内容是什么？

第 5 章　现代物流信息管理技术基础

知识点

- 物流信息技术、物流信息的采集与识别
- 物流信息处理技术、物流数据交换技术、物流信息存储技术

难点

- 信息技术对物流管理的影响
- 电子数据交换系统、货物跟踪技术与物流信息存储技术

要求

熟练掌握以下内容：

- 计算机辅助订货系统、数据库管理系统
- 电子数据交换、射频识别与控制技术、条码识别与扫描技术
- 电子自动订货系统的作用、POS 系统的业务流程
- 网络技术与数据通信

了解以下内容：

- 数据仓库技术、数据挖掘技术、大数据技术
- 3G 物流配送监控系统

5.1　现代物流信息技术概述

5.1.1　信息技术对现代物流发展的影响

1. 对物流管理的影响

早期的物流活动，由于没有信息技术的支持，是分散在不同的经营部门中进行的，或者是在企业内部的不同职能部门中进行，从生产到消费的过程中，物流活动被分割为若干个互不关联的阶段和环节。物流活动产生的信息也被分散在不同的职能部门和物流环节中，物流信息的交流与共享十分困难，经常滞后于物流管理活动。

没有充分的信息交流和共享，就很难进行物流活动的管理以及对物流效率的控制。针对这种情况，从 20 世纪 50 年代到 70 年代，发达国家的企业开始注重和强化对物流信息的科学管理，围绕着物流活动的各个环节，逐步形成了相应的物流管理信息系统，使物流活动的效率得到了提高。进入 90 年代以后，随着计算机软硬件技术、网络通信技术、信息采集技术等信息技术的迅速发展，信息技术开始在物流企业管理活动中广泛应用，使得物流活动发生了根本性的变化。

随着现代信息技术飞速发展，20 世纪末又出现了新型的物流企业，例如，第四方物流企业、虚拟物流企业等。信息技术在物流活动中的应用，直接导致了新的物流组织形式的出现，使得物流组织的层次不断提高。现代信息技术影响物流组织逐渐升级的过程，可以归纳为三个阶段。

（1）20 世纪 80 年代以前，以企业内部管理信息系统为基础的企业内部一体化的物流组织。

（2）20 世纪 80 年代，以电子数据交换技术为基础的专业化的物流组织形式。例如，第三方物流企业组织形式。

（3）20 世纪 90 年代以后，以网络通信技术为基础的物流一体化组织形式。例如，以供应链管理为核心的物流企业组织形式。

2. 对物流活动方式的影响

传统的物流活动实际上是一种被动的方式，即生产商产生需求信息后，再要求物流供应商来完成；在商品生产出来以后，通过流通过程到达消费者手中。商品的生产和销售过程，是围绕着消费者进行的，每个消费者产生的需求通过市场信息共享，到达生产者和流通者手中，他们要根据市场信息来组织各自己的生产经营活动。造成这种被动方式的主要原因，就是信息获取不便，流通渠道不畅。

借助信息技术可以改变物流活动的被动方式，使之成为主动方式。物流企业利用先进的信息技术，跟踪消费者需求、用户需求以及市场的变化，根据各种各样的信息来安排库存、调配资源、跟上甚至引导市场的变化。这种转变主要表现在，从被动的市场适应者转化为物流活动的组织者，从一个被动的状态转变为一个主动的状态；使过去很难控制的物流活动，通过现代信息技术特别是信息共享机制，使得整个物流活动透明化，从生产者到最终消费者的物流全程变成了一个透明的渠道。所有物流活动的参与者，都能够根据需求信息进行合理的规划、分工和市场定位。

5.1.2 信息技术对现代物流管理的意义

1. 信息技术对物流管理的重要性

一个设计有效的企业物流系统，对信息准确性的要求非常高，因为，不能用过渡的库存来弥补物流系统作业上的差错，企业的库存应被控制在安全库存的限度内。信息流反映了物流系统的动态，不准确的信息和作业过程都会削弱物流系统的效率。

信息技术与信息的质量密切相关，物流信息的质量和及时性是物流作业的关键因素。信息质量上的缺陷将造成多种物流作业上的问题。信息质量上的缺陷主要分为两大类。

（1）市场预测失误。由于收集到的信息不全面，据此对市场发展趋势进行判断存在很大的不准确性。不准确的判断或预测都会引起商品库存的过剩或短缺。

（2）订货信息的不准确性。对具体的顾客而言，其订货的具体要求是不同的，定货信息就会因具体的顾客要求不同而不准确。依据不准确的订货信息进行物流活动会增加物流成本，影响实际的销售。

2. 信息技术是现代物流管理非常重要的条件

信息技术对物流管理观念和物流产业的形成而言是一个非常重要的条件，现代物流管理的观念是一个不断丰富、演绎和完善的过程。物流活动是分散在不同的经济部门，或者是分散在一个企业内部不同的职能部门的。物流信息的交流与共享，由于技术的障碍是十分困难的，而且是滞后于管理活动的。物流活动没有充分的信息，没有透明而言，很难对这个领域中的管理活动及其效率进行控制。随着通信、互联网等信息技术的迅速发展，并在企业管理中，特别是物流管理活动中得到了广泛的应用之后，物流管理发生了很多根本性的变化。信息技术对物流管理观念和物流产业的形成起着非常重要的作用。

（1）信息采集、传输以及处理技术得到了广泛的应用。信息采集、传输以及处理技术的广泛应用，使得物流信息不再局限于某个物流环节之上，实现了物流信息的共享。在整个物流供应链上的企业管理者，都能够很透明地看到这些物流信息，可以根据这些信息进行必要的管理、协调、控制和组织工作。

（2）信息共享超越了企业的边界。此时的信息共享超越了企业的内、外边界，信息资源的共享使得物流活动可以从原有的生产过程或商品销售过程中分离出来，成为一种独立的经济活动。20 世纪 90 年代大量出现的第三方物流企业，就是现代信息技术在物流管理领域中应用的结果。

由此，可以得出一个结论：大量信息技术的应用是促成物流活动从生产经营活动中分离出来，产生一个新领域的前提条件。过去的物流管理观念实际上是一个企业内部的管理观念，现在，作为一个新的分工领域出现后，物流管理观念已经不再是一个企业内部的管理观念，而应成为一个产业管理的观念，是一个新兴的现代观念。

3. 信息技术促进新的物流产业形式的形成

由于传统的物流活动是分散在企业内部不同的职能部门，或是由不同的企业分别进行，不存在独立的物流组织形式。物流活动只是配合企业的产品销售或原材料采购而进行的辅助活动。到了 20 世纪 60 年代，随着企业管理者对科学管理观念的应用，在产品销售或原材料采购过程中，逐渐形成了一些独立的管理部门，它们承担着物流的组织者和管理者的角色。

进入到 20 世纪 80 年代末 90 年代初，随着当时的信息技术的发展，特别是 EDI 技术的应用，物流活动从企业内部的一个环节的管理活动，逐步形成一个独立的企业活动，在整个经济社会中出现了一种新型的物流组织形式，这就是第三方物流企业。到了 20 世纪 90 年代末和 21 世纪之后，又出现了新型的物流组织形式，例如，第四方物流企业、第五方物流企业等。第四方物流企业和第五方物流企业是专门针对物流信息资源进行管理的物流企业。

随着信息技术的不断应用，新的组织形式还会不断出现，而且物流组织的层次也在不断提高。这是现代信息技术对物流组织形式的一种影响，这种影响是逐步升级的。信息技术的发展对整个物流组织的发展和创新的影响也是非常明显的。

4. 信息技术促使物流市场竞争格局发生变革

（1）竞争主体的改变。在传统的物流活动中，竞争的主体是工商企业。因为传统的物流活动是在企业内部或部门内进行的，物流的竞争主体是工商企业。随着现代信息技术的发展，新的物流组织形式不断出现，物流的竞争主体转移到物流企业之间，特别是在第三方物流企业之间或在第四方物流企业之间进行。物流企业之间的竞争替代了工商企业之间在物流环节上的竞争。

（2）竞争范围的改变。传统物流的活动表现在仓储、运输或包装等环节，工商企业往往更关注各个独立物流环节管理水平和管理效率的提高。在物流供应链形成以后，特别是在第三方物流企业形成以后，这种竞争已经将整个物流过程或物流供应链的管理水平和管理效率的提高，作为竞争的主要焦点。信息技术在物流领域得到广泛应用，使物流活动快速发展，物流竞争已从各个独立的物流环节的竞争转到物流供应链的整个过程的竞争。

（3）竞争手段的改变。在20世纪80年代，信息技术不发达的情况下，物流的技术手段停留在设施水平的提高上，发达国家提高物流管理水平和管理效率方面的竞争很大程度上是提高物流设施的竞争。例如，20世纪80年代初期，国际上的物流活动都是在自动化仓库、多式联运等设施上提高效率的。随着信息技术的发展，特别是物流供应链的产生，物流管理水平得以提高，不再是单一物流环节水平的提高，而是通过信息技术把物流资源整合到一起，提高物流供应链整体运作的效率，即信息处理的能力和信息管理的能力，决定了整个供应链对市场变化的应变能力，决定了对顾客提供高效率、高水平的服务的能力。此时，发达国家物流企业的核心竞争力已经不用先进的运输设备和自动化的仓库来衡量，而是用对顾客需求的响应能力来衡量。物流管理能力的竞争已从对物流设施水平的提高，转向了对信息管理能力的提高和信息技术水平的提高上。

5.1.3 现代物流管理中应用的主要技术与服务理念

信息技术在物流管理中的应用，可以提高物流作业的准确性和效率；改进物流业务流程，快速响应市场变化；提供大量的相关信息，提高顾客的满意度；促进物流信息的合理流动，提高整个供应链的社会效益；通过知识挖掘和辅助决策，提高物流管理的决策水平等。总之，信息技术可以在多方面为物流管理服务，提高物流组织的管理水平和核心竞争力。

信息技术在物流系统中的应用，降低了物流成本，提高了物流系统的运作速度、效率和效益，提升了物流系统的服务质量和服务水平，为物流系统的创新与变革提供了技术支撑与推动力，是提高物流系统生产效率和竞争能力的主要动力。

在现代物流管理中广泛采用的信息技术主要包括计算机和网络通信技术、数据库技术、自动识别技术、电子数据交换、地理信息系统、全球定位系统、信息安全和管理信息系统等。总之，现代物流管理使用的信息技术和服务理念应包含下述五个方面。

1. 信息化

信息化是物流管理的基础。没有物流系统的信息化，任何先进的技术设备都不可能应用到物流领域，信息技术在物流系统中的应用已经彻底地改变了物流行业的面貌。物流信息化主要表现为物流信息商品化，物流信息收集数字化、代码化，物流信息处理计算机化，物流信息传递网络化、标准化和实时化，物流信息存储数据库化。

2. 自动化

物流系统自动化的基础是信息化，核心是机电一体化，物流作业自动化的表现为作业无人化，物流系统的自动化将扩大物流作业能力，提高劳动生产率，减少物流作业的差错，获取更大利润。物流自动化系统有信息引导系统、自动分检系统、条码自动识别系统、语音自动识别系统、射频自动识别系统、货物自动存取系统和货物自动跟踪系统等。

3. 网络化

物流领域网络化的基础仍是信息化，物流网络化是物流信息化的必然结果，是电子商务环境下物流活动的主要特征之一，网络资源全球化和网络技术的普及为物流网络化提供了良好的外部环境。物流网络化有两层含义：① 物流配送的网络化，物流配送系统的通信网络，用于物流配送中心与供应商或制造商的联系，以及与下游顾客之间的联系，通过增值网，电子订货系统和电子数据交换实现计算机之间的通信；② 物流组织的网络化，即用公司内部的局域网实现公司内部的信息交换。

4. 智能化

物流系统智能化是物流系统自动化和信息化的高级应用，是物流作业过程的运筹和决策。物流智能化是物流自动化进程中不可回避的技术难题。物流智能化应用的技术有物流专家系统、物流预测系统、库存水平控制系统、运输路径选择系统、自动导向车运行轨迹和作业控制系统、自动分检机的运行和控制系统、物流配送中心管理决策系统等。

5. 柔性化

物流系统柔性化的理念是“以顾客为中心” 的服务理念，是根据顾客的需求进行生产组织，安排物流作业活动。因此，物流系统柔性化正是适应新的生产、流通与消费者需求而发展起来的一种新型物流模式，要求物流配送中心应根据消费者需求“多品种、小批量、多批次、短周期”的特色，灵活组织和实施物流作业。

5.1.4　现代物流信息的采集与识别概述

为了实现物流标识信息迅速、准确的采集，对物流信息主要采用了自动识别技术。自动识别技术是信息数据自动识读、自动输入计算机的重要方法和手段，其特点是数据采集快速、准确，成本低廉，易于实现，并有全球通用的标准。自动识别技术在近几十年得到了迅猛发展，初步形成了包括条码识别技术、磁条（卡）识别技术、光学字符识别、系统集成化、射频技术、语音识别及视觉识别等多种自动识别技术。

信息识别技术起始于 20 世纪 50 年代，是以计算机技术和通信技术为基础发展起来的，是集光、机、电、计算机等技术为一体的综合性科学技术，是信息自动识读、自动实时输入计算机的重要方法和手段。随着人类社会与技术的飞速发展，信息识别技术在全球范围经过了几十年的发展，形成了庞大的自动识别技术家族，已被广泛地应用到社会的各行各业中，使社会生产力和生产效率得到了很大的提高。

基于不同的原理，信息的采集与自动识别技术可分为条码及扫描技术、射频识别技术、卡识别技术、生物识别技术和光学字符识别技术等。

1. 条码及扫描技术

条码及扫描技术是一种利用光电扫描阅读设备识读条码并实现数据自动输入计算机的技术。条码是由一组规则排列的条、空，以及与之对应的数字字符组成的标记，“条”指对光线反射率较低的部分，“空”指对光线反射率较高的部分，这些条和空组成的数据表达一定的信息，并能够用特定的设备识读，转换成与计算机兼容的二进制和十进制信息。

条码系统由条形码的编码技术、条形码符号码、快速识别技术和计算机技术等组成。按使用目的分为商品条形码和物流条形码。

条码技术因其输入速度快、准确率高、成本低、可靠性强，发展十分迅速，已经广泛应用于物流业的各个环节。

2. 射频识别技术

射频识别技术又称无线电射频技术（Radio Frequency Identification，RFID）是一种利用无线电波进行信息读写的自动识别技术，射频技术的基本原理是电磁理论。

3. 卡识别技术

用于信息处理的卡识别技术，可以分为非半导体卡和半导体卡两类。

（1）非半导体卡。非半导体卡有磁卡、PET 卡、光卡和凸字卡等。使用最广泛的是磁卡，磁卡技术的基本原理是物理学和磁学。磁卡主要的优点有：数据可读写，具有现场修改数据的能力；信息存储量能满足大多数需求；使用方便，成本低廉；具有一定的数据安全性；能粘附于多种不同规格和形式的基材上。因此，磁卡技术是一种广泛应用的自动识别技术。

（2）半导体卡。半导体卡有 IC 卡和 CPU 卡等。半导体卡是镶嵌有集成电路芯片的塑料卡片，是集成电路卡片（Integrated Circuit Card，IC 卡）。IC 卡的芯片一般采用可读写的存储器（EEPROM）和逻辑保护电路。CPU 卡也称智能卡，卡内的集成电路中带有微处理器 CPU、存储单元［包括随机存储器 RAM、程序存储器 ROM（FLASH）、用户数据存储器 EEPROM］以及芯片操作系统 COS。装有 COS 的 CUP 卡相当于一台微型计算机，不仅具有数据存储功能，同时具有命令处理和数据安全保护等功能。CPU 卡主要用于身份认证、支付和结算工具、安全认证的安全保密模块以及数据载体等。

4. 生物识别技术

生物识别技术（Biometric Identification Technology，BIT）是利用人体特征进行身份认证的一种技术。生物识别系统对生物特征进行取样，提取其唯一的特征并且转化为数字代码，并用这些代码组成特征模板。人们通过生物识别系统进行身份认证时，识别系统获取其特征并与数据中的特征模板进行对比，确定是否匹配，从而决定接受或拒绝接受。生物特征是唯一的（每个人不同），是可以测量或可自动识别和验证的生物特性或行为方式，分为生理特征和行为特征。人体的生理特征主要有指纹、声音、面孔、视网膜、掌纹和骨架等。其中，指纹、视网膜是唯一和稳定的。

5. 光学字符识别技术

光学字符识别技术（Optical Character Recognition，OCR），是一种智能的图像识别技术，其工作原理是：通过扫描仪（数码照相机）等光学输入设备获取文字图片信息，利用各种模式识别算法分析文字形态特征，判断出文字的标准编码，并按通用格式存储为计算机的文本文件。

以上各种物流信息自动识别技术一般都具有以下特征：

- 准确性——自动采集数据，极大地降低人为错误。
- 高效性——数据采集快速，可以实时进行信息交换。
- 兼容性——自动识别技术以计算机技术为基础，各种管理信息系统都可以连接使用。

各种物流信息自动识别系统都有各自的特点和应用领域，他们之间没有优劣之分，应该根据具体的需要确定运用最适合的自动识别技术。物流信息自动识别技术大大增加了物流过程的自动化、标准化和现代化，是现代物流管理使用的重要技术之一。

6. 自动标识技术的应用

（1）分拣运输。铁路运输、航空运输、邮政运输等许多行业都存在货物的分拣搬运问题，大批量的货物需要在很短的时间内准确无误地装到指定的车厢或航班。解决这类问题的方法就是应用自动标识技术，只要将预先打印好的条码标签贴在发送的物品上，并在每个分拣处装一台条码扫描器即可。分拣员用手持式扫描终端输入订单号，计算机确认无误后，在货架上显示出拣选的数量。包装工人进行检验和包装之后，实时打印包含发运信息的条码，并贴在包装箱上。包装箱在通过分拣机时，根据扫描器识别的条码信息被自动放到相应的发运线上。

（2）仓库保管。通用商品代码有时不能满足仓库的需要，除了商品的生产厂家和产品种类外，还需要产品的数量、保质期、重量、体积等很多信息，采用自动标识技术，有利于商品的采购、保管和销售。例如食品，其保质期一般很短，如果食品过期，就会损害顾客的利益，同时给销售者带来经济损失。自动标识技术可以标识出该产品的生产日期和保质期，计算机管理系统可以随时提醒销售者，哪些食品快过保质期了，需要对这些食品打折出售或进行其他及时的处理，以免带来不必要的损失。

（3）机场通道。在机场的自动化系统中，自动标识技术的优势将充分体现出来，人们将条码标签按需要打印出来，附在每件行李上。根据国际航空运输协会（IAIA）标准的要求，条码应包含航班号和目的地等信息。当扫描器读到条码时，会将数据传输到分拣控制器中，然后根据对照表，行李被自动分拣到目的航班的传送带上。在大的机场，每小时要处理 80～100 个航班的行李，对于印刷清晰、装载有序的自动分拣系统，识别率可达 90%以上。

（4）货物通道。货物通道也是由一组扫描器组成，全方位扫描器能够从所有的方向上识读条码。这些扫描器可以识读任何方向、任意面上的条码，然后把一个个信息传送给主计算机或控制系统。

（5）运动称量。运动称量使系统能够保持很高的通过能力，同时实时提供货物的重量信息。例如，计算重量、检验重量差、验证重量范围等。在高效的货物搬运系统中，运动中称量可以与其他自动化过程集成在一起。

作为自动化物流搬运和数据采集的组成部分，运动称重系统已经广泛应用于制造业、食品加工以及包裹配送和零售配送业中。

5.2　现代物流信息处理技术

5.2.1　电子自动订货系统

1. 电子自动订货系统的作用

电子自动订货系统（Electronic Ordering System，EOS）是指企业利用增值网和终端设备进行订货和订货信息交换的系统。按照应用范围，EOS 分为组织内部的 EOS，例如，连锁店经营中的各个连锁分店与总部之间的 EOS 系统；组织之间的 EOS，例如，零售商与批发商之间的 EOS 系统，零售商、批发商和生产厂商之间的 EOS 系统等。EOS 系统的基本结构如图 5.1 所示。

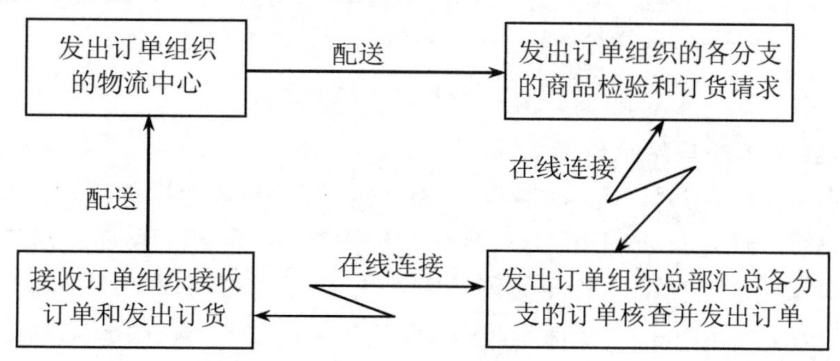

图 5.1　EOS 系统的基本结构

EOS 系统能及时准确地获取和交换订货信息，在物流管理中的作用有四个方面。

（1）对新的订货方式，例如，上门订货、邮寄订货、电话订货等，EOS 系统能够缩短从接单到发货的时间，缩短商品的交货期，减少订货的出错率，节省人工费用。

（2）有利于降低企业的商品库存水平，提高企业的商品库存管理效率，防止畅销商品缺货现象的出现。

（3）生产商和批发商可以通过分析零售商订购商品的信息，准确地判断畅销商品和滞销商品，有利于企业调整商品生产和销售计划。

（4）能提高企业物流信息系统的效率，使各个业务信息子系统之间的数据交换更加便利和快捷，丰富企业的销售信息。

2. 电子自动订货系统的流程

电子自动订货系统的流程主要有四个过程，其基本流程如图 5.2 所示。

（1）在零售终端利用 POS 获取准确的商品销售信息，根据商品销售信息，零售商在终端机上输入订货信息，通过增值网（VAN）将订货信息传输到批发商的信息中心。

（2）批发商开出提货传票，物流配送中心根据提货传票进行分拣作业，然后根据送货传票进行商品发货。

（3）送货传票上的信息为零售商的应付账款和批发商的应收账款，送货人依此收款。

（4）零售商对送到的货物进行验收、付款，然后上柜销售。

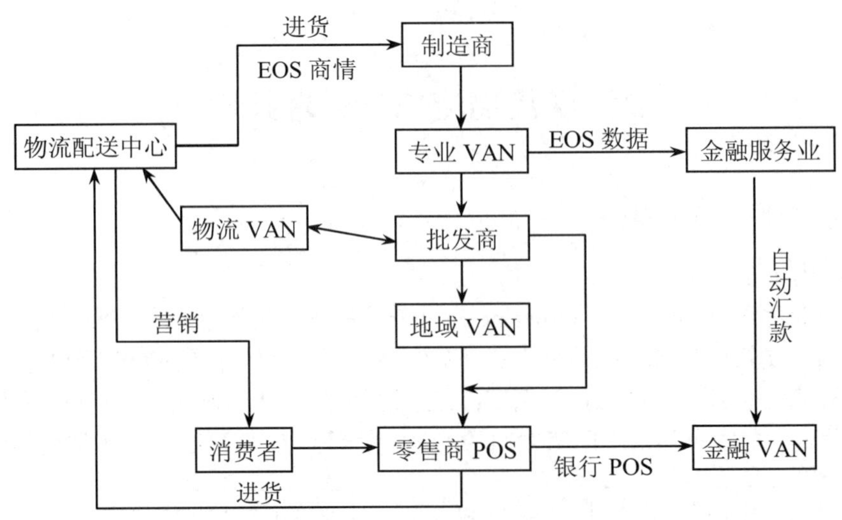

图 5.2 EOS 系统基本流程

3. EOS 系统的实施条件

企业在应用 EOS 系统时，应注意的方面有：① 订货业务要标准化，如商品代码、数量单位和订货人编码等，这是有效利用 EOS 系统的前提条件；②每一种商品对应一个商品代码，商品代码采用国家统一的标准，商品代码是应用 EOS 系统的基本条件；③ 商品目录的制作与更新，是 EOS 系统运行的重要保证；④ 订货信息的输入/输出终端设备，是应用 EOS 系统的硬件基础；⑤ 制定 EOS 系统使用手册，协调部门间、企业间的经营活动。

5.2.2 销售时点信息系统

销售时点（Point of Sale，POS）系统是指通过自动读取设备（如收银机）在销售商品时直接读取商品销售信息，如商品名、单价、销售数量、销售时间、销售店铺等，通过通信网络和计算机系统传送至有关部门进行分析、加工，提高经营效率的系统。POS 系统最早用于零售业，以后逐渐扩展到其他行业。现代 POS 系统不仅仅局限于在收款时收集信息的技术，已经扩展到将口岸、网络、EDI 技术、条形码技术、远程通信、电子广告、自动售货等一系列科技手段融为一体，形成一个综合性的信息资源管理系统。

1. POS 系统的组成

POS 系统对商店的进、销、存、财务等环节的管理，提供完整的商品销售信息，由前台 POS 和后台 MIS 两大部分组成。

（1）前台 POS 系统。前台 POS 系统是指通过自动读取设备（如收银机）在销售商品时读取商品销售信息，例如，商品名、单价、销售数量、销售时间、销售店铺等，实现销售业务的自动化，对商品销售进行实时服务和管理，通过通信网络和计算机系统传至后台，由后台计算机进行分析与汇总，使经营管理者掌握商品销售的各种信息，对经营情况进行分析，为制定经营战略提供依据。

（2）后台 MIS 系统。MIS 系统是管理信息系统，对整个商店的进、销、存、财务等环节进行管理，根据商品的进货信息对供应商进行管理，根据前台 POS 系统提供的销售信息进行销售管理，分析各种报表，控制进货数量，合理调动资金，快速准确地计算成本和毛利。后台 MIS 系统与前台 POS 系统关系紧密，两者缺一不可。

2. POS 系统的特征

POS 系统作为销售时点系统具有四个基本特征。

（1）自动读取销售时点的信息。在顾客购买商品结账时，POS 系统通过扫描器自动读取商品的条码标签或 OCR 标签上的信息，在销售商品的同时获取实时的销售信息是 POS 系统最突出的特征。

（2）商品管理、职工管理和顾客管理。① 商品管理是指对店铺的陈列、展示、销售的商品以单个商品为单位进行销售跟踪和管理。POS 系统的应用使高效率的商品管理成为可能。② 职工管理是指通过 POS 终端机上的计时器，记录每个职工的出勤状况，销售状况。以月、周、日甚至时间段为单位进行考核管理。③ 顾客管理是指在顾客购买商品结账时，通过收银机自动读取零售商发行的顾客 IC 卡或顾客的银行信用卡，掌握每个顾客的购买品种和购买额，对顾客进行分类管理。

（3）信息的集中管理。各个 POS 终端获得的销售时点信息，汇总到企业总部的信息中心，与其他部门发送的有关信息一起由总部的信息系统进行分析、加工，掌握畅销商品和滞销商品以及新商品的销售趋势，对商品的销售数量和销售价格、销售数量和销售时间之间的相关关系进行分析，对商店商品陈列方式、促销方法、促销时间、竞争方式的影响进行相关分析。

（4）连接供应链的有力工具。供应链各方相互合作的主要方式是信息共享，POS 系统提供的信息是企业经营中最重要的信息之一，通过它能及时掌握顾客的需求信息，供应链的参与方可以利用 POS 信息，结合其他方面的信息来制订各自企业的经营计划和市场营销策略。

3. POS 系统的业务流程

POS 系统的运行过程由五部分组成。

（1）将店内销售的商品贴有表示该商品信息的条形码或 OCR 标签。

（2）在顾客购买商品结账时，收银员使用扫描仪自动识别商品的条形码或 OCR 标签上的信息，通过店铺内的计算机系统确认商品的单价，计算顾客购买商品的总额，并将计算结果返回收银机，打印出顾客购买清单和付款总金额。

（3）商店的 POS 信息实时传送到总部信息中心或物流信息中心。

（4）在总部信息中心或物流信息中心，利用 POS 信息进行库存调整、配送管理、商品订货等作业，通过对 POS 信息进行加工分析，掌握消费者需求趋势，找出畅销商品和滞销商品，以此为依据，进行商品品种的配置、商品陈列、价格制定等。

（5）在零售商与上游企业（配送中心、批发商、生产商等）结成协作伙伴关系或战略联盟的条件下，零售商利用通信网络以在线连接的方式，把 POS 信息及时传送给上游企业。上游企业可以利用这种最及时准确的销售信息进行销售预测，掌握消费者的需求趋势，了解畅销商品和滞销商品，把 POS 信息与 EOS 信息进行分析比较，控制零售商的库存水平，以此为依据制定生产计划和零售商库存连续补充策略。

5.2.3 计算机辅助订货系统

1. 计算机辅助订货系统概述

计算机辅助订货（Computer Assisted Ordering，CAO）系统是一个零售作业系统，当货架上的存货低于预定水平时，或者根据 POS 信息，商品销售量达到一定程度时，CAO 系统自动生成商店补货订单。计算机系统根据商店内所有商品的存货，自动调整进货数量。CAO 系统通过使用 POS 信息自动生成商店补货订单，主要内容包括商店的基本情况、实际销售与预期销售、安全库存水平、有效订货数量、准确的货架与库存水平、影响需求的特殊因素等。

2. CAO 系统的工作过程

用计算机自动生成商店的补货订单代替人工订单，这就是计算机辅助连续补货系统。CAO 系统使用的是 POS 系统数据库中的数据，用相应的 CAO 软件根据这些数据计算出需要补货的品种和数量，自动生成订单。

CAO 系统要处理的工作非常复杂，要考虑的因素很多。CAO 系统将传统的由零售商制作订单的补货程序改为供应商与零售商建立伙伴关系，供应商根据零售商的库存量和销售数据决定补货数量。实施 CAO 的目的是减少库存，改善服务，提高流动资金的周转率，为零售商节省人力和物力成本。CAO 系统的工作流程如图 5.3 所示。

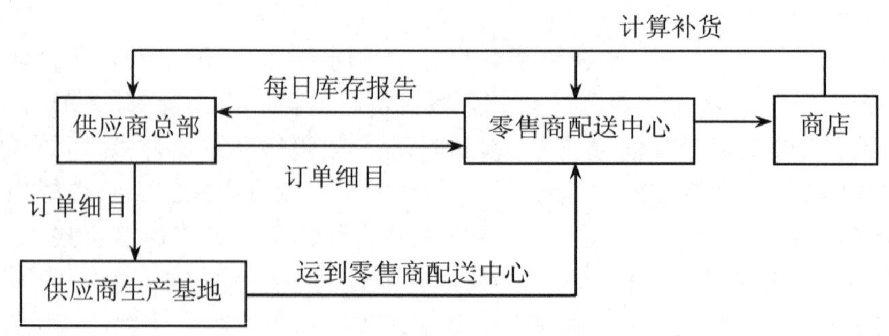

图 5.3 CAO 系统的工作流程

3. CAO 系统要考虑的因素

CAO 系统在生成补货订单的过程中要考虑的因素主要有六个方面。

（1）商店的基本情况。CAO 系统存有每个商店基本情况的信息，包括商店的商品种类、价格和促销数据，商店订购和储存的每种商品以及货架容量，即在每个货架上能放置多少数量的商品。

（2）实际销售与预期销售。CAO 系统预测消费者的需求趋势，以此为基础可以确定补货时间和数量。为了确定商店的订货量，CAO 系统要计算出下一个补货周期的预期，确定适当的订货数量，确保商品不脱销。销售预期由 CAO 预测系统，以每个 POS 系统数据库中的单个产品近期的销售记录为基础计算得出。系统会考虑促销、季节和特殊因素的影响，生成商品补货订单，该订单反映了销售预期、目前的库存量以及先前已经发出还没有交货的订单等多个方面。

（3）安全库存水平。CAO 系统能够计算并保持商店商品的安全库存水平。CAO 系统为每种商品确定最小库存，保证在有销售波动的情况下，商品也不会脱销。这种安全库存水平，是根据 POS 系统数据库中，各种销售记录统计分析得出的。CAO 系统生成的补货订单是为保证安全库存进行的补货，同时也为下次补货间隔的销售提供存货。

（4）有效订货数量。CAO 系统将根据上述几项计算出订货数量，然后经过管理人员的调整，最终确定出物流有效订货量，包括几个托盘、几辆货车，或满足某项贸易条款的要求等。此物流有效订货信息将保存在 CAO 系统的数据库中。

（5）准确的货架与商品库存水平。为了确定订货的具体内容，CAO 系统需要知道零售商库存中有何种商品、数量多少等情况。准确的商店库存水平，包括货架上和仓库中的商品情报，CAO 系统可以通过实时盘库系统或定期盘库系统获得。

（6）影响需求的特殊因素。CAO 系统还需考虑某些特殊因素对顾客需求的影响，例如，节假日、促销、气候变化、特殊事件等。当 CAO 系统已经输出商品的订货单时，商店的经营者要进行订单确认，如果需要还可以根据特殊因素，对订单进行修改。一旦确认，订单将通过 EDI 订货报文自动转送到物流配送中心（RDC）。

总之，CAO 系统给商店经营者带来了很多便利。由于库存计算、订单生成已经实现自动化，节省了许多人力和精力，发货数量与货架需要的数量相匹配，补货程序简单、快捷了许多。通过采用 CAO 系统，缩短了订货到交货的时间，使得商店货架上每种产品只保持最低库存，甚至商店可以实现零库存。精确的订货提高了效率，减少了流动资金的占压。

5.2.4　仓库管理技术

仓库管理系统可以保证商品的库存水平最低，所有商品的拣选、包装和装运等作业效率最高。仓库为配送活动提供空间，使配送的服务水平最佳。仓库管理系统的仓储评估和运营参数，如库房周转率、配送容量等，都是为了提高仓储运营效率和降低仓储作业成本。仓库管理系统包括仓库的时间管理和空间管理两个方面。

1. 时间管理系统

仓库的时间管理系统主要有定期盘库系统和实时盘库系统。盘库系统能保持商店商品的目标库存水平。这个系统反映了所有商品的物理移动、配售和销售等情况。

（1）定期盘库系统。定期盘库系统是对货架上的每种商品每天、每月或每年的存货数量进行盘点。盘点数据可以通过商品的条码和便携式扫描器扫描的方式采集，还可以根据商店进出商品时的收货通知记录和出货扫描数据完成盘点，即每天营业结束后，店员将每种商品的收货数量与前一天的存货数量相加，再减去已销售的数量，就得到当天的盘点数据。

（2）实时盘库系统。实时盘库系统与POS系统、商店电子收货系统整合为一体，它使商店的库存维持在一个安全的库存量。实时盘库系统获得数据有两条途径：柜台销售数据和商品的接收数据。定期盘库系统以天为单位计算商店的商品存货，而实时盘库系统则是实时更新。由于实时盘库系统使用两种数据来源，所以采集的数据更准确，这对商店的经营决策是非常重要的。

实时盘库系统的不足之处是准确性。由于POS系统和商店电子收货系统很少能做到100%准确，又因为商店电子收货系统不能记录商品亏损数据，因此，就要寻找一种能够记录数据错误和亏损数据的方法，来支持实时盘库系统。

2. 空间管理系统

仓库空间管理系统就是运用活动成本模型为零售商计算各种商品的作业成本，管理货架空间，使其每平方米的收益最大化。传统的货架空间与商品是分开管理，由商店的经营者根据经验和变化因素制定的，这种方法不能利用POS系统提供的数据。仓库空间管理系统利用销售数据和库存周转数据进行空间管理，就能将POS数据库、商品销售数据以及自动货架空间结合在一起进行管理，获得最大的空间利用率。

5.2.5 物流系统自动化技术应用

自动化技术是一门综合性非常强的技术，其不断地发展、进步，促进了工业生产的迅猛发展。自动化技术的应用推动了自动化仪表和集中控制装置在工业生产中的应用，促进了连续生产自动化的实现和发展，大大提高了劳动生产率。自动化技术在物流行业中的应用，更进一步推动了物流业的快速发展。现代物流系统的先进水平，主要体现在物流系统高度集成化和自动化、物流设备多样化，并且具有速度快、可靠性高的特点。

自动化技术在物流中的应用，主要体现在自动仿真技术、自动控制技术、自动检测寻址技术、条码自动识别技术等。计算机仿真是利用计算机运算系统的数学模型，达到对被仿真系统的分析、研究、设计等目的。它可以通过计算机技术进行精确计算和验证分析，提高系统方案的可行性。根据物流系统的工艺设备参数和工艺流程建立起来的计算机自动仿真系统，可以形成直观立体的三维仿真动画，科学计算物流系统的流量，寻找和确定瓶颈位置，校验物流系统设计的合理性。

近几年，随着自动化立体仓库规模越来越大，80%以上的新建仓库高度在20米左右，堆垛机自重大大增加，而且由于要求作业频率高，堆垛机运行参数不断攀升，为保证堆垛机的高速运行和快速停准，只能采用变频调速。自动化变频调速技术采用交流变频调速，具有调速平滑、过载力矩大和起动力矩大等特点，使设备启动平滑，消除机械性的冲击力，达到保护机械设备和延长机械部件寿命的目的。

1. 物流自动化的内容

物流自动化是充分利用各种机械和运输设备、计算机系统和综合作业协调等技术手段，通过对物流系统的整体规划及技术应用，使物流的相关作业和内容省力化、效率化、合理化，快速、准确、可靠地完成物流的过程。物流自动化主要包括以下几个方面：

（1）机械自动化。采用自动化的手段进行物流作业，是物流自动化的主要内容。如利用自动叉车、立体自动仓库、自动分拣和分拣传送设备，提高物流作业效率。

（2）信息自动化。利用信息技术对产生的各种信息，进行快速、准确和及时的收集、存储、加工、分析和检索，为物流作业的效率化和管理的科学化提供保障。

（3）管理自动化。根据作业的内容，使用相关的物流设备，采用科学、合理的流程和适当的作业指导方法，在成本不变的情况下，提高物流管理的效率。

2. 物流自动化系统

自动化物流系统是集光、机、电技术为一体的复杂的系统工程，能够实现物料传输、识别、分拣、堆码、仓储、检索和发售等各个环节的全程自动化作业。该系统主要包括自动化高架立体仓库系统、自动化输送系统、自动控制系统和计算机集成化物流管理系统等，涉及人工智能、图像识别、计算机模拟仿真、网络、无线通信、红外通信、激光导航与定位、机器人等技术领域。自动化物流系统广泛用于机械、电子、汽车、家电、冶金、建材、烟草等行业，以及工业、商业、流通、军事等国民经济各个领域，大大提高了企业的核心竞争力。

物流自动化是指在一定的时间和空间里，将输送工具、工业机器人、仓储设施、通信工具等高性能的有关设备集中在一起，利用计算机网络控制系统进行自动控制，构成有机的、具有特定功能的整体物流系统。该系统可以由无人引导小车、高速堆垛机、工业机器人、输送机械系统、计算机仿真监控系统组成。

在智能物流体系建设过程中，需要自动化设备、AGV、智能机器人等设备及物联网、视觉识别、大数据分析、云计算、机器学习等先进的技术支持。主要有以下自动化物流系统。

（1）自动化立体仓库。随着土地成本、人工成本的上升，自动化立体库的应用成为趋势。包括穿梭车、堆垛机等在内的不同形式的立体仓库，对于商品的自动化存储，提升仓储面积的利用率和物流作业效率都是非常必要的。

（2）智能 AGV 无人搬运车。智能 AGV 无人搬运车可以与其他物流设备自动接口，实现自动运送物料上线作业。此外 AGV 机器人的另一个特点是柔性好、自动化程度和智能水平高。AGV 机器人的行驶路径可以根据仓储货位的要求和生产工艺流程等进行灵活的改变，并且运行路径改变的费用与传统的输送带和刚性的传送线相比非常低廉。

（3）AGV 叉车。用激光导航 AGV 叉车，能实现物料的自动出入库，使仓库局部实现无人化运作，物流作业效率明显提升。

（4）智能拣选机器人。智能拣选机器人能自动完成零件自动拣选，提高了分拣效率。在柔性化生产现场，物料需要排序，采用智能拣选机器人自动抓取零件放在料架上，并按照生产计划排好顺序，最后由 AGV 小车将料架拖至作业线，实现了零件拣选及上线无人化。

3. 物流自动化系统的功能分类

（1）仓储物流自动化系统。仓储物流自动化系统是物流自动化系统中最基本的系统，其基本结构代表了物流自动化系统的主要特征。仓储物流自动化系统主要由货架（或堆场）、自动识别设备、自动搬运设备、输送设备、码垛设备、信息管理和控制系统等组成，具有存储物料、协调供需关系等基本功能。

（2）中转物流自动化系统。中转物流自动化系统主要由各种运输设备、自动分拣设备、信息识别设备、包装设备、信息管理和控制系统等组成，其功能主要是实现异地物流运输、物流配送等。

（3）生产物流自动化系统。生产物流自动化系统是指生产企业中实现不同场地、不同工序或不同设备之间的物料或刀具（工具）自动传送的系统。

4. 物流自动化系统的组成

物流自动化的系统组成主要有信息采集子系统、前端执行子系统、信息管理子系统、智能控制子系统和计算机网络子系统等。

（1）信息采集子系统。信息采集是实现物流自动化的前提。自动识别系统收集和记录物流实物的相关数据信息，以实现实物流动的自动化控制。

（2）前端执行子系统。是物流自动化系统的核心，具有机电一体化系统的典型特征。系统根据智能控制系统的指令，完成实物的存取、搬运、输送、运输、分拣等任务。

（3）信息管理子系统。信息化是物流自动化系统的基础，集中表现为物流信息的商品化、物流信息收集的数据库化和代码化、物流信息处理的电子化和计算机化、物流信息传递的标准化和实时化、物流信息存储的数字化等。

（4）智能控制子系统。物流作业过程大量的运筹与决策，都需要借助于大量的知识才能解决，智能控制系统的任务是以尽可能低的成本为顾客提供最好的服务。

（5）计算机网络子系统。计算机网络主要由两部分组成：一是物流配送系统的计算机通信网络；二是组织的网络化，即企业内部网。

5.3 现代物流信息存储与分析技术

人类的一切活动（包括物流活动在内）都离不开数据，离不开信息。当今社会信息量之大是很难想象的，在物流领域里信息种类之多，信息量之大更是如此。如此多的数据如果没有好的方法存储和管理，是很难利用的，更谈不上用其创造价值了。现在，对物流信息进行存储和管理的方法，主要有数据库技术和数据仓库技术两种。

5.3.1 数据库技术

1. 数据处理概述

数据处理是将数据转换成信息的过程。广义的数据处理包括对数据的收集、存储、加工、分类、检索、传播等一系列活动。狭义的数据处理是指对输入的数据进行加工整理。数据处理的基本目的是从大量的、现有的数据中，根据事物间固有的联系和运动规律，通过演绎、归纳、推导等分析手段，萃取出对人们有价值、有意义的信息。

数据加工方式有简单和复杂两类。简单加工包括对数据进行组织、编码、分类和排序等；复杂加工包括使用统计学方法和数学模型等对数据以及数据之间的关系进行深层次的加工。

2. 数据库的定义

数据库（Database，DB）是存放在计算机存储设备中，以一种合理的方法组织起来的，与各种业务活动和组织结构相对应的各种相关数据的集合，该集合中的数据可以为各级经过授权的人员或应用程序，以不同的权限和形式共享。

3. 数据库的特点

数据库的特点主要有：以一定的数据模型组织数据；以最优方式为某个特定组织的多种应用程序或用户服务；数据结构独立于使用它的应用程序；对数据的定义、操纵和控制，由数据库管理系统统一进行管理和控制等。

4. 数据模型

数据模型是数据库系统中，用于提供数据和数据操作方法的形式框架。数据模型通常由三部分组成：第一部分是数据结构，包括数据对象及其相互关系；第二部分是数据操作，主要是对数据的检索和更新；第三部分是数据的约束条件和完整性规则。现在应用最广泛的数据模型是关系模型。随着数据处理技术的发展，数据的形式多种多样，如声音、图片和图像等，为了描述这类多媒体数据，又出现了面向对象模型（Object Oriented Mode）。

5. 关系模型

关系模型的最大特点就是描述的一致性，对实体及其联系，均用关系描述。关系模型由三部分组成：数据结构、关系操作和完整性。关系模型的数据关系非常简单，可以把关系模型理解为一张二维表格，表格中的每一行代表一个实体，称为记录；每一列代表实体的一个属性，称为数据项。关系是所有记录的集合。关系具有的主要性质有：① 关系中的列是同性质的，任意两列不能重名；② 数据项是不可再分的（即不可表中套表）；③ 关系中不能有相同的记录；④ 每个关系都有一个主关键字，它能唯一地标识关系中的记录；⑤ 关系中列的顺序可以任意交换，记录的顺序也可以任意交换，一行对应一条记录。

6. 面向对象模型

随着数据库技术的发展，出现了像语音处理、CAD、图形图像处理等许多新的应用领域，在传统的数据处理领域也出现了新的数据处理需求，例如，存储和检索照片、手写文件等。这就要求数据库系统不仅能处理简单的数据类型，还要处理包括图形、图像、声音、动画等多种音频、视频信息，关系数据模型难以满足这些需求，因而就产生了面向对象的数据模型。

在面向对象的数据模型中，最重要的概念是对象（object）和类（class）。对象是对现实世界中的实体在问题空间的抽象。针对不同的应用环境，我们面向的对象也不同。一个教员是一个对象，一本书也可以是一个对象。一个对象由属性集和方法集组成。其中，属性用于描述对象的状态、组成和特性，而方法是实现对象行为的操作过程，用于描述对象的行为特征，通常方法是不可见的、静态的。当对象之间要进行相互联系和通信时，只能通过发送消息作为唯一的通信途径来实现。消息就是被送出的某一行为的操作结果，用于请求对象执行某一操作或回答某些信息的要求，对象一旦接收到具体的消息，就要激活与此消息相匹配的方法，并执行这个方法，执行的结果会生成新的对象或其他的目标。共享同一属性集和方法集的所有对象的集合称为类，每个对象称为它所在类的一个实例，类的属性值域可以是基本数据类型，也可以是类。

7. 关系数据库

关系数据库是以关系模型为基础的数据库，利用关系描述事物。

8. 数据库系统

数据库系统（DBS）是采用数据库技术的计算机系统，是可运行的以数据库方式存储、维护和向应用系统提供数据或信息支持的系统。它由计算机硬件、软件（数据库、数据库管理系统、操作系统和应用程序等）、数据库管理人员（DBA）组成。

数据库系统是物流企业管理信息系统的核心和基础，其任务是把系统中大量的数据按一定的模型组织起来，及时、准确地提供给用户。管理信息系统的各部分能否紧密地结合在一起，以及如何结合，关键是数据库。因此，只有对数据库进行合理的逻辑设计和有效的物理设计，才能开发出完善而高效的物流信息管理系统。

5.3.2 数据库管理系统

1. 数据库管理系统的主要作用

数据库管理系统（Database Management System，DBMS）是一个复杂的系统，具有语言解释、引导数据存取等功能，其主要作用有以下五个方面。

（1）定义数据库。将数据定义语言（DDL）所描述的各项内容（包括外模式、模式、内模式的定义，数据库完整性定义，安全保密定义和存取路径定义等），从源形式编译成目标形式，并存放到数据字典中，它们是 DBMS 存取和管理数据的基本依据。DBMS 可以根据这些定义，从物理记录导出全局逻辑记录，再从全局逻辑记录导出用户所需的局部逻辑记录。

（2）管理数据库。DBMS 通过数据操纵语言（DML）实现对数据库的管理，执行对数据的检索、插入、删除和修改等操作，实施对数据的安全性、保密性和完整性的检验，控制整个数据库的运行和多个用户的并发访问。

（3）数据库运行与控制。DBMS 提供的运行与控制功能保证所有访问数据库操作在控制程序的统一管理下，检查安全性、完整性和一致性，保证用户对数据库的使用。包括初始数据的载入，记录工作日志，监视数据库性能，在性能降低时恢复数据库性能，在系统设备变化时修改和更新数据库，在系统出现故障时恢复数据库等。

（4）数据通信。负责实现数据的传送，这些数据可能来自应用程序、终端设备或系统的内部进程，与操作系统协调完成输送数据到队列缓冲区、终端或正在执行的进程中。

（5）数据字典。数据字典是 DBMS 提供的一项功能，它将有定义的数据库按一定的形式归类，对数据库中的有关信息进行描述，以帮助数据库用户使用和数据库管理员管理数据库。

2. 数据库管理系统的组成

数据库管理系统是由许多具有数据库定义、控制、管理和维护功能的系统程序集合而成。各个程序都有各自的功能，可以几个程序协调共同完成一件 DBMS 的工作，也可以一个程序完成几种 DBMS 的工作。不同的 DBMS 的功能可以不一样，所包含的程序组成也可以不相同。不论哪种 DBMS，一般都应由三个方面的程序组成：语言（编译）处理、系统运行控制和系统维护管理。

3. 数据库应用开发工具

数据库应用程序的开发，可以利用开发工具进行，也可以利用 DBMS 直接进行数据库应用系统的开发。目前，市场上流行的开发工具有 PowerBuild、DelPhi、Informix 等，都提供了图形化的界面工具、应用程序建立工具、调试工具、强有力的数据库访问能力和数据库浏览工具等；能够提供 DBMS 的产品有 Access、FoxPro、SQL 和 Oracle 等。

另外，利用具有数据库接口的高级语言及其编译工具（例如，VC、VB 语言等）也可以开发数据库应用系统。理想的数据库语言应该是将数据库语言与通用的程序设计语言相结合，既能对传统的数据库功能提供透明访问，也能支持面向对象的程序设计方法。

4. 数据库管理员及其他人员

（1）数据库管理员。为保证一个企业或组织的数据库系统能正常运行，必须配备专门的管理人员对数据库进行管理和控制，这类人员称为数据库管理员（Database Administrator，DBA）。数据库管理员，是指那些懂得数据库全部工作原理，掌握数据库全局，管理和维护数据库日常工作的软件人员。

（2）数据库系统中的其他人员。数据库系统的用户除了 DBA 外，还应有系统分析和设计人员、应用程序员和最终用户。系统分析和设计人员主要负责数据库应用系统的需求分析和文档书写，确定系统的软、硬件配置，参与数据库各级模式的设计。应用程序员主要负责数据库应用程序的开发。最终用户通过数据库应用程序提供的用户界面，使用数据库数据完成各项数据处理任务。

5.3.3　数据仓库技术

1. 数据仓库的概念

（1）数据仓库的起源。数据库系统中存在着两种不同类型的处理：事务型处理和分析型处理。事务型处理是指对数据库进行日常的联机操作，例如，对数据进行查询、插入、删除和更新操作。这些操作主要是为了支持企业在经营过程中进行各种日常的业务活动。分析型处理主要是为了支持企业或组织管理人员的决策分析。

当以事务处理为主的联机事务处理应用（Online Transaction Processing，OLTP）和以分析处理为主的决策支持应用共存于一个数据库系统中时，这两种类型的处理会发生明显的冲突，将严重地影响系统的性能。因为，事务型处理一般处理的数据量比较少（例如，单客户、一份订单、某种货物），但是要求系统有快速的响应时间；分析型处理经常需要处理大量的数据，但允许系统有较慢的响应时间。

事务型处理与分析型处理是两类性质完全不同的数据处理，为了提高系统的运行效率，必须将这两种类型的处理方式从同一个数据库系统中进行分离，将分析数据从事务处理环境（如 OLTP 系统）中提取出来，并重新组织、转换，将其移动到单独的数据库中，该数据库就是数据仓库。

一个数据仓库应包含企业或组织经常查询、用于决策分析的所有数据。分离后，用于决策支持的分析型处理可以直接操作数据仓库中的数据，而不会影响到原来数据库中的事务型处理的速度，可以提高决策分析的效率和事务处理的效率。

数据仓库是存储数据的一种组织形式，从传统数据库中获得原始数据，先按辅助决策的主题要求形成当前基本数据层，再按综合决策的要求形成综合数据层，随着时间的推移，由时间控制机制将当前基本数据层转为历史数据层。

（2）数据仓库的定义。数据仓库（Data Warehouse，DW ）的概念是由 William H.Inmon 提出的，他在《Building the Data Warehouse》一书中将数据仓库定义为："面向主题的、集成的、不可更新的、随时间变化的数据集合，用以支持企业或组织管理层的决策分析过程。"

广义的数据仓库的概念是一个帮助企业决策者进行决策的系统化解决方案。它包括数据仓库技术、联机分析处理技术和数据挖掘技术（Data Mining，DM）三个方面的内容。

（3）数据仓库的特点。根据数据仓库的定义，数据仓库的特点有：① 数据仓库是面向主题的；② 数据仓库的组织与管理方法与普通数据库不同，支持决策处理，不同于普通的事务处理；③ 数据在进入数据仓库之前，必须经过加工与集成（即"数据抽取和挖掘"）；④ 数据仓库是稳定的，它反映的是历史数据，而不是联机数据；⑤ 数据仓库是随时间渐变的。

（4）数据仓库的结构。数据仓库既是一种结构，也是一种方法，还是一种技术，是存储数据的一种集成形式。作为一个系统，数据仓库应包括数据以及对数据进行存取和管理的工具，其结构形式如图 5.4 所示。

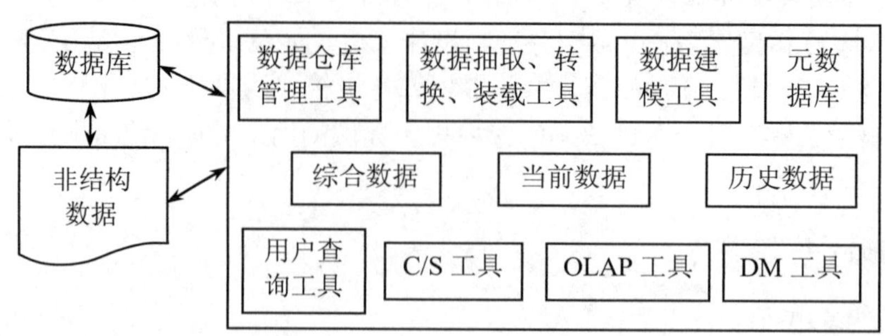

图 5.4 数据仓库系统结构

（5）数据仓库系统。数据仓库系统（DWS）由数据仓库、仓库管理、分析工具三部分组成。数据仓库应用是一个典型的 C/S 结构，客户端包括客户交互、格式化查询、结果及报表生成等，服务器端完成各种辅助决策的（SQL）查询、复杂的计算和各类综合功能。

2. 数据仓库的建设

数据仓库是物流信息系统的基础，在物流信息管理中能否充分发挥数据仓库的作用，是物流信息系统成败的关键。数据仓库是现代物流企业运营的基础条件，通过数据仓库对物流作业数据进行分析与预测，企业可以制订准确的物流运营计划。数据仓库的出现，给企业带来了新的发展动力。据调查，数据仓库的投资回报率平均在 400%左右，世界 500 强企业中，已经有 85%的企业已建成或正在建设数据仓库，数据仓库正在成为信息技术最快的增长点之一。

（1）建设数据仓库的必要性。日趋激烈的市场竞争和经营管理的复杂性决定了企业为了生存与发展需要对客户关系、市场营销、生产过程和投资分析等方面的历史数据进行分析，从中找到对企业发展有价值的潜在信息。数据仓库能够把企业的内部数据和外部数据进行有效的集成，为企业的各层决策提供数据依据。

（2）构建数据仓库的工具。构建数据仓库的工具有很多种，例如，建模工具、数据净化工具、数据抽取工具、数据仓库管理工具、联机分析处理和数据挖掘工具等。世界上著名的大公司，像 IBM、Oracle、Sybase、CA、NCR、Informix、Microsoft 和 SAS 等，都竞相推出了构建、维护和应用数据仓库的产品工具和应用解决方案，企业可从自己的实际情况和用户需求进行选择。

（3）数据仓库的建设步骤。数据仓库由三部分组成：数据源、数据源转换/装载形成新的数据库、联机分析处理（OLAP）。数据仓库的建设过程分为三个阶段：数据仓库的项目规划、设计和实施、运行与维护。数据仓库的构建可以分为五个步骤：① 明确目标，统一规划；② 统筹安排，分步实施；③ 创建技术环境，建立支持平台；④ 建好模型，确定数据源；⑤ 加强安全管理，搞好运行维护。

3. 数据仓库技术

数据仓库是一种只读的、用于分析的数据库，是从大量的事务型数据库中抽取数据，并将其清洗、转换，形成为决策使用的一种特殊的数据聚合格式。数据仓库离不开数据库技术的支持，需要有并行数据库技术、高性能的数据库服务器和异构数据源的互操作技术等三种数据库技术的支持。数据仓库技术在近几年的发展非常迅速，不少厂商都推出了他们的数据仓库产品。仅仅拥有数据仓库是不够的，还要有与其配套使用的分析工具，才能使数据仓库真正发挥其作用。联机分析处理和数据挖掘就是这样的分析工具。

4. 联机分析处理技术

联机分析处理是一种自上而下、不断深入的分析工具，通过对信息进行快速、一致和交互式的存取，对数据进行多层次、多阶段的分析处理，在用户提出问题或假设之后，负责提取相关的详细信息，以直观的方式呈现给用户。联机分析处理要求按多维方式组织企业的数据，传统的关系数据库难以胜任，人们提出了多维数据库的概念。正是这一概念的发展，使决策分析中的数据结构和分析方法得以分离，才有可能研制出通用而灵活的分析工具，并使分析工具商品化。

基于多维数据库的联机分析处理工具，是把分析所需的数据从数据仓库中抽取出来，物理地组成多维数据库。基于关系数据库的联机分析处理工具，是利用关系表来模拟多维数据，并不是物理地生成多维数据库。

5. 数据集市

（1）数据集市的定义。数据集市（Data Mart），也叫数据市场，数据集市是支持部门信息活动而组成的部门级数据库，是数据仓库一个非常重要的组成部分。企业内部不同的业务部门都可以有自己的数据集市，如市场、财务、销售和人事等部门都可以拥有自己的数据集市。每个数据集市都有特定的用处，如人事部门的数据集市可以分析人员的流动，销售部门的数据集市可以分析产品的销售趋势，等等。

（2）数据集市的数据源。数据集市的数据源通常可以使用两种方法获得，第一种方法是直接从联机事务处理应用（OLTP）系统中，将数据捕获到需要使用该数据的数据集市中；第二种方法是将 OLTP 系统中的数据送到中央数据仓库中，再将数据仓库中的数据放到数据集市中。图 5.5 表示的是从一个数据仓库中抽取数据，为销售部、财务部和市场部服务的数据集市。

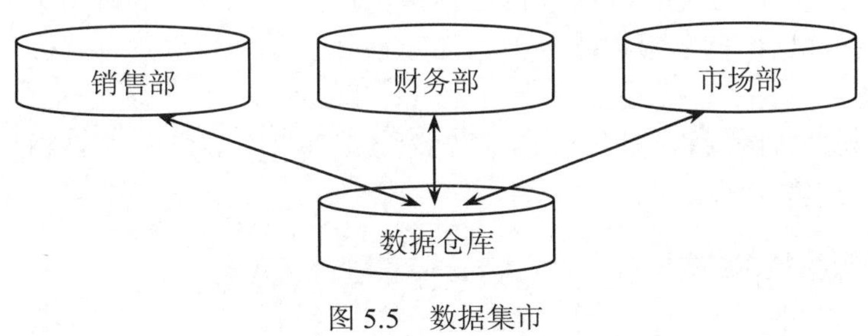

图 5.5　数据集市

5.3.4　数据挖掘技术

1. 数据挖掘的概念

数据挖掘（Data Mining，DM）就是从超大型数据库（VLDB）或数据仓库中寻找有用的商业信息的过程。这与从矿山中挖掘矿石的过程类似，需要付出巨大的努力，从庞大的数据中筛选出有价值的信息。数据挖掘的基本思想是从数据中抽取有价值的信息，目的是帮助决策者寻找数据间的潜在关联，发现被忽略的要素。

从数据库的角度看，数据挖掘就是从数据库的数据中识别出有效的、新颖的、具有潜在价值的信息的非平凡过程。“非平凡”是数学概念，表示数据挖掘，既不是把数据全部抽取，也不是一点儿不抽取，而是抽取出隐含的、未知的和可能有价值的信息。从决策支持的角度看，数据挖掘是一种决策支持的过程，主要基于人工智能、机器学习、统计学、数据库技术等多种技术，能高度自动地分析企业现有数据，对其进行归纳推理，从中挖掘出潜在的变化趋势，预测客户的行为，帮助企业的决策者调整经营策略，减少市场风险，作出正确的决策。数据挖掘思想是企业经营决策者提高科学决策的质量和效率的一种新观念。

2. 数据挖掘工具

数据挖掘工具主要有三种。① 神经计算。神经计算是一种机器学习方法，通过这种方法可以搜索大型数据库，筛选历史数据，找出对企业有用的信息。② 智能代理。使用智能代理方法，可以从 Internet 或基于 Intranet 的网络数据库中，获取有价值的信息。③ 辅助分析。这种方法使用一系列的算法，对大型数据集合进行分类整理，并用统计规则表达信息。

3. 数据挖掘应用

随着时间的流逝，企业需要管理的信息量不断增加，尤其大公司更是如此，例如，电信公司、PC 制造商等，他们都建立了数据仓库来存储数据。为了对巨量的数据进行分析，如分析顾客的购买习惯和购买变化趋势等，各大公司纷纷开始使用数据挖掘工具对现有数据进行挖掘。应用数据挖掘技术较多的行业有：① 零售业，预测销售趋势，确定库存量和销售计划等；② 银行业，预测坏账、信用卡欺诈变化趋势、信用卡用户信用评级等；③ 电视广告，预测在黄金时间段播放什么样的广告效果最好，怎样插入广告收效最大等；④ 航空公司，分析客户经常去的地方和那些中途转机的乘客的最终目的地，为航空公司开辟新航线或考虑增加航班的决策提供依据；⑤ 市场营销，对人口统计信息进行分类，预测哪些地区进行哪类商品的销售效果最好，客户对商品的需求变化趋势等。

4. 数据挖掘与联机分析处理的区别

数据挖掘和联机分析处理都是在数据仓库的环境中对数据进行分析，支持企业决策者的决策。它们之间的差异主要是：联机分析处理是由用户驱动的，分析结果在很大程度上受到用户水平的限制；数据挖掘是数据驱动的，是一种真正的知识发现法，分析结果与用户水平无关。

近几年，越来越多的联机分析处理工具融入了数据挖掘的方法，所以联机分析处理与数据挖掘的差异正在逐渐减少。

5.3.5 数据仓库技术应用

使用数据仓库技术可以进行市场分析、发展业务分析、客户关系管理、欺诈分析、销售分析、产品生命周期预测和成本估算等。

1. 沃尔玛案例

美国的沃尔玛公司是应用数据仓库技术最为成功一例，该公司是世界上最大的零售公司，他们的数据仓库模型中的数据量，从 700GB 增加到 200TB，支持 2 万多个用户的访问，每周能处理 20 多项复杂的查询。沃尔玛的数据库在高峰时段，每分钟处理 900 多万的数据更新，客户选购每件商品的详细信息都记录在案（这对掌握客户的需求是非常必要的）。与此同时，公司实现了库存减少、周转率增加和效益提高的良性循环，一直保持着行业领头羊的地位。利用数据仓库，沃尔玛可以通过网上供货商随时补充货源，实现对库存商品更有效的控制，达到最小库存量。而库存销售比是零售业的主要效率指标。

沃尔玛利用数据挖掘技术，可以发现商店、客户、售出商品等多方面的关系，为多层次的决策提供极为有价值的信息。沃尔玛前 CIO，Randy Mott 认为，获取非常详细的数据是沃尔玛成功的关键。

2. 企业对数据仓库的需求

根据国外企业实施数据仓库的经验，有四种因素是影响企业实施数据仓库进度的关键。这四种因素是：领导对信息的需求程度、信息技术基础设施、需要数据分析的迫切程度以及市场竞争的激烈程度等。对数据仓库技术需求最为强烈的行业有：电信、银行、零售、航空、铁路、邮政、食品、制造、汽车、医疗、保健等行业。企业规模越大、历史数据越多，实施数据仓库的迫切性就越高。零售和制造业较重视成本控制，会在控制运营和生产分析等方面使用数据仓库技术；企业集团总部为加强监管，会采用数据仓库技术作为处理和分析企业信息的技术手段。

根据对 62 个数据仓库项目的调查、研究结果表明：进行数据仓库项目开发的公司，在 2～3 年的时间内获得了平均 321%的投资回报，数据仓库应用所带来的巨大效益，必将刺激中国数据仓库市场的发展。中国数据仓库市场将以每年 20%～30%的速度增长，随着现代物流业的进一步发展，数据仓库应用将成为企业获得竞争优势的有力武器。

3. 数据仓库应用

数据仓库将企业内分散的原始数据和来自外部的数据进行汇集整合，为企业提供完整、及时、准确的决策信息，使决策者能够利用决策支持系统（DSS）工具，从企业数据仓库中直接提取、分析数据，全方位地进行有效的决策。作为决策支持的数据环境，数据仓库收集、储存了各种不同数据源中的数据，为决策者提供各种跨平台数据。

加入 WTO 以后，国内的企业面临激烈的竞争，零售业的开放是必然趋势，有不少国际大型零售企业正在积极进军中国市场，国内的零售企业要准备应对新形势下的竞争，抓紧提高卖场自动化和管理决策智能化的水平。利用数据仓库，可以对不同商品在每个分店的销售趋势进行分析，使购买趋势、季节特点和定价策略一目了然，使经营者能及时准确地作出正确的决策。

4. 决策支持方案

数据仓库、联机分析处理和数据挖掘作为信息处理的三种技术是独立出现的。数据仓库用于数据的存储和组织，联机分析处理侧重于数据的分析，数据挖掘适用于新趋势的自动发现。这三种技术之间没有内在的依赖关系，可以独立地运用到企业的管理信息系统之中，提高信息系统相应功能；这三种技术之间确实存在着一定的关联性和互补性，将他们有机地结合起来，就可以使他们发挥更大的作用。没有数据仓库也同样可以进行数据挖掘，但是，有了数据仓库可以使数据的挖掘更有效。这样就形成了一种决策支持系统的解决方案：数据仓库（DW）＋联机分析处理（OLAP）＋数据挖掘（DM）。

传统的决策支持系统，数据库、模型库和知识库是彼此独立设计和实现的，缺乏内在的统一性。用数据仓库方法形成的以数据仓库为中心、联机分析处理和数据挖掘为手段的新的解决方案，很好地解决了数据的集成、统一问题，如图 5.6 所示。

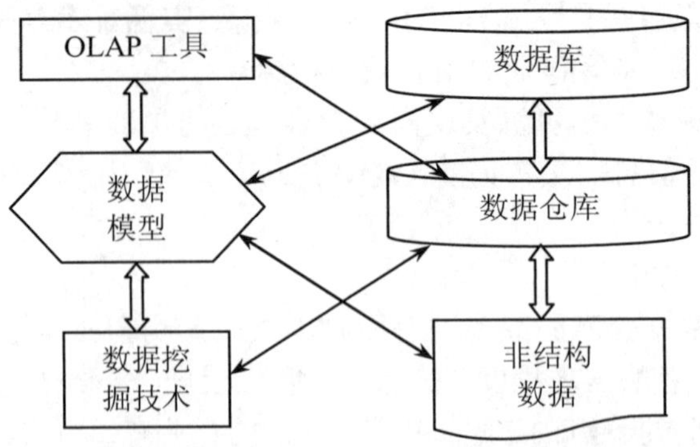

图 5.6 以数据仓库为中心的决策支持系统

5.4 物流数据交换技术

5.4.1 数据交换技术概述

1. 数据交换技术的发展

20 世纪六七十年代，欧、美、日等发达国家开始从工业社会向信息社会过渡，以微电子技术、通信技术、计算机技术为核心的高新技术迅速发展，信息技术逐渐在各个领域得到普及和应用。通信网络的发展、国际数据传输网及增值网的出现，为 EDI 的产生与发展奠定了技术基础。

电子数据交换（Electronic Data Interchange，EDI）技术，在 20 世纪 60 年代末几乎同时出现在欧、美，并显示出了强大的生命力。到了 70 年代，随着数字网络通信的出现，扩大了 EDI 技术的应用范围，加快了 EDI 的应用和跨行业 EDI 的发展。90 年代，美国有 5 万多家公司采用 EDI，西欧有 6 万多家 EDI 企业用户，遍及电子、汽车、零售、物流、石化和金融等行业。

2. 电子数据交换的定义

电子数据交换技术是指不同的企业之间为了提高经营活动的效率，在标准化的基础上，通过计算机网络进行数据传输和交换的方法。电子数据交换的定义有多种，其中具有代表性的有以下三种：

（1）国际标准化组织（ISO）的定义：将贸易（商业）或行政事务处理，按照一个公认的标准，转变成结构化的事务处理或信息数据格式，从计算机到计算机的电子数据传输方法。

（2）国际数据交换协会（IDEA）的定义：通过电子方式，采用约定的报文标准。从一台计算机向另一台计算机进行结构化数据传输的计算机网络系统。

（3）中国国家标准定义：在两个或两个以上组织的信息系统之间，为实现业务目的而进行的预处理和结构化数据而进行的自动交换。这也是国际标准化组织电工委员会在 ISO/IECL4662 中对 EDI 的定义。

由这些权威机构的定义可知，EDI 是指按照协议，对具有一定结构特征的标准经济信息，经过电子通信网络，在商业贸易伙伴之间，对标准化、规范化和格式化的信息进行数据交换和自动处理，完成以贸易为中心的全过程。EDI 的目的是通过建立企业间的数据交换网来实现票据处理、数据加工等事务的自动化、及时化和准确化，同时通过有关销售信息和库存信息的共享来实现经营活动的高效化。

3. EDI 的内涵与作用

（1）EDI 的内涵。根据 EDI 的定义可知，EDI 的内涵有：① EDI 的操作对象是经济信息，即 EDI 是面向经济信息的数据处理系统，如订单、运单、发票、报关单等；② EDI 的信息是按照 EDI 标准形成的，具有一定的数据格式；③ EDI 传递的路径是：计算机到电子通信网络再到对方的计算机，中间不需要人工干预。

（2）EDI 的作用。EDI 的主要作用体现在：实现无纸贸易、提高经营效率、提高数据传输的准确性和提高企业竞争能力等方面。

4. EDI 的特点

根据 EDI 的定义可知，EDI 包括三方面的内容：格式化的数据与报文标准、通信网络和计算机应用。这三方面的内容相互依赖，构成了 EDI 的基本框架。经过几十年的发展与完善，EDI 作为全球性的贸易工具其特点有：单证格式化、报文标准化、处理自动化、软件结构化、运作规范化和传输网络化等。

5. EDI 的分类

电子数据交换系统主要分为三类。

（1）国家级 EDI 系统。这是全国电子协会与八个部委建立的作为我国 EDI 平台的系统，英文名称为 CHINA-EDI，通过专用的广域网进行电子数据交换的运作，EDI 用户之间通过数据交换中心进行连接。

（2）基于 Internet 的 EDI 系统。这是在互联网上运行的 EDI 系统，互联网的开放性，可以方便用户接入 EDI 系统。由于互联网费用低廉，EDI 系统的覆盖面大大扩展，运行成本大大降低，所以基于 Internet 的 EDI 系统适用于对数据安全性和保密性没有特殊要求的用户。

（3）点对点专线 EDI 系统。通过租用信息基础平台的数据传输专线、电话专线或自己建设的专线进行电子数据交换。这种 EDI 系统封闭性较强，安全性和保密性高，同时成本也高。

6. EDI 的工作流程

EDI 系统既可以采用直接方式传递 EDI 报文，也可以采用间接方式传递 EDI 报文。例如，交易双方通过专线或电话拨号连接，直接交换 EDI 报文信息，这是一种 EDI 直接交换方式；交易双方也可以通过增值网络的电子邮箱、电子公告板系统、远程登录、文件传送等方式进行 EDI 报文的交换。采用增值网的电子邮箱进行 EDI 报文交换，是一种应用最广泛的方式。在有 EDI 增值服务的环境下，EDI 的工作过程分为六个基本步骤。

（1）发送方将要发送的数据从信息系统中取出，转换成预处理文件（又称“中间文件”）。

（2）将预处理文件翻译为标准 EDI 报文，进行 EDI 信件套封。

（3）将 EDI 信件发送到接收方的 EDI 信箱中。

（4）接收方从 EDI 信箱收取信件。

（5）将 EDI 信件拆封，翻译成预处理文件。

（6）将预处理文件进行转换，发送到接收方信息系统中进行处理。

由于 EDI 服务方式不同，预处理文件转换和 EDI 翻译可在不同的位置（用户端、EDI 交换中心或其他网络服务点）进行。

5.4.2 电子数据交换系统

1. EDI 原理

通用的 EDI 系统，是建立在报文处理系统（MHS）数据通信平台上的信箱系统，其通信机制是用户间信息的存储和转发。具体实现方法是在通信网络上设置大容量信息处理计算机，建立起信息交换系统，其数据交换过程就是将用户数据文件传到对方的计算机系统中。数据文件交换由计算机自动完成，在收发数据文件时，用户只需进入到自己的计算机系统即可，如图 5.7 所示。

图 5.7 EDI 系统通信与交换原理

2. EDI 系统模型

由 EDI 定义可知，EDI 系统包括三个方面的内容：计算机系统、通信网络和数据标准化，称为 EDI 系统的三要素。其中计算机系统是 EDI 的条件，通信网络是 EDI 应用的基础，标准化是 EDI 的特征。这三个方面相互衔接、相互依赖，构成 EDI 的基础框架。EDI 系统模型如图 5.8 所示。

图 5.8 EDI 系统模型

EDI 的用户是计算机应用系统，能够自动地处理收发信息，所以这种传输机制是机一机、应用一应用的传输机制，这为 EDI 与其他计算机应用系统（如 MIS）的连接提供了方便。

3. EDI 系统的结构

使用 EDI 的用户必须事先确定 EDI 系统的结构和标准。电子数据交换系统主体结构是电子数据交换系统软件、计算机终端设备及存储设备等硬件、广域计算机网络。为了使跨度很大的各个领域能实现有效的数据交换，电子数据交换系统需要有标准化的支持。

EDI 系统结构如图 5.9 所示。

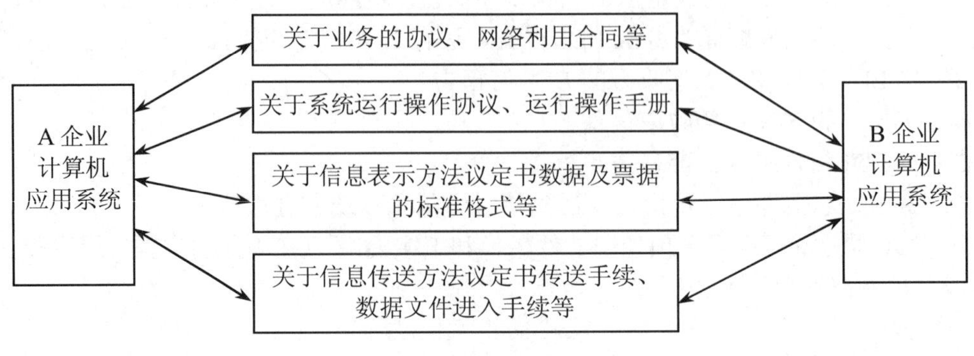

图 5.9 EDI 系统结构

4. EDI 系统组成与功能

EDI 系统主要由五个方面的模块组成，它们的功能如下：

（1）用户接口模块及其功能。用户接口模块是为业务管理人员准备的，他们使用此模块可以进行信息输入、查询、统计、显示和打印等操作，及时了解市场的变化趋势，调整经营策略。

（2）内部接口模块及其功能。这是 EDI 系统与企业内部其他信息系统（如 MIS）的接口，来自外部的 EDI 报文经过 EDI 系统处理之后，相关的内容都需要经内部接口模块传输到其他信息系统，或通过查询其他信息系统数据，给贸易对方的 EDI 报文进行答复。

（3）报文生成和处理模块及其功能。该模块主要有两项功能：① 接收来自用户接口模块和内部接口模块的指令和信息，按照 EDI 标准生成订单、发票等各种 EDI 报文和单证；② 自动处理由其他 EDI 用户发来的报文。

（4）格式转换模块及其功能。所有的 EDI 单证都必须转换成标准的数据格式，在格式转换过程中要进行语法检查、压缩、嵌套、代码校验以及加入必要的 EDI 语法控制字符。对于语法出错的 EDI 报文应拒绝发送和接收。

（5）通信模块及其功能。该模块是 EDI 系统与通信网络的接口，包括执行呼叫、自动重发、合法性和完整性检验、出错报警、自动应答、通信记录、报文套封和拆卸等功能。

5. EDI 系统的增值服务

EDI 系统可以为各组织机构、个人提供 EDI 增值服务。不同的 EDI 系统所提供的服务内容、服务规模、服务质量是千差万别的。典型的服务主要有：邮箱管理、邮件正确性检查、分类取件、回执响应、断点重发、编制管理报表、EDI 翻译、安全控制、灾害恢复和多语言支持等。

5.4.3 EDI 实现的条件与方式

1. EDI 实现的条件

要实现 EDI 的全部功能，需要具备五个方面的条件：① 实现 EDI 的技术条件是数据通信网；② 实现 EDI 的通信条件是报文处理系统（MHS）；③ 实现 EDI 的内部条件是计算机应用；④ 实现 EDI 的关键是标准化；⑤ 实现 EDI 的社会保障是 EDI 立法。

2. EDI 实现方式

EDI 的实现方式主要有两种，即基于增值网（VAN）的 EDI 交换方式和基于 Internet 的 EDI 交换方式。

（1）基于增值网（VAN）的 EDI 交换方式。基于 VAN 的 EDI 系统，又称 EDI VAN，其核心是 EDI 交换中心，为确保 EDI 交换的效率与完整性，通常由一台功能较强的计算机充当中心机，完成大部分复杂的 EDI 功能，包括对贸易伙伴进行鉴别，提供若干确认信息，跟踪在 VAN 上传输的 EDI 交换报文，还有单证管理、格式校验与转换等工作，通过网络还可以与其他 EDI 中心互联。

EDI VAN 的优点是，支持大量的通信协议，通过提供封闭的、安全的系统以保证较高的可靠性，确保通过 VAN 的 EDI 交换不受安全威胁；其缺点是速率较低、使用成本较高。因此，中小企业使用该服务困难，这也是阻碍 EDI VAN 发展的主要原因。

（2）基于 Internet 的 EDI 交换方式。基于 Internet 的 EDI 系统，又称 Internet EDI。Internet 是最大的国际性计算机互联网，它是利用 TCP/IP 协议将全球范围的计算机、路由器和网络连接在一起构成的一个集合。在 Internet 上实现 EDI 具有很多优势，例如，Internet 上连有世界各地成千上万的主机，拥有众多的使用者，可以扩大交易的范围。Internet EDI 的主要缺点是安全性差，这是 Internet 的开放性决定的，解决的方法是使用标准的电子商务方案，这可以保证 Internet EDI 贸易伙伴之间安全地实现贸易活动。

5.4.4 EDI 的安全保密技术

1. EDI 的安全保密技术概述

EDI 技术对社会的进步有很大的促进作用，也带来了以往不曾碰到的新问题。例如，电子化的单据、票据不能像传统的纸质单据、票据一样具有相应的法律效力；无纸贸易的商业秘密不易保护；如何确保发出的商业文件只能被贸易伙伴接收；贸易伙伴借口计算机系统的原因抵赖自己的行为，否认接收或发出商业文件；电子传递的商业文件没有纸面签字，传输的公文无法盖上传统的印章，如何确认他们的合法性和有效性，等等。这些随 EDI 带来的安全问题不能有效地解决，人们就没有信心使用和推广 EDI 系统，EDI 系统也无法实现正确、完整和迅速地交换信息的目标。

EDI 的安全问题一直受到社会各界的密切关心，EDI 系统的开发者将系统能否提供安全服务视为 EDI 系统是否成熟的标志，用户将 EDI 系统是否具有良好的安全功能作为购买 EDI 系统的重要条件，EDI 的安全问题得到了广泛的重视。

国际社会对 EDI 的安全研究投入了相当大的人力和财力，制定了多种 EDI 安全法规和技术标准，保障 EDI 信息安全制度的实施和安全技术的推广应用。EDI 应用系统的安全性可以归纳为信息的完整性问题、信息的认证性（可鉴别）问题、信息的保密性问题和信息的不可否认性（不可抵赖性）问题等。

2. EDI 系统面临的威胁

EDI 系统运行后会碰到许多安全威胁或攻击，为了防范这些威胁必须要了解它们。

（1）EDI 系统可能遇到的安全威胁分类。根据主观行为不同，可分为偶发性和故意性两类；根据威胁的来源不同，还可以分为内部威胁和外部威胁两类。

（2）EDI 系统可能遇到的攻击。EDI 系统可能遇到的威胁和攻击主要有六种：① 篡改数据；② 偷看和窃取数据；③ 冒充；④ 报文丢失；⑤ 抵赖或否认；⑥ 拒绝服务。

3. EDI 的安全内容

EDI 的安全内容有防止 EDI 交换的信息被丢失、泄露、篡改，假冒 EDI 合法用户，提交或接收过程出现抵赖或否认，EDI 系统拒绝服务等。概括起来，EDI 安全包括两个方面：一方面是 EDI 数据的安全，另一方面是 EDI 系统的安全。EDI 数据的安全具体表现在数据的完整性、机密性和可用性；EDI 系统安全包括实体安全、管理措施、计算机系统的软硬件保护和通信系统的安全等，EDI 的安全重点是 EDI 数据的安全。

4. EDI 的安全策略与安全、保密技术

针对 EDI 应用系统所面临的威胁和攻击，EDI 系统首先要制定安全策略，即规定 EDI 系统的数据在什么情况下允许存取、什么情况下不允许存取等方面的规则；然后，制定应采取的安全保密方法。

（1）EDI 系统的安全策略主要有：① 他人无法冒充合法用户利用 EDI 资源或进行破坏；② 他人无法篡改、替换和扰乱数据；③ 与报文交换有关的各种活动都有精确、完整的记录和审计；④ 确保报文在交换过程中不丢失；⑤ 确保商业文件（如合同、协议书等），不被竞争

对手获取；⑥ 防止因自然灾害、人为原因和机器故障引起的系统拒绝服务。

（2）系统采取的安全保密技术。安全保密技术是指 EDI 系统为用户提供的系统保密措施，用户通过它们来保护自己的数据、维护系统的正常工作。常用的安全保密技术有：① 报文加密；② 报文内容完整性检验；③ 数字签名；④ 发送与签收不可抵赖；⑤ 防止报文丢失；⑥ 验证序列号；⑦ 进行访问控制。

5.4.5　EDI 在物流领域的应用

EDI 使贸易伙伴之间建立起更好、更密切的联系，增加贸易机会，使产、供、销的连接更加紧密有效，提高企业对市场变化的应变能力。EDI 的应用促使企业对内部结构与运行机制进行变革，引发贸易方式的变革，促进生产、流通领域和经营体制的改革。

1. EDI 对社会经济发展的影响

EDI 在激烈的商贸竞争中不断地发展，给企业和社会带来了巨大的影响，这种影响主要体现在：① 提高业务处理的效率；② 节省库存费用；③ 节省人力；④ 降低贸易成本；⑤ 提高贸易效率；⑥ 提高客户满意度；⑦ 企业国际化；⑧ 提高组织工作效率。

2. EDI 对社会经济发展的作用

EDI 自其诞生以来，在世界各国得到了广泛的关注和应用，并产生了显著的效益。EDI 是当前最先进的贸易方式，在国际上得到迅速的推广与应用。

（1）EDI 在国际的发展。美国是世界上最早使用和推广 EDI 的国家，EDI 在美国的应用有着巨大的市场和技术基础，欧洲紧随其后。在 20 世纪 90 年代初期，美国 100 家最大企业中已经有 97 家使用 EDI，到了 90 年代中期，美国有 3 万多家公司采用 EDI，欧洲有 4 万多家公司采用 EDI。

加拿大也是较早采用 EDI 的国家，采用 EDI 的业务范围包括海关申报、检验、通关放行、承运、货物分类、信息统计、资金转账、关税和国内纳税的电子支付等。EDI 系统极大地提高了加拿大商贸实务工作的效率，促进了加拿大经济的发展。

澳大利亚是 EDI 的坚定支持者，长期以来一直为 EDI 在国际和国内的应用进行着不懈地努力、做出了许多贡献。1992 年制订了国内电子商贸发展计划，确定了 EDI 优先发展和最先应用的领域，开发出海关电子通关和运输 EDI 应用系统；1993 年以后逐步开通与主要贸易伙伴国相连通的 EDI 应用系统。

日本、新加坡和韩国是亚洲地区最早实施 EDI 的国家。1991 年新加坡正式运行覆盖全国的 EDI 系统，韩国于 1991 年 4 月加入了日本/新加坡 EDIFACT 委员会，同年 12 月颁布了《促进贸易自动化法令》。在韩国贸工部和对外贸易部的大力支持下，逐步开发和推广 EDI 的韩国贸易网络系统（KINET）。1993 年，韩国的 EDI 系统在全国正式投入使用。

（2）EDI 在我国的应用和发展。EDI 技术自 20 世纪 90 年代引入我国，一直受到我国政府的高度重视，并成立了专门的协调机构“中国促进 EDI 应用协调小组”，推动 EDI 在我国的应用。经过各方的不懈努力，EDI 已经成为我国信息化建设的重要内容。

1991 年，由国务院原电子信息推广应用办公室牵头，科技部、原外经贸部、海关总署等部门共同组成了“中国促进 EDI 应用协调小组”，以“中国 EDI 理事会”的名义参加了“亚洲 EDIFACT 理事会”，成为该组织的正式会员。

各省、市、自治区和中央各部委几乎都设立了专门的职能部门，例如，江苏省从 1993 年开始开发 EDI 系统，在 1994 年 3 月成立了中国 EDI 江苏分会，全面推动 EDI 工作，已在邮电、海关、外贸、商检和远洋运输等主要外贸业务部门开展了 EDI 应用与通信网络建设工作。广东省从 1992 年开始大力宣传 EDI 的作用，在省电子办设立了省 EDI 实施小组，1993 年筹建广东省 EDI 服务中心，对省级进出口贸易的主要环节实施了 EDI 系统。

“八五”“九五”期间，国家组织各方技术力量进行 EDI 技术的研究和实际应用工程的试点工作，确定了国家外贸许可证 EDI 系统，中国化工进出口总公司石油橡胶贸易 EDI 系统，山东抽纱总公司的轻纺出口业务 EDI 系统，中国外贸运输总公司的外运、海运和空运管理 EDI 系统和中电进出口总公司 EDI 应用系统等 5 个 EDI 应用试点工程。科技部在“十五”期间继续下达了商贸 EDI 应用研究项目，标志着 EDI 技术在商贸领域应用的深入。

3. EDI 对物流行业的作用与影响

EDI 是物流信息技术的重要组成部分，是供应链物流信息系统实现的基础与前提。

（1）EDI 对物流行业的影响。EDI 对物流行业的影响主要表现在两个方面：① 建立和完善物流链供需双方的战略伙伴关系；② 实现物流群体集成化信息资源管理。

（2）EDI 对物流行业的作用。EDI 是物流系统进行数据交换和管理的主要信息技术。一个基于 EDI 技术的比较理想、完整的物流系统如图 5.10 所示。

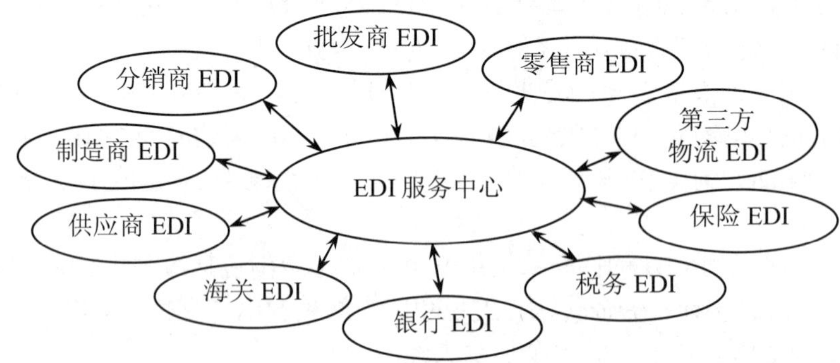

图 5.10 基于 EDI 技术的物流系统

EDI 在物流信息系统中的主要作用有：① EDI 是物流系统信息集成管理的重要工具；② 提高物流经营管理水平；③ 增强物流系统的竞争力。

4. EDI 在物流行业的应用

EDI 作为一种信息处理的有效手段，用于物流系统的目的是充分利用现有计算机和通信网络资源，提高贸易双方信息传输效率，降低物流作业成本。EDI 在物流管理中的应用主要有：制造业、运输业、批发业、零售业、配送中心和金融业等。

5.5 射频识别与控制技术

5.5.1 射频识别与控制技术概述

1. 射频识别的概念

无线电射频识别（Radio Frequency Identification，RFID）是 20 世纪 90 年代兴起的一种自动识别技术，简称射频技术。射频技术的基本原理是电磁理论，利用无线电波对记录媒体进行读写，是一项利用射频信号通过空间耦合，实现无接触信息传递并通过所传递的信息达到识别目的的技术。RFID 是射频识别技术的统称，基本功能是识别物流对象上设置的射频标签，以射频传输方式完成非接触式的运动目标与多目标的自动识别。

射频识别技术以无线通信和存储器技术为核心，随着大规模集成电路技术的发展而逐步完善，涉及无线通信协议、发射功率、占用频率等多方因素，尚未形成在开放系统中应用的统一标准。因此，射频识别技术主要用在一些具有封闭环境的系统中。

射频识别技术已经逐步发展成为独立跨学科的专业领域，将大量的来自完全不同专业领域的技术（如高频技术、电磁兼容技术、半导体技术、数据保护和密码学技术、电信技术、制造技术等）综合起来。射频识别技术得到了快速发展，逐步被广泛应用于工业自动化、商业自动化、交通运输控制管理等众多的溯源和防伪应用领域。而随着技术进步，基于射频识别技术产品的种类越来越丰富，应用也越来越广泛。

射频识别技术是 20 世纪 80 年代发展起来的一种新兴自动识别技术，最早的应用可追溯到第二次世界大战中用于区分联军和纳粹飞机的“敌我辨识”系统。到 20 世纪 90 年代才逐渐应用起来，2000 年以后呈现高速发展的态势。美国国防部自 2005 年起对所有军需物资使用 RFID 技术进行标记和识别，美国最大的零售商沃尔玛要求所有供应商采用 RFID 技术对商品进行标识和管理。

2. 射频识别技术的特点

射频识别技术是在射频标签中，把几个主要模块集成为一块芯片，完成与读写器的通信。芯片上的内存用于储存识别码或其他数据，内存容量从几个字节到几十 K 字节。芯片与天线连接，可以封装成不同的形式，例如，信用卡形式和小圆片形式等。与条码、磁卡、IC 卡等识别技术相比，射频卡具有非接触、工作距离长、适于恶劣环境、可识别运动目标等优点。

射频识别技术的特点有：完成识别工作无须人工干预、适于实现自动化，可以识别高速运动物体和同时识别多个目标，操作快捷方便，射频卡不怕油渍、灰尘污染等恶劣的环境，等等。

3. 射频识别系统的分类

从不同的角度可以对 RFID 系统进行不同的分类。根据采用的频率不同，RFID 可以分为低频系统和高频系统两大类；根据电子标签内的有源与否，RFID 可以分为有源系统和无源系统两大类；根据电子标签内保存信息的写入方式，RFID 可以分为集成电路固化式、现场有线读写式和现场无线读写式三大类；根据读取电子标签数据技术的实现手段，RFID 可以分成广播发射式、倍频式和反射调制式三大类。

一般情况下，根据 RFID 系统完成的功能分为四类：电子监视系统（EAS）、便携式数据采集系统、RFID 网络系统和 RFID 定位系统。

5.5.2 射频识别系统的组成

RFID 是一种简单的无线系统，只有两个基本器件，该系统用于控制、检测和跟踪物体。系统由一个询问器（或阅读器）和很多应答器（或标签）组成。多数应答器可以读写，具有极高的保密性，可携带大量数据，还具有难以伪造和智能化等特性，可以同时识别多个对象。RFID 同时又是一种数据通信技术，具备通信系统的基本构件如发送、接收和信道以及传输信息等基本功能，所不同的是传输的信息是人为的、固定的。RFID 技术可以实现高速化多目标的数据读写，可以在非视距范围内完成移动目标识别、多目标识别、定位和长期跟踪，可以借助网络系统实现物流的追踪管理。识别和跟踪的过程自动完成，这项技术在物流技术领域拥有广泛应用前景。凭借存储容量大、识别目标多、读取距离远、数据可加密等优点及发展潜力，RFID 被誉为当今重要的自动识别技术之一。

基于射频技术的识别系统主要由天线、射频标签、阅读器和计算机系统组成，是重要的识别技术，主要功能是对运动的或静止的标签进行不接触的识别。这种识别技术通过在物流对象上设置标签，用射频技术进行电磁波射频扫描，使物流对象的相关信息从标签上识别并进行直接读写，通过计算机系统进行信息传输，其组成如图 5.11 所示。

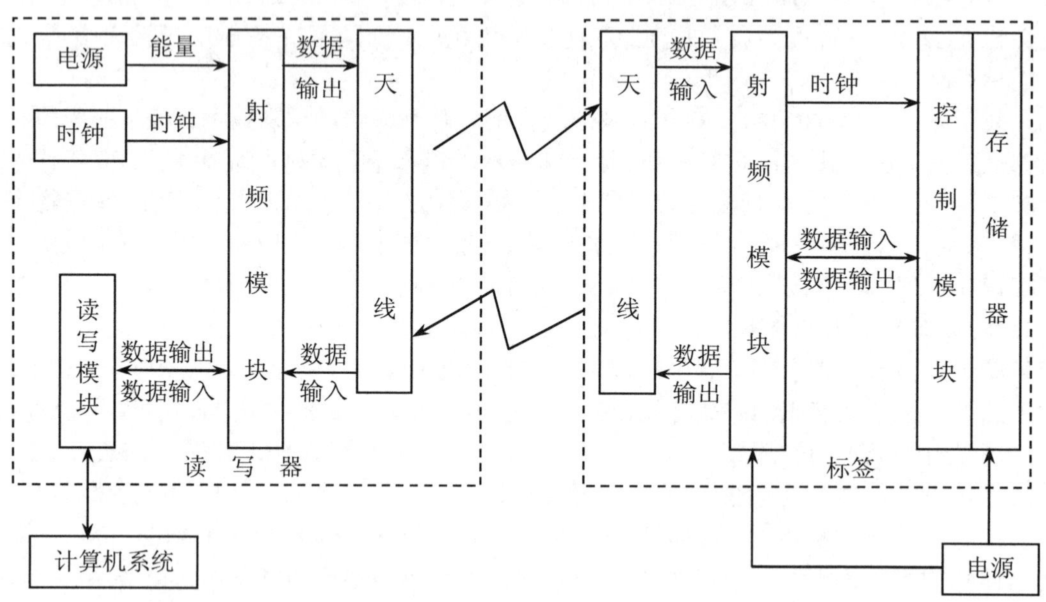

图 5.11 射频识别系统组成示意图

1. 无线射频系统

无线射频系统由读写器和计算机系统两部分组成。读写器主要由三部分组成：读写模块、射频模块、天线。读写器在一定范围内发射电磁波，对标签进行数据采集，通过计算机系统进行数据转换、数据处理和数据传输。

2. 射频标签

射频标签由微波天线、射频模块、控制模块和存储器构成。标签的主要作用是存储物流对象（如集装箱、车辆、物品等）的识别信息、技术参数和附加信息，例如，错误校验信息等，通过天线将识别信息发射或反射给读写器。

射频标签的主要作用是存储物流对象的数据编码，对物流对象进行标识。通过天线将编码后的信息发射给读写器，或者接收或反射读写器的电磁波。射频标签的特点是由电池供电，传输距离远，符合标准化，在现场或工厂均可编程，编码安全可靠，适应性强。

3. 读写器

读写器的复杂程度与射频系统使用的标签类型有关，其基本的功能是对标签进行数据的读写。读写器还具有复杂的信号控制、奇偶校验与错误更正等功能。读写器收到的信息被正确地接收和解码后，读写器通过特定的算法决定是否需要发射器重发信号，或者通知发射器停发信号，这就是“命令响应协议”。使用这种协议，即使在很短的时间阅读多个标签，也可以有效地防止“欺骗问题”的产生。

读写器一般由天线、射频模块和读写模块组成。射频模块由射频振荡器、射频处理器、射频接收器和前置放大器组成，可以发射和接收射频载波。射频载波信号由射频振荡器产生并被射频处理器放大，通过天线发射。射频模块通过天线接收标签发射或反射回来的载波，解调后传给读写模块。读写模块由放大器、解码器、纠错电路、微处理器、时钟电路、标准接口和电源组成，可以接收射频模块传输的信号，解码后获得标签内的信息；或将要写入标签的信息编码后传给射频模块，完成写标签操作。读写模块还可以通过标准接口将标签内容和其他信息传输给计算机网络。

4. 天线

天线是标签与读写器之间传输数据的发射和接收设备。在确定的工作频率和带宽条件下，天线发射由射频模块产生的射频载波，并接收从标签发射或反射回来的射频载波。天线的形状和方向会影响射频载波传输的速度和传输的距离，因此，系统的天线需要专业人员进行设计和安装。

5.5.3　射频识别系统的工作原理与过程

1. 射频系统工作原理

标签与读写器之间的数据传输是通过空气介质以无线电波的形式进行的。衡量以无线电波的形式进行传播的数据，可用两个参数：数据传输的速度和距离。

为了实现数据高速、远距离地传输，必须把数据信号叠加在一个规则变化的信号较强的电波上，这个过程叫调制，规则变化的电波叫载波。

在 RFID 系统中，标签的体积、电能有限，从标签中发出的无线信号是非常弱的，信号传输的速度与传输的距离很有限，因此，无线载波由读写器发射。有多种方法可以实现数据载波的调制，例如，调幅，即用数据信息改变载波的波幅；调频，即改变载波的频率；调相，即改变载波的相位，等等。一般来说，使用的载波频率越高，数据传输的速度越快，例如，2. 4GHz 频率的载波，可以实现 2Mbps，相当于每秒传输大约 25.6 万个字节。

如果无线数据传输路径中有许多障碍物也会明显影响数据传输的距离，因为无线电波碰到障碍物时都会产生吸收和反射。考虑到空气的性质和数据传输中遇到的障碍物，无线电波衰减的程度甚至可以达到与传输距离的四次方成正比。影响无线数据传输距离的因素还包括天线的设计和布置、噪声干扰等。

2. 射频系统工作过程

读写器是产生、发射和接收微波的设置，它产生的载波信号经功率放大器放大，通过天线发射出去，标签通过天线接收到载波信号后，被载波信号激活进入工作状态，将标签内预设的识别信息反射回到读写器的天线，天线接收由标签反射回来的信号，通过射频接收器进行收发分离，然后经检波解调，再通过前置放大器进行放大，最后送到计算机系统进行处理。

5.5.4　射频技术在物流中的应用

射频识别技术发展异常迅速，其应用已经深入到很多领域。在超市零售业可以实现商品实时管理及消费引导；在交通运输领域用于集装箱与包裹管理、智能调度和门禁、高速公路收费与停车收费；在农牧渔业用于羊群、鱼类、水果等的管理以及宠物、野生动物跟踪；在医疗行业用于药品生产、病人看护、医疗垃圾跟踪；在制造业用于零部件与库存的可视化管理；在食品和药品领域可实现产地溯源及安全监管。RFID 还可以应用于图书与文档管理、门禁管理、定位与物体跟踪、环境感知和支票防伪等多种应用领域。利用 RFID 技术与互联网、移动通信网、无线数据网、传感网、Ad-Hoc 等网络，可以构成物联网，实现智能信息化。

在物流领域典型的应用包括仓库管理、运载工具和货物的识别、生产线自动化、日用品销售、供应链的追踪管理。以下是一些典型的应用。

1. 集装箱自动识别系统

在集装箱上安装射频标签，当集装箱到达或离开货场时，通过射频识别设备，可以对集装箱进行自动识别，将识别信息通过各种通信设施传递给信息系统，实现集装箱的动态跟踪和管理，提高集装箱的运输效率。

2. 智能托盘系统

在每个托盘上都安装射频标签，把射频阅读器安装在托盘进出仓库必经的通道口上方。当叉车装载着托盘以及货物通过时，阅读器获取射频标签内的信息，将其传递给计算机，记录托盘的通过情况。当托盘装满货物时，自动称重系统会自动比较装载货物的总重量，与存储在计算机中的单个托盘的重量进行比较计算货物的实际重量，了解货物的实时进出信息。通过使用射频技术，可以高效地获得仓库中货物、托盘的状况，提高仓库的管理水平。

3. 通道控制系统

对仓库中可重复使用的包装箱都安装上射频标签，在包装箱进出仓库的通道上安装射频阅读器。阅读器天线固定在通道上方，当包装箱通过天线所在处时，计算机把从射频标签里获得的信息与数据库中信息进行比较，正确时绿色信号灯亮，包装箱可通过，不正确时红色信号灯亮，同时将时间和日期记录在数据库中。该系统消除了人工管理系统时常出现的人为错误，排除了以往不堪重负的运输超负荷状况，建立了快速高效和良好的信息输入途径，可在高速移动过程中获取信息，大大节省了人力、物力和时间。

4. 对贵重物品的保护

为了防止贵重货物被盗或放错位置而导致延迟交货，可以采用射频识别技术，保证叉车按正确的路线移动托盘，降低货物被盗的可能。在仓库内的上方安装射频阅读器，给叉车上配备射频标签。通过射频识别系统连接到中央数据库上，从中下载叉车经过的详细路径，这些信息包括正确的装货位置、沿途经过的标识等。如果射频标签发现错误，叉车会被停止，由管理者重新设置交通路径，同时自动称重并实时提供监控信息。

5. 货物防盗系统

在需要重点防盗的商品上安装有射频标签。当装有商品的车辆通过装有射频阅读器的出口时，阅读器可实时识别每件商品上的标签信息，如有没被授权运出的商品运出，射频识别系统将限制其运出。运用射频识别系统可识别高速移动的物体，并可同时识别多个射频标签，实现对商品运输过程的实时监控和防盗。

5.5.5 射频识别技术的发展

物联网的未来发展是高度智能化的，能够实现人与人、物与物以及人与物之间相互关联的网络，网络能够实现众多的智能业务配置，能够做到广泛的全球覆盖，能够做到人和物全面接入网络的情境，实现人类社会信息资源的最优智能应用。在物联网的实现过程中，借助无线射频识别技术对物体进行自动识别并完成信息交换和认知成为一项重要的技术手段。

未来射频识别技术将持续保持高速发展的势头。射频识别技术当前发展趋于标准化、低成本、低差错率、高安全性、低功耗。具体表现在，基于射频识别技术的电子标签产品将达到芯片所需的功耗更低，无源标签、半有源标签技术更趋成熟；作用距离更远；无线可读写性能更加完善；适合高速移动物品识别；快速多标签读/写功能一致性更好；强场强下的自保护功能更完善；智能性更强；成本更低。

读写器性能将达到：多功能（与条码识读集成、无线数据传输、脱机工作等）；智能多天线端口；多种数据接口（RS232、RS422/485、USB、红外、以太网口）；多制式兼容（兼容读写多种标签类型）；小型化、便携式和嵌入式，以及模块化；多频段兼容；成本更低。管理系统将达到：高频近距离系统具有更高智能、安全特性；超高频远距离系统性能更完备，系统更完善。标准化将达到：标准化基础性研究更深入，也更成熟；标准化为更多企业所接受。系统和模块将达到：可替换性更好，也更普及。

5.6　条码及扫描技术

条码及扫描技术是以计算机应用为基础的一种自动识别技术，是为实现信息自动识别而设计的数据采集方法。条码系统是条码及扫描技术的总称，是包括条形码的符号设计、制作，快速扫描识别和计算机管理技术在内的自动识别系统。条码符号设计包括编码、条码标识；制作主要包括与印刷有关的条码胶片的生成及印刷；快速扫描主要指扫描、识别、译码等。

在 20 世纪 70 年代，国外开始利用光电扫描装置识读信息，并使之与计算机相联，迅速获得运算结果。条形码作为当时光电扫描自动识读的最佳对象，得到了迅速发展。在 80 年代条码及扫描技术得到了普及，被广泛地应用于各行各业中，出现了十几种码制，从一维条码发展到二维条码、复合条码。

5.6.1　条码概述

1. 条码的概念

条码（Barcode）是一种利用光电扫描阅读设备识读并实现数据输入计算机的特殊代码，是由一组按特定规则排列的条、空及对应字符组成的表示一定信息的符号。“条”指对光线反射率较低的部分（通常为黑色），“空”指对光线反射率较高的部分（通常为白色），这些条和空组成的数据表达一定的信息，能够用特定的设备识读，转换成与计算机兼容的二进制和十进制信息。条形码隐含着数字信息、字母信息、标志信息、符号信息，主要用于表示对象物（商店销售的商品、进入物流领域的货物等）的名称、产地、价格、类别等，形码系统是全世界通用的商品代码表示法。

一组条、空和相应的字符代表相同的信息。前者用于机器识读，后者供人直接识读或通过键盘向计算机输入数据使用。这些条和空可以有各种不同的组合方法，构成不同的图形符号，即各种符号体系，也称码制，适用于不同的需要。条码按使用方式分为直接印刷在商品包装上的条码和印刷在商品标签上的条码。按使用目的分为商品条形码和物流条形码。

条码系统是现代物流信息系统的重要组成部分，它可以满足大量、快速的信息采集要求，能适应物流大量化和高速化的要求，可以大幅度提高物流系统的效率。在流通和物流活动中，为了能迅速、准确地识别商品、自动读取有关的信息，广泛使用了条码系统。

2. 条码的种类

条码符号的组合不同，就形成了不同种类的条码，每种条码都有自己特定的标准符号体系。条码种类很多，常见的有 20 多种码制，其中包括 Code39 码（标准 39 码）、Codebar 码（库德巴码）、Code25 码（标准 25 码）、ITF25 码（交叉 25 码）、Matrix25 码（矩阵 25 码）、UPC-A 码、UPC-E 码、EAN-13 码（EAN-13 国际商品条码）、EAN-8 码（EAN-8 国际商品条码）、中国邮政码、Code-B 码、MSI 码、Code11 码、Code93 码、ISBN 码、ISSN 码、Code128 码（Code128 码，包括 EAN-128 码）、Code39EMS（EMS 专用 39 码）等。

目前，国际广泛使用的条码种类有 EAN 码、UPC 码、Code39 码、ITF25 码、Codebar 码、Code93 码、Code128 码等。其中，EAN 码是当今世界上广为使用的商品条码，已成为电子数据交换（EDI）的基础；UPC 码主要为美国和加拿大使用；在各类条码应用系统中，Code39 码可以使用数字与字母共同组成的方式而在各行业内部管理上被广泛使用；在血库、图书馆和照像馆的业务中，Codebar 码也被广泛使用。除了一维条码外，二维条码也已经在迅速发展，并在许多领域得到了应用，如 PDF417 码。

常用的规范条码有五种：①25 码，25 码是工业用条码，以两个字符为单位进行编码，其中一个字符以条编码，另一个字符以空编码，每个字符由 3 个窄单元和 2 个宽单元组成，两个字符的条、空相互交叉组合。②39 码，39 码使用 0～9 数字、A～Z26 个英文字母，以及一些特殊的符号，又称字符码。③ UPC 码，UPC 码又称统一产品码，是美、加等国常用的条码，由数字 0～9 组成，基本组合为 10 位数，前 5 位是用于辨别制造商或机构的代码，后 5 位是产品编码，由厂商自行编制，当商品过多时，也可用更多位来表达，最多可达 30 位。④ EAN 码，EAN 码又称商品条码，是目前用于美、加国以外各个国家的通用商品条码。分为两种型式：一种为标准型 EAN-13，有 13 位，用于标识一般尺寸的商品；另一种为短型 EAN-8，有 8 位，用于标识尺寸较小的商品。⑤ EAN-128 码，EAN-128 码是国际物品编码协会（EAN）、美国统一代码委员会（UCC）和自动识别制造商协会（AIM）共同设计而成的条码，是一种连续、非定长、有含义的高密度条码。EAN-128 条码是唯一能够进行应用标识的符号。每个字符由 3 个条和 3 个空组成。

3. 条码的特点

在信息识别、输入技术中，条码作为一种图形识别技术其特点是：结构简单、信息采集速度快、采集信息量大、可靠性高、设备结构简单、灵活、实用和自由度大。

在没有条码识别设备或条码识别设备不能用时，可以实现人工键盘输入条码。

4. 条码的构成

一个完整条码的组成次序为：静区（前）、起始符、数据符、校验符、终止符、静区（后），如图 5.12 所示。

静区	起始符	数据符	校验符	终止符	静区

图 5.12 条码的构成

（1）静区：条码左右两端外侧与空的反射率相同的限定区域，是没有任何符号的白色区域，作用是提示条码扫描器准备扫描。

（2）起始符：条码符号的第一位字符，标志一个条码符号的开始。作用是让扫描器从此字符开始处理扫描信号。

（3）数据符：位于起始符后面的字符，标志一个条码的值，其结构异于起始符，允许双向扫描。

（4）校验符：扫描器对条码进行解码时，将读入的字符按规定进行运算，如运算结果与校验符相同，则判定此次读入有效，否则不予确认。

（5）终止符：条码符号的最后一个字符，标志着一个条码符号的结束。作用是令扫描器到此停止处理扫描信号。

5. 条码的编码原则

（1）条码的唯一性。条码的唯一性是指条码与其标识的对象一一对应，即一个标识对象只有一个代码，一个代码只标识一个对象。标识对象的条码一旦确定，永远不许改变，即使该对象倒闭、停产、停止供应了，在一段时间内也不得将该代码分配给其他商品项目。

（2）条码无含义。条码无含义是指条码本身及其位置不表示任何对象的特定信息，商品条码仅仅是一种识别商品的手段，而不是商品分类的手段。无含义使商品编码具有简单、灵活、可靠、充分利用代码容量、生命力强等优点，这种编码原则尤其适合于较大的商品系统。

（3）条码的永久性。商品条码一经分配，终身不再更改。当此种商品不再生产时，其对应的商品条码只能搁置起来，不得再分配给其他商品使用。

6. 条码系统的作用

条码系统的作用主要体现在：① 条码系统是物流信息系统的基础；② 条码系统是整个物流过程的信息采集基础；③ 条码系统可以沟通国际物流信息。

条码系统的条码是一种国际通用符号语言，通过对条码的识别，可以进行国际物流信息的沟通，省略了不同国家间的语言文字转换，有力地支持了物流的国际化，是现代物流系统国际化的趋势。

5.6.2 条码识别

条码识别就是利用光电扫描设备识读条码符号，实现信息的自动识别，将信息快速、准确地输入计算机进行处理，达到自动化管理的目的。

从系统结构和功能上讲，条码识别系统是由扫描系统、信号整形系统、译码系统三部分组成的，如图 5.13 所示。

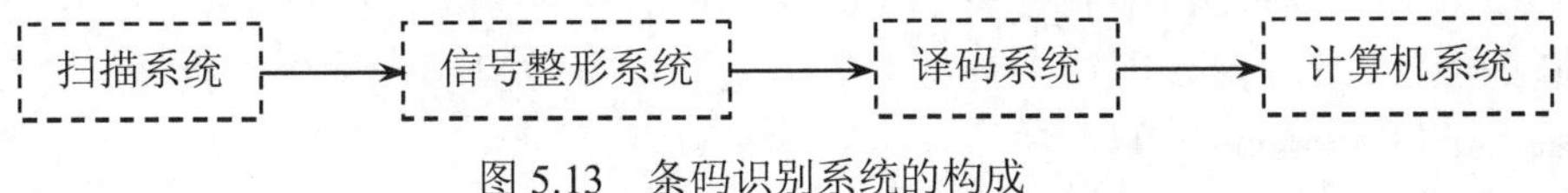

图 5.13　条码识别系统的构成

（1）条码扫描系统。扫描系统由光电转换器件组成，完成对条码符号的光学扫描，并通过光电探测器，将条码的光信号转换成为电信号。条码扫描系统可采取不同的光源、扫描形式、光路设计来实现上述两个功能。

（2）信号整形系统。信号整形部分由信号放大、滤波和整形组成，功能是将条码的光电扫描信号转换成标椎的矩形波信号，其高低电平的宽度和条码符号的条、空尺寸相对应。信号整形系统的作用是将扫描系统传来的光信号转换为电信号，经过放大和滤波后再进行整形。

（3）译码系统。译码系统的功能是对条码矩形波信号进行译码，将结果输出到计算机系统的数据采集终端。从信号整形系统输出的信息，是按照标准数字信号的电压大小进行量化，输入到译码系统，再由译码器译出其中所含的信息。各种条码符号的标准译码算法，来源于各个条码符号的标准，不同的扫描方式对译码器的性能要求也不一样。

5.6.3 二维条码

1. 二维条码概述

（1）二维条码的概念。二维条码是用特定的平面几何图形，按一定的规律在二维平面上分布的黑白相间的图形符号信息。在代码编制上巧妙地利用计算机内部逻辑的概念，用若干个与二进制相对应的平面几何图形来表示数据信息。通过光电扫描设备或图像输入设备的扫描识读，实现信息的自动处理。二维条码具有条码技术的共性：每种码制有其特定的字符集；每个字符占有一定的宽度；具有一定的校验功能等。

（2）二维条码的产生。一维条码的使用给人们的工作、学习和生活带来了巨大的变化，然而，一维条码只是一种标识，没有对标识对象的任何描述。只有通过与一维条码相关联的数据库，才能获取相应的信息，了解这些标识的具体含义。在没有数据库或联网不便的地方，这些标识毫无意义。

一维条码无法表示汉字以及图像信息，在需要使用汉字和图像进行标识的场合，显得十分不便。由于一维条码的缺点较多，例如，没有纠错功能，只能通过校验字符进行错误校验；信息密度低，信息容量较小；使用的可靠性差，条码受损后会丢失信息；对标识对象只能进行标识，不能进行描述；必须依赖后台数据库；保密防伪性差等。因此，人们迫切希望有一种不需要到数据库中进行查询，从条码中就能直接获取大量信息的，安全、可靠的条码。这种条码就是二维条码。二维条码正是为了解决一维条码无法解决的问题而产生的，二维条码在有限的平面空间内，可以表示大量的信息，满足千变万化的信息表述需求。

2. 二维条码类型

二维条码的类型主要有两种。① 堆积式二维码。堆积式二维码在实现方法、结构形状、检校原理、识读方式等多方面继承了一维码的特点，是在一维码技术的基础之上发展而来的，其识读设备与条码印制方法都兼容一维条码技术。如 PDF417 码、Code49 码和 Code16K 码等，都是堆积式二维码。② 点阵式二维条码。点阵式二维条码是用平面实心点（圆点、方点或其他形状）组成矩阵图形，矩阵相应位置出现点表示“1”，不出现点表示“0”。点的矩阵排列决定了条码表示的内容，点矩阵经过译码器解码就可以转换为其表示的信息。点阵码是建立在组合编码方法和计算机图像处理技术基础上的新型图形符号自动识读处理机制。如 QR Code 码、Maxi Code 码和 Data Matrix 码。

3. 二维条码特点

二维条码的特点主要有：①译码错误低、可靠性高；② 保密、防伪性能好；③ 有纠正错误的能力；④ 信息容量大；⑤ 编码范围广；⑥ 条码形状可变；⑦ 容易制作，费用很低。

5.6.4 复合条码

复合条码（Composite Symbology，CS）是国际物品编码协会（EAN）和美国统一代码委员会（UCC）为了加强对物流商品的单品管理，提高物流管理中商品信息自动采集的效率，于 1999 年初联合推出的一种全新的适于在各行各业应用的物流条码标准。复合条码作为一种新的条码体制，保持了国际物品编码体系（EAN/UCC 系统）的完整性及兼容性。

1. 复合条码的构成

复合条码是将一维条码和二维条码有机地叠加在一起，构成的一种新的条码体制，实现在读取商品识别信息的同时，还能够获取更多描述商品物流特征的信息，用于物流与仓储管理。复合条码的作用有：① 单品标识；② 作为二维条码的定位符，在成像仪识别时起定位的作用。复合条码中的二维条码是 PDF417 码，用于表示附加的文字说明，如产品批号、保质期等商品的描述性信息。复合条码由一维条码和二维条码两部分构成。

（1）一维条码部分。缩小面积的一维条码（RSS）有 4 种形式。① RSS-14，由 14 位的 EAN/UCC 编码构成，用于物品的单品标识。② RSS-14 限制型，包装指示符为“0”或“1”的 14 位商品单品编码。③ RSS 扩展型，由单品识别码加附加码，如“重量”“最佳使用日期”等构成，如果条码太大，可以叠加为二层。④ RSS-14 层叠码，是 RSS-14 的变体，用多层一维条码表示。

（2）二维条码部分。二维条码是 PDF417 条码的 3 种不同变体，适用于不同的应用。① CS-A，有 76～106 个字符，是一维条码加微型 PDF417 二维条码变体。②CS-B，有 359～391 个字符，是一维条码加微型 PDF417 二维条码。③CS-C，有 2378～2410 个字符，是一维条码加 PDF417 二维条码。

2. 复合条码的识读

复合条码是由一维条码和二维条码叠加而成，因此，复合条码的识读器必须能同时解读一维条码和二维条码。国际条码协会之所以选用线性层叠式二维条码 PDF417 作为复合条码的重要组成部分，就已经考虑到识读器的兼容性问题。从识读原理上，无论一维条码还是二维条码都为线性排列。因此，线性扫描器是识读复合条码的最佳选择。

复合条码所选用的二维条码是 PDF417 码，与一维条码一样，可以用分辨率较高的一维线阵或面阵 CCD 识读，也可以用线性或帧扫式二维条激光扫描器识读。帧扫式二维条激光扫描器与大口径 CCD 成像仪比较适合物流管理中扫描大面积的条码符号；在商品零售业使用的面阵 CCD 或激光扫描器，具有较高的精度和性价比。

5.6.5　条码系统的应用

1. 图书馆

条码系统用于图书馆的图书管理，使读者办理图书的借阅和归还都很方便。借书时，读者借书证上贴上了条码，借书时只需扫描一下借书证上的条码，再扫一下借出图书上的条码，相关的信息就被自动记录入到数据库中；还书时，只要扫描图书上的条码，系统就会根据原有的信息进行核对，如果正确就将该书还入书库。条码系统的应用大大地提高了图书馆的工作效率。

2. 商品零售业

商品零售业是条码应用最为广泛的领域。EAN 商品条码为零售业应用条码奠定了基础，绝大多数商品都使用了 EAN 条码，在销售时，用扫描器扫描 EAN 条码，POS 系统从数据库中查找到相应的商品名称、价格等信息，并对客户所购买的商品进行统计，大大加快了收银的速度和准确性，同时各种销售数据还可以作为商场进货和供应商供货的参考依据。由于销售信息能够及时准确地被统计出来，所以商家在经营过程中可以准确地掌握各种商品的流通信息，大大地减少了库存和成本，提高了商家的效益和竞争力。

3. 产品质量跟踪

ISO 9000 质量保证体系强调产品质量管理的可追溯性，也就是说对于出现质量问题的产品，可以追溯出它的生产时间、操作者等信息。用传统的方法很难记录下所有产品的信息，即使能做到，例如，采用加工单的形式，随着时间的积累，加工单也越来越多，有的企业甚至要用几间房子来存放这些单据。从这么多的单据中查找一张有问题产品的单据，其难度可想而知。采用条形码系统后，在产品生产的各个环节，对生产者及产品的数据通过扫描条码进行记录，通过计算机进行处理和存储。一旦产品出现了质量问题，可以利用计算机系统进行查找，就能很快找到该产品生产时的各种信息，为查找事故原因、改进工作质量提供依据。

4. 物流管理

物流的特点就是物品的流动性大，用人工记录的数据进行统计、查询时费时费力，速度慢，准确度低。应用条码系统，可以做到快速、准确地记录每一件物品，各种数据可以用计算机系统进行处理，能够及时、准确地反映物品的状态。

5. 货物配送管理

在配送管理中应用条码系统，具有非常重要的意义。配送前将配送商品资料和客户订单资料下载到移动终端，到达配送客户后，打开移动终端，调出客户相应的订单，然后根据订单情况挑选货物并验证其条码标签，确认配送完一个客户的货物后，移动终端会自动校验配送情况，并做出相应的提示，使配送工作准确无误。

6. 货物运输管理

货物运输，包括汽车运输、铁路运输、水路运输和航空运输等，都存在着货物的分拣搬运问题。大批量的货物需要在很短的时间内，准确无误地装到指定的位置。应用条码系统可以使货物快速分拣、运输，只需将条码标签贴在发送的货物上，并在每个分拣点配备条码扫描器即可。

条码系统的应用非常广泛，这里就不再一一列举了。

5.7 货物跟踪技术

货物跟踪技术是现代信息技术在物流领域的一种应用，主要包括 GPS、GIS 两大部分。GPS 是全球定位系统（Global Positioning System）的英文缩写，GIS 是地理信息系统（Geograhic Informatian System）的英文缩写。这两项技术与全球数字移动系统（Global Systems for Mobile Communications，GSM）相结合，就形成了完美的动态货物跟踪技术。GSM 是目前覆盖面最广、系统可靠性最高的数字移动通信系统。GSM 以统一的方式向各地用户提供具有所有电信业务的全球漫游服务，具有通信范围大、系统运行可靠，经济实用、投资少、易普及和易于联网等特点。

随着我国物流业的快速发展，物流量日益增多，对物流过程中车辆和货物的监控管理和合理调度就成为物流信息管理中的重要内容。货物跟踪技术的应用，对物流业的发展起到了非常重要的作用。

5.7.1 货物跟踪技术概述

物流业是推动我国国民经济快速发展的重要产业之一，其中物流运输行业又是物流业的必不可少的基础。各类物流运输企业在长期发展历程中，由于运输过程的动态信息搜集和实时监控一直未得到解决，信息反馈的不及时、不准确和不全面，导致了运力的大量浪费与运输成本的居高不下。

货物跟踪是指利用现代信息技术及时获取有关货物状态或位置的实时信息，辅助决策，对物流各环节进行指挥、调度，为客户提供货物实时信息服务的方法。对物流运输企业，货物跟踪是保证物流过程中货物的运输安全、储存质量的重要方法。具体包括物流作业人员在进行物流作业时，利用现代信息技术自动获取货物装运过程、外包装或者货物票据上的货物识别代码等信息，通过计算机网络把这些信息集中到计算中心进行汇总、整理并储存，为物流企业决策者和客户提供货物的位置及状态等实时信息。

5.7.2 货物跟踪原理及作用

1. 货物跟踪原理

货物跟踪是通过货物识别号进行的。在物流的不同阶段，同一货物的识别号有可能不同，但这些识别号都是可追溯的。货物跟踪的基本原理就是利用现代信息技术，采集物流全过程的信息，经过处理和传输，向有关人员和客户提供货物位置和状态。

（1）静态货物跟踪。静态货物是指在车站、港口、码头及仓库存储的货物。静态货物的跟踪过程，如图 5.14 所示，主要采用的是信息识别技术与信息采集技术。例如，条码技术、射频技术等。

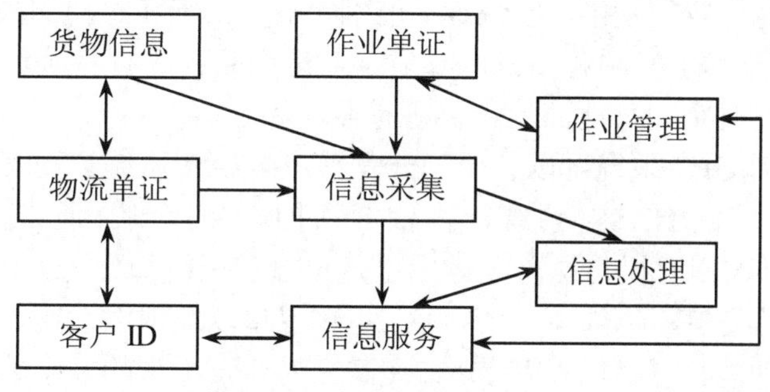

图 5.14 静态货物跟踪过程

（2）动态货物跟踪。动态货物跟踪是指对货物在运输过程中的跟踪，主要是利用 GPS、GIS 以及 GSM 技术，通过对运输工具（例如，车辆、船舶和飞机等）的跟踪管理来实现。具体方法是在装载作业时，绑定货物与运输工具（例如，通过装载清单）。通过对运输工具的跟踪，就能查询货物位置。动态货物跟踪的原理，如图 5.15 所示。

2. 货物跟踪的作用

货物跟踪不仅提高了物流的服务水平，也提高了物流的管理水平，具体的作用表现在以下四个方面：

（1）顾客需要对货物的状态进行查询时，只要输入其 ID 号或货物的发票号码，就可以知道有关货物运输状态的信息。查询简便迅速，信息及时准确。

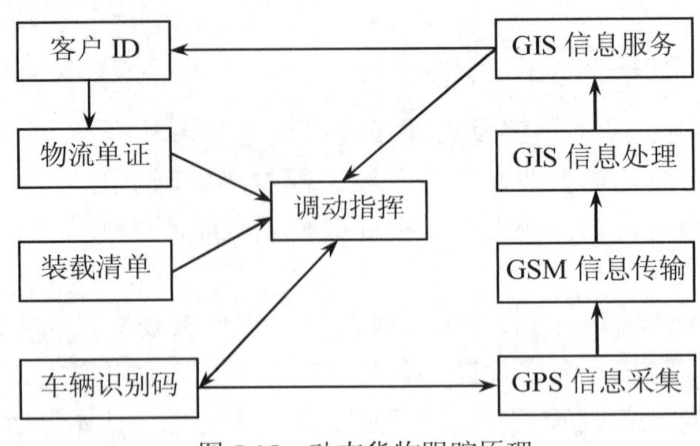

图 5.15 动态货物跟踪原理

（2）通过对货物信息的跟踪，可以确认是否按时将货物送到客户指定的地点，能及时发现没按时交付货物的情况，便于查明原因并及时改正。提高货物运送的准确性和及时性，提高为顾客服务的水平。

（3）使企业获得竞争优势，提高物流运输效率，提供个性化物流服务。

（4）丰富了供应链的信息分享源，通过对货物运送状态信息的分亨，可以使客户预先做好接货的准备工作。

5.7.3 GPS 技术

1. 全球卫星定位系统概述

（1）GPS 的概念。GPS（Global Positioning Systerm）是利用通信卫星、地面控制设备和信号接收机等，对跟踪目标进行动态定位的全球卫星定位系统。由于 GPS 具有对静态、动态目标进行动态空间信息获取的功能，能快速、准确、不受天气和时间的限制，反馈目标的空间信息。因此，GPS 广泛用于船舶和飞机的导航、对地面目标进行精确测时和精密定位、进行地面及空中交通管制、对空间与地面的灾害进行监测等。

目前有两个公开的 GPS 系统可以使用。一是 NAVSTAR 系统，由美国研制，归美国国防部管理和控制；一是 CLONASS 系统，由俄罗斯拥有和控制。通常人们总是先考虑利用 NAVSTAR 系统，所以人们习惯将这一全球卫星定位导航系统简称为 GPS。

NAVSTAR 系统是美国国防部建立的，由 24 颗卫星以及地面设施、设备组成，具有全球定位、导航和测时等功能。这 24 颗卫星分布在高度为 2 万千米的 6 个轨道上绕地球飞行。每条轨道上拥有 4 颗卫星，在地球上的任何一点，任何时刻都可以同时接受到来自 4 颗卫星的信号。用户通过测量到太空各可视卫星的距离来计算它们的当前位置，卫星相当于精确的已知参考点。每颗 GPS 卫星时刻发布其位置和时间数据信号，用户的接收机可以测量每颗卫星信号到接收机的时间延迟，根据信号传输的速度就可以计算出接收机到不同卫星的距离。同时收集到至少 4 颗卫星的数据，就可以计算出其二维坐标、速度和时间。

（2）GPS 的发展。1979 年美国国防部批准军方研制并建立了新一代的卫星导航系统（Navigation Satellite Timing And Ranging/Global Positioning Systerm，NAVSTAR/GPS），简称 GPS 系统。这是一种可以定时和测距的空间交会定点导航系统，可以向全球用户提供连续、实时、高精度的三维位置、速度和时间的信息，为陆、海、空三军提供精密导航定位，还可用于收集情报、应急通信和核爆监测等军事目的。自 1974 年以来，NAVSTAR 计划经历了：可行性验证（1974－1978 年）、系统研制与试验（1979－1987 年）、实用组网（1988－1993 年）3 个阶段，是继阿波罗计划、航天飞机计划之后的又一庞大的空间计划。至 1994 年，7 颗 GPS 试验卫星（目前 2 颗仍在工作）和分布在 6 个轨道上的 24 颗工作卫星已全部升空并正常工作。人们通常使用的 GPS 系统就是以此为基础改建的。

我国于 1995 年成立了 GPS 协会，协会下设 4 个专业委员会。20 世纪 80 年代中期，我国引进了 GPS 接收机，并应用于各个领域，同时着手研究、建立我国自己的卫星导航系统——北斗系统，制定了三步走的发展战略：2000 年，建成北斗一号系统，向中国提供服务；2012 年，建成北斗二号系统，向亚太地区提供服务；计划在 2020 年前后，建成北斗全球系统，向全球提供服务。在 2035 年前还将建设更加完善、更加融合、更加智能的综合时空体系。我国在北京、武汉、上海、西安、拉萨和乌鲁木齐等地建成了永久的 GPS 跟踪站，对 GPS 卫星进行精密定轨，为高精度的 GPS 定位测量提供观测数据，努力建立我国自主的 GPS 系统。现在国内已能生产具有导航功能和测地功能的 GPS 接收机，GPS 技术的应用正向深层次发展，我国正逐渐成为世界空间强国之一。

（3）GPS 的功能。GPS 功能主要有：①车辆、船舶的跟踪定位；② 信息传递和查询；③ 及时报警；④ 支持各种管理等。

2. 全球卫星定位系统的组成

全球定位系统包括 3 大子系统：空间卫星系统、地面监控系统、用户接收系统。各子系统有其独立的功能和作用，同时又有机地组成一个整体，配合默契，缺一不可。

（1）空间卫星系统。空间卫星系统由 21 颗工作卫星和 3 颗在轨备用卫星组成，它们均匀分布在 6 个轨道平面上，每个轨道平面均匀分布 4 颗卫星，各轨道平面相对于赤道平面的倾角为 55°，轨道平面间角距为 60°。相邻轨道之间的卫星还要彼此叉开 40°，以保证全球各处每时每刻至少能观测到高度角 15° 以上的 4 颗卫星。GPS 卫星高度为 2 万千米，运行周期为 12 小时。这样，对于地面观测者来说，每颗卫星每天约有 5 个小时在地平线以上，同时位于地平线以上的卫星数量随着时间和地点的不同而不同，最少可见到 4 颗，最多可见到 11 颗。

用 GPS 信号导航定位时，为了计算 GPS 用户的三维坐标，必须观测 4 颗 GPS 卫星的位置。每颗卫星的发射信号能覆盖地球面积 38%，卫星运行在轨道上对地面的距离和波束覆盖面积基本不变。同时在波束覆盖区域内，用户接收的卫星信号强度几乎相等，这对提高定位精度非常必要。

（2）地面监控系统。GPS 地面监控系统主要由 1 个主控站、3 个信息注入站和 5 个监测站组成，他们分布在美国本土和全球的美军基地上，主要功能是对空间的卫星系统进行监测、控制，并向每颗卫星注入更新的导航电文。

1）监测站。GPS 的 5 个监测站分别分布在美国克罗拉多的联合空间执行中心（CSOC）、太平洋上的夏威夷、卡瓦加兰岛（Kwajalein）、印度洋的迪戈加西亚岛（Diego Carcia）、大西洋的阿林松岛（Ascension）上，均为无人值守的数据采集中心。监测站的主要任务是对每颗卫星进行连续跟踪和监视，精确测定每颗卫星在空间的位置（伪距和距离差），采集气象数据，将观测数据传送给主控站。

每个监测站都配有 GPS 卫星信号接收机，对每颗可见卫星每 6 分钟进行一次伪距测量和积分多普勒观测。在主控站的遥控下自动采集定轨数据并进行各项修正，每 15 分钟平滑一次观测数据，依此推算出每 2 分钟间隔的观测值。

2）主控站。GPS 的主控站位于美国科罗拉多的联合空间执行中心，拥有大型的计算机系统，其主要任务如下：

- 接收各监测站的 GPS 卫星观测数据、卫星工作状态数据、各监测站和注入站自身的工作状态数据，为全系统提供时间基准，计算卫星轨道和钟差参数并发送至各注入站。
- 对卫星进行控制，诊断卫星工作状态，纠正卫星的轨道偏离，必要时调度卫星，让备用卫星替代失效的卫星工作。
- 控制和协调监测站和注入站的工作，检验注入给卫星的导航电文是否正确，监测卫星是否将导航电文发送给用户系统。

3）注入站。3 个注入站分别位于阿林松岛、迪戈加西亚岛和卡瓦加兰岛，其任务是把主控站送达的各卫星导航电文（即计算出的卫星星历和卫星时钟的修正数据等）注入到飞越其上空的相应卫星的存储器：每天注入 3 次，每次注入 14 天的星历。此外，注入站能自动向主控站发出信号，每分钟报告一次自己的工作状态。

（3）用户接收系统。用户接收系统主要由 GPS 卫星接收机和 GPS 数据处理软件构成。

1）GPS 卫星接收机。GPS 卫星接收机是以无线电传感和计算机技术支撑的，其基本结构由天线单元和接收单元两部分组成。天线单元的主要作用是捕获和跟踪卫星，接收、放大其信号。接收单元的主要作用是接收 GPS 信号并对其进行解调和滤波处理，解译 GPS 卫星发送的导航电文，计算信号的载波相位差，实时地获得定位、定时和测速等数据，实现导航和定位的目的。

2）GPS 数据处理软件。GPS 数据处理软件是 GPS 用户系统的重要部分，其主要功能是对 GPS 接收机获取的卫星测量数据进行“粗加工”“预处理”，并对处理结果进行平差计算、坐标转换及综合分析处理。计算测站的三维坐标，测体的坐标、运动速度、方向及精确时刻。

3. 全球卫星定位系统的基本定位原理及特点

（1）定位原理。GPS 能够定位、导航，依据的是数学原理。根据数学定理，在空间中任意 3 个点就可以确定一个平面，而假如在这个平面上有一个点，尽管不知道它在什么位置，但是知道它与另外 3 个点的位置关系，通过数学计算就可以求出这个未知点在平面上的坐标，如果还知道它与第 4 个点的位置关系，就可以求出它在空间直角坐标系中的三维坐标。由于每台 GPS 接收机在任何时刻以及任何位置，都可以同时接收到最少 4 颗 GPS 卫星发送的空间信息，接收机通过对接收到的卫星定位信息的计算，就可以确定该接收机的位置，即提供高精度的三维（经度、纬度、高度）定位导航信息。

（2）定位方法。根据 GPS 的定位原理，GPS 的主要定位方法使用的是三角形测量法。根据立体几何学理论证明，如果卫星的准确位置已知，通过精确地测量地球上某位置到 3 个卫星之间的距离，就能对此位置作三角形测定，计算出此位置的三维坐标。

根据三角形测量法分析，要想实现对待测点的精确定位，必须先测定卫星的准确位置，再准确测定 3 颗卫星至待测点的距离。

（3）GPS 定位的误差及其纠正方法。GPS 定位的误差主要有：

1）测时误差。在光速条件下测量距离，对时间的测量如果有千分之一秒的细微偏差，也会产生数千米的距离误差。GPS 卫星一般都配有原子钟，其测时精度很高，误差可忽略。由于原子钟非常昂贵，不可能在民用 GPS 接收机上使用，一般 GPS 接收机上使用质量较低的石英钟，这成为测时误差的主要来源。解决 GPS 接收机测时误差的方法是采用四星测量法。根据几何原理，只要 GPS 接收机与所接收信号的卫星间的夹角足够大，就能有效地减小误差。

由于空间的 24 颗 GPS 卫星是均匀分布的，接收机能同时接收到数目足够多的卫星信号，因此，就能保证获得较大的夹角，减小测时误差，保证测距、定位的精度。

2）GPS 卫星星历的误差。星历误差一般来自太阳和月球的万有引力和太阳辐射产生的对 GPS 卫星的压力。尽管这些误差数值很小，仍然会影响严格的高精密度定位，因此，在严格的高精密度测量中，要考虑这些因素对测量的影响。

3）SA 政策误差。美国政府为保护其国家利益，采用 SA（选择可用性）技术把未经美国军方认定的普通用户的实时定位精度降低，其实质就是把 GPS 用户按照美国安全利益分为两类。经确认身份的内部用户，使用精码（P 码）测距和未降低精度的星历（精密星历）实施定位，定位精度为±16 米；其余用户则使用粗码（C/A 码）测距和降低精度的星历（广播星历）实施定位，定位精度为±100 米。

4）用差分技术消除公共误差。为了提高定位精度，必须消除 GPS 卫星轨道误差、电离层效应，以及由于 SA 政策引起的误差，普遍在 GPS 定位中使用差分定位技术（DGPS）。DGPS 分为四类：位置差分、伪距差分（包括相位平滑伪距差分）、广域差分和相位差分（准载波相位差分和载波相位差分）。使用差分定位技术消除公共误差的原理很简单，在一定范围内设立基准站，基准站所在的位置已知或已测定，用基准站测量 GPS 卫星的信息，由于基准站的坐标已知，因此通过卫星的星历表信息可以计算出基准站到卫星的距离，因此，比较测量距离和计算距离就可以得知基准站定位的误差值。

（4）GPS 的特点。GPS 的使用标志着电子导航技术进入了一个辉煌的时代，GPS 系统与其他导航系统相比其特点有：① 全球地面连续覆盖；② 定位精度高；③ 实时定位速度快；④ 操作简便；⑤ 全天候作业、不受限制；⑥ 抗干扰性能好、保密性强；⑦ 功能多、应用广等。

4. 空间定位系统在现代物流中的应用

GPS 系统与各种现代物流信息技术相结合，为现代物流系统带来崭新的经营方式。从对运输设备及货物的实时定位、跟踪、监测，运输的调度，到辅助管理等各个方面，GPS 系统都产生了巨大的影响，尤其是对现代物流系统的合理、高效运作，提高客户的满意度更是如此。GPS 在现代物流中的主要应用有：① 配送车辆的定位、跟踪调度和救援；② 内河及远洋轮船的最佳航程和安全航线的测定，运输航向的实时调度、监测及水上救援；③ 航空的空中交通管理、飞机着陆、航路导航和监视；④ 铁路运输管理等。

5. 基于 Internet 的空间定位系统

网络 GPS 是卫星定位技术、GSM 数字移动通信技术以及互联网技术等相互融合的成果。通过在互联网上构建公共 GPS 监控平台，可以使 GPS 用户，尤其是物流运输用户节省公司设立监控中心的大量费用（包括各种硬件配置、管理软件等）。网络 GPS 既可以利用互联网实现无地域限制的跟踪信息显示，又可以通过设置不同权限做到信息的保密，其主要特点有：① 定位速度快、精度高、覆盖面广；② 信息传输采用 GSM 公用数字移动通信网，具有保密性高、系统容量大、抗干扰能力强，漫游性能好、移动业务数据可靠等优点；③ 以国际互联网为网络公共平台上，具有开放度高、资源共享程度高等优点。

网络 GPS 目前在物流运输领域的应用主要是运输货物、车辆的自动定位，运输跟踪、调度管理等。例如，基于 GPS 的铁路计算机管理信息系统，可以通过 GPS 和计算机网络实时收集全路列车、车辆、集装箱及所运货物的动态信息，实现列车、货物追踪管理，只要知道货车的车型、车号，就可以在铁路上流动着的几十万辆货车中，立即找到该目标货车，还能知道该货车现在的位置以及所有车载货物的信息。

网络 GPS 给物流业带来的是投资费用的降低、无地域性限制的信息获取，最终使 GPS 的普及率提高，使更多的物流企业从中受益。

5.7.4 GIS 技术

地理信息系统（Geographic Information System，GIS）是整个地球或部分区域的资源、环境在计算机中的缩影，反映现实世界的资源与环境变迁的空间数据及其特征属性。GIS 在计算机软件和硬件的支持下，以一定的格式进行空间数据输入、存储、检索、显示、综合分析和应用，是一种特定而又十分重要的描述地球表面地理空间分布数据的空间信息系统。

1. 地理信息系统概述

（1）GIS 的产生与发展。地理信息系统是计算机图形学、计算机辅助设计、管理信息系统、数据库管理、数字图像处理、遥感与计量地理学等多学科综合发展的产物。以计算机为手段，采用地理模型分析方法，对具有地理特征的空间数据进行处理，以地理空间信息为基础，将其他各种与空间位置有关的信息结合起来，提供多种空间和动态的地理信息。其主要特征是收集、存储、转换、管理和分析与位置有关的信息，为地理研究和地理决策提供服务的计算机应用系统。

GIS 起源于北美。1963 年，加拿大土地调查局为了处理大量的土地调查资料，由测量学家 R.F.Tomlinson 提出并建立了世界上第一个实验性 GIS。与此同时，美国哈佛大学的计算机图形与空间分析实验室构建了 SYMAP 系统软件，致力于发展空间分析模型和制图软件。GIS 的诞生使信息处理由数值领域向空间领域转变，初期的 GIS 更多的是辅助制图作用，地理分析功能极其简单。

20 世纪 70 年代，随着计算机软、硬件迅速发展，GIS 朝着实用化迅速发展。美国、加拿大、英国、德国、瑞典和日本等发达国家，先后建立了许多不同专题、规模、类型和特点的 GIS。20 世纪 80 年代，GIS 逐步走向成熟和应用，进入到多个学科领域，由功能单一、简单的分散系统发展成为多功能、多用户的综合性信息系统，并向智能化发展。通过与卫星遥感技术相结合，GIS 可以用于对全球变化的研究与监测。20 世纪 90 年代，GIS 已经成为一种产业，全世界投入使用的 GIS 系统数量，每 2～3 年就翻一番。GIS 已经渗透到各行各业，成为人们进行资源和环境管理与规划工作不可缺少的工具。

我国在 20 世纪 70 年代末，开始对 GIS 进行研究与应用。经历了理论准备、队伍组建、理论探索和区域性实验研究，国家 GIS 规范制定，信息采集和数据库模型设计等阶段，国家资源与环境信息系统实验室在 1985 年成立。1986 年开始，GIS 在我国得到全面发展和应用，GIS 已经逐步与国民经济建设相结合，取得了重要的进展和应用效益，各种 GIS 系统，如大、中城市的城市信息系统和土地资源信息系统，资源管理信息系统等已纷纷建立并使用。

（2）GIS 的定义。GIS 又称空间信息系统（Spatial Information System），其定义从不同的方面有不同的描述，从学科方面，GIS 是一门新兴的交叉学科，面向空间相关的信息，是描述、存储、分析和输出空间信息的理论和方法的学科；从组成与应用领域方面，GIS 是由计算机系统、地理数据和用户组成，通过对地理数据的采集、输入、存储、检索、操作、分析和显示地理数据系统，生成并输出各种地理信息，为工程设计、城市管理、土地资源利用与管理、交通运输、经济建设、城市规划、环境监测与决策等应用服务的计算机信息系统。

总之，GIS 是以地理空间数据库为基础，采用地理模型分析方法，适时提供多种空间的和动态的地理信息，为地理研究和地理决策服务的计算机技术系统。

（3）GIS 的作用。GIS 最基本的功能是将分散收集到的各种空间、非空间信息输入到计算机中，建立起有相互联系的数据库；当外界环境发生变化时，只要改变局部数据，就可以维持数据库的有效性和真实性。GIS 主要由两部分组成：一部分是地图系统；另一部分是数据库，存放地图上与特定点、线相关的数据。通过点取地图上的相关部位，可以立即得到相关的数据；反之，通过已知的相关数据，也可以在地图上查询相关位置的信息。可以借助这个信息系统，进行路线的选择、优化；可以向司机提供有关的地理信息，对运输车辆进行监控等。

还可以利用 GIS 对地理环境的变化进行“实验”研究，例如，提取某地理位置的各个不同侧面、不同层次的空间和时间信息，快速地模拟自然演变过程或推算变化的结果，采取相应对策，选择优化方案，用于对地球环境的管理与决策。像世界各国的 CO_2 减排，就是根据模拟自然演变过程所作出的决策。

（4）GIS 的类型。GIS 按内容、功能和作用可以分为两种类型。① 工具型。工具型 GIS，又称为地理信息系统开发平台或外壳，具有地理信息系统基本功能，可供其他系统调用或用户进行二次开发使用。这类系统为 GIS 的用户提供一种技术支持，使用户能借助 GIS 工具的功能，直接进行应用开发，或使用工具型 GIS 与专题模型相结合，完成应用开发。例如，国内的 MapGIS、GeoStar、CityStar 等，国外的 ARC/INFO、GENAMAP、MAPINFO、MGE 等。② 应用型。应用型 GIS 是根据用户的需求和应用的目的而设计的一种解决实际应用问题的地理信息系统，除了具有地理信息系统基本功能外，还具有地理空间实体及解决空间信息的分布规律、分布特性及相互依赖关系的应用模型和方法。应用型 GIS 按研究对象的性质和内容，又分为专题地理信息系统和区域地理信息系统。

2. 地理信息系统的发展趋势

GIS 发展的趋势主要有三个。① 与 GPS、RS（Remote Sensing，遥感测绘）集成（称为“3S”技术），为满足社会发展的需求提供保障。② 互联网 GIS，将 WEB 技术与 GIS 完美结合，使人们可以利用 WEB 对 GIS 进行访问。③ VR GIS（即虚拟 GIS），是虚拟现实（Virtual Reality，VR）与 GIS 的结合，是一种由计算机生成的高级人机交互系统，构成了一个以视觉感受为主的，包括听觉、触觉、嗅觉在内的可感知环境，具有多学科的集成性、开放性和实用性。

3. 地理信息系统的组成

GIS 主要由五部分组成：计算机硬件系统、软件系统、地理空间数据、应用人员和方法模型。其核心是计算机系统，地理空间数据反映 GIS 的地理内容，应用人员决定了 GIS 系统的工作方式，方法模型决定了地理空间信息的表示方式。

（1）计算机硬件系统。计算机硬件是 GIS 的物理载体，GIS 系统的规模、精度、速度、功能及使用方法都与硬件有极大的关系，并受硬件指标的支持或制约。GIS 硬件系统主要包括计算机，数据输入设备、输出设备和存储设备。

（2）计算机软件系统。软件系统是指 GIS 运行所必须的各种程序，主要包括操作系统软件、数据输入软件、数据查询和分析软件、图像处理软件、网络管理软件和信息输出软件，可分为计算机系统软件、GIS 核心软件和 GIS 应用软件三部分。① 计算机系统软件，主要包括操作系统、数据库管理系统（DBMS）、编译程序、网络管理软件等。② GIS 核心软件包括数据输入子系统、数据存储与检索子系统、数据分析和处理子系统、数据输出子系统。③ GIS 应用软件是指 GIS 开发人员或用户根据某类专题或模型而编制的完成特定任务的程序，它与

GIS 系统软件紧紧相连，是系统软件的扩充和延伸。

（3）地理数据。地理数据是 GIS 系统中最重要的部分。GIS 将空间数据与其他数据集成在一起，使用数据库管理系统来管理这些数据。GIS 数据包括空间数据和属性数据，空间数据可以用栅格和矢量两种方式表示，它表现了地理空间事物的位置、大小、形状、方向及其拓扑集合关系。

（4）人员和组织机构。人员是 GIS 的重要构成因素，如果没有人来进行系统的组织、管理、维护、更新、扩充和制订计划解决实际问题，GIS 将没有任何价值。人员主要包括从事设计、开发和维护 GIS 系统的技术人员和使用该系统解决专业领域任务的用户。GIS 的应用具有专业的背景，所以，无论是需求分析、总体设计，还是专业功能的开发和应用，都离不开专业人员的参与。

（5）方法和模型。方法主要是指空间信息的综合分析方法，即常说的应用模型，是对专业领域的具体对象与过程进行大量的研究分析，在此基础上总结得出的规律。成功的 GIS 系统，都有好的设计计划和自己的规律，这些规律对每一个应用来说是具体的操作实践和业务模型，而且是独特的。

4. 地理信息系统的功能及特点

（1）GIS 主要功能。尽管各种 GIS 系统的实现方法不相同，优缺点各异，但是大多数 GIS 软件都具有：① 数据采集、检验与输入；② 数据编辑与处理；③ 数据存储与管理；④ 空间数据查询与空间分析；⑤ 数据可视化表达与输出显示等五大功能。

（2）GIS 的特点。地理信息系统除了具有一般信息系统的特点外，还有以下特点：① 具有采集、管理、分析和输出多种形式地理空间信息的能力；② 以地理研究和地理决策为目的，以地理模型为手段，具有空间分析、多要素综合分析和动态环境预测等能力；③ 由数据库技术支持，可进行空间地理环境数据管理，通过计算机系统进行常规的或专门的地理数据分析，能够完成人类难以完成的任务。

5. 地理信息系统的应用

（1）GIS 在物流领域的应用。GIS 在物流领域的应用，是指利用 GIS 强大的地理数据功能完善物流分析技术。因此，GIS 需要与物流信息技术结合使用，例如，全球定位系统、自动识别技术、网络通信等，才能发挥强大的作用。GIS 技术为物流信息系统提供了强大的技术支持，通过把 GIS 技术与物流信息系统进行综合应用，可以使物流系统充分利用属性数据和图形数据信息进行科学、规范的管理，如优化车辆的调度，最大限度地利用人力、物力资源，使货物配送达到最优化等。另外，使用 GIS 后，物流中的许多重要决策问题，如配送中心的选址、货物组配方案、运输的最佳路径、最优库存控制等方面，都可以得到更好的解决。

GIS 物流分析系统主要用于物流信息查询和辅助物流决策，集成了车辆路线模型、网络物流模型、分配集合模型和设施定位模型，具有物流资源查询和基础服务平台的作用。

（2）GIS 在其他领域的应用。GIS 的主要应用领域还有下述几个。① 电子地图。电子地图的信息容量比一般地图大成百上千倍，电子地图提供按地理位置进行检索的方法，可以获得相关的社会、经济和文化等方面的信息。② 辅助规划。地理信息系统可以辅助仓库、站场等基础设施的运营管理。③ 交通管理。与 GPS 系统相结合，可以及时反映车辆的运行情况、交通道路与设施的运行情况等，可以有效地支持交通管理。④ 军事应用。支持军事后勤管理，如后勤仓库的分布、库存的储备、物资调用计划等都可以由 GIS 进行分析和辅助决策。

5.7.5　3G 物流配送监控系统

全球卫星定位系统（GPS）具有对静态、动态目标进行空间信息的获取的功能，能快速、准确、不受天气和时间的限制，反馈目标的空间信息。地理信息系统（GIS）是一个能够获取、存储、管理、查询、模拟和分析地理信息的计算机系统。全球数字移动通信系统（Global Systems for Mobile Communications，GSM）是覆盖面最广、可靠性最高的数字移动蜂窝通信系统，具有通信范围大、系统运行可靠，经济实用、投资少、易普及、各地监控中心易于联网等特点。随着 GPS/GIS/GSM 技术的发展、成熟，物流配送可以使用 3G 强大的地理信息处理、空间定位和移动通信等功能，对整个配送过程进行空间网络分析与配送跟踪。通过物流配送监控系统，物流企业可以实时掌握货物的在途信息，根据各种变化及时调整运输计划，有效地利用企业的运输资源，最大限度地减少不良影响，降低营运成本。

1. 3G 物流配送系统

使用 3G 技术构建的物流配送监控系统，一般由多个车载台和监控中心组成。车载台由 GPS 接收机、GPS 控制系统、GSM 通信系统组成。GPS 接收机负责自主定位（系统如果有差分功能，还可进行差分修正），GPS 控制系统负责处理 GPS 接收机接收的位置信息，将处理结果传给 GSM 通信系统。GSM 通信系统将 GPS 控制系统传过来的信息发往监控中心，并接收监控中心发出的各种指令和差分修正信息，同时还具有通话功能。

监控中心是整个物流配送系统的核心，由监控中心计算机、GSM 通信系统、GIS 地理信息数据库等组成。监控中心的计算机负责分析、处理接收到的信息，并将各种调度、指令信息、差分修正信息传给 GSM 通信系统；GSM 系统负责监控中心与车载台间的通信，将监控中心的指令发送给相应的车载台，接收各车载台发出的信息，并送往 GIS 系统。地理信息系统的电子地图将准确地显示所有车辆的实时位置，电子地图可以任意放大、缩小和切换，可以分别跟踪不同的车辆。

2. 3G 系统的功能

GPS、GIS 和 GSM 构建的物流配送监控系统，可以实现对物流配送过程的实时监控和调度，缩短完成物流配送的周期，提高配送效率，减少车辆空载率，降低物流运营成本。物流配送监控系统的功能有：① 货物跟踪，用 GPS 和电子地图可以实时显示配送车辆的实际位置，对配送车辆和货物进行有效的跟踪；②配送线路规划、导航，配送路线的规划有自动和人工两种；③ 指挥调度，监控中心可监测区域内车辆的运行状况，对运行车辆进行合理调度，实施远程管理；④ 信息查询，使用电子地图可以根据需要进行查询，电子地图将查询结果显示在相应位置；⑤ 紧急救援，用 GPS 定位系统和监控管理系统，可以对遇到险情或发生事故的配送车辆进行紧急救援，通过声、光通知值班员实施紧急救援。

5.8　网络技术与数据通信

5.8.1　计算机网络与数据通信技术

1. 计算机网络的发展

自 20 世纪 60 年代，由于来自军事、科学研究、地区和国家经济信息分析决策、大型企业经营管理发展的需要，出现了多台计算机互连的要求。科学家希望将分布在不同地点的计算机通过通信线路互连成计算机网络，网络的各个节点既可以使用本地计算机的软件、硬件与数据资源，又可以使用连网的其他计算机软件、硬件与数据资源，以达到计算机资源共享的目的。

计算机网络发展至今，经历了4个阶段。① 网络初步形成阶段。1969年美国国防部高级研究计划局提出将多个大学、公司和研究所的多台计算机互连的课题，同年形成了只有4个结点的ARPA网，1973年发展到40个结点，1983年已经达到100多个结点。② 计算机网络阶段。在计算机通信网络的基础上，完成网络体系结构与协议的研究，形成了计算机网络。③ 国际网络互连阶段。这一阶段加快了网络体系结构与协议国际标准化的研究与应用。经过多年的努力，ISO 正式颁布了“开放系统互连参考模型”（Open System Interconnection Referance Model，OSI/RM），即ISO/IEC 7498国际标准。④ 网络向高速与智能化发展阶段。计算机网络正在向高速与智能化方向发展，获得广泛应用的Internet是覆盖全球的信息基础设施之一。随着网络规模的增大与网络服务功能的增多，各国正在开展智能网络（Intelligent Network，IN）的研究。

计算机网络技术的迅速发展和广泛应用，必将对本世纪世界的经济、科技、教育和文化的发展产生深远的影响。

2. 计算机网络的定义

计算机网络一直在发展，其定义也是一直在变化，具有代表性的定义是：计算机网络是指利用通信设备和线路，将两台以上具有独立功能的计算机互联，以功能完善的网络软件（即网络通信协议、信息交换方式、网络操作系统等）实现网络中信息传递和资源共享为目的构成的系统。“互联”是指相互连接的计算机之间能够根据协议相互交换信息；连接可以通过双绞线、同轴电缆或光纤等“有线”物质，也可以通过激光、微波或卫星信道等“无线”物质。

计算机网络的特点：连网的计算机可以各自独立运行、计算机之间通过通信线路实现信息交换和连网的目的是实现资源共享等。

3. 计算机网络的分类

采用最多的分类方法是按计算机网络覆盖地域的大小进行分类，可分为局域网（Local Area Network，LAN）、城域网（Metropolitan Area Network，MAN）、广域网（Wide Area Network，WAN）和因特网（Internet）。局域网是由某种类型的电缆将计算机直接连在一起的网络，将局域网连接在一起就组成了广域网。局域网间的连接是通过路由器（Router）实现的，路由器的作用是提供从一个网络到另一个网络的通路。用路由器可以连接局域网和广域网形成更大的互联网——Internet网。

4. 计算机网络的功能

计算机网络最重要的功能是数据通信、资源共享和分布式处理。

（1）数据通信。数据通信是计算机网络最基本的功能，是指计算机与终端、计算机与计算机之间各种信息的快速传送，包括文字信息、新闻消息、咨询信息、图片资料、报纸版面等。

（2）资源共享。资源共享的“资源”是指网络中所有的软件、硬件和数据资源，“共享”是指网络中的用户都能够部分或全部地享受这些资源。例如，某些地区或单位的数据库（如飞机机票信息、饭店客房信息等）可供全网使用；一些外部设备，如打印机，可面向用户开放这些硬件设备。

（3）分布式处理。分布式处理是指当某台计算机负担过重时，或该计算机正在处理某项工作时，网络可将新的任务转交给空闲的计算机来完成，这样能均衡网络中各计算机的负载，提高处理问题的效率。对大型综合性问题，可将问题分解交给不同的计算机并行处理，充分利用网络资源，扩大计算机的处理能力。

5. 计算机网络的组成

一个计算机网络系统是由硬件系统和软件系统组成的，网络的硬件系统分为通信子网和用户资源子网。通信子网负责网络数据通信，用户资源子网面向网络用户。网络主要硬件设备包括网络服务器、传输媒体、网络终端、网卡和网络连接设备等。网络的软件系统主要包括网络操作系统、网络协议和应用服务软件等。

6. 数据通信概述

数据通信是依照一定的协议，利用数据传输技术在两个终端之间进行信息传递的一种通信方式，可以实现计算机与计算机、计算机与终端以及终端与终端之间的信息传递，是继电报、电话业务之后的第三种通信形式。

数据通信的特点主要表现在两个方面：① 数据通信不同于电报、电话通信，它实现的是“人（终端）—机（计算机）”通信与“机—机”通信，通过智能终端也可以实现“人—人”的通信，数据通信中传递的信息是以二进制数据形式表示的；② 数据通信总是与远程信息处理相联系的，是包括科学计算、过程控制、信息检索等内容的广义的信息处理。

数据通信系统是由计算机、远程终端、电路以及通信设备组成的一个完整系统；远程信息系统为算机网络提供信息传输服务，计算机网络利用远程通信系统实现系统的应用。

7. 传输介质的选择

传输介质主要是指计算机网络中发送和接收设备之间的连通线路，主要有通信线缆、无线信道（如微波线路）和卫星线路。典型的传输介质是双绞线、同轴电缆和光缆。

（1）双绞线。双绞线分非屏蔽双绞线 UTP（Unshielded Twisted Pair）和屏蔽双绞线 STP（Shielded Twisted Pair）两种。目前，大多数使用的是 UTP。双绞线是两根绝缘导线互相绞结在一起的一种通用的传输介质，它可减少线间电磁干扰，适用于模拟、数据通信。在局域网中，UTP 已被广泛采用，其传输速率取决于芯线质量、传输距离、驱动和接收信号的技术等。

（2）同轴电缆。同轴电缆由一空心金属圆管（外导体）和一根硬铜导线（内导体）组成，内导体位于金属圆管中心，内、外导体间用聚乙烯塑料垫片绝缘。在局域网中使用的同轴电缆共有 75Ω、50Ω和 93Ω三种。

（3）光缆。光缆是光纤电缆的简称，是传送光信号的介质，它由纤芯、包层和外部一层增强强度的保护层构成。光纤分单模和多模两种，单模只提供一条光通路，多模有多条光通路。光纤只能进行单向传输，如需双向通信，则应成对使用。

5.8.2　物联网技术

对于物联网体系架构较为一致的认识是它有三层结构：感知层、网络层和应用层，对应了物联网的全面感知、可靠传送和智能处理等三个基本特征。

（1）全面感知。即利用广泛覆盖的无线网络和传感器随时随地获取物体的信息，并将智能传感器的范围扩展到 RFID 等其他数据采集的方法。从技术构成看，泛在传感器网等同于物联网，相对于物联网技术的可实现性来说，泛在网属于未来信息网络技术发展的理想状态和长期发展的远景。传感器网络组网和协同信息处理技术实现传感器、RFID 等数据采集手段所获取数据的短距离传输、自组织组网以及多个传感器之间的数据协同处理过程。

（2）可靠传递。实现更加广泛的互联功能，通过各种网络传输手段将物体的信息，实时准确地进行传递，实现信息的可靠交互和共享，这需要传感器网络与移动通信技术、互联网技术的相互融合。

（3）智能处理与应用。智能处理与应用主要包括应用支撑平台和应用服务系统。应用支撑平台支撑跨地域、跨行业、跨应用、跨部门、跨系统之间的信息协同、分析处理、共享互通等功能，应用服务系统主要是物联网在各行业的应用，实现智能化的决策和控制。

物联网技术体系分为四个层次：感知技术、传输技术、公共支撑技术和应用技术。

（1）感知技术是指能够用于物联网底层感知信息的技术。

（2）传输技术是指能够汇集感知数据，并实现物联网数据传输的技术。

（3）公共支撑技术不属于物联网技术的某个特定层面，而是与物联网技术架构的三层都有关系，指用于物联网数据处理和利用的技术。

（4）应用技术是指用于直接支持物联网应用系统运行的技术。

5.9 大数据技术

大数据本身是一个现象而不是一种技术，伴随着大数据的采集、传输、处理和应用的相关技术就是大数据处理技术，是一系列使用非传统的工具对大量的结构化、半结构化和非结构化数据进行处理，能获得分析和预测结果的一系列数据处理技术，简称大数据技术。

大数据技术主要包括：数据采集、数据存取、基础架构、数据处理、统计分析、模型预测和结果呈现等。

（1）数据采集：ETL 工具负责将分布的、异构数据源中的数据，如关系数据、平面数据文件等抽取到临时中间层，然后进行清洗、转换、集成，最后加载到数据仓库或数据集市中，成为联机分析处理、数据挖掘的基础。

（2）数据存取：关系数据库、NoSQL、SQL 等。

（3）基础架构：云存储、分布式文件存储等。

（4）数据处理：自然语言处理（Natural Language Processing，NLP）是研究人与计算机交互的语言问题的一门学科。处理自然语言的关键是要让计算机“理解”自然语言，所以自然语言处理又叫作自然语言理解（NaturalLanguage Understanding，NLU），也称为计算语言学（Computational Linguistics）。一方面它是语言信息处理的一个分支，另一方面它是人工智能（Artificial Intelligence，AI）的核心课题之一。

（5）统计分析：假设检验、显著性检验、差异分析、相关分析、T 检验、方差分析、卡方分析、偏相关分析、距离分析、回归分析、简单回归分析、多元回归分析、逐步回归、回归预测与残差分析、岭回归、logistic 回归分析、曲线估计、因子分析、聚类分析、主成分分析、因子分析、快速聚类法与聚类法、判别分析、对应分析、多元对应分析（最优尺度分析）、bootstrap 技术，等等。数据挖掘：分类（Classification）、估计（Estimation）、预测（Prediction）、相关性分组或关联规则（Affinity Grouping or Association Rules）、聚类（Clustering）、描述和可视化、Description and Visualization）、复杂数据类型挖掘（Text、Web、图形图像、视频、音频等）。

（6）模型预测：预测模型、机器学习、建模仿真。

（7）结果呈现：云计算、标签云、关系图等。

小　　结

没有充分的信息交流和共享，就很难进行物流活动的管理以及对物流效率的控制。由于信息采集技术、网络通信技术的广泛应用，物流信息不再局限于物流的各个环节上，在整个物流活动链中，所有的企业、管理者都能及时得到所需要的信息，根据这些信息可以进行各种管理、控制和协调工作。物流信息的共享使物流活动超越了企业内部不同职能部门的界限，甚至企业或行业的界限；信息资源的共享使得物流活动可以从生产过程和商品销售过程分离出来，成为一种独立的经济活动。

随着现代信息技术飞速发展，20 世纪末又出现了新型的物流企业（如第四方物流企业、虚拟物流企业等），信息技术在物流活动中的应用，使得物流企业能够跟踪消费者的需求、用户需求以及市场的变化，根据各种各样的信息来安排库存、调配资源、跟上甚至引导市场的变化。这种转变主要表现在，从被动的市场适应者转化为物流活动的组织者，从一个被动的状态转变为一个主动的状态。使过去很难控制的物流活动，通过现代信息技术特别是信息共享机制而透明化，从生产者到最终消费者的物流全程变成了一个透明的渠道。

信息技术在物流系统中的应用，降低了物流成本，提高了物流系统的运作速度、效率和效益，提升了物流系统的服务质量和服务水平，为物流系统的创新与变革提供了技术支撑与推动力，是提高物流系统生产效率和竞争能力的主要动力。

信息识别技术、信息处理技术和信息存储技术，是以计算机技术和通信技术为基础发展起来的，是集光、机、电、计算机等技术为一体的综合性科学技术，是物流信息自动识读、自动实时输入、物流数据存储和处理的重要方法，也是物流信息技术的基础。

大数据技术是伴随着大数据的采集、传输、处理和应用的相关技术，是一系列使用非传统的工具对大量的结构化、半结构化和非结构化数据进行处理，能获得分析和预测结果的一系列数据处理技术的总称。

习　　题

一、名词解释

1．物流信息化　　2．物流系统自动化　　3．物流系统智能化
4．物流系统柔性化　　5．自动识别技术　　6．条码
7．条码及扫描技术　　8．条码系统　　9．射频识别技术
10．生物识别技术　　11．电子自动订货系统　　12．销售时点系统
13．计算机辅助订货　　14．仓库管理系统　　15．数据处理
16．数据加工　　17．数据库　　18．数据模型
19．关系模型　　20．关系数据库　　21．数据库系统
22．数据仓库　　23．联机分析处理　　24．数据集市

25 数据挖掘
26．神经计算
27．电子数据交换
28．电子监视系统
29．二维条码
30．复合条码
31．货物跟踪
32．全球卫星定位系统
33．地理信息系统
34．全球数字移动通信系统
35．3G 物流配送监控系统
36．计算机网络
37．数据通信
38．传输介质
39．可靠传递
40．感知技术

二、判断题

1．早期的物流活动，由于没有信息技术的支持，是分散在不同的经营部门中进行的。

2．随着现代信息技术飞速发展，20 世纪末又出现了新型的物流企业，如第四方物流企业、虚拟物流企业等。

3．借助信息技术可以改变物流活动的被动方式，使之成为主动方式。

4．通过现代信息技术特别是信息共享机制，整个物流从生产者到最终消费者的全程变成了透明的渠道。

5．信息技术在物流领域得到广泛应用，使物流竞争仍保持各个独立的物流节点的竞争。

6．为了实现物流标识信息迅速、准确的采集，对物流信息主要采用了自动识别技术。

7．POS 系统给商店提供了完整的商品销售信息。

8．用计算机自动生成商店的补货订单，称为计算机辅助连续补货系统。

9．仓库管理系统可以保证商品的库存水平最低。

10．实时盘库系统与 POS 系统、商店电子收货系统整合为一体，使商店的库存维持在一个安全的库存水平。

11．仓库空间管理系统就是运用活动成本模型管理货架空间，使其每平方米的收益最大化。

12．在数据库技术发展过程中，主要的数据模型有三种：层次模型、网状模型和关系模型。

13．关系模型的最大特点就是描述的一致性，对实体及其联系均用关系描述。

14．关系模型的完整性分三类：实体完整性、参照完整性和用户定义完整性。

15．数据库管理系统是由许多具有数据库定义、控制、管理和维护功能的程序集合而成。

16．EDI 传输的报文应符合国际标准或行业标准，这是计算机自动处理的前提。

17．EDI 系统只能采用直接方式传递 EDI 报文。

18．数字签名使用比较多的是非公开密钥密码体制实现的数字签名。

19．射频系统的优点是可以进行不接触的识别，识别距离比较远，可达数十米。

20．射频识别的主要功能是对运动的或静止的标签进行不接触识别。

21．条码及扫描技术是为实现信息自动识别而设计的数据采集方法。

22．复合条码是一种新的条码体制，与一维条码和二维条码无关。

23．空间查询与空间分析是 GIS 的核心功能。

24．物流配送可以使用 3G 强大的地理信息处理、空间定位和移动通信等功能，对整个配送过程进行空间网络分析与配送跟踪。

25．计算机网络硬件系统分为通信子网和计算子网。

26．计算机网络软件主要包括网络操作系统、网络协议和应用服务软件。

27．数据通信是继电报、电话业务之后的第三种通信形式。
28．数据通信系统是由终端、数据电路和计算机系统三类设备构成的。

三、简答题

1．POS 系统有哪些基本特征？
2．计算机辅助订货（CAO）系统，在生成补货订单时需要考虑哪些因素？
3．实现 EDI 需要哪些条件？
4．EDI 系统可能遇到的威胁和攻击主要有哪些？
5．EDI 系统的安全策略主要有哪些？
6．射频技术在物流中有哪些应用？
7．简述条码的特点。
8．条码系统有哪些作用？
9．GPS 主要的功能有哪些？
10．GPS 主要有哪些特点？
11．GIS 有哪些作用？
12．试述地理信息系统的组成。
13．GIS 的主要功能有哪些？
14．简述 3G 物流配送监控系统各组成部分的作用。
15．物流配送监控系统有哪些功能？
16．计算机网络功能有哪些？
17．大数据技术主要有哪些？
18．物联网技术体系分为哪几个层次？

四、论述题

1．试述信息技术对现代物流管理的意义。
2．数据库管理系统由哪些程序组成？
3．数据仓库有哪些特点？
4．试述数据挖掘与联机分析处理的区别。
5．试述 EDI 的内涵。
6．试述 EDI 的作用。
7．EDI 对物流行业有哪些影响？
8．射频系统有哪些优点？

第 6 章　现代物流信息系统

知识点

- 信息系统的概念、电子数据处理系统
- 管理信息系统、物流信息系统的概念

难点

- 物流信息系统的基本组成、物流信息系统的层次
- 物流信息系统特征、电子数据处理系统

要求

熟练掌握以下内容：

- 物流信息系统的主要子系统及其主要功能
- 物流信息系统的各种模式
- 现代物流信息系统的解决方案
- 物流信息系统项目管理

了解以下内容：

- 物流信息系统建设的基本原则、系统评估的指标体系
- 物流信息的大数据分析

6.1　信息系统概述

6.1.1　信息系统的概念

1．系统

（1）系统的概念。自然界存在宇宙系统、生态系统、生物系统等，人体内有血液循环系统、呼吸系统、神经系统等。这些系统是自然形成的，属于自然系统。还有许多人造系统，如供水系统、计算机系统、管理系统等。

企业也是系统，是利用人、资金、原料、设备等资源，达到盈利目的的系统。对企业实施管理的系统是企业管理系统，该系统由销售、生产、财务、人事、后勤等相互联系、相互作用的部分结合成的有机整体，目的是完成经营计划。在管理过程中使用的信息系统，是由人、计算机、软件与信息组成的，可以进行信息的收集、存储、处理、检索和传输，目的是为有关人员提供服务的信息。

有关系统的定义有很多种，概括地说系统是由既相互联系、相互依赖又相互作用，具有

一定功能和共同目标的若干部分组成的有机整体。

（2）系统的特征。系统一般具有五个特征：

1）整体性。整体性是系统的基本属性。一个系统要由两个以上的、可以相互区分的要素或子系统进行有机结合，形成具有一定结构和功能的整体。

2）目的性。任何系统都具有明确的目的，就是运行系统要达到的预期目标，具体表现为系统能实现的各项功能。系统的结构都是根据系统的目的建立的，系统的目的或功能决定了系统的各组成要素和结构。

3）层次性。系统有大有小，任何复杂系统都具有一定的层次结构。系统可以分解成若干个子系统（元素），子系统又可以再分解为子子系统（子元素），将一个系统逐层分解，体现出系统的层次性。

4）相关性。相关性是指系统内各组成部分相互制约、相互影响、相互依存的关系，即联系。构成系统的各个部分虽然是相互独立的，但是它们不是孤立地存在于系统之中，而是在系统运动的过程中，相互联系、相互依存和相互制约。

5）环境适应性。系统的存在和运行都受到环境的制约，环境是一种更高层次的系统。系统与环境相互交流，相互影响，进行物质的、能量的或信息的交换。不能适应环境变化的系统是不能生存的。

2. 信息系统

信息系统是以加工、处理信息为对象的系统，由人、计算机硬件、软件和数据资源组成，目的是及时、正确地收集、处理、存储、传输和提供信息。广义的信息系统包括任何进行信息加工处理的系统，如生命信息系统、企业信息系统、文献信息系统、地理信息系统等。狭义的信息系统，是由计算机技术、通信技术等现代信息技术组成，服务于管理领域的信息系统，即计算机信息管理系统。

信息系统的功能是对信息进行采集、处理、传输、存储、检索和输出，为相关人员提供有用的信息。

（1）信息采集。信息的采集是信息系统其他功能的基础，其作用是将分布广泛的信息收集起来，为信息的处理做准备。在原始数据收集过程中，要坚持目的性、准确性、适用性、系统性、纪实性和经济性等原则。一般要经过：明确采集目的、制订采集计划、形成并优化采集方案、采集和分类汇总信息等环节。

（2）信息处理。信息处理是将采集到的原始数据进行综合加工，使之成为有用的信息。信息处理一般要经过真伪鉴别、排错校验、分类整理与分析加工等四个环节。信息处理的方式包括分类、排序、归纳、查询、统计、预测、模拟以及进行各种数学运算。现代信息处理是以计算机为基础进行的，处理能力越来越强。

（3）信息传输。信息通过传输形成信息流，例如，从信息采集地将采集到的数据传送到数据处理中心，将经过加工处理的数据传送给用户，这些都涉及信息的传输。信息传输具有双向特征，即信息传输包括正向传输和反馈。企业信息传输既有不同管理层之间的信息垂直传输，又有同一管理层各部门之间的信息横向传输。为了提高传输速度和效率，企业应当明确规定信息传输的级别、流程、时限以及接收方和传递方的职责。

（4）信息的存储。数据进入信息系统后，经过加工处理形成对管理有用的信息。由于各种信息的属性和时效不同，加工处理后的信息时效也不同，有的必须立即使用，有的可以暂时不用，有的是一次性使用，大多数信息具有长期、多次使用的价值。因此，要将这类信息进行存储保管，以便随时使用。信息的存储包括物理存储和逻辑组织，物理存储是指将信息存储在适当的介质中，逻辑组织是指按信息的内在关系进行组织，将大量的信息组织成合理的结构。

（5）信息的检索。为了方便人们对存储在介质上的庞大信息进行再利用，就要对存储的信息进行检索，为用户提供方便的查询方式。迅速准确的检索是以科学的存储为前提的，为此，必须对信息进行科学的分类和编码，采用先进的存储介质和检索工具。信息检索一般需要使用数据库技术和方法。数据库的处理方式和检索方式决定着检索速度的快慢。

（6）信息的输出。信息管理的目的是按管理职能的要求，保质保量地输出信息。衡量信息管理有效性的关键在于信息的输出实效、精度和数量能否充分满足管理者的要求。信息输出还要根据信息的特点，选择合适的输出介质、输出格式，确保信息传递的快捷、准确、使用方便以及保密需要等。

6.1.2 信息系统的发展

信息系统的发展与计算机技术、通信技术和管理科学的发展紧密相关，与统计理论、计算机技术、通信技术等相互渗透、相互促进，近半个世纪以来得到了迅猛发展，形成了一门新的学科。信息系统的发展经历了由单机到网络，由电子数据处理到管理信息系统，再到决策支持系统，由数据处理到智能处理，呈现相互交叉的趋势。

1. 电子数据处理系统

电子数据处理系统（Electronic Data Processing System，EDPS）是用计算机模仿手工管理方式，进行事务性数据处理的系统，又称为事务处理系统（Transaction Processing System，TPS）。该系统处理的问题处于管理工作的底层，主要的业务活动涉及记录、汇总、综合与分类等，主要的操作有排序、列表、更新和生成等。使用电子数据处理系统的目的是迅速、及时、正确地处理大量数据，提高数据处理的效率，实现数据处理的自动化。

电子数据处理系统有其自身的缺陷，例如，受限于计算机的处理能力和人们对计算机的认知度；数据收集的速度慢，且容易出错等成为该系统最薄弱的环节。

电子数据处理系统的发展分为三个阶段：

（1）单项数据处理阶段。从20世纪50年代中期到60年代中期，是电子数据处理的初级阶段，主要是用计算机部分地代替手工劳动，进行一些简单的单项数据处理，如工资计算、产量统计等。

（2）综合数据处理阶段。从20世纪60年代中期到70年代初期，这一阶段有了大容量外存储器，一台计算机能带多个终端，可以对多个业务流程的有关数据进行综合处理。此时，各类信息报告系统应运而生，特点是按事先规定的要求提供各类状态报告，如生产状态报告、服务状态报告、财务报表和账单等。

（3）系统数据处理阶段。从20世纪70年代初期到90年代初期，统计学、运筹学、管理科学和计算机科学结合在一起，建立了以决策制定为基础的现代管理理念，并出现了超大容量的存储器、网络技术、数据库技术，计算机应用更加普及。20世纪80年代，条码技术、电子扫描和传输技术的产生和使用，为改善物流功能提供了技术支持。20世纪90年代初期，计算机多媒体技术的发展使计算机系统处理各种类型的数据成为可能。

2. 管理信息系统

20 世纪 70 年代初，随着数据库技术、网络技术和科学管理方法的发展，计算机在管理上的应用日益广泛，管理信息系统逐渐形成。

管理信息系统（Management Information System，MIS）将管理学的理论和方法融入计算机数据处理过程中，为管理过程提供信息，支持企业或组织的运行、管理和决策，增强组织机构中各职能部门的管理效率和能力。MIS 是一个包括计算机设备、人、信息资源、管理方法等多因素的复杂的信息系统，其最大的特点是信息高度集中管理，将组织中的各种数据集中起来，进行快速处理，统一使用。

3. 决策支持系统

决策支持系统（Decision Support System，DSS）面向结构化和半结构化决策问题，是辅助高级决策者决策活动的人机系统。DSS 的概念是美国学者莫顿（S.Morton）于 20 世纪 70 年代初提出的，其重点在“支持”而非决策工作的自动化。DSS 的产生源于 MIS 的应用，由于在 MIS 应用过程中，缺乏对企业组织机构和不同管理层人员决策行为的深入研究，忽视了人在管理决策过程中不可替代的作用，因而在企业高层管理决策工作中，面对一些复杂的决策问题，MIS 往往无能为力，未能达到预定的效果。为了解决这类问题，人们对 MIS 的应用模式和有关的理论进行了深入的研究，提出了 DSS 的概念。

DSS 由数据库、模型库、方法库和相关的部分组成，是将数据处理与经济管理数学模型的优化相结合，具有管理、辅助决策和预测功能的管理信息系统。决策支持系统面向组织中的高层管理人员，以结构化和解决半结构化决策问题为主，强调决策过程中人的作用。

4. 办公自动化系统

办公自动化系统（Office Automation System，OAS）和多媒体信息系统（Multimedia Information System，MMIS）是电子数据处理系统（或事务处理系统）、管理信息系统和决策支持系统等多种信息系统综合应用的产物，并不是新型的信息系统。正是 OAS 在 20 世纪 80 年代的广泛应用，以及 MMIS 在 20 世纪 90 年代的兴起，才使信息系统领域更加引人注目，MMIS 也成为各类信息系统应用发展的方向。

综上所述，EDPS、MIS、DSS、OAS 和 MMIS 各自代表了信息系统发展过程中的某个阶段，至今仍在各自不断地发展，呈现出相互交叉的关系。EDPS 是面向业务的信息系统，MIS 是面向管理的信息系统，DSS 则是面向决策的信息系统。DSS 在组织中可能是一个独立的系统，也可能作为 MIS 的一个高层子系统。OAS 和 MMIS 是多种信息系统综合的产物，具有广泛的应用和发展前景。

6.2　现代物流信息系统

6.2.1　现代物流信息系统概述

1. 物流信息的概念

物流信息是物流活动各个环节产生的信息，与物流过程中的运输、保管、装卸、包装等各种职能有机地结合在一起，使整个物流活动能够顺利地进行。物流信息是反映物流各种活动内容的知识、资料、图像、数据和文件的总称，有狭义和广义两方面。

（1）狭义物流信息。狭义物流信息是指与物流活动（如运输、保管、包装、装卸、流动加工等）密切相关的信息。在物流管理和决策过程中，需要大量的信息，如运输工具的选择、运输路线的确定、在途货物的追踪、库存时间的确定、仓库的有效利用、订单管理、如何提高顾客服务水平等，都需要详细和准确的物流信息。因为，物流信息对运输管理、库存管理、订单管理、仓库作业等物流活动具有支持和保证的功能。

（2）广义物流信息。广义物流信息不仅指与物流活动有关的信息，还包括与经营活动有关的信息，如商品交易信息和市场信息等。商品交易信息是指与买卖双方交易有关的信息。如销售和购买信息、订货和接受订货信息等。市场信息是指与市场活动有关的信息，如消费者的需求信息、竞争者或竞争性商品的信息、促销活动信息等。

在现代经营管理活动中，物流信息与商品交易信息、市场信息相互交叉、融合，是密不可分的。广义的物流信息不仅能起到连接、整合从制造商、经过批发商和零售商最后到消费者的整个供应链的作用，而且在应用现代信息技术的基础上，能实现整个供应链活动的高效率。具体地说，就是利用物流信息对供应链中各个企业的计划、协调、客户服务和控制活动进行更有效的管理。例如，零售商根据对消费者需求预测以及库存状况制订订货计划，向供应商发出订货信息；供应商在接到零售商的订货信息后，根据现有库存水平，如果能满足订单要求，就向物流部门发出发货配送信息，如果现有的库存水平不能满足订单要求，则向制造商发出订单；制造商在接到订单后，检查现有的库存，若不能满足订单要求，马上组织生产，再按订单上的数量和时间要求，向物流部门发出配送信息。因此，物流信息与商品交易信息、市场信息是相互交融、密切相联的。

2. 物流信息系统的概念

物流信息系统（Logistics Information System，LIS）是根据物流系统运营管理的需要，在管理信息系统（MIS）的基础上形成的，对物流系统的信息资源进行管理的系统。物流信息系统是在对现代物流企业的业务活动进行调研、分析的基础上，按照系统化的设计原则，综合运用现代物流管理理念及物流信息技术，开发出的对物流企业信息进行管理的人机交互系统，具有信息处理快速和辅助决策的功能，是物流信息管理的核心。

物流信息系统通过各种方式收集、选择、输入各种有关物流计划的、业务的、统计的数据，根据物流管理工作的要求，采用特定的计算机技术，对输入的数据进行处理，然后输出对物流管理工作有用的信息。LIS 具有实时化、网络化、系统化、规模化、专业化、集成化和智能化等特点，物流系统中各个物流节点是通过 LIS 进行沟通和相互衔接的，物流资源的调度也是通过物流信息共享实现的，因此，物流活动必须以物流信息为基础才能有效进行。为了有效地对物流系统进行管理和控制，使物流活动正常而有效地进行，必须建立完善、高效的物流信息系统，保证物流信息畅通。物流信息是物流活动的内容、形式、过程以及发展变化的反映，LIS 在物流活动中起着神经系统的作用，它的使用是物流现代化的标志，它几乎覆盖了整个物流活动的全过程，将物流信息通过现代信息技术使其在企业内、企业间乃至全球达到共享。如企业通过建立物流信息系统，能合理制订生产计划，控制生产的物流节奏，压缩库存，降低生产成本，合理调度运输设施，使企业内物流畅通。

在欧美等发达国家，物流行业的产值已占到国民生产总值相当大的部分，物流信息系统对物流行业的贡献不容忽视。中国要成为环亚太地区的物流中心，就必须建立现代化的物流信息系统。

3. 建立物流信息系统的目的

建立物流信息系统的目的是为物流企业提供一个广泛的、多功能的物流业务通用的信息平台，为物流企业的战略决策提供支持，提高物流企业的竞争优势。

物流企业在建立信息系统的过程中，很难一次建成，需要经过由低级到高级的逐层建设。对物流企业来说，在企业发展的不同阶段，都有最佳层次的信息系统与之相适应，这主要取决于物流企业内部因素和外部竞争因素。物流信息系统每一层次的目的和任务都是不同的。

4. 物流信息系统的基本组成

物流信息系统是由人和计算机组成的，能进行物流信息的收集、传递、存储、加工、维护和使用的系统，其基本组成有计算机硬件、软件，数据库、数据仓库和人员等。

（1）计算机硬件。主要包括计算机设备、网络通信设备等硬件资源，如计算机、打印机、服务器、通信设备，是实现物流信息系统的基础，构成系统运行的硬件平台。

（2）计算机软件。主要包括系统软件和应用软件两大类。系统软件主要用于系统的管理、维护、控制及程序的装入和编译等工作；应用软件是指挥计算机进行各种信息处理的程序或文件，包括功能完备的数据库系统，实时的信息收集与处理系统，实时的信息检索系统，报告生成系统，经营预测与规划系统，经营监测与审计系统和资源调配系统等。

（3）数据库与数据仓库。① 数据库技术将多个用户、多种应用所涉及的数据，按一定数据结构进行组织、存储、控制、使用、维护和管理，数据的独立性高、冗余小、共享好，能进行数据完整性、安全性、一致性的控制。数据库系统面向管理层的事务性处理。② 数据仓库是面向主题的、集成的、稳定的、不同时间的数据集合，支持经营管理中的决策制定过程。基于主题的数据组织，便于面向主题的分析与决策，它所具有的集成性、稳定性和及时性等特征使其能够为决策层提供决策支持。数据仓库系统也是一个管理系统，由数据仓库、数据仓库管理系统和数据仓库工具三部分组成。

（4）人员。主要包括系统分析员、系统设计员、系统实施与操作员、系统维护员、系统管理员、数据准备员以及各个层次的管理者和决策者等。

5. 物流信息系统的层次

一个完善的物流信息系统，为满足物流系统中不同管理部门或人员的信息需要，应该具有三个层次：作业层、管理层和决策层。

（1）作业层。作业层的任务是有效地使企业现有的人力、物力资源在预算的范围内执行各项活动，包括事务处理、报表处理和查询处理等。各项处理的数据主要来自企业内部，处理的数据量很大，是物流企业处理信息的基础。作业层的事务处理和交易系统及时地处理每天的物品订货信息、计划管理、运输管理、采购信息、库存信息、设备管理和财务信息，包括车辆运输路径选择、仓库作业计划、库存管理等，控制物流企业的日常作业和经营管理的信息。作业层的主要功能如下：

1）原始数据采集与处理。主要包括商品的购、销、调、存数据的登录与修改，会计记账，保存与处理各种事务的原始记录等。

2）业务管理。主要包括运输管理、存储管理、配送管理、流通加工管理等，每一大类下还有很多细分的业务，包括合同、票据、报表等业务的日常处理。

3）人事与财务管理。主要包括成本核算、资金核算、利润核算等会计核算，固定资产管理，综合财务计划，员工档案管理，工资奖金管理，劳动纪律与考核管理，劳动用工调配和综合统计报表等。

4）办公与物业管理。主要包括低值易耗品管理、固定资产管理、能源耗管理、会议管理、文字处理、公文档案管理、企业宣传管理等。

5）综合考核管理。主要包括经济指标考核，员工劳动绩效考核，员工违纪、违规管理等。

6）查询管理。主要包括综合计划指标查询、库存查询、商品价格查询、物品配送查询和员工状况查询等。

7）统计分析与决策支持。主要包括购进统计与分析、库存统计与分析、运输统计与分析、劳效统计与分析、销售统计与分析、顾客管理和财务统计与分析等。

（2）管理层。管理层的任务是保证企业经营所需要的人、财、物的合理使用，综合评价企业的生产经营状况、主要经济技术指标完成情况等，将其与计划值比较，从中观察发展变化趋势，找出偏差的原因，提出解决方案。

管理层的功能包括根据有关部门的计划或预算模型编制企业的计划和预算，定期提供企业经营状况的报告，使用经济数学的方法分析计划执行的偏差，为管理人员提供满意的决策方案；处理所需要的信息或数据，例如，各种计划、指标和预算等；处理合同管理、客户信息、质量管理、计划管理、市场信息等；监测物流系统的运行状况，制定物流系统的评价体系，建立控制与评价模型等。

（3）决策层。决策层的任务是确定企业的目标，制定达到该目标应采用的战略措施。物流企业的战略管理是物流企业管理的重要组成部分，战略决策事关企业发展方向的长期性决策，要进行充分的论证。物流信息系统可以帮助物流企业的高层领导更加深刻地了解物流战略的制定、实施和评价以及它们之间的内在联系，对物流企业的决策、建立明确的发展目标具有重要的指导作用。

决策层的功能包括建立数学模型，用模拟法去探索企业的目标和达到该目标的途径。例如，探索企业的经营发展方向、物流服务的经济规模、物流服务方向和模式等。所需要的信息既有来自内部管理层的信息，还有来自外部环境的信息。例如，企业当前和未来活动领域内的经济形式、政治环境、科技发展水平、市场预测，竞争对手的实力和市场占有率等。

6. 物流信息系统的主要子系统

（1）主要物流业务信息系统。

1）运输信息子系统。该系统主要是处理各种运输问题，优化运输模式组合，如空运、陆运或水运等，目的在于选择最接近用户的仓库，对用户实行快速直达运输，实现在途物品的跟踪，并在必要时调整运输模式、运输计划等。

2）仓储信息子系统。使用该系统可以对仓库的收发、分拣、摆放、补货、移库、盘点等作业进行管理，还可以进行库存分析。仓储信息系统是应用较广的系统，也是各种类型物资及物流管理信息系统的基础。无论用哪种方法管理库存，都要掌握和收集仓储信息。

3）配送信息子系统。该系统主要目的是提供配送货物信息，并根据客户订货情况，查询库存及配送能力。准备就绪，发出配送指令、结算指示以及发货通知，汇总及反馈配送信息。配送信息的控制与否，决定着物流企业和经营部门对市场的占有和控制情况。

4）订单处理子系统。该系统是办理客户下订单、明确交货时间、交货条件、准备货物、剩余货物管理等作业的系统。客户从发出订单到收到货物的时间，称为订货周期，办理接受订货手续是物流活动的开始。为了迅速准确地将商品送到，必须高效地办理订货的各种手续，有序地处理各种订单。订单处理系统的一般流程是：订单传递、订单处理、订货准备、订货运输。

5）客户关系管理子系统。该系统对客户和供应商进行全面管理。不仅要保存客户、供应商的基本信息，而且要保存以往对客户、供应商以及对其他企业的服务、销售信息，设置客户、供应商的历史信息档案。

（2）主要物流辅助系统。

1）计划管理。计划管理在整个物流系统中承担着指导全局的重要作用，对物流系统的各项业务起到控制与协调的功能，与其他功能模块之间存在着非常复杂的联系。计划管理包括采购计划、补货计划、配送计划和运输计划等业务的管理。

2）账务管理。包括应收账款管理、应付账款管理和费用汇总、稽核等。

3）报表管理。包括采购、运输、仓储、销售、配送、成本毛利等与物流经营有关的各种业务报表。

4）代码及参数管理。实物代码化是进行信息管理的基础，代码设计与管理是信息系统的一个重要组成部分。一个好的代码方案，对于信息系统的开发和使用都非常重要，可以使计算机信息处理变得非常方便，同时，对事务性工作的处理也变得简单，使系统更加灵活，并且易于维护。

5）信息交流管理。信息交流作为系统内外信息交流的接口，是实现供应链管理的重要途径，主要承担着信息查询、信息下载、信息上传和信息发布的功能，是企业协调内部各环节、联系协作企业、供应商和客户的窗口。

6）员工培训与绩效评估。建立员工的培训系统和绩效评估系统，以及设备档案和技术性能的评估系统，是为了充分发挥物流系统的人力、物力、设备等资源的潜力，提高劳动生产率。

6.2.2　现代物流信息系统的特性

1. 物流信息系统的类型

物流信息系统按照不同的方式划分，可以分成不同的类型。

（1）按物流作业流程分类。物流信息系统分为进货管理系统、销售管理系统和库存管理系统，构成进、销、存决策支持系统。

1）进货管理系统。进货管理系统主要包括以下环节：

- 请购单。各部门根据实际需要制订进货计划，将货物品名、型号、数量等信息填写请购单，经审核后即可进行进货处理和备案。请购单按时间、部门进行分类汇总以备查询。
- 询价。通过 Internet 方式向供应商咨询产品等级、最小批量价格、有效期限，确定运输方式、付款方式，及时更新供应商的档案信息。
- 采购单。可以直接录入采购明细单，或从请购单、询价单中导出有关信息，生成采购单，并提交收货部门准备接货。
- 进货处理。根据现有的库存信息以及供应商的供货时间、运输方式的要求，开出进货单，并提交库存管理部门备案。
- 退货处理。根据质检部门提出的退货要求，与供应商协商，确认退货。在退货单中必须注明请购单号、采购单号和进货单号，以进行相关操作。

- 供应商管理。供应商信息库中有供应能力、信誉度等内容，可以根据要求对供应商信息进行更新，包括增加、删除和修改。

2）销售管理系统。销售管理系统主要包含以下环节：

- 报价。不同客户的销售报价是不一样的，并在一定范围内浮动。例如，不同批量不同价格，不同等级客户不同价格，不同产品配置不同价格。可以随时查询对每个客户的最后一次报价情况。报价时要综合交货期限、运输方式、付款方式、预付款比例、发货地点等信息。
- 销售单。在报价时可以根据与客户的交互信息直接生成销售单，包括产品明细、数量、单价、结算方式等，并将销售单提交给存储部门进行发货准备。
- 出货处理。根据销售单据、库存信息以及工作进度等合理安排发货任务，并在销售单据上进行标识。
- 退货处理。对销售的产品，如果出现质量问题或其他问题，销售部门要与客户进行协商，经确认需要退货时，由销售部门提供退货产品的信息，并提交质检部门进行处理。
- 客户信息管理。建立客户信息库，详细记录客户的购买情况、对客户的服务以及客户的投诉。
- 销售预测与分析。包括销售预测、分析和商品管理等功能，通过对销售的预测与分析可为企业决策提供依据。

3）库存管理系统。库存管理系统是根据以最少的库存数量满足用户需求的目标，为满足经营活动的需要备齐所需商品，防止库存浪费和增加保管费用的系统。主要采用机打单据，对出、入库单据提供自动生成和人工录入两种功能，并对单据号进行检查。具体有以下环节：

- 库存计划。需要制订在哪个阶段、哪个物流节点设置库存，库存量多少等库存计划，以及在哪个物流节点准备什么货物，配备多少货物等库存分配计划。
- 商品分类分级。按商品类别统计其库存量，并进行排序和分类，以此作为仓库规划，商品采购，人员、设备配置等的参考。
- 入库。分为订购货物入库、余货入库、销售退货入库等类型，开具相对应的单据。入库物品必须经过质量和数量的检验，订货入库需提供原始采购单据号码，以进行对照检验；退货入库需提供销售单据号码，以进行对照检验。
- 出库。分为销售出库、运营领货和补货等形式，对应着不同的单据。
- 调拨处理。对仓库中的各种货物进行移动、调配，必须要登记。
- 盘点。库存物品采用 ABC 分类进行管理。根据需要和可能对不同的物品采用不同的盘点方法。对盘点数据进行汇总、分析，以便调整库存量并做盈亏处理。

（2）按物流环节分类。物流信息系统可以分为仓库管理系统、出库作业系统、配送管理系统统和运输管理系统。

1）仓库管理系统。仓库管理系统包括入库作业系统和保管场所系统等。

- 入库作业系统。包括预定进货数据处理和实际进货作业处理。预定进货数据处理，是为进货调度、接进货的人力资源以及机具设备资源分配提供参考；实际进货作业处理是在实际入库作业过程中，发生在供货商交货时的数据输入。
- 保管场所系统。是指通过对仓库货物保管位置标明区位号，提高保管场所使用效率的系统，分为固定场所系统和自由场所系统两大类。固定场所系统是保管位置与保管物品相对一致的系统，自由场所系统是保管位置与保管物品经常变动的系统。

2）出库作业系统。出库作业系统包括订单处理系统、订货拣选系统、出库处理系统等。

- 订单处理系统。主要包括客户询价与报价，订单接收、确认和输入两种作业。
- 订货拣选系统。分为全自动系统和半自动系统。全自动系统从全自动流动货架，将必要的商品移送到传送带的拣选系统。半自动拣选系统是在计算机的辅助下，实现高效率拣选的系统，例如，电子标签拣选系统等。
- 出库处理系统。是指对拣选完毕后，按照客户类别备好货物，下达配送指示的系统。

3）配送管理系统。配送管理系统包括固定时刻表系统和变动时刻表系统。

- 固定时刻表系统。根据日常业务的经验和客户要求的配送时间，事先按照不同方向、不同配送对象群，设定配送线路和配送时刻，安排车辆进行配送。
- 变动时刻表系统。根据当日配送客户的商品总量，结合客户的配送时间要求和配送车辆的状况，按照可以调配车辆的容积和车辆数量，由计算机选出成本最低的配送组合系统。

4）运输管理系统。运输管理系统包括货物追踪系统和求车、求货系统。

- 货物追踪系统。在货物流动的范围内，对货物的流动状态进行实时把握的信息系统，货物追踪的对象主要是零担货物。
- 求车、求货系统。求车是指货主寻找返程空车运输货物。求货是指车主寻找回程可顺路运输的货物。求车、求货系统利用信息和网络技术，为发布车源、货源，查找车源、货源用户提供了有效的平台，利用这个平台可以达到提高运输效率、降低物流成本的目的。

（3）按系统功能性质分类。物流信息系统可分为操作型系统和决策型系统。

1）操作型系统。这类系统是按照固定模式对数据进行固定的加工、处理的系统，其输入、输出和处理均是不变的。

2）决策型系统。这类系统能根据输入数据的不同，运用知识库和方法库，对数据进行不同的加工和处理，并为用户提供决策的依据。包括决策支持系统和专家系统。

- 决策支持系统。是以数据仓库、模型库和方法库为基础，采用定量方法，辅助结构化和半结构化问题的决策。
- 专家系统。是以知识库为基础，采用定性方法（如专家知识），辅助非结构化问题的决策。

（4）按系统配置分类。物流信息系统可分为单机系统和计算机网络系统。

1）单机系统。信息系统在一台计算机上运行，虽然可以有多个终端，但主机只有一个。

2）计算机网络系统。计算机网络系统是网络通信技术与计算机技术相结合的产物，是把分布在不同地区的计算机与专门的外部设备，用通信线路连成一个规模大、功能强的网络系统，使众多的计算机系统可以互相传递信息，共享硬件、软件和信息等资源。

2. 物流信息系统的特点

现代物流信息系统应具有下述特点。

（1）系统化。现代物流信息系统按照系统化的原则进行组织和设计，主要体现在以下三个方面：

1）信息集成。物流信息系统按照系统设计要求，通过数据库技术的应用，如通过关系型数据库建立数据之间的关联，实现物流信息的综合集成，体现出物流信息具有分散、流动和变化快等特点。

2）系统结构优化。系统结构是指物流信息系统各组成部分之间的相互联系，结构不同，系统功能也不同。物流信息系统的整体系统与子系统之间、子系统相互之间、系统与环境之间，应具有相互关联和结构优化功能。

3）整体功能。物流信息系统不是各自系统功能的简单集合，为了保证系统特定的整体功能，必须注意系统的各个层次和各个组成部分的协调与连接，按照系统的整体目标，提高系统整体运行的效果。

（2）模块化。物流信息系统一般采用模块化的结构设计方法，将系统分解为若干个彼此既相对独立又具有一定联系的部分，每部分完成某个特定的任务，这些组成部分称为模块。每个模块都具有三种基本属性：① 功能，即该模块的具体作用；② 处理逻辑，描述模块功能是如何实现的；③ 模块所处的位置，描述模块所处的环境、条件及模块间的相互关系。

模块化、结构化是系统设计的基础，是明确组成系统的各个模块的功能。模块具有一定的独立性，可以方便地设计和更新，模块的增减或修改只影响本模块所具有的功能，不影响其他模块的功能。正是由于系统的模块化和模块的独立性，才使得系统具有良好的可修改性和可维护性。

（3）实时化。借助编码技术、自动识别技术、GPS 技术、GIS 技术等现代信息技术，对物流活动进行准确、实时的信息采集，并采用计算机网络与通信技术，实时地进行数据处理和传输，通过 Internet/Intranet 将供应商、制造商、分销商和客户，按业务关系连接起来，使整个物流信息系统能够及时掌握和分享各类信息。

（4）网络化。通过企业内部网、互联网将物流企业、供应商、经销商和客户等连接起来，在物流信息系统的管理下完成各种物流作业。

（5）现代化。物流信息系统体现了现代化的物流管理理念，以及现代物流信息技术的应用。如全面质量管理、准时制管理法、业务流程重组、企业资源计划、供应链管理、客户关系管理等现代化管理理念与数据库技术、网络技术、电子数据交换技术等现代信息技术相结合，形成了材料需求计划（MRP、MRP II）以及企业资源规划（ERP）等系统。通信技术，例如宽带技术、无线技术、GPS 技术等以及信息管理技术的广泛应用，识别技术、数据仓库技术的飞速发展，使物流信息管理在真正意义上体现了“现代化”的特色。

3. 物流信息系统的管理作用

物流信息系统主要用于管理各种物流活动，是提高物流系统效率的平台。这个平台有四个方面的作用：交易、管理控制、决策分析和战略计划制订。

（1）交易。交易是记录各种物流交易活动的基本的层次，包括记录订货内容、安排货物存储、作业程序选择、发运、定价、开票和客户查询等。特征是格式规范化、通信交互化、交易计量化、作业安排及时化，强调了信息系统的效率。

（2）管理控制。管理控制主要是对物流系统功能的衡量和产生相应的报告。功能衡量对于提高物流服务水平和资源利用率等的管理是非常必要的。因此，管理控制以可评价的问题为对象，涉及评价过去的功能和鉴别各种备选方案。当有必要报告物流系统功能时，物流信息系统会自动生成相关报告，处理物流系统运行过程中的异常情况。

（3）决策分析。决策分析主要用于协助管理人员鉴别、评估和比较物流战略上的可选方案。决策分析以战略上可评价的问题为对象，与管理控制不同的是，决策分析的重点是评估未来战略上的可选方案，并且需要相对松散的结构和灵活性，以便作范围较广的选择。因此，要求用户要有更多的专业知识和分析能力。物流信息系统的决策分析更多地强调效果，而不是强调效率。

（4）战略计划制订。战略计划制订主要体现在运用物流信息制订和修改物流计划，是决策分析作用的延伸，注重结果的长期性。

4. 物流信息系统各子系统的作用

为了满足物流企业对物流信息管理的要求，实现对物流业务的及时化、信息化、智能化和网络化操作，物流信息系统是由多个子系统组成的，子系统之间可以进行信息交换与传递，它们的功能互补，实现对物流业务的统筹运作与科学管理。

（1）销售与客户管理子系统。主要是对客户有关的内容进行管理，包括收集客户需求信息、记录客户购买信息、进行销售分析和预测、制定销售价格、处理应收货款和退款等。通过对客户资料的全面管理，使物流企业与客户之间实现信息分享、收益与风险共担。

（2）采购管理子系统。主要是对供货商的业务往来进行管理，包括发出订购信息、进货验收、采购决策、库存控制、采购价格管理、应付账款管理等。

（3）运输管理子系统。使用运输管理子系统可以优化运输组合，例如，空运、陆运、水运或联运，寻求最佳的运输路线。还能对在途货物进行跟踪，及时调整运输模式、运输计划与调度管理等。

（4）订单处理子系统。订单处理子系统主要任务是完成办理接受客户订单、明确交货期限、准备货物、剩余货物管理等作业。所有物流活动均从接受客户订货开始，为了迅速准确地将商品送给客户，必须迅速、准确地办理客户订货的各种手续，高效有序地处理各种订单。

（5）仓库管理子系统。主要是对货物进出仓库和在库内保存进行管理，包括储存管理、进出货管理、机械设备管理、分拣处理、流通加工、货物追踪管理、运输调度计划等。对物流系统内不同地域、不同属性、不同规格、不同成本的仓库资源实现集中管理。采用条码、射频等先进的物流信息技术，对进出仓库的货物实现入库登录、存量检索、容积计算、仓位分配、损毁登记、状态报告等作业自动处理，并向系统提交图形化的仓储报告。

（6）财务管理子系统。主要是对经过销售与客户管理子系统、采购子系统处理过的应付、应收账款进行会计操作，同时对物流系统的整个业务与资金进行平衡、测算和分析，编制各业务经营财务报表，与银行金融系统联网进行转账。针对物流企业财务管理的特点，根据财务活动的历史资料，结合成熟的财务管理理论进行财务决策。运用科学的技术手段和方法、相关的信息进行财务预算、财务控制，并进行财务分析，最终实现物流企业价值最大化。

（7）结算子系统。主要是充分利用现有的业务子系统和计算机处理能力，达到自动为客户提供各类业务费用信息、大幅度降低结算业务工作量、提高结算业务的准确性和及时性，为物流企业的自动结算提供一套完整的解决方案。

（8）配送管理子系统。主要是最大限度地降低物流成本、提高配送作业的效率。按照实时配送的原则，在多客户的环境中，通过在客户和其供应商之间建立实时的双向连接，构筑一条顺畅、高效的物流通道，为买卖双方提供高度集中、功能完善的配送服务。

（9）物流分析子系统。通过应用 GIS 技术与运筹决策模型，完善物流分析技术。通过建立各类物流运筹分析模型，实现对物流业务的互动分析，提供物流一体化运作的合理解决方案，实现与合作伙伴的协同资源规划（CRP）。

6.2.3 现代物流信息系统的功能

1. 物流信息的功能

物流信息的基本功能主要有以下几个方面：

（1）交易活动功能。交易活动主要包括记录交易内容、按顺序存储信息、作业程序选择、制定价格及相关人员查询等。物流信息的交易功能就是记录物流活动的基本内容，主要特征是程序化、规范化、交互式，强调整个系统的效率和信息集成。

（2）业务控制功能。业务控制主要是对现有的物流服务水平、质量和资源的管理进行控制，建立完善的考核指标体系，对物流作业计划和绩效进行评价和鉴别。

（3）工作协调功能。在物流系统中，加强信息的集成与流通，有利于物流作业的时效性，提高作业的质量与效率，减少劳动强度。

（4）支持决策和战略功能。物流信息管理协调管理层对工作人员的业务活动进行评估、成本与收益分析，为更好地决策做准备。

正是由于物流信息具有这些功能，物流信息在现代企业经营战略中，占有越来越重要的地位。建立物流信息系统，提供迅速、准确、及时、全面的物流信息是现代企业获得竞争优势所必需的。

2. 物流信息系统的主要功能

物流信息系统的服务对象是各级物流管理者，因此，必须具备各种各样的使用功能。根据信息系统和物流过程的特征，现代化物流信息系统应具备九个方面的基本功能。

（1）物流信息的收集功能。物流信息的收集可以使用手工方式和各种信息采集技术，将采集到的数据按信息系统的数据组织结构和形式输入到系统中，并将其转化为物流信息系统能够使用的形式。

（2）物流信息的存储功能。物流信息是通过各种存储介质进行存储的，保证物流信息不丢失、不缺少、不外泄，成为支持物流系统运行的物流信息，随时可输出到其他子系统，有利于将物流信息进行进一步处理和加工。

（3）物流信息的处理功能。物流信息系统的最基本目标就是将输入的数据加工处理成物流信息。信息处理可以是简单的计算、汇总、查询和排序，也可以是复杂的模型求解和预测。

1）信息加工。是指对收集的物流信息进行加工整理，是物流信息系统最基本的功能。对原始信息进行分析、整理、加工，形成更具有价值的信息，真正反映物流和市场活动的全过程，以便向管理者及时、准确、全面地提供各种信息服务，适合各级物流管理人员使用，满足多元化的信息需求。

2）事务处理功能。物流信息系统具有日常事务管理功能，如会计事务处理、统计报表处理等，能将管理者从烦琐、单调的事务管理工作中解放出来，既节省了人力资源，又提高了管理效率。

（4）物流信息的传输功能。信息系统应具备相应的传输设备和传输技术，保证信息传输的安全、及时、完整，特别是物流过程有很多动态信息，应保证对动态信息的实时传输，以利于对物流过程的有效控制。经过传输的物流信息，可以直接提供给管理者使用，也可以供其他系统进行进一步处理。物流过程中的票据、凭证、报表、文件的传递和交换，不同地区物流企业的信息共享，可以通过物流信息的传输功能实现。

（5）物流信息的检索查询功能。物流信息系统应具有较强的信息检索和查询功能，对检索结果以报表、文字、图形等多种形式提供给各级管理者或决策者，这样才能方便他们的使用。

（6）预测功能。物流信息系统不仅具有实测物流状况的功能，而且还能利用历史数据、适当的数学方法和科学的预测模型来预测物流的发展趋势。物流规模、物流服务水平与区域经济的经济规模、经济结构和市场运作状况是密切相关的，通过这些相关因素可以对物流发展作出宏观的和微观的预测，这个预测可以是对整个物流规模的预测，也可以是对一个库存量、运输量的预测。

（7）计划功能。系统对不同的管理部门各提供有针对性的信息，能对其工作进行合理的计划与安排。如制订订货计划、库存计划、运输计划、配送计划等，提高管理工作的效率。

（8）控制功能。物流信息系统具有对物流系统各个环节的运行情况进行监测、检查、控制和协调的功能，分析物流过程的执行情况与其计划的差异，及时解决出现的问题，保证物流系统预定目标的实现。

（9）辅助决策和决策优化功能。物流信息系统不仅为物流企业的管理者提供相关的决策信息，起到辅助决策的目的，还可以利用各种半结构化或结构化的决策模型及相关技术进行决策优化，提高管理者决策的科学性，使管理者能合理利用物流企业的各种资源，提高物流企业的经济效益。

6.2.4　现代物流信息系统的模式

随着计算机技术、网络技术的发展，物流信息系统的结构模式主要有四种：单机模式、客户机/服务器模式（C/S 模式）、浏览器/服务器模式（B/S 模式）和多层混合模式。

1. 单机模式

单机模式是一种早期的信息系统开发的模式，一般适用于系统规模较小、数据流量不大的情况。单机系统中，客户端应用程序和数据库服务器在同一台计算机上，数据库采用本地数据库。单机模式的优点是容易实现，构建系统所需的费用少，开发周期短等；其缺点是不利于多用户共享数据，不支持多用户的并发控制，数据处理不能满足较大系统的需要。

2. C/S 模式

（1）C/S 模式的特点。C/S 模式的信息系统分为两部分：客户机和服务器，在网络环境完成数据资源的共享，提供了开放的接口，使客户端的开发、使用更加容易和简单，适合信息系统的一般应用。应用程序也分为服务器端程序和客户端程序。服务器负责管理和维护数据资源，并接受客户机的服务请求（如数据查询或更新等），向客户机提供所需的数据或服务。该结构模式充分保证数据的完整性和一致性。C/S 模式示意图如图 6.1 所示。

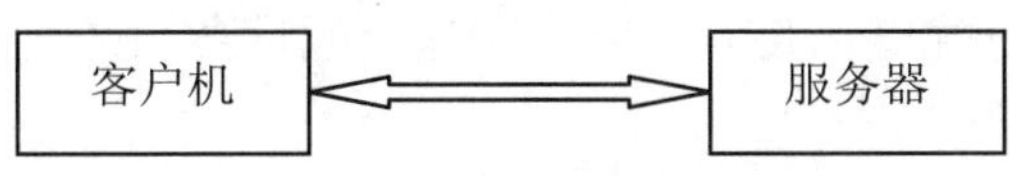

图 6.1　C/S 模式示意图

客户端应用软件包括用户界面、本地数据库等，接受用户的请求，通过一定的协议或接口与服务器进行通信，将服务器提供的数据等资源传给用户。用户通过客户机向服务器发出访问请求，服务器对该请求进行分析、执行，最后将结果返回给客户端，显示在屏幕上。客户端的请求可使用 SQL 语句，或直接调用服务器上的过程实现。服务器将运行结果发送给客户机，客户机和服务器之间的通信通过数据库引擎（如 ODBC 引擎、OLEDB 引擎）完成，数据库一般采用大型数据库（如 SQL Server、Oracle 等）。

（2）C/S 模式的缺点。

1）C/S 模式只适用于中小规模的局域网，对于大规模的局域网或广域网很难胜任。

2）开发成本高，C/S 模式对客户端的软、硬件要求较高，增加了整个系统的成本。

3）当系统的用户数量增加时，服务器的负载急剧增加，使系统性能明显下降。

4）不同开发工具开发的应用程序，兼容性差，移植困难。

5）客户机安装的软件各不相同，给系统管理和维护带来了困难。

3. B/S 结构模式

B/S 模式是以 Web 技术为基础的，随着 Internet 的普及，逐渐显现出其先进性和优越性，很多基于大型数据库的信息系统采用的就是这种结构模式。

（1）B/S 模式的工作原理。B/S 模式由 Web 浏览器、Web 服务器和数据库服务器组成。客户端使用通用的 Web 浏览器，代替了各种应用程序软件，用户的操作都通过浏览器完成。该模式的核心是 Web 服务器，它负责接受本地或远程的 HTTP 查询请求，然后根据查询条件到数据库服务器中提取相关数据，再将查询结果转换成 HTML 语言，传回提出查询请求的浏览器。同样，浏览器也会将更改、删除、新增数据的请求传给 Web 服务器，由其与数据库服务器共同完成相关的工作。B/S 模式示意图如图 6.2 所示。

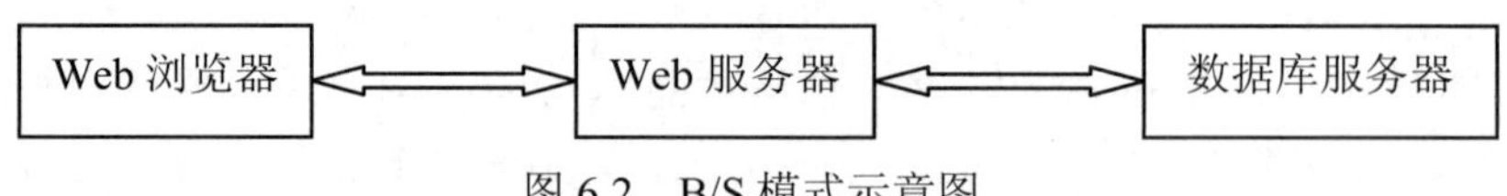

图 6.2 B/S 模式示意图

（2）B/S 模式的优点。

1）使用简单。用户使用单一的浏览器软件，操作方便，易学易用。

2）维护方便。应用程序统一放在 Web 服务器中，软件的开发、升级与维护只在服务器端进行，减轻了开发与维护的工作量。

3）对客户机的要求低。客户机只需安装一种 Web 浏览器软件。

4）能充分利用现有资源。B/S 结构采用标准的 TCP/IP、HTTP 协议，可以与现有 Intranet 局域网很好地结合。

5）扩展性良好。B/S 模式可以直接接入 Internet，具有良好的扩展性。

6）信息资源共享程度高。Intranet 局域网内的用户可以方便地访问外部资源，Intranet 外的用户也可以访问 Intranet 局域网内的资源。

4. B/S 与 C/S 的混合结构模式

B/S 与 C/S 两种模式各有优点，将它们结合起来，发挥各自的优势，形成一种混合结构，如图 6.3 所示。

对于大多数用户采用 B/S 模式，可以发挥其结构简单、维护方便等优势；对于安全性要求高、交互性强、数据处理量大、数据查询多变的用户采用 C/S 模式，可以保证用户的要求。这种混合模式结构，既安全可靠、灵活方便，又适合功能要求不同的用户选择使用。

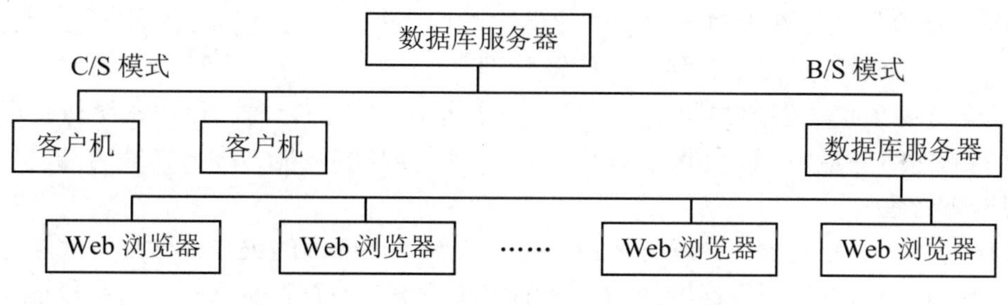

图 6.3 B/S 与 C/S 的混合结构模式示意图

6.3 现代物流信息系统的解决方案

6.3.1 现代物流信息系统模块

根据产生的领域和作用，物流信息可分为综合信息、运输信息、库存信息、配送信息、订货信息、进货信息等。

1. 企业资源计划系统模块

企业资源计划（ERP）中的物流类模块有以下几种：

（1）销售与分销模块。主要任务是处理销售、装运和开单据等活动。提供的功能有：对销售线索和竞争信息进行管理，提出关于市场变化趋势的早期警告。如果顾客发出订单，该模块能够从数据库中显示该顾客的地址、以往订购活动史和信用额度等信息。该模块与“物料管理”和“生产计划”模块共同使用，可以检查原材料的供应情况，估算出订单最早交货期。模块还能提供到期应该发货的订单信息，与“物料管理”模块联合，具有生成装运单据的功能。发货时，该模块会自动开具票据，并通知“财务会计与控制”模块。

（2）物料管理模块。主要任务是处理物料流入、流经以及流出企业的活动。该模块具有处理采购业务、仓库管理、库存清单输出和核查发票的功能。

（3）产品计划模块。协助生产经理制订产品生产计划。例如，对原材料的运输与存储、生产设备、副产品以及废品处理等都能够作出相应计划。生产过程用图形表示，展示出生产各个阶段间的关系，提供了计划、控制以及生产文档所需的信息，例如，生产成本、所需的材料、使用的工艺、产品数量和生产进度等各项信息。

（4）工厂维护模块。处理厂房修缮和生产过程中使用设备的维护状况，提供关于机器使用与闲置的信息。与物料管理和产品计划模块配合使用，可以保证产品生产的效率。

（5）质量管理模块。支持所有与保证产品质量有关的流程，提供检测计划的详细安排，管理废品率和相关的质量成本等数据。

2. 供应链管理系统模块

供应链管理系统可以管理从供应链规划到物料询价、从需求计划到产品配送等整个供应链网络，能及时获取客户需求，做到整个供应链信息共享。能准确预测发生库货短缺的可能性，并及时进行补货，避免由此可能导致的任何延误，自始至终确保计划和执行的同步。主要包括下述四部分。

（1）供应链网络。供应链网络向合作伙伴提供客户需求、原材料供应和生产活动等方面的正确信息，使他们能够携手对出现的变化做出响应，并迅速适应新的市场环境。主要功能有：安全交易集市、企业门户网站和移动供应链管理。

1）安全交易集市。创建并操作一个安全交易集市，使供应商、合作伙伴与客户集合在一个安全可靠的网络环境中，能确保信息共享，具备了提高响应能力和协作能力的基础。此功能可以实现以下管理：

- 交易集市关系管理。管理与客户、合作伙伴和供应商的关系。与业务伙伴可以全天候追踪订单状态，制定标准的与特殊的定价方案，检查存货水平，追踪货运状态，查询退货状态和订单记录等。
- 协同供需管理。与合作伙伴共享供需信息，制订统一的客户需求对策，有效地协调生产需求与物流供给，消除了信息传递的延误，提高了客户服务水平和资产利用率。供应商与销售商根据共享的预测数据与实际需求信息，自动补充库存，保持较高的客户服务水平。由于能够全面地了解供需计划，可以对整个协作过程进行监控，使业务流程的运作更为顺畅。
- 协同采购。通过对原材料和部件进行汇总，内部业务单位可以实行集中采购，充分利用自己的采购能力，与供应商洽谈更优惠的价格和条件，可以处理间接与直接物料的谈判、拍卖与集市交易等采购方式。
- 协同执行。客户可以利用产品配置功能配置产品，检查产品的可用性，同时考虑供应链不同节点的存货与生产能力。另外，协同运输管理可以实现与第三方物流进行物流流程的协调。
- 供应链事件管理。通过虚拟网络可以监控需要管理的事件与流程，以告警形式向合作伙伴通知意外事件。使用系统的模拟与预测能力，可以确定对意外事件的响应措施，采用先进的业务建模方式，可以实现响应措施运行的自动化。
- 设计协作。优化设计与合作伙伴、供应商以及内外部物流操作的流程，可以缩短新品上市的时间，提高部件的标准化。

2）企业门户网站。企业门户网站提供基于 Web 的工具，可以将第三方系统集成到供应链网络中，使企业管理人员与全球范围内的合作伙伴、客户能够进行协同工作。使用门户网站的人员有专业买主、战略合作伙伴、战略计划员、供应链经理、供应链计划员、运输经理、生产计划员、需求与采购计划员等。

3）移动供应链管理。使用移动供应链管理功能，整个供应链的管理人员可以采用远程移动通信设备对物流业务活动进行计划、执行与监控，使决策人在任何位置都可以获取信息、采取行动，提高工作效率。员工可以在现场、在车间输入数据，可以实现多种数据收发的自动化，减少操作错误。例如，无线设备可用于传输数据，包括收货确认、输出销售单、发运通知和交货点接收确认等。能够将多种信息设备连接在一起，创建一个从条形码到无线通信设备再到物流管理系统的无缝信息流。

（2）供应链计划。用于管理动态的、复杂的供应链网络核心信息流，设计高效的供应链，为合作伙伴提供供应链的最新信息，对市场的需求变化做出快速响应，在全球范围对供应链进行管理。此外，可以持续地评估供应链基础设施的可用性和选项，确保供应链能够始终保持最优状态。此功能包括以下内容：

1）供应商管理客户库存（VMI）。供应商可全面了解客户确切需求与存货水平，更好地执行补货计划，使供应商制定出向多个客户供应货物的有效决策。

2）协同计划、预测与补充（CPFR）。制造商、零售商和经销商使用 CPFR 模型，能够对销售和订购量进行共同预测，联合制定供应计划与生产决策，实现从销售预测到生成订单整个过程执行情况的监控。

3）协同供应管理。对客户销量进行预测并汇总，确定原材料与零部件的总体需求。通过与合作伙伴共同制订物料需求计划，制造商可以根据生产能力明确地制订生产计划，及早确定供应商的供应量，满足客户的需求，提高企业的获利能力与客户服务水平。

4）运输管理。使承运商能够预测运输量，有效地制订运输计划，安排车辆，支持运输投标，实现对运输计划执行过程的严密监控。有助于持续掌握承运商的执行情况，提高企业运行能力。

5）直接采购。对生产物料的监控与补充，可以使用直接采购功能在互联网上实现在线采购。制造商使用直接采购系统，在互联网的电子市场上发布需求信息，接受多个供应商的竞标，自动处理供应商的供货。

6）生产计划。适用于分散的和流水线的生产环境，制订并优化生产计划、物料供应计划，充分利用企业资源保证大批量、高性能的订单顺利安排生产、优化生产过程。

7）评估管理。提供在线分析功能，用于处理复杂的预测问题。运用该功能，可以创建并管理多个预测、促销与预算计划，控制从产品预测到报废过程计划的活动，通过促销计划的实施，评估对营销能力的影响。

（3）供应链执行。供应链执行的功能有三种。

1）协同采购。能优化物料采购的整个流程，提供标准的采购处理、自动补货和供应商选择等，满足企业生产原材料的需求。供应链的合作伙伴可以利用互联网参与企业的采购过程。可以持续监控供应商的供货能力，为资源配置的战略决策提供依据。

2）协同生产。与合作伙伴共享信息，协调生产，通力协作，提高响应能力和生产效率，具有以下能力：

- 支持各种生产战略，用于工程设计与基建施工，根据客户订单安排生产所需各种物料，精简生产过程等。
- 从设计到生产，全面跟踪客户订单和物料单的变化，订单跟踪可以根据订单的变化，迅速调整生产进度，以较低的成本安排高效的生产，使生产计划与执行之间形成有效的信息反馈渠道。
- 优化整个供应链的生产进度，掌握从供应链全过程采集的信息，根据客户的要求，找到可行的解决方案，迅速制定供应链的生产日程。
- 将订单信息发往各关键生产流程，落实生产计划，如成本核算、人力资源、物料管理、仓库管理、设备维护和质量管理等。链接工艺控制系统和设备数据采集系统，检索制造过程的有关信息，实现生产流程自动化。

3）协同履约。通过优化制造、仓储和运输等过程，使物流系统各个环节准时交货，实现对客户优质服务。客户需求应根据实际库存量和生产能力来满足，这样才不会造成断档或供货不足。与供应链合作伙伴使用协同履约可以实现以下管理：

- 订单确认。利用产品配置工具，通过优化生产、仓储和运输流程，落实各地成品、部件和设备的订单执行能力，可以大批量生产产品，通过供应链的多条链路供货，可实现全球供应能力。当供货网络受到生产资源和运输能力等因素的限制时，物流系统通过全球资源配置和产品调拨完成订单的生产、销售战略。

- 产品分配。根据市场需求对销售到最终消费者的产品流进行管理，以最有利的方式智能地供货，确定成品和部件供给能力。
- 供求调配。供求关系可以进行调整，以便按照优先的原则满足客户的需求。对短期供给变化和需求的意外增长做出及时响应，避免发生断货现象。
- 协同运输管理与计划。物流企业可以设计自己的物流网络，选择战略合作伙伴，建立准时、低成本的物流系统。采用联合招标方式管理货物运输，使用自动化运输流程和运费核算，可以保证物流网络的运营效率。
- 仓库管理。流畅地执行收、发货过程和进行物流单证的处理，有助于优化仓库管理和物料周转。与移动通信设备集成，可以获得仓储货物的最新信息。

（4）供应链协调。包括下述两项供应链管理。

1）供应链事件管理。对供应链的多种预期事件进行管理，如各业务流程的重要日期、货物发放与货车发出时间等，对特定的重要事件进行最佳管理。可以做到以下几个方面：

- 出现问题时，通知有关的合作伙伴，提供独自或与其他合作伙伴协同解决问题所需的各种信息。
- 提供特定问题的可选解决方案。例如，从天津发往华盛顿的货物延误，造成预定的海运承运人没有收到，系统可以提供空运或等待下次发运等多个解决方案，并进行评估。
- 能够根据历史中同类事件的经验，采用适应性协作方法，对不断变化的情况作出调整。例如，某承运商可靠评级很低，事件管理系统为确保物流计划的执行，将不考虑该承运商。

2）供应链性能管理。对供应链系统监控起关键性作用的参数进行定义和选择，全面控制整个供应链的性能，调整并优化供应链的业务流程，确保对物流业务活动、设备和人员的投入获得最大的回报。

3. 第三方物流系统模块

物流系统包括货物运输，仓储保管，货物装卸、搬运、包装、流通加工，订货配送，市场预测，顾客服务等作业环节。配送活动从接收订单、集货和送货，使物品完成一次短暂的、有目的的运输过程，是物流体系的一个缩影。第三方物流致力于为客户提供全方位、一站式的服务。

（1）第三方物流作业流程。第三方物流企业作为物流服务的提供商，其物流作业涉及制造厂商、原材料供应商、分销商、零售商、消费者诸多环节之间的物流活动。因此，第三方物流信息系统需要涉及从供应方到最终消费者的各个层面。

基于仓储配送的第三方物流服务，供应方与需求方的业务流程需要经过货物入库、库存管理、出库、配送等环节。

（2）第三方物流信息系统的目标。物流信息系统是第三方物流的神经中枢，其任务是实时掌握物流供应链的动态，使得物流过程从网上定单，到第三方物流各环节的协调，再到将货物交付收货人，尽可能透明化。第三方物流要赢得顾客的信任，完善、先进的物流信息系统是必不可少的，其目标如下：

1）全程的监控。第三方物流服务商通过信息网络跟踪、监控货物流动的各个环节，快速查询物流的即时信息，确定其服务计划和市场策略。

2）提高企业经营效率。第三方物流服务商借助精心策划的物流计划与适时配送手段，最大限度地减少企业库存，改善企业的资金流量状况，实现成本竞争优势。

3）系统化管理。物流被视为企业的第三利润源泉，企业追求的是从采购、生产到销售，物流各环节的一体化系统管理。在供应链一体化管理的环境下，管理和协调物流、信息流和资金流，使信息流无缝、准确地流动是非常重要的。

4）高效的物流服务。无论经过多少运输方式、中转环节，是否进行拼装箱操作，确保对同一票货的正确识别，保证运输、仓储等各个环节之间的协调一致，准确及时地完成各个环节的物流指令。

5）有效的增值服务。第三方物流服务商针对每个客户的不同要求，设计多种增值服务模式，并将新的管理理念、先进的管理技术与信息技术相结合，支持配送、包装、物流加工等增值服务。

（3）系统模块功能介绍。

1）客户管理模块。包括系统用户管理、操作权限管理、密码管理、客户指令的审核、物品调拨管理、指令查询、编码维护等功能。

2）库存管理模块。包括库存物料的入库、出库、盘点等日常工作的控制与管理，完成库存物料初始化，出、入库单的填制与审核管理等功能，达到降低库存、减少积压及物料短缺的目的。

3）配送调拨模块。配送功能包括客户申请受理、配送作业生成、实际配送出库等管理功能，保障配送业务有序、高效地进行。调拨功能包括对库存物料进行仓位调换，仓库之间的调拨，达到实现仓库最佳存放效果的目的。

4）物资动态模块。该模块对物流网络中所有物资进行动态跟踪，动态分布情况分析、管理及信息查询。包括信息动态提示、运输物资动态分析、仓储情况分布显示、行车路线优化选择等功能。

5）财务结算模块。该模块对各种费用项目进行设置，与出入库模块、配送模块、调拨模块等配合，可以计算各种业务往来费用，生成和输出库存汇总报表、仓库管理周报表等报表，实现数据的共享。

6）成本控制模块。该模块对运输成本的各个方面进行控制，包括运单、运价、成本计划等，对物流系统内各单位的成本情况进行计算、分析和比较，对物流的各项成本形成报告，进行控制。

4. 车辆运行管理系统模块

在物流系统中，提供运输服务的运输工具在从事物流运输业务过程中，是处于移动、分散的状态，这对作业管理带来了其他行业所没有的困难。随着移动通信技术的发展和普及，出现了多种对运行车辆的管理系统，其中常用的系统有以下两种：

（1）无线车辆运行管理系统。无线通信系统（Multi Channel Access，MCA）是一种适用于城市范围内的无线通信应用技术。物流运输企业在利用 MCA 系统的基础上，结合顾客数据库、自动配车系统，构成无线车辆运行管理系统，由无线信号发射与接收控制设备、物流运输企业的计划与调度部门和运输车辆组成。通过无线信号发射与接收控制设备，运输企业调度中心人员与运输车辆的驾驶能实现双向对话。由于 MCA 系统无线发射功率的限制，只适用于小范围的通信联络。

无线车辆运行管理系统的工作流程是，接到客户运送货物的请求后，将货物的品种、数量、装运时间、地点、顾客的联络电话等信息输入计算机，根据运行车辆上通信装置发出的有关车辆位置和状态的信息，通过 MCA 系统自动地向最靠近客户位置的车辆发出装货、运输指令，由车辆上装备的接收装置接收指令并打印出来。应用 MCA 技术的车辆运行管理系统不仅能够提高物流运输企业效率，而且能够提高顾客对服务的满意度。

（2）GPS 车辆运行管理系统。在全国范围甚至跨国范围进行车辆运营管理，就需要采用 GPS 技术与 GIS 技术构建的车辆运行管理系统。在采用 GPS 技术、GIS 技术建立的车辆运行管理系统中，物流运输企业的计划调度中心和运营车辆，通过通信卫星进行定位和联络。物流运输企业调度中心发出装运货物指令，通过公共通信网络或专用通信线路传送到卫星控制中心，再由卫星控制中心将信号传送给通信卫星，再通过卫星把信号传送给运行的车辆；运行的车辆通过 GIS 系统确定车辆所在准确位置，找出到达目的地的最佳路线，同时，通过车载的 GPS 天线、通信联络控制装置和输出入装置，把车辆所在位置和状况等信息传回物流运输企业的调度中心。这样物流运输企业通过应用 GPS 技术和 GIS 技术，不仅可以对车辆运营状况进行控制，而且可以实现全部运输车辆的最佳配置，提高物流运输作业的效率和顾客的满意度。

5. 货物跟踪系统模块

货物跟踪系统是指在物流运输过程中，利用物流条形码、射频识别技术和 EDI 技术，可以及时获取有关货物运输状态的信息。如货物品种、数量、货物在途中情况、交货期限、发货地和目的地、货物的主人、送货责任人和车量等。提高物流运输服务的方法是让客户时刻了解自己货物的运输状况，具体做法是物流运输作业人员在向货主取货时、在物流中心重新集装运输时、向顾客配送交货时，利用扫描器自动读取货物包装或者货物发票上的物流条码等货物信息，通过公共通信线路、专用通信线路或卫星通信线路，把货物信息传送到物流系统总部的计算机中心进行汇总、整理。所有被运送货物的信息都集中在计算机中心，客户可以随时查询了解。货物跟踪系统提高了物流运输的服务水平，具体作用表现在以下几个方面：

（1）当顾客需要对货物的状态进行查询时，只要输入货物的发票号码，就可以知道有关货物状态的信息。查询方便迅速，信息及时准确。

（2）通过货物运输信息可以确认货物能否在规定的时间内送到顾客手中，及时发现不能在规定时间内交付货物的情况，便于马上查明原因及时改正，提高货物运送的准确性和及时性。

（3）提高物流运输效率，提供差别化物流服务，获得竞争优势。

（4）通过货物跟踪系统得到的有关货物运输状态的信息，丰富了供应链的信息共享源，有关货物运输状态信息的共享，有利于顾客预先做好接货的准备工作。

建立货物跟踪系统需要较大的资金投入，如购买设备、运输标准化、跟踪系统运行的费用等，因此，只有大型物流运输企业才能够使用货物跟踪系统。随着信息技术的普及和通信费用的降低，许多中小物流运输企业也开始使用货物跟踪系统。

6.3.2 与社会物流关联的信息系统

社会物流基础设施包括公路、铁路、港口、机场、海关等硬件设施，以及与这些硬件设施使用相配套的信息系统和提高硬件设施使用效率的管理系统等软件设施。能否提供高效率的物流服务不仅取决于物流企业自身的经营条件，还取决于物流企业外部物流基础设施的状况和社会物流信息的交互设施。因此，需要利用现代信息技术建立与社会物流基础设施相关联的信息系统，实现充分利用现有的社会物流基础设施提高物流企业管理效率的目的。

1. 智能交通信息系统

顾客的多频度、小批量配送和及时配送需求的增加，大大增加了货物运送的频度。在这种情况下，发达国家的大型物流运输企业，利用 GPS 技术和 GIS 技术建立了最佳车辆调配系统。该系统是根据车辆所在位置、装载情况和客户运输货物的要求，如运送目的地、到达时间、货物大小等，自动选择最佳的货物运输线路，并把最佳的货物运输线路标识在数字式电子交通图上。

车辆调配系统对提高车辆的装载效率、对车辆驾驶员的动态管理、对提高顾客物流服务水平起着重要的作用。然而该系统发挥作用的前提条件是，系统选择的最佳运送线路的道路交通应是畅通的，如果最佳运送线路出现交通阻塞的话，则通过最佳车辆调配系统选择最佳运送路线，就不能成为最佳运送线路了。因此，需要建立一个具有反映道路交通状况、向道路使用者提供道路交通信息、提高现有道路通过能力功能的智能交通信息系统。

发达国家正在着手使用现代信息技术，开发智能交通信息系统（Intelligent Transport System，ITS），该系统关于道路交通的内容有以下几个部分：

（1）提供道路阻塞、交通事故、交通规则限制等，交通关联信息和前方道路状况信息。

（2）通过对交通信号的控制和向驾驶员建议通行线路，实现道路交通流量的最优化。

（3）高速公路自动收费系统。

（4）提供道路、交通环境等方面危险的警告信息和提供车辆运行过程辅助信息。

（5）开发智能型汽车，具有自动操作、自动监测报警、自动回避冲突等功能。

ITS 系统能够提高道路利用率，实现安全、畅通的交通运输，改善道路交通环境，减少汽车燃料的消耗和有毒气体的排放，有利于环境保护，避免因交通阻塞带来的经济损失。

2. 通关信息系统

在国际物流运输中，通关是一个重要的组成部分，提高通关速度能提高国际物流运输的效率。由于通关过程涉及品种分类、商品价格、关税税率等许多信息，这些信息要与货主交流，同时通关过程与物流服务业、银行保险业、商品检验部门、保税仓库等有密切的联系。因此，要提高国际物流企业的服务效率，就必须建立一个综合的通关信息系统（Customs Intelligent Database System，CIDS）。

综合通关信息系统是一个在线信息系统，通过网络把多个行业和部门，如物流运输企业、物流服务企业、货物装卸企业、保税仓库、通关代理企业、银行保险业、关税收缴部门等，连接在一起构成综合通关信息系统。

通过综合通关信息系统，货主在系统网络终端完成关税申报手续，查询关税申报进度和货物保管情况，同时缴纳关税和支付运输、装卸、保管等费用。海关部门利用综合通关信息系统受理报关，进行报关审查，自动计算申报商品价格、适用税率、查询外汇汇率，确定纳税金额，通知货主纳税。建立综合通关信息系统可以缩短通关时间，提高通关效率。

6.4　现代物流信息系统的评估

对于解决物流信息系统管理的规范化，物流信息系统的评估是非常必要的。评估体系的重点是建立评估指标体系，主要有财务指标、物流服务水平指标、功能指标和技术指标。以这四大指标为核心的评估指标体系，可以系统地、量化地评估物流信息系统的运行效率。物流信息系统的建设需要进行系统的管理。

6.4.1 现代物流信息系统项目管理

1. 明确要解决的问题

任何企业都有自己独特的物流体系在运转，发现并确认现有物流体系存在的问题，需要系统的物流分析方法的指导。例如，造成运费居高不下的原因很多，可能是由于运输渠道独特，也可能是由于库存策略不合理，等等。

2. 制定完整的物流业务解决方案

在制定业务解决方案时，必须考虑组织结构、库存管理方式、基础设施、物流网络、客户、与供应商的协作关系等一系列相关的因素，否则系统往往会失败。在此阶段，应得到企业相关部门及管理层的认同，应该对方案进行可行性财务评估，对物流信息系统应该确定功能框架，并以此作为建立物流信息系统的基础。

3. 确定物流信息系统的实施方案

根据业务方案中的物流信息系统功能框架，提出具体设计、实施方案。作为企业管理信息系统的一部分，该方案应该充分考虑运用企业的基础信息网络平台和与其他系统之间的关系，最终确定物流信息系统的工程方案，应包括技术实现方案和系统实施方案。

4. 系统实施过程

物流信息系统的成功与否，与实施过程有很大的关系。无论最初的实施方案多么完善，实施的过程都是一个艰难的、创新的、复杂而琐碎的过程。详细的运作流程、对系统的约束、对用户的要求等都在这个过程中产生。

5. 系统评估

以系统实施后达到的服务水平及实现的财务业绩为核心，对系统进行客观的评估，使物流信息系统进入不断发展、良性循环的运行过程。

6.4.2 现代物流信息系统建设的基本原则

1. 财务驱动原则

建立物流信息系统应该以物流系统所应达到的财务目标为出发点，而不是以先进的技术构架为出发点。如果不能明确物流信息系统项目实施成功后的财务目标，而仅仅以供应链管理、供应链可视化等概念为目标，那么物流信息系统的建设很容易失败，或毫无用处。

2. 业务驱动原则

物流系统落后，落后的是整个物流模式，而不仅仅是信息系统。因此，设计物流信息系统的实施方案，必须以完整的、新型的业务模式，即物流解决方案为基础，从企业的物流战略着手，综合考虑物流成本及服务水平等相关因素，通过组织结构、业务规则、设施和运作的变革来实现特定的目标。

业务驱动的原则确立了物流信息系统的设计依据，设定了物流信息系统运行的环境，帮助实施者在不确定的环境中，把握关键的、实质的和不可动摇的部分，在其他部分保持适当的灵活性，可以加快物流信息系统的实施。

3. 条件和能力约束原则

从普通的货运站到现代化的配送中心、从高级管理人员到搬运工人，都有可能是物流系统的边界环境，在这样复杂、多变的环境中实现物流系统的正常运行，必须充分考虑到物流企业的组织结构、社会通信基础、物流基础设施等各方面的约束条件，充分考虑到物流企业各级管理人员、操作人员的能力差距。否则，任何环节脱离了现实约束条件的设计，都可能导致整个物流信息系统的无法实施。

6.4.3 现代物流信息系统评估的指标体系

评价物流信息系统的优劣，需要有一个清晰、简洁和有效的指标体系，以此对物流信息系统进行评估。这种评估指标体系可用于物流信息系统的立项、预算、方案的评审，系统实施、运行、性能改进等过程。物流信息系统的评估指标体系有四个相互关联的层次。

1. 财务指标

物流总成本是物流系统财务指标中最核心的指标。物流总成本包括物流运作成本（仓储、运输等）、库存占用成本（包括资本成本、折价损失等）、物流管理费用等主要部分，它不是一个普通的会计概念，而是系统衡量物流企业运作效率的总和。对于大型企业，只有将影响物流模式的各种复杂因素与财务建立起量化的对应关系，才能形成物流总成本。

2. 功能指标

物流信息系统是一个宏观概念，为了防止对系统应用范畴的歧义，需要建立详尽的功能指标来规范系统的应用范围。功能指标规定用户通过该系统能够完成的特定功能。

例如，“订单管理”的内容非常复杂，难以具体规范系统的功能。因此，在功能指标中，需要定义某一“订单”的具体含义，如“下属向总部申请的内部订单”“客户向企业的订单”等。在此基础上描述管理的具体范围，如“订单录入”“客户信用审核”等。

3. 物流服务水平指标

物流服务水平指标是系统能够实现的物流服务的量化描述，是系统应用在物流过程各个环节所体现的服务水平。例如，订单处理时间、订单缺货率、平均每小时能够处理的订单数量等。

4. 技术指标

技术指标是物流信息系统用来评价其自身技术性能所用的指标，是通用指标，并非某一个信息系统独有。物流信息系统将对企业财务业绩产生重要影响，对物流企业的管理产生巨大的回报。

6.5 现代物流信息的大数据分析

随着大数据时代的到来，大数据技术可以通过构建数据中心，挖掘出隐藏在数据背后的信息价值，从而为企业提供有益的帮助，为企业带来利润。面对海量数据，物流企业在不断增加大数据方面投入的同时，不应该仅仅把大数据看作一种数据挖掘、数据分析的信息技术，而应该把大数据看作一项战略资源，充分发挥大数据给物流企业带来的发展优势，在战略规划、商业模式和人力资本等方面做出全方位的部署。

《物联网“十二五”发展规划》将“信息处理技术”列为四项关键技术创新工程之一，包括海量数据存储、数据挖掘、图像视频智能分析等。另外三项关键技术创新工程，包括信息感知技术、信息传输技术、信息安全技术，也是大数据产业的重要组成部分，与大数据产业发展密切相关。

物流大数据行业的生命周期（数据产生－数据采集－数据传输－数据存储－数据处理－数据分析－数据发布、展示和应用－产生新数据）比较长，一般要在5～8年，前期的数据积累和沉淀耗时耗力耗财。物流大数据可分为以下三层：

（1）微观层。包括运输、仓储、配送、包装、流通加工等过程登记的数据分类。

（2）中观层。就是供应链、采购物流、生产物流数据分类。

（3）宏观层。基于商品管理，把商品分成不同的类型进行数据分析。

其中微观层面及中观层面的数据一般掌握在物流企业内部，此类数据尚未进行处理分析，成为物流大数据交易中最重要的、最基本的供应方。整合、处理、分析“源数据”得到的具有新价值的数据，即是宏观层数据，它指导着物流企业经营管理的各个方面，因此，未来物流大数据交易的主要需求是宏观层面的数据。

大数据技术对物流行业最显著的影响是横向流程延拓，纵向流程压缩简化。从供需平衡角度分析，为供方（物流企业）提供最大化的利润，为需方提供最佳的服务，主要体现在以下两个方面：

（1）提高运营管理效率，根据市场数据分析，合理规划分配资源，调整业务结构，确保每个业务均可赢利。

（2）运用预测技术，根据消费者的消费偏好及习惯，预测消费者的需求，将商品物流环节和客户的需求同步进行，并预计运输路线和配送路线，缓解运输高峰期的物流压力，提高客户的满意度和黏度。

根据物流信息的大数据市场分析可知，大数据或将成为物流企业强有力的助手。作为一种新兴的技术，它给物流企业带来了机遇，合理地运用大数据技术，将对物流企业的管理与决策、客户关系维护、资源配置等方面起到积极的作用。2014年，中国物流大数据应用市场规模为2.92亿元，预计到2020年将达到188.23亿元。

目前，中国物流大数据行业刚刚起步，其中初具规模的当属电商物流大数据。近年来，中国网络购物规模日益扩大，与此同时，带动着快递物流行业迅速发展。2008－2014年，中国快递量从15.13亿件激增到135.59亿件，年复合增长率达36.79%。

Avent公司全球运输副总裁Marianne McDonald表示，“每一桩运输交易都会生成超过50列的数据，以及超过2.5亿的数据值”。物流各个环节产生的海量数据，经过大数据技术的处理和分析，将会产生巨大的市场价值。

对现代物流信息的大数据需求分析可知，大数据在物流行业的应用，打破了物流是低层次、低效率、高成本行业的局面，逐渐向数字化要求极高的行业演变。大数据已经渗透到物流的各个环节，因此，未来物流行业对大数据的需求非常迫切，前景广阔。

6.5.1 物流集成对大数据技术的应用

1. 亚马逊公司简介

亚马逊公司（Amazon），是美国最大的一家网络电子商务公司，是网络上最早开始经营电子商务的公司之一，位于华盛顿州的西雅图。亚马逊成立于1995年，一开始只经营网上的书籍销售业务，现在已涉及范围相当广的其他产品，已成为全球商品品种最多的网上零售商和全球第二大互联网企业。在公司名下，包括了 AlexaInternet、a9、lab126 和互联网电影数据库（Internet Movie Database，IMDB）等子公司，亚马逊坚持自建物流的政策，将集成物流与大数据紧密相连。在亚马逊近二十年的历史中，自建物流不但是其发展过程中的关键环节，公司运用大数据技术，在营销方面实现了更大的价值。由亚马逊强大技术支持的智能物流系统是其价值链扩张的重要部分，使其在整条产业链上建立竞争优势。

亚马逊还将“物流免费”作为营销手段，其基础正是建立在对市场的把握和分析上。在电子商务经营处于“高天滚滚寒流急”的危难时刻，亚马逊独辟蹊径，三次大胆地将免费送货作为促销手段，并且不断降低免费送货服务的门槛。公司采用薄利多销、低价竞争，以物流的代价去占领市场等一系列举措，招揽顾客，扩大其市场份额。显然此项策略是正确的，因为它抓住了问题的实质。亚马逊重视物流集成系统的发展，完善的物流系统是决定电子商务生存与发展的命脉。由于亚马逊有完善、优化的物流系统作为保障，它才能将物流作为促销的手段，并有能力严格地控制物流成本和有效地进行物流过程的组织运作。

2. 公司产品与物流集成服务

亚马逊及其销售商为客户提供数百万种独特的全新商品和二手商品，如图书、影视、音乐、游戏、数码下载、电子产品、家居园艺用品、玩具、婴幼儿用品、食品、服饰、鞋类、珠宝、保健用品、个人护理产品、体育及户外用品、汽车及工业产品等。公司依托物流集成服务，通过物流中心、搬运机器人、分销商和分拣货物等一系列服务，提高产品的市场占有率和顾客满意度。

（1）物流中心。2013 年亚马逊公司投资近 46 亿美元，建立了 17 个物流中心。在美国菲尼克斯建有 120 万平方英尺的仓库，在这里每位员工可以借助手机程序，最大程度地发挥每一吋仓储空间的利用效率。尽管亚马逊 2011 年的收入增长 41%，但是营业费用的增幅也高达 44%，导致利润率下滑 2.3 个百分点，究其原因主要是这些物流中心的庞大开支。为了扭转局势，亚马逊正在扩大产品和服务范围，充分发挥这些个物流中心的作用，使这些巨大的仓库成为利润的枢纽。

（2）搬运机器人。搬运机器人可以在货架下穿梭搬运产品，加快订单履行速度。亚马逊旗下拥有 Soap.com 和 Diapers.com 两大购物网站的 Quidsi 已经开始使用这种设备。使用亚马逊仓库和配送服务的第三方商家也推动了公司的机器人项目的发展。

（3）外部卖家。通过亚马逊出售商品的外部卖家，给该公司带来了更高的利润率。亚马逊会从第三方商家出售的商品中抽取一定的佣金，通常约 10%，这部分佣金全部计入利润。如果合作伙伴选择通过亚马逊的仓库履行订单，还要交纳一定的费用。亚马逊控制了整个体验，确保消费者可以得到始终如一的高速物流服务，而且不存在库存的风险。

（4）分拣货物。亚马逊的物流配送环节使货物以最高的效率往来于货架之间，并将货物依次摆放到传送带上，等待打包和配送。要从仓库中取出商品，首先由装卸工把商品装进由塑料隔开的储物格内，经过计算机的计算，这些储物格空间的利用率实现了最大化。通过先进的仓储服务，亚马逊每年多实现了 1 千多万美元的销售额。

6.5.2 亚马逊的大数据技术应用分析

1. 亚马逊的大数据业务

亚马逊的业务主要有三大部分：①电商平台，包括自有产品的电子商务、第三方卖家及对一些成员的特殊服务；②KINDLE、数字内容等；③云服务。以电商起家的亚马逊公司，由电子书发家，用云服务推动企业的进一步发展，以企业云平台闻名于世。

由于大数据技术的日渐成熟，亚马逊慢慢变为大数据行业的排头兵。亚马逊推出过一系列大数据产品，其中包括基于 Hadoop 的 Elastic MapReduce、Dynamo DB 大数据数据库以及能够与 Amazon Web Services 进行协作的 Redshift 规模化并行数据仓储方案。

2. 亚马逊的大数据平台

在参与亚马逊大数据计算开发的人员中，有消费者、进驻的卖家和亚马逊的技术人员。虽然亚马逊属于整合平台的提供商，但是亚马逊实际上身兼多职，涵盖了价值链的多个环节，同时还担任了服务商和运输者等多个角色。亚马逊在智能物流方面的创举，对其营销能力的增强起到了不可或缺的辅助作用。

亚马逊凭借着对顾客购买数据的多方位采集和挖掘，能够获得大量关于目标客户的信息。在第三方卖家方面，亚马逊通过大数据分析研究商家需求，并与消费者数据相结合，同物流集成平台相结合，提高平台精准营销的能力。

亚马逊的大数据技术主要分为以下四个方面：

（1）收集用户行为数据。用户使用亚马逊网站发生的所有行为都会被亚马逊记录：如搜索、浏览、打分、点评、购买、使用减价券和退货等。亚马逊根据这些数据，不断勾画出每个用户的特征轮廓和需求，并以此为依据进行精准营销。

（2）整合用户行为数据。亚马逊的强大之处还在于它可以整合用户行为数据和喜好，并挖掘用户的潜在需求，善于用各种形式的活动去获取用户的喜好和需求，比较典型的活动就是投票。一旦用户投票了，其观点、倾向、或者兴趣爱好就暴露了，这个用户就被亚马逊打上了“标签”。

（3）个性化推荐营销服务。通过对所获行为信息的分析和理解，亚马逊制定对客户的贴心服务及个性化推荐。这样可以提高客户购买的意愿，缩短购买的路径和时间，在恰当的时机捕获客户的最佳购买冲动，降低了传统营销方式对客户的无端骚扰。

（4）统计用户行为数据。给目标用户发送邮件后，用户是否打开了邮件、是否点击了邮件中的链接浏览促销产品，这些行为都会被持续跟踪下来。对整个促销推广活动而言，这样可以统计活动的效果，为下次评估类似促销的活动提供历史依据。

3. 对亚马逊大数据技术的应用分析

亚马逊最先把大数据引入电商行业，应用大数据技术改变客户的体验，将大数据技术与智能物流、物流集成相结合。在亚马逊近二十年的历史中，物流不但是其发展过程中的关键环节，也与大数据挖掘结合在一起，帮助亚马逊在物流集成方面实现更大的价值。由亚马逊强大技术支持的智能物流系统是其价值链扩张的重要部分，使其在整条产业链上建立竞争优势。

首先，亚马逊开放以云计算为依托的电商平台，通过收集客户数据、甄选目标客户、营销组合设计和营销信息推送四个步骤实现精准营销。整个过程的核心在于对目标客户的准确定位，在分析客户偏好的基础上有针对性地发布营销信息。其次，有了数据分析系统的支撑，智能物流也得以发展。对于亚马逊这样一家秉承“客户至上”的企业来说，其智能物流方面的创新是其他电商企业难以企及的——精准物流的实现，满足了更高层次的消费者体验。

4. 亚马逊在物流集成方面的创新

亚马逊依靠大数据技术及大型的系统运输能力作为支撑，在物流集成方面有以下创新。

（1）智能化预估系统。亚马逊的预估体系，在整个物流集成管理上起到了非常关键的作用。应用云计算的设备以及管理系统，亚马逊创建了智能化预估系统，对每个物流中心进行非常特别的管理方式，对仓储空间和配送路径进行相当精确的计算。亚马逊物流中心内的存货，不是同品种货物存放在一起，而是多品种物码混乱地摆在一起，但是乱中有序。亚马逊依据大数据技术可推知客户在买一种货物时，还有哪些可能同时购买的关联货物。由此，它们在供货、上架、储存的时候，会按照数据的分配相互交叉着储存，使仓储空间得到最好的利用，同时在取货的时候，路径距离最短。这使得亚马逊的上架效率极高，空间的利用率极高。

亚马逊的每一个对季节性产品的下单，都会左右其数据如何支配，以及货物在各个物流中心的储备，实时调节库存，使物流中心的每一个空间得到最好的利用。

（2）智能化运输调拨系统。应用大数据技术，亚马逊实行全天候、全程时时监控运输网络。对调拨、干线运输和最后一千米运输进行智能化管理，实现“还未下单货在途”。购买亚马逊的产品，可以在网上看到一个配送时间的估算，这个估算实际上是用大数据跟物流体系进行的连接，能够让亚马逊知道根据消费者的要求在什么时间送到。这个数据是在即时的情况下，消费者下单的时候会做出核算。亚马逊在美国、加拿大商品是跨境配送的，在中国实行的是全国配送。亚马逊配备了几大物流系统，像调拨线路亚马逊采取智能调拨系统，在库房之间进行调拨，还有干线运输、第三方合作运输等多种方式。

（3）大数据、大系统出货能力。亚马逊在出货时，采用大数据技术、大系统来提升出货能力。通过系统进行动态订单的处理，信息化智能控制更多的拣货路径，提高拣货效率。目前这个信息系统可以达到百分之百的送货率，而库存的准确率可以达到 99%以上。

6.5.3　大数据时代电子商务的机遇与挑战

1. 大数据时代电子商务的机遇

企业可以分析和使用的数据在爆炸式增长，通过对大数据的收集、整合、分析，企业可以发现新的商机，创造新的价值，带来大市场、大利润和大发展，大数据时代蕴藏着巨大的商机。

（1）大数据有利于市场营销。大数据技术能够帮助电商获得更多的生意，销售人员使用大数据分析，将对销售业绩有显著的影响。大数据时代的社会化营销重点是理解消费者背后的海量数据，挖掘用户的需求，并最终提供个性化的跨平台的营销解决方案。如果电商拥有了基于大数据的技术，在寻找潜在客户上、销售时间以及预测交易成功的概率上将会得到明显改善。

（2）大数据有利于个性化和精准的商品推荐。大数据为个性化商业发展，提供了充分的技术支持和可持续发展的方法。顾客的结构、流量、点击率、购买的周期以及兴趣，都会在电子商务平台上产生大量的数据，通过对大数据的收集、整合和分析，电商可以对消费者的品位和消费意愿进行准确识别，主动为其提供个性化和精准的产品和服务，提高销售的成功率。

2. 大数据时代电子商务的挑战

电子商务企业在大数据时代将迎来重大的机遇和契机，同时也面临着大数据处理能力和隐私保护等方面的挑战。

（1）拥有大数据的挑战。在大数据时代下，电子商务的竞争已经成为基于数据的竞争。当今极速爆炸的信息量，远远超越了大部分企业 IT 架构和基础设施的承载能力，其实时性要求也大大超越了现有的计算能力。拥有大数据是利用大数据的前提条件，若不具备整合大数据收集和使用的能力，企业就很难在广告和多个营销渠道中提供真正个性化和精确的产品及服务推荐，而拥有大数据的企业则能在竞争中脱颖而出，不战而胜。

（2）处理大数据能力的挑战。据统计，82%的公司正受到处理海量信息的挑战，而且它们花很多时间对其进行研究，89%的公司因超负荷处理数据而失去销售机会。仅仅坐拥大数据远远不够，对大数据的分析和挖掘能力已成为企业的核心竞争力。

（3）对隐私保护的挑战。大数据时代，网络用户在互联网的评论、图片、视频、个人信息、兴趣爱好、交易信息、访问的网站等均被企业记录在案。如在淘宝网上交易时的真实姓名、家庭住址以及银行账号等重要的真实信息，逐渐引起了我们对个人隐私的担忧。

在大数据时代，呈爆发式增长的信息资源给电子商务企业既带来了机遇也带来了挑战，通过数据的分析运用将带来更多服务模式的变革，可以给消费者带来更多更好的服务体验，但是如何运用技术手段挖掘出有价值的信息和如何利用好这些信息还需要不断思考和论证。

小　　结

相对于传统物流，现代物流的管理与运作表现在系统性、智能性、自动化和一体化等方面，其本质区别主要有两个方面：一是物流技术与装备的现代化和自动化；二是物流系统的信息化。即一是硬件，二是软件。硬件是为了完成行为目的，软件是为了完成思维目的。物流信息系统是在物流管理与运作中完成思维目的的“神经系统”，是现代物流发展的关键。

信息与数据是两个最基本的概念，既相互联系，又相互区别：信息是描述现实事物的相关知识；数据是信息的载体，是鉴别的物理符号。物流信息是物流活动的各个环节产生的信息，与物流过程中的运输、保管、装卸、包装等各种职能有机地结合在一起，使整个物流活动能够顺利地进行。物流信息是反映物流各种活动内容的知识、资料、图像、数据和文件的总称。

信息系统是以加工、处理信息为对象的系统，由人、计算机硬件、软件和数据资源组成。目的是及时、正确地收集、处理、存储、传输和提供信息。信息系统的功能是对信息进行采集、处理、存储、管理、检索和传输，为相关人员提供有用的信息。信息系统的发展与计算机技术、通信技术和管理科学的发展紧密相关，与统计理论、计算机技术、通信技术等相互渗透、相互促进，近半个世纪以来得到了迅猛发展，形成了一门新的学科。

管理信息系统将管理学的理论和方法融入计算机数据处理过程中，为管理过程提供信息，支持企业或组织的运行、管理和决策，增强组织机构中各职能部门的管理效率和能力。

物流信息系统是在对现代物流企业的业务活动进行调研、分析的基础上，按照系统化的设计原则，综合运用现代物流管理理念及物流信息技术，开发出的对物流企业信息进行管理的人机交互系统，具有信息处理快速和辅助决策的功能，是物流信息管理的核心。随着计算机技术、网络技术的发展，物流信息系统的结构模式主要有五种：单机模式、中央集成模式、客户机/服务器模式（C/S 模式）、浏览器/服务器模式（B/S 模式）和多层混合模式。

要进行物流信息系统的管理规范化，就要对物流信息系统进行评估，建立评估体系。评价物流信息系统的优劣，需要有一个清晰、简洁和有效的指标体系，以此对物流信息系统进行评估。评估体系的重点是建立评估指标体系，主要有财务指标、物流服务水平指标、功能指标和技术指标。这四种指标可以系统地、量化地评估物流信息系统的运行效率。物流信息系统的建设需要进行系统的管理。这种评估指标体系可用于物流信息系统的立项、预算、方案的评审，系统实施、运行、性能改进等过程。

随着大数据时代的到来，大数据技术可以通过构建数据中心，挖掘出隐藏在数据背后的信息价值，从而为企业提供有益的帮助，为企业带来利润。面对海量数据，物流企业在不断增加大数据方面投入的同时，不应该仅仅把大数据看作一种数据挖掘、数据分析的信息技术，而应该把大数据看作一项战略资源，充分发挥大数据给物流企业带来的发展优势，在战略规划、商业模式和人力资本等方面做出全方位的部署。

大数据为个性化商业发展提供了充分的技术支持和可持续发展的方法。顾客的结构、流量、点击率、购买的周期以及兴趣，都会在电子商务平台上产生大量的数据，通过对大数据的收集、整合和分析，电商可以对消费者的品位和消费意愿进行准确识别，主动为其提供个性化和精准的产品和服务，提高销售的成功率。

习　题

一、名词解释

1．系统　　2．信息系统　　3．电子数据处理系统
4．管理信息系统　　5．决策支持系统　　6．物流信息系统

二、判断题

1．狭义的信息系统，是由计算机技术、通信技术等现代信息技术组成的。
2．信息处理是将采集到的原始数据进行使用。
3．信息传输具有单向特征。
4．使用电子数据处理系统的目的是迅速、及时、正确地处理大量数据，提高数据处理的效率，实现数据处理的自动化。
5．物流信息是反映物流各种活动内容的总称。
6．广义物流信息不仅指与物流活动有关的信息，还包括与经营活动有关的信息。
7．仓储信息系统是应用较广的系统，也是各种类型物资及物流管理信息系统的基础。
8．对配送信息的控制与否，决定着物流企业对市场的占有和控制情况。
9．订单处理系统的一般流程是：订单传递、订单处理、订货准备、订货运输。
10．现代物流信息系统按照系统化的原则进行组织和设计。
11．物流信息系统体现了现代化的物流管理理念以及现代物流信息技术的应用。
12．物流信息系统主要用于各种企业管理，是提高企业效率的平台。
13．物流信息系统的服务对象是各级物流管理者，只需单一的使用功能。

三、简答题

1．作为系统应有哪些特征？
2．信息系统应有哪些功能？
3．电子数据处理系统的发展有哪些阶段？
4．建立物流信息系统有什么目的？
5．简述物流信息系统的基本组成。

6．简述物流信息系统的管理作用。
7．销售与客户管理子系统有哪些作用？
8．订单处理子系统有哪些作用？
9．简述结算子系统的作用。
10．配送管理子系统有哪些作用？
11．简述物流信息系统的主要功能。
12．物流信息系统的构成模式有哪些？
13．简述物流信息系统项目管理的作用。
14．简述物流信息系统建设的基本原则。
15．系统评估的指标体系由哪些指标组成？
16．简述亚马逊在物流集成方面的创新之处。
17．亚马逊大数据技术应用主要有哪几个方面？

四、论述题

1．试述管理信息系统的概念。
2．试述决策支持系统及其组成。
3．试述物流信息系统的概念。
4．物流信息系统有哪些层次？
5．试述物流信息系统的类型。
6．物流信息系统有哪些特点？
7．试述仓库管理子系统的作用。
8．试述智能交通信息系统的组成及其作用。

五、复习思考题

1．物流信息系统有哪些主要模式？各种模式有何特色？
2．简述物流信息系统各个层次的主要功能，并画出层次结构图。
3．物流信息系统主要的功能子系统有哪些？能提供哪些信息？
4．物流信息系统对物流系统有哪些作用？
5．物流信息系统的评估有哪些基本原则？

第 7 章　现代物流业务信息系统

知识点

- 制造商物流信息系统、批发商物流信息系统、零售商物流信息系统
- 运输信息系统、配送信息系统、第三方物流信息系统

难点

- 制造商、批发商和零售商的物流信息系统组成
- 库存信息系统、配送信息系统、第三方物流信息系统的功能结构

要求

熟练掌握以下内容：

- 制造商、批发商和零售商的物流信息系统组成
- 运输信息系统、配送信息系统、第三方物流信息系统的评价与分析
- 订单信息系统、客户关系管理系统的组成

了解以下内容：

- 运输信息系统、配送信息系统、第三方物流信息系统的评价与分析

7.1　现代物流主体信息系统

7.1.1　制造商物流信息系统

制造商物流分为供应物流、生产物流和销售物流三种类型，具有独特的物流信息系统。

1. 制造商物流系统的特点

（1）供应物流。制造商从事生产经营活动时，供应物流是最具特色的物流形式。尤其是加工组装型制造商，是在大量零部件、原材料供应之后，再在生产线上从事加工组装生产，零部件供应的工作量巨大，而且非常重要。如果制造商拥有大量的零部件、原材料库存，这既不利于流通效率的提高，也不利于产品成本的降低。因此，解决生产过程中浪费的对策之一，就是实现生产零部件、原材料的内部零库存生产。

（2）销售物流。对于制造商，物流管理的另一项重要内容就是销售物流。现在商品流通领域正在发生巨大变化，主要原因有三个方面：① 随着大型零售商的不断发展，零售商与制造商相互联合，直接交易的情况越来越多，在这一背景下，制造商必须具备向流通终端的零售商直接配送产品的能力；② 在物流服务个性化日益重要的情况下，制造商拥有良好的物流服务供给能力对促进制造商的产品销售有着积极意义；③ 制造商直接建立到零售商的物流系统，使制造商在迅速把握产品销售状况的同时，能确切了解顾客的需求。

（3）产、销、物流信息网络化。由制造商主导的信息系统，提高了物流效率，在批发商、零售商之间构筑信息网络，通过信息系统实现订发货自动化。制造商以现代物流观念为基础，从产、销、物流一体化设计实施物流信息系统，追求高效率的信息网络系统。

2. 制造商物流信息系统的组成

按照制造商物流系统的特点，其物流信息系统的目的是使生产物流、供应物流、销售物流、废品回收物流等，能够以最低的成本、最快的速度实现。制造商物流信息系统应由多个子系统组成，这些子系统应该有：① 生产计划与调度子系统；② 生产技术与生产控制子系统；③ 生产成本计划与控制子系统；④ 订货服务与预测子系统；⑤ 库存管理子系统；⑥ 新品开发子系统；⑦ 设备维修子系统；⑧ 原材料采购子系统。

7.1.2 批发商信息系统

批发商在商品流通过程中起中介作用，减少制造商与零售商之间的交易次数，在降低流通整体成本的同时，还能实现零售商进货多样化的要求。批发商的功能可分为五种：备货功能、物流功能、信息功能、金融功能和零售商支援功能。批发商作为连接制造商与零售商之间的经济主体，在流通过程中积聚商品，向零售商提供所需的商品和服务。

批发商的批发功能并不是只有批发商才能完成，随着信息技术的发展，没有批发商的中介，各流通主体也能获取信息，并实现相应功能。在这种情形下，批发商面临着前所未有的危机和挑战。现在，批发商已经从原来制造商的销售代理人，转变成零售商的购买代理人，促使这种地位转换的正是物流系统的信息化和信息系统现代化。

1. 批发商物流系统的特点

（1）备货范围广、送货速度快。越来越多的制造商为了适应市场的变化，在积极地实行多品种、少量批量的生产战略，而零售商为了降低商品的在库成本，实行即时销售的战略，要求多频度少量送货，尤其是随着便民连锁店的发展，往往要求制造商能直接送货到各店铺。零售商的这种直接送货要求会给制造商带来很多困难，小批量分散送货会增加制造商的物流成本，特别是对中小型的制造商。由于自身规模较小，中小型制造商不具备直送业务的能力，更不具备物流服务所必需的技术和经验，难以适应零售商多频度、少批量的送货要求。制造商与零售商在送货上的矛盾，为批发商提供了生存、发展的空间。批发商通过扩大备货范围和幅度，利用自己在物流服务上的经验和相对完善、先进的物流设施，运用快速的送货上门服务充当制造商与零售商的中介，消除他们在商品配送上的矛盾。针对地域分散的零售商对货物配送的要求，完善灵活的物流配送能力是现在批发商发展的重要趋势。

（2）建立高效的物流系统。批发商的物流系统为了应对零售商的多频度、少批量配送的要求，需要在配送中心或物流中心的发展上下功夫，推行品种多样化和订货少量化，进行单个商品的包装作业及按照订货要求提供正确的物流服务。为此，批发商在使用信息系统、实行订货合理化的同时，积极采用计算机在库管理、自动分拣机器、立体自动仓库、数码化备货等机械化、自动化的作业设施，推动物流中心现代化，这是批发商备货范围广、送货速度快的物质基础。否则，没有物流系统的高效运行，批发商要在扩大商品品种幅度的同时，保持多频度、少批量送货的高效率是不可能的。

（3）物流中心的功能多样化。随着商品消费的多样化及企业营销战略差异化的发展，如果将这些具有不同要求的产品进行集中的物流管理，既增加了批发企业物流管理的难度和复杂性，不利于管理效率的提高，又难以灵活应对零售商对物流服务质量的不同要求。因此，根据零售商的物流要求、商品的流通特性等，进行适当划分，在物流中心设立相应的物流功能，是目前批发商为适应物流发展的需要、进行组织机构变革的重要内容。如一些发达国家的批发商在加强物流信息网络建设的同时，在物流中心内设置了相应的退货部门、经营部门、24 小时专业部门等，确立了有计划的进货、发货体制，推动了专业化、机械化、自动化的分拣作业，降低了次品率，提高了作业精度，确保顾客的信赖，使物流活动向免检方向发展。

（4）面向中小型零售商。批发商在强化自身物流效率的同时，确保客源是批发商物流发展战略的重要内容，要对中小型独立零售商给予足够重视，其中以小型超市为代表的综合型、独立进货型的中小零售商为主。这种战略能否成功，关键在于批发商提供的信息系统和物流服务水平能否与大型零售商或 24 小时连锁店相匹敌。

（5）组织结构的再造与调整。批发商在追求实现信息化的同时，要求其组织结构要适应信息化的要求，提高批发商的运营效率。一些全国性的大型批发商，通过兼并或参股的形式，将不具备条件的中小批发商纳入其控制之下，使其快速发展。此外，在竞争中生存下来的中小批发商为了进一步确保生存发展的空间，积极从事相互间的合并或联盟。发达国家批发商的组织再造与调整主要是中小批发商，特别是不同产业批发商之间，推动共同物流或订发货信息系统化的协作。

2. 批发商物流信息系统的组成

批发商物流信息系统的目的是使企业在采购、销售、配送、资金结算等方面能够以最低的成本、最快的速度实现。批发商物流信息系统主要由若干个业务子系统组成：① 订单管理子系统；② 采购管理子系统；③ 销售管理子系统；④ 配送管理子系统；⑤ 库存管理子系统；⑥ 账务处理子系统等。

7.1.3　零售商信息系统

自 20 世纪 80 年代零售商开始信息化，至今已经基本普及，这种信息化主要是通过 POS 系统进行数据采集，实行单品管理，把握每个商品的需求动向。仅凭分散在各零售店中的 POS 数据，还不能提高零售商的经营效率。为了真正达到提高经营效率的目标，必须建立零售商的物流信息系统，使零售商的物流系统协同运转、综合作用，实现实时的订货、库存成本的降低和经营效率的提高。

1. 零售商物流系统的特点

（1）提高效率。随着零售商的不断扩大，特别是连锁店的发展，出现了店铺分布区域广、数量多及商品构成多样化的现象，订货的频度和配送次数大大增加。为了解决由此带来的商品搬运效率低下、检查作业烦琐等问题，大多数零售商都备有物流中心或配送中心。物流中心通过集中处理所辖区域内各店铺的订货，实行各店铺商品集中配送，节省物流成本，提高物流效率。

（2）配送集约化。为了充分发挥物流中心的作用，提高物流效率，必须实行有计划的管理，并与物流系统紧密结合，实现配送有计划和集约化。要达到这一目标，必须积极应用条形码技术、账单及物流手续的标准化等，实现分拣、检查业务的自动化与机械化，这些都是实现商品配送有计划和集约化的前提条件。

（3）物流系统设置合理。对众多零售商而言，在进行物流系统建设时，应该重视物流系统的合理设置和建设成本的合理分担。信息化物流系统的建设提高了物流效率，推动了物流体系的合理化，因此，在构建这一系统时，必须充分重视建设成本的合理负担问题，特别是随着零售商逐渐在流通体系中占据主导地位，更应防止将成本全部推给制造商或批发商的情况发生。因为要维持一个长期安定和有效的物流系统，必须与批发商、制造商等发货方进行充分协商，不断根据环境和流通渠道的变化来完善物流系统。没有批发商和制造商的合作，将无法保证长久有效的物流体系的建立。

2. 零售商物流信息系统的组成

零售商物流信息系统的目的是以低成本及时进行采购与补货、准确地统计与预测销售数据、降低库存水平、提高资金周转率等。一般应包括的主要业务子系统有：① 采购与订货子系统；② 前台 POS 系统；③ 销售分析与预测子系统；④ 库存管理子系统；⑤ 账务处理子系统等。

7.2 现代物流业务信息系统

7.2.1 库存信息系统

1. 库存信息管理

（1）库存信息的收集。库存信息收集是进行库存信息管理的基础，库存信息不准确，就会造成缺货或超储的危险。有关订货时间和订购数量的决策都是以各项物品的库存余额为依据的，错误的库存信息收集，必然会引起错误的决策，形成一系列问题的连锁反应，如缺货，欠储，空间利用计划落空，生产率低下，延误交货时间，交货费用和保险、运输费超支等。

库存信息收集的重要性。准确的库存信息收集是库存管理的基础，任何库存管理决策都是以其为依据作出的，没有库存信息收集的准确性就没有好的库存管理。所以，库存信息收集的准确性是库存信息系统的基本要求。

库存管理是控制库存物品无差错，无盗失、无损坏、无变质等，是根据收集到的有关库存损耗量、余额和到货量等信息和报告进行的。库存信息的收集、核对和实物盘点，最好是由与经营利益无关的独立部门进行。

库存信息系统的成败与库存信息收集的准确性有关，如果不能保正库存信息的完整性，忽视库存信息收集准确性，库存信息系统注定要失败。要做到准确的库存信息收集，必须做好以下两项内容：

- 要有良好的库存信息收集系统。
- 要有检查库存信息收集准确性的良好方法，能发现和纠正错误信息。

为了检验库存信息收集的完整度和准确度，可以对库存物品进行实物盘点，将实际库存与收集的库存信息进行对照，对比其间是否有误差，以便纠正。常用的盘点方法主要有定期盘点法和循环盘点法两种。

A. 定期盘点信息收集法。定期盘点信息收集法就是定期检查库存余额，核对库存记录，保持准确的库存记录的方法。定期盘点法要求在一个短暂的时期内对各种存货进行全面盘点。大多数企业一般是一年或半年核查一次，通常安排在每年生产和库存水准较低时进行。进行实物盘存的准备工作，应包括以下几个方面：

- 进行整理。把物品放置在固定的位置上，以便于盘存。
- 加以核对。按物品的编号和名称核对所有库存物品。

- 订出细则。在盘存之前要重制订出盘存的方式、方法。
- 搞好培训。训练有关人员正确使用秤、计数器和计量方法。
- 确定职责。建立盘存班组，规定有关库存的盘点、核对和记录的职责。

B．循环盘点信息收集法。循环盘点信息收集法是一种有顺序、不定期地进行实物盘点的方法，是保持所收集的库存信息的高准确性的一种基本方法。通过有效的循环盘点，由于不用停工，能改善对用户的服务，取消定期的实物盘存和减少存货损耗。与定期盘点法相比，循环盘点法所需的费用较少。

这种方法就是在全年内对存货顺次地进行盘点，要核查的存货项目可随机地或根据预定的计划确定。循环盘点法的特点就是不用终止库存作业，可以由专业人员或指派的仓库管理人员进行实物盘点。由于专业人员熟悉物品的存放规则、保管制度和可能发生的各种特殊事项，所以大多数情况下都是由他们完成循环盘点。循环盘点能检查库存信息收集的状况，确定库存信息收集准确程度的高低。

采用循环盘点信息收集法的物流企业，要对库存物品进行分类和制定盘点规定。

（2）库存信息的内容。库存信息是物流信息的重要组成部分，准确及时地掌握库存信息是有效开展物流活动的关键。库存信息是伴随着市场的需求预测、库存的计划与执行、企业采购、补充库存等库存管理活动产生的信息。库存信息的内容主要有以下五个方面：

1）库存物品信息。包括物品名、型号规格、计量单位、数量、价格、入库时间、有效期、生产厂家、储存的库架位置、养护说明等。

2）设施设备信息。包括库区分布，库区货位划分、使用状态，各库区器具数量、使用状态，库区分拣情况，以及取送货、理货设备的配置、数量、使用状态等。

3）物品出入库信息。包括物品名、型号规格、计量单位、数量、价格、出入库时间、在库位置、物品用途、来料单位、用料单位等。

4）物品在途、在制以及计划用料、销售等信息。

5）库存控制信息。包括安全库存量，最高、最低库存量，补货点以及补货批量等。

（3）库存信息的作用。库存控制是库存信息系统中的重要环节，是联系进货、销售和财务的纽带，是库存信息系统顺畅、完整的关键。库存信息的纽带作用主要表现在，进货信息要通过仓库传递给销售和财务，销售信息也要反馈给仓库，各部门都要以库存信息作为其决策的依据。例如，采购部门要根据库存情况决定订货时间和数量；销售部门要根据库存情况决定销售策略，制定销售价格和交货时间；财务部门要根据库存信息，计算库存占用资金和资金周转时间。

总之，不同的业务部门需要从库存信息系统中获取不同的信息，以便更有序地开展业务。同时各业务部门也会对库存信息进行修改，以此对其他业务部门的业务开展进行制约和指导。例如，采购、销售、仓库保管和财务四大业务部门，通过对库存信息的需求和修改实现互相联系、互相制约。库存信息对各部门业务的作用，主要表现在以下四个方面：

1）补货与订货。无论采用哪一种补货模型，都需要准确地知道当前的库存数量。在采购订货时，不仅要考虑仓库中的实际数量，还要考虑已发出的订单上的货物数量，防止重复订货。所以，从采购业务的角度来看，库存信息应该是能够指导正确下订单的库存，由采购在单量、实际库存量和已分配的库存数量三者组成，并由订货作业和入库作业来修改采购在单量和实际库存量。

2）销售业务。开展销售业务，需要使用库存信息中的入库量、实际库存量、已分配库存量、库存价格等，决定销售数量、销售价格和交货时间，同时销售作业又改变了库存中已分配数量和实际库存量。使用动态库存信息，销售人员可以知道当前可销售的数量，一天后可销售的数量，两天后可销售的数量等，进行有计划的销售。

3）仓库保管。仓库保管员管理仓库需要知道仓库的实际库存数量。当仓库足够大时，还要掌握货位容量和商品存量的信息，在收货时决定应该放到哪个货位上，发货时应该从哪个货位取货。商品在不同的仓库和货位之间的搬运作业，会影响这些数据。此外，货品的有效期也是仓库保管员应关心的信息。

4）财务。财务所关心的库存称为财务库存，主要是指库存金额，是以进价金额来计算库存。由于进价会不断地变化，同样的商品在库存中也会有不同的价格。因此，销售出库后减少的库存金额也是不一样的。这就需要准确的库存信息作为财务核算的依据。

一个良好的库存信息系统要能够为进、销、存、财务系统及时准确地提供必要的信息，并且这些信息在本质上相容，但在表现上又是各异的。同时，不同的系统、不同的使用者所能获取和修改的信息要有限制，这是对库存信息安全性的要求。

（4）库存信息管理。库存信息管理主要是对仓库信息、货品信息、设备信息、客户信息、出入库信息、加工信息等的管理，主要是通过库存信息系统进行管理。库存信息系统共有如下八大功能模块：

1）销售预测。销售预测模块主要是通过对相关的数据和资料（如订单、历史数据和销售策略）进行分析，选出合适的预测方法进行预测。再根据外在的因素（如价格的变化、市场的环境、竞争者的情况等）对预测结果数据作相应的修正，确定最终的预测结论。销售预测信息可以给库存水平的控制提供依据，在保证不脱销的情况下尽可能地降低库存水平。

销售预测的方法有很多，大致分为三类：定性法、历史映射法和因果法。

定性法是那些利用经验、判断、调查或比较分析，对未来做出的定性估计方法。历史映射法是指通过大量的历史数据，根据时间变化和季节性变化的趋势，明确地预测未来。因果法是指预测变量的水平取决于其他相关变量的水平。这三类方法各有优缺点。

在库存信息管理中，销售预测模块的预测方法主要采用历史映射法，通过历史数据的输入，选用具体预测模板由计算机系统对数据进行分析、预测。在此基础上，再进行定性的修正。销售预测人员通过考虑一些人为因素如促销、广告等，对系统得出的预测数据加以修正，使之更准确。

2）库位的设定。该模块能够根据仓库的实际情况，自动生成三维立体仓库模型，实现仓库三维立体图与二维平面图之间的自由切换，并在模拟位置上查询相应的库存物品及物品的状态等属性，对仓位的容量、性质、编号等基本信息进行设定。

3）安全库存和物品的最低存量。对仓库的最大存量进行设置，确保满足客户的更多要求；对客户库存物的最低存量进行设置，以满足客户的生产需要，减少资金的积压。

4）入库管理。根据入库单录入的入库信息，经过审核确认后进行仓位分配，完成货物实际入库操作。对入库操作要进行审核，确保数据的准确，可以随时统计任意时段、任何客户的入库情况。可以通过条码技术和 RFID 技术快速完成入库信息的自动录入，并根据客户的要求对物品的型号规格进行自动归类和仓位的安排。

5）出库管理。根据客户的实际需要和库存情况，提前做好出库准备，在客户需要的时候，能够以最快的速度完成出库。对出库申请要进行登记、审核，保证出库物品的正确。同时对客户的最低库存进行动态评估，对待出库和实际出库等过程进行控制，实行动态库存管理。

6）库存移动。对库存物品的存放进行合理的调整，使仓库利用率最大化，降低库存成本，最大限度地满足客户的实际需要。通过库位调整，对物品的移动进行跟踪，提高物流企业的竞争力。

7）费用结算管理。对发生的实际费用（如库存费、搬运费等）进行实地登记，并将有关费用信息转给有关部门处理，与客户进行费用结算。费用经过客户确认后，不能修改和删除，要确保整个资金流的安全、可靠。

8）统计分析管理。统计入库、在库和出库的数据，随时掌握库存动态。对库存管理的工作成绩、客户的需求变化进行测评。根据货物出、入库的数量和频繁程度，实现对重点客户的追踪，以及对业务增长型客户的挖掘。

总之，这八大模块是实现对库存信息进行有效管理的基础，不同的物流企业可以根据自身的情况，在此基础上进行调整，设计出适合本企业的库存信息管理模块。

（5）库存信息管理发展的趋势。库存信息管理是每个企业都面临的共同问题，广泛存在于制造商、批发商、零售商及物流企业。随着科学技术的发展，库存信息管理呈现出计算机化、网络化、零库存管理等趋势。

1）计算机化。近几十年计算机在库存信息管理中得到广泛的运用，它不仅能把复杂的数据处理简单化，并且有许多成熟的库存信息管理软件供选择使用。

由于计算机具有记忆功能，能把复杂的库存信息管理工作进行得有条不紊；又由于它运算准确，得到了管理人员的信赖；还因为对物流系统经常发生的临时变动，计算机能够根据需要作出实时处理，计算机已成为库存信息管理的核心，成为对各项业务进行管理，发出作业指令的指挥中心。

2）网络化。随着网络的迅猛发展，网络几乎已经延伸到世界的各个角落。充分利用通畅的网络进行通信，可以大量节省通信和管理费用，及时地查询物流企业在各地的库存的最新信息。只要把库存控制所涉及的各个部门接入网络，便形成了一个库存控制的整体，充分发挥整体的统筹策划优势，可以极大地降低库存成本。

网络化的库存信息管理，可以做到对各地库存的实时处理，并以日报表、月报表和年报等形式汇总、打印。

3）零库存管理。企业管理的最佳目标是实现零库存，通过对库存信息的及时、准确地收集与传递，零库存管理是完全可以实现的。零库存的含义有两层：第一层，库存对象物的数量趋于零或等于零（即库存物资为零）；第二层，库存设施、设备的数量及库存作业的耗费趋于零或等于零（即没有库存作业）。后一种零库存其意义是社会库存结构的合理调整和库存集中化的表现。

2. 库存信息系统

（1）库存信息系统概述。

1）库存信息系统的概念。库存信息系统是一个实时的计算机系统，能够按照库存业务的管理规则，对订单信息、库存、工作时间、作业行为、资源、存货和分销等进行系统的管理，最大化限度地满足客户的需求。一般情况下，库存信息系统应具备的基本功能有：入库作业、出库作业、库存查询、盘点作业和统计作业等。库存信息系统支持从进货到发货的全部仓储作业。

- 收货。收货员将到货数据输入到库存信息系统，生成相应的库存条码标签，粘贴（或喷印）在收货的包装上，这批货物即被确认收到，由管理员指挥进库储存。

- 储存。库存信息系统选择最佳的储存方式，通过叉车上的射频终端，指引叉车司机，通过最佳途径抵达空货位。货物就位后，再扫描货物条码，由库存信息系统确认货物已储存在这一货位，可供以后按订单发货使用。
- 订单处理。客户订单到达仓库，库存信息系统按照客户的实际情况和要求，确定最佳送货方式和时间，及时交付客户订单上的货物。
- 拣选。按照库管员确定的最佳拣选方案，安排拣选任务。拣选人员经扫描货物和货位的条码，由库存信息系统确认拣选正确，货物的库存量同时减除。
- 发货。库存信息系统制作包装清单和发货单，交付发运。称重设备和其他发货系统也能同时与库存信息系统联合工作。
- 站台直调。当货到收货站台，如已有订单需要这批货，库存信息系统 WIS 会指令叉车司机直接送发货站台发货，不再进行入库作业。

另外，库存信息系统还提供了更多的作业支持，包括库存补充、循环盘存、班组工作实时监管等。

2）库存信息系统的目标。库存信息系统的目标是为具有现代管理理念的第三方物流企业进行先进、适用的物流系统的整体规划，构造专业化的现代物流系统，达到提高物流企业生产效率、降低物流总成本、实现经济效益最大化目标。一般情况下要做到以下几个方面：

- 适当的库存。依靠库存信息系统进行库存管理，压缩库存，并防止积压或脱销。
- 调节需求和供给。库存信息系统将订货信息和库存信息及时反馈给生产计划、制造和需求预测等部门，使生产、流通和销售形成连贯的活动，以提高企业的经营效率。
- 采取有效措施，尽可能缩短从订货到发货的时间。
- 提高运输效率和装卸作业效率，减少不必要的物流。
- 追求订货、发货业务的自动化。
- 提高仓库作业的准确性，具备防止错发货、错配货、漏配送的措施，减少事故的发生。
- 实现物流合理化，降低物流总成本。
- 为客户提供信息咨询及有关资料的查询和统计。

总之，库存信息系统的目的就是提高对客户的服务水平和降低总成本。

3）库存信息系统在库存管理中的作用。在流通领域管理人员已经意识到“市场如同战场”，谁能及时掌握市场变化的信息，谁就能在竞争中取得主动。因此，物流企业纷纷建立相应的物流信息系统，用于及时、准确地获取信息，掌握市场的动态，帮助物流企业的各级领导作出决策。库存信息系统可以对不同地域、不同属性、不同规格、不同成本的仓库资源实现集中管理。采用条码、射频等先进的物流技术设备，对出入仓库的货物实现联机登录、存量检索、容积计算、仓位分配、损毁登记、简单加工、在途货物跟踪、自动盘点、编制库存报告、租期报警和自动仓库租金计算等库存信息管理。支持包租和散租等各种仓库出租计划，支持平面仓库和立体仓库等不同的仓库格局，向客户提供远程的仓库状态查询、账单查询和图形化的仓储状态查询等。

库存信息系统能使分散的信息处理变为集中处理和控制，适应多变市场环境下的管理需求，充分发挥信息综合利用的作用，提高信息处理的质量（及时、准确），大大增加信息的处理量，满足仓库管理人员决策所需的信息。库存信息系统对库存管理的作用主要体现在以下几个方面：

- 支持仓库作业全程自动化，全面记录仓库作业的全部信息。
- 改变传统的固定货位，实现全库随机储存，能最大限度使用库容。
- 提高收、发货的质量和正确性，减少断档和退货，提高顾客的满意度。
- 为库存业务的所有活动、资源的利用和库存水平的提高，提供实时的正确信息。

这些作用会给库存管理带来明显的效益：配送能力一般能提高 20%～30%，收货和发货正确率超过 99%；仓库的利用率大大提高，数据输入错误减少；库存和短缺损耗减少；人工、设备等消耗费用降低。

（2）库存信息系统的结构。库存信息系统一般采用库存业务集中调控的方式，这有助于提高物流企业使用企业资源的能力，快速提升库存的管理水平。系统的结构主要由仓库管理、企业资源管理、客户管理、业务管理、调度管理、账表、配置与预警等部分组成。

1）基本信息管理。基本信息管理主要是指对仓库信息、货物信息、人员信息、客户信息、合同信息的管理。

- 仓库信息管理包括对仓库类型、仓库区域和仓位等信息的管理。
- 货物信息管理包括对货物类型、计量单位、货品的名称、规格、重量、体积、价值、保质期等信息的管理。
- 客户信息管理包括对客户名称、联系方式和订购的商品等信息的管理。
- 合同信息管理包括合同编号、合同报价、合同期限等的管理。

2）入库作业管理。入库管理主要是对入库单证、卸货、验货、分配仓位等作业的管理。

3）出库作业管理。出库管理主要是对出库单据、出库货物拣选、出库装车等作业的管理。

4）加工处理。加工处理主要是对货物拆箱、包装、贴标签、转储、转库、报废、退货等作业的管理。

5）费用处理。费用处理主要是对出入库货物的装卸、资源占用、仓位占用、加工处理等费用进行核算。

6）统计查询。统计查询主要包括货物盘点、资源统计查询和仓位统计查询等。

（3）库存信息系统功能设置。

1）功能设计基本原则。库存信息系统的功能设计遵照以下基本原则：

- 系统性。通过建立统一的库存信息系统，使大量的、各个独立的仓库，整合成相互关联的仓库网络，形成仓库集合，达到库存全局优化，支持现代物流业务的开展。
- 可见性。建立库存信息系统，能及时掌握整个仓库网络的各个业务过程和库存物资的类别、分布状态等，保证了库存业务数据获取的及时性和准确性，为科学决策、数字化管理提供有力的支持。
- 共享性。库存信息系统做到信息共享，避免信息不及时、不对称，减少重复、虚假、错误信息的干扰，实现共同发展，发挥系统的整体优势。
- 可控性。库存信息系统对信息的及时、准确处理，为库存管理决策提供了有力保障。扩大了仓库管理活动的有效范围，保障指令的快速执行，提高了企业的快速反应能力。
- 高效性。库存信息系统通过集成其他先进的自动化工具，使用户在作业现场一次作业完毕，能够实时、快速、准确地核对和查询作业信息，减少无效劳动、加快仓库作业速度，降低劳动强度、提高工作效率。
- 易用性。库存信息系统的设计在满足管理要求的基础上，以易学易用为原则。用户界面要直观、简单，操作次数要少，不需太多的计算机知识，只要熟悉库存业务就能掌握使用。可以根据用户的具体操作习惯进行使用方法的定制。

- 安全性。仓库管理要求库存信息系统必须安全可靠，因此该系统要从多角度进行用户权限控制和运行监控，保证系统使用的安全。

2）标准化管理。库存数据的规范化和标准化是库存信息系统应用的基础。因此，系统提供了标准化管理模块，对基础信息进行录入和管理。标准化管理模块主要包括货物、仓位、人员三大内容的管理。

- 货物代码管理。库存信息系统要求对货物按照国家标准进行编码，在使用时根据实际情况进行细化与补充。
- 成套货物代码管理。通过对成套货物的代码管理，可以支持仓库增值业务的开展，如对货物的再包装、拆件、组合配送等。
- 计量换算管理。系统可以对特定的货物进行计量计算，针对不同的计量单位可以进行换算。
- 仓库仓容管理。对仓库的货位信息进行管理，系统可以对仓库货位进行三级管理：库区、货区、货位，三级管理使货位划分灵活、方便，可以满足不同的管理要求。
- 岗位人员管理。库存信息系统提供建立、维护有关岗位人员的简明人事档案的功能，在人员换岗或者离开企业时，该系统能更改其对系统的使用权限、数据权限和审批权限等。主要包括对系统使用人员的代码管理、对业务岗位的代码管理以及系统使用权限的分配与管理。

3）库存业务管理。库存管理信息系统以标准化的库存业务流程规范为基础，支持各类仓库的业务管理需要。库存信息系统的基本业务功能如下：

- 货物入库管理。能处理不同形式与要求的入库信息，根据要求生成验收通知单，传递至相应岗位，由于客户要求的多样性，应该提供非一般业务流程的入库管理功能，支持特殊业务审批与授权。入库业务管理主要包括：一般入库管理、非一般业务的入库管理、中转到货入库管理等。能够根据不同的库存管理策略、货物属性、数量以及现有库存情况，自动设定货物堆码位置、堆码搬运路径建议，从而有效地利用现有仓容空间，提高作业效率。
- 货物在库管理。主要是指货物在库期间的日常管理、清查盘点、保管养护、存储时间控制、货物质量保质期检查，以及为了便于管理货物、更有效地利用仓容而进行的并垛、移垛等作业。
- 货物出库管理。主要是指系统按照多种原则（如先进先出等）设定多种出库形式，处理不同的出库信息，例如，货主直接提货或者货主委托提货等，自动产生通知单据，并传给具体岗位按时间按量安排备货，记录实际出库数量。出库业务管理主要包括一般出库管理、货主自提出库管理、代理运输出库管理、中转出库管理、临时出库管理、以发代验出库管理等。能够根据不同客户的出库信息以及该客户现有货物的存储情况、货物属性、数量、实际作业情况等，设定货物拣选、搬运路径等。
- 货物运输和配送。系统根据运力资源使用情况和货物出库情况，记录货物出库的相关运输配送信息，例如，人员、车牌和出库时间等。
- 处理代理业务。提供处理客户代理业务功能，例如，受客户委托代理交易、运输等。

- 特殊业务。主要包括：货物冻结、解冻功能（因担保、单证遗失、盘点等各种原因造成的货物冻结和解冻）；货物退货功能（提供出库货物退回等）；单据挂失、解挂功能（因存货单证或其他与货物存储有关的有价证券的遗失等原因，造成的挂失、解挂和重新生成等业务）；退单功能（在实际业务没有实现之前，提供撤销指令的操作，如提货人撤销出库指令、存货人撤销入库指令等）。
- 财务管理功能。主要包括：应收账款（费用）的计算功能（在每次发生入库或出库活动时进行计算）；应收账款结算功能（处理多种货币支付和货币金额的转换，能列出指定客户的付款活动及其在指定日期内的信用状况，根据客户委托的各笔业务打印收款单据等）；预收账款功能；预付账款管理；账目查询（按月或者按次提供账目的有关信息，通过打印对账单的方式辅助实现催交欠费）。
- 货物库存量控制决策。为企业调整进货、生产和制订运输计划提供依据；对调整库存的策略提供决策支持。常用的方式有：根据客户的要求设定最低库存，当库存量下降到预定的最低库存数量时，系统自动发出库存不足信息；按预先确定的时间间隔进行库存调整，系统自动产生调整信息；根据采购成本和库存成本，确定最佳采购数量，实现总订货成本的最低；在价格变化、按数量多重折扣和延期购买等条件下，确定最佳订货量；支持补货决策（按批次和补货时间进行控制等）；查询与统计分析（按照管理人员的权限，提供分级管理的信息查询和统计功能。
- 业务查询。库存信息系统提供实时的查询功能，为管理决策提供及时准确的数据信息。主要的查询功能有：到货验收查询（根据到货情况、车号、时间范围、验收状态等条件查询到货的品种、数量、车皮数等情况，并根据品名、到货时间等进行入库分类汇总）；出库情况查询（根据各种发货状态、货物属性、单据号、货位、时间范围等条件查询出库货物的详细情况，并根据品名、出库时间、货位、规格等进行出库分类汇总）；库存情况查询（根据具体单据号、车船号、货物属性等条件查询库存货物的详细情况，并根据入库单号、品名、规格、入库时间等进行库存分类汇总）；保质期检查（按货物的到货日期、生产日期等查询库存货物的到期、临近到期的情况，显示货物的货位、批次和数量）；安全库存查询（对货物的安全库存情况进行查询，在库存货物超出或低于安全库存时及时报警）；发货明细查询（查询与入库单据相对应的发货情况明细，查询发货单据的详细情况，跟踪出库货物的情况，便于进行业务检查和问题追溯）；出入库明细查询（根据货位、货物品名、规格型号等情况查询某一时段的特定货物、特定货位的货物进出库情况，便于对账）；各种单据查询（根据单据的主要属性，查询所有单据的详细情况）。
- 统计报表。库存信息系统能够及时提供仓库货物吞吐量、库存情况、运输情况等方面的统计功能，产生相关的日报表、月报表、季报表和年报表。主要的功能包括：吞吐量统计（按品种或品名等进行指定时期的进库、出库和期末库存量统计）；客户综合情况统计（按品种对库存物资进行库存数量统计以及存货人情况的汇总）；人员业绩统计（统计业务人员完成工作量的情况）；库存货物损坏率统计（根据库存过程出现的货物损坏情况，计算库存货物损坏率）；仓库利用率统计（按仓库可利用情况与实际利用状况，计算仓库空间利用率）。
- 业务分析。主要功能有：预测（根据既往仓库存储情况和客户情况，对下一阶段的仓容需求进行预测，挖掘潜在客户）；库存预警（根据货物类别、保质期和在库时间等，自动进行预警）；数据分析（根据统计数据进行分析，如对库存物资进行分类，筛选大客户）；指标统计（根据相应的管理指标，如库存吞吐能力、货物收发正确率、货物完好率、货物缺损率等，进行统计分析）。

- 远程客户查询。客户可以查询其货物的库存情况、进出库情况、到货验收情况等。
- 系统维护。库存信息系统的维护功能，涉及系统正常运行所需的各项模块，包括：系统初始化（当新仓库接入该系统时，通过初始化实现系统的切换）；权限管理（根据用户分级权限管理体系，针对具体业务环节，分配给不同人员以不同权限）；系统管理日志（详细记录系统运行过程中各模块的情况，包括菜单操作日志、用户管理日志、用户授权日志、操作日志、存档日志等）；系统维护查询（对所有操作人员的权限和系统日志进行查询）。

3. 库存信息系统的评价与分析

（1）系统适用范围。库存信息系统作为库存业务信息化的解决方案，其目标主要定位于为物流企业、仓储企业、运输企业、第三方物流企业及其他物流企业、大型生产企业、大型流通企业的库存管理提供服务。

（2）系统应用状况。自 2001 年以来已有北京、上海、西安、沈阳、无锡、石家庄、天津、郑州、武汉、成都、重庆、廊坊等城市的数十家大型仓储企业联网运行，管理仓库达 600 万平方米。每个仓储企业都可以在库存信息系统的平台上，以统一规范的业务管理为客户提供高质量的库存服务，极大地提升了联网企业自身的竞争力。

（3）系统特点分析。衡量库存信息管理系统的好坏，主要由以下三点决定：

1）实现数据、表单的电子化，减少手工操作。

2）避免或者减少管库存理的不足，规范库存管理流程，堵住管理的漏洞。

3）带给企业新的业务、新的利润增长点，使物流企业形成竞争优势，支持其快速、健康地发展。

库存信息系统为物流企业提供科学规范的业务管理，实时的调度、监控，全面及时的统计分析，多层次的查询对账功能，新型的增值业务管理功能，不仅满足了物流企业生产管理、经营决策的需要，而且有力地支持了物流企业的业务开展，成为物流企业开展营销的有利工具，使物流企业在市场竞争中居于不败之地。

7.2.2 运输信息系统

1. 运输概述

（1）运输概念。运输是指用运输设备和工具，将物品从一个地方运送到另一个地方的物流活动。包括集货、装卸、搬运、中转、分配、调度等一系列作业。运输是物流活动中最基本的环节之一，是生产、仓储和消费者之间的纽带，通过运输可使商品增值。

在物流活动中，对运输的主要要求有：节约运输成本和缩短运输时间；及时交付；通过多种运输方式的结合达到优质的运输服务；使运输不延迟且损坏或丢失最小。要满足这些要求，必须对运输活动进行实时、有效的管理。根据服务内容的不同，可将运输分为运输方式与运力的管理、特种运输管理和运输网络优化管理等。

（2）运输方式。运输方式是指货物从供应链中的一个节点运送到另一个节点的方式。在物流系统中基本的运输方式有以下五种：

1）空运。特点是运输时间少，十分快捷，运费昂贵，受自然气象影响较大。

2）公路。特点是灵活性大，比较快捷，运费相对便宜，受自然气象影响较大。

3）铁路。特点是运输量大，运费便宜，建设投资大、时间长，受自然气象影响较小。

4）水运。特点是运输量大、运程长、速度慢，运费便宜，是远洋货运的首选。

5）管道。特点是建设投资大，用于价值较高的流体的长途运输，不受自然气象的影响，如石油、天然气等的运输。

（3）运输在物流中的作用。运输使货物在物流系统的各个环节中流动，极大地影响着物流系统对顾客需求的响应能力和效率。快捷的运输可以提高物流系统的竞争力和效率。物流企业的运输策略也会影响物流系统的其他方面，例如，仓储和配送设施的选址等。

（4）运输与竞争战略。运输在物流企业竞争战略中起着非常重要的作用，与物流企业的目标客户群的需求有很大关系。如果物流企业能够对顾客的需求做出快速的响应，就能大大增强企业的核心竞争力。因此，物流企业要在降低经营成本与提高对顾客需求的响应效率之间进行权衡。

（5）通过式运输。通过式运输是一种配送中心使用的运输方式，是配送系统支持 ECR 的关键技术之一。在通过式运输中，商品入库与出库配送同时进行，高度统一。配送中心接受的货物不是用于储存，而是马上配送给到零售商店。这种运输方式的特点是小批量的频繁交货和交货周期极短，目的就是消除库存及其作业操作，提高运输效率，减少甚至消除配送中心的库存，降低分销成本，最终做到对顾客需求响应的高效率。通过式运输有以下两种：

1）托盘通过式运输。对来自多个供应商的商品配送中心按客户订单进行分拣，装上托盘后直接送至出口，与其他配送商品集合在一起直接运送给客户。

2）包装箱通过式运输。对于较少的货物可以按较小的运输单元——包装箱，在装运区与其他客户的货物集合在一起送往商店。

2. 运输信息

（1）运输信息的概念。运输信息是指伴随运输业务经营所发生的信息。主要的信息有订货通知单、提货单、运费清单和货运清单等。

1）提货单。提货单简称提单，是用户购买运输服务的凭证，起着货物收据、运输合同和提货凭证的作用。在货物发生灭失、损坏或时间延误等情况下，用于请求损害赔偿的基本证明。提单上需写明货物唯一真实的提取人、交接方式、运费、货物情况（名称、包装、数量）等信息，以及具体运输条款、有关承运人与托运人的责任、索赔权限等内容。除统一提单外，其他常用的提单类型还有订货通知提单、出口提单和政府提单等。

2）运费清单。运费清单是承运人收取运输服务费用的一种凭证，应列明运费的明细款项及其费用金额。运费清单有预付运费清单和到付运费清单两种。

3）货运清单。货运清单是在一辆运输工具上装载多票货物时，用于明确总货物具体内容的单独文件，其中应列明每一个停靠站点或收货人地址、提货单号、重量，以及每票货物的清单等。开具货运清单目的是提供一份单独的文件，用于明确总货载具体内容，而无需检查各个提单。对于一站到底的托运货物，货运清单的性质与提货单相同。

（2）运输信息分类。运输信息可分为两类：宏观运输信息和微观运输信息。

1）宏观运输信息。宏观运输信息是指货物运输活动发生地的地理位置和人文环境的特征、规定等，包括各国、各地的交通法律和规则、道路状况、地理环境等信息。

2）微观运输信息。微观运输信息分为库外运输信息和库内运输信息。库外运输信息有：运输的物品信息（包括源地、目的地、厂地、可加工信息、特殊要求等）；货源信息（包括货物名称、重量、运费价格、装卸地点等）；运输工具信息（包括运输工具的专有信息，运输工具情况，如额定功率、容积、载重量等）；其他信息（包括社会可替代的运力、替代物品信息，可混装运输的物品信息、在途物品信息、额外费用需求信息等）。库内运输信息是指货物入库、出库时的自动配车和人工配车，出库分拣，库内运输路线设计，自动进行运输线路优化等。

（3）运输信息管理。现代物流正向着综合、一体化的方向发展，物流企业对运输信息进行实时、有效的管理越来越重要。各国政府都在积极制定政策，推进交通运输的信息化管理。尤其强调了通信技术的应用：充分发挥 GPS、GIS 的作用，建立通用的物流综合系统，促进运输领域的信息化。

1）运输信息管理的范围。

- 陆路交通：实现陆路运输的信息化，积极开发运用 ITS（智能交通系统），为物流运输企业能提供准确的交通信息服务。
- 海上运输：提高海上运输效率和运输安全，促进海上运输智能化和支援系统多功能，充分运用信息技术，努力构建新一代海上运输系统。
- 航空货运：大力加强航空货物信息系统的共享建设，实现航空货运信息传输电子化，提高航空货物运输网络信息化效果。

2）运输信息管理的内容。运输信息管理的内容涉及运输工具、作业人员，货物运输过程的各个业务环节的信息管理，包括货物跟踪管理、运输车辆运行管理和现代物流实时跟踪管理等。

- 货物跟踪管理：货物跟踪管理是指物流运输企业利用物流条形码和 GPS 技术及时获取有关货物在途运输状态（如货物品种、数量、货物在途情况、交货期限、发货地、到达地、货主、送货车辆状况、押运人等）信息，提高物流运输服务的质量。货物跟踪管理要运用物流条码和各种通信设施，例如，扫描仪、专用通信网络、GPS 系统，物流运输企业可以对运输业务进行跟踪管理，用户可以通过互联网进行托运货物信息的实时查询。
- 运输工具的运行管理：物流运输作业的运输工具处于分散状态，对在途运输工具进行管理非常困难。要通过空间定位系统、地理信息系统和无线通信技术，确定运输工具在路网中的位置，及时进行运输工具的调配，快速满足用户需求，提高运输效率。
- 现代物流实时跟踪管理：由物流信息实时采集、信息传输、信息处理和信息发布等部分组成，其功能是：实时采集货物在仓储、运输或加工过程中的动态信息，为物流的实时跟踪提供信息，将采集的数据信息通过无线或有线的方式传到物流管理控制中心，对相关的物流信息进行存储、分布式处理和发布，为用户实时查询货物运输信息提供支持。

3. 运输信息系统

（1）运输信息系统概述。

1）运输信息系统概述。运输信息系统是在先进的运输管理理念的基础上，以运输运作流程为核心，运用信息技术、数据库技术开发的物流运输企业信息管理的人机交互系统，具有运输信息收集、存储、处理、传输和辅助决策的功能。

随着客户需求的多样化和个性化，要求物流运输企业必须提供多频次小数量、及时运送的高标准的物流服务。物流行业的激烈竞争要求运输企业，能够以适当的成本提供差异化的物流服务，运输企业的经营效率高低直接影响到整个物流系统的经营效果。因此，为了满足顾客的需要，为了在激烈的竞争中获得竞争优势，许多物流运输企业从战略发展出发，建立自己的运输信息系统，以此提高企业的经营效率。

2）运输信息系统的概念。运输信息系统是指利用计算机系统、计算机网络和现代信息技术，对运输计划、运输工具、作业人员及运输过程进行有效的跟踪、控制、调度等管理的人机系统。运输信息系统主要完成对运输工具和货物运输过程的信息管理，主要功能模块有运输工具管理、作业人员管理、计划调度管理、装卸与搬运作业管理和运输过程管理等。

（2）运输信息系统在物流中的作用。运输信息系统提高了运输企业的服务水平，其具体的作用有以下四个方面：

1）方便查询。顾客需要对货物的运输状态进行查询时，只要输入货物的发票号码，就能够知道有关的信息。查询简便迅速，信息及时准确。

2）提高货物运输的准确性。通过对运输货物的监控，可以确定货物是否能够在规定的时间内送达客户，能及时发现没能按时交付货物的情况，便于查明原因并及时改正，提高货物运送的准确性和及时性。

3）实现差异化服务。作为获得竞争优势的手段，能够提高物流运输效率，提供差异化物流运输服务。

4）提供信息共享。通过整体运输管理，系统得到的货物运输状态信息丰富了物流系统的信息共享源，有利于顾客预先做好接货及后续工作的准备。

（3）运输信息系统的组成。运输信息系统的组成有运输传票输入子系统，运费子系统，货物追踪子系统，顾客服务子系统，运输作业调度子系统，运输资源管理子系统，票据、单证打印子系统，报表生成子系统等。

（4）运输信息系统功能。

1）配载调度。根据运输企业运力的实际情况，对运输作业任务进行调度处理，生成相应的运输作业指令和任务。根据运输货物的重量、体积、目的地、运输工具情况、驾驶员情况及运输线路情况，进行最优运输工具、货物和路线的组合，实现完美的配货运输。配载调度包括：线路选择（对送货区域的路线进行搭配，求得最短送货路径、最短运输时间或最低运输成本等）；装载规划（根据出货单可分为一单多车、一单多货、一车多单、一单多点等方式）；车辆调度（对车辆分配情况及各种汇总信息的处理，是运输系统中最主要的功能）。

2）运输过程控制。该功能是记录运输工具的载货情况、运行情况及考核运输效率等。包括行车单打印、在途标志、行车单撤销、出车情况分析表等。

3）运输资源管理。运输资源管理主要是对运输企业的运输资源进行管理，包括运输工具管理、作业人员管理、权限的设置等。

4）跟踪调度。由于物流运输行业的运输工具（如卡车、火车、船舶、飞机等）在从事运输过程中处于移动分散状态，在作业管理方面会遇到很多困难。随着移动通信技术、GPS 技术和 GIS 技术的发展和普及，出现了多种运输工具管理的方法，适用于全国、全球范围的运输工具的调度与管理。

4. 运输信息系统实例

（1）公路运输信息系统。典型的公路运输信息系统的主要功能如下：

1）车辆及驾驶员信息维护。对运输车辆、驾驶员的信息进行日常管理与维护，随时跟踪了解车辆、驾驶员的情况，确保在运输任务下达时，有车辆可供调配。同时可以考核驾驶员的业务素质，以保证驾驶员队伍的稳定和发展。主要包括车辆的基本属性（如载重大小、运行年限、车辆监管等），驾驶员的学习情况、违章记录、事故情况、准驾证件以及出勤情况的管理。

2）客户需求登记与运输计划安排。记录客户需要运输的货物信息，根据实际情况制订合理的运输计划，安排车辆时就可以根据地点、时间、车辆情况进行优化、组合，选择最优的运行线路，达到较高的车辆利用率和效益，降低运输成本，更好地吸引客户。

3）制作派车单。根据运输计划，系统自动制作出任务表，并且对一些不合常理的地方进行修改，再根据已经生成的任务表制作派车单，及时地将派车单通知当班的调度员，实施运输计划。

4）送货确认。驾驶员把货物送达目的地，并将客户收货确认单带回，输入本次执行任务的信息（如行程、油耗、台班数、货物有无损坏和遗失以及是否准时到达等），这些数据将作为数据统计分析的基础。

5）派车单写入 IC 卡。将派车单的内容写入 IC 卡，相当于派出车辆的电子身份证，可以提高工作效率，减少人为的差错。

6）查询与报表。随时查询各种车辆的运营情况、派车情况、任务完成情况等，可以月度统计报表的形式输出，是运输企业运营分析所必需的功能。

7）车辆和货物跟踪。以 GPS（全球卫星定位系统）、GSM（公用数字移动通信网）和 Internet（互联网）为基础，采用数据分析和智能化决策支持技术，具有车辆调度、监控、反劫、防盗、报警、通信、综合信息服务等功能。

8）监控中心。具有电子地图功能、车辆监控调度功能和通信管理功能。

9）费用结算。对每一笔运输业务的费用进行登记、确认，及时判断业务的盈亏状况。包括企业财务管理的所有过程，从费用登记确认、发票的制作、实收实付的确认和销账，最终生成各种统计分析报表。

（2）铁路货运信息系统。

1）铁路货运信息系统的特点。典型的铁路运输信息系统的特点有：需要采集的数据和信息量大（包括托运人、收货人、发站、到站、车种、车号、货物品名、重量、件数、包装、集装箱型号、数量、经由、里程、运费、记事栏事项等，整装零担车的情况更加复杂，因此，输入、处理、传送的数据和信息量大）；实时性强（铁路货运站作业是昼夜连续不断的，作业数据和信息需要实时进行处理）；技术难度高（零担、中转作业的配装计划，由于影响与制约因素多，作业实时性强，要采用计算机进行编制，技术难度非常高）；维护量大（货运作业的货票信息需要经常修订，如增加线路、增减站名、调整运价等，要求制票功能要经常修改和维护）；信息共享程度高（货票信息不仅在货物运输过程中使用，还要传输到财务、统计部门，做到多部门共享）。

2）铁路货运信息系统的构成。根据铁路货运管理的职能和作业分工情况，货运信息系统由货运作业信息、运转作业信息、装卸作业信息与部门事务信息等四部分组成。根据铁路货运作业的特点，铁路货运信息又分为营业厅信息、中转作业信息、调度信息和各种统计信息等。

铁路货运信息的内容主要有：计划信息（包括月、旬、日货运计划，零担货物集配计划，零担中转作业配装计划与调车作业计划等信息）；作业信息（包括货物的受理与承运，货物的装车与卸车，普零、笨零与集装箱中转，货物的到达交付等信息）；设备信息（包括货区、场库与货位信息，装卸与搬运信息，专用线管理信息，车辆、集装箱与篷布管理信息等）；业务查询（包括货物、车辆与集装箱作业的查询，历史资料查询，安全信息查询等）；统计分析（包括货运有关生产指标的统计与分析，点统计报表等）。

由于铁路货运组织与管理的特点，存在着若干相互独立的工作，因此需要设立相应的子系统。大型综合铁路货运信息系统，应设有整车计划子系统、货运制票子系统、货物到达子系统、普零中转作业子系统、笨零中转作业子系统、集装箱动态追踪子系统、货运统计子系统、装卸作业子系统、运转作业子系统、铁路局信息交换及公用数据子系统等。

（3）船舶运输信息系统。随着信息技术的发展，先进的信息技术和优良的信息系统，已成为海运企业提高核心竞争力，在竞争中制胜的法宝。一般船舶运输企业的信息系统主要由以下六部分组成：

1）基本信息管理。基本信息管理是对船舶基础资料、船舶的进出口岸申报、船舶装卸货、船舶的各种动态、有关船舶的各种数据进行管理的子系统。根据不同的用户级别，访问不同层次的信息。用户可以查看、删除、修改或添加新记录；对各种不同的数据进行查询、统计；打印各种需要的报表。如果在使用过程中遇到问题，可以通过系统的“帮助”功能得到帮助或提示。

2）航次运费结算。航次运费结算是船舶运输企业进行船舶运输费、船舶使用费结算，账单打印和进行相关查询的子系统，主要完成航次费用的结算。

3）出口运费结算。出口运费结算是针对出口货物运费的结算，包括输入船名航次、输入船舶费用、费用审核、发票制作、费用核收、生成财务数据，具有查询、账单核对、发票打印等功能。

4）进出口单证处理。进出口单证处理子系统可以完成进货单和提货单数据（包括托运信息、货物信息、装箱信息、运费信息等）的录入、修改，记录催提、放提和进货等情况，打印到货通知书、提货单、舱单等，具有按各种条件查询信息、报表格式调整和权限设置等功能。

5）集装箱管理。集装箱管理是对不同船舶公司、集装箱公司进行集装箱动态跟踪管理的子系统，具有方便快捷的查询，丰富的数据报表，打印交接单、进出口单证和堆场报文，直接导入数据，对不同的用户实现权限管理等功能。

6）财务接口。财务接口能够与账务处理系统平滑对接，包括接口方案定义、接口格式定义、制作凭证等功能。支持各业务子系统（如出口运费结算子系统和航次运费结算子系统）与多种账务处理系统（如用友、金蝶等）对接。

7.2.3　配送信息系统

1. 配送概述

配送属于物流范畴，是一种特殊的、带有现代化色彩的物流活动，是指物流企业针对社会需求，严格地、守信用地按用户的订货要求，进行一系列分类、编配、整理、分工、配货等理货工作，定时、定点、定量地交给各类用户，满足其对商品的需求。物流配送是以一种全新的面貌代表了现代市场营销的大方向。物流配送使商品流通实现了信息化、自动化、现代化、社会化、智能化、合理化、简单化，使货畅其流，物尽其用，既减少了生产企业的库存，加速了资金周转，提高了物流企业效率，降低了物流成本，又刺激了社会需求，有利于整个社会的宏观调控，提高了整个社会的经济效益，促进了市场经济的健康发展。

（1）资源配置。配送在物流过程中的位置和配送的本质行为，决定了配送是以现代送货形式实现资源最终配置的经济活动。这个概念概括了以下四个方面的内涵：

1）配送是资源配置的一部分，是经济体制的一种形式。

2）配送是资源配置，作用是接近顾客的“最终配置”。

3）配送的主要表现是现代送货。

4）配送在物流过程中的位置，是处于接近用户的那段流通领域，因而有其局限性，配送是一种重要的方式，有其战略价值，它不能解决流通领域的所有问题。

（2）实施形态。按用户定货要求，在物流节点进行货物配备，并以最合理的方式送交用户。这个概念概括了以下六个方面的内涵：

1）描述了接近用户资源配置的全过程。

2）配送的实质是送货，是高水平送货形式。与一般送货的区别在于，一般送货是一种偶然的行为，而配送却是一种固定的形态，是一种有确定组织、确定渠道、确定装备、管理力量和技术力量的体制形式。

3）配送是一种“中转”形式，是从物流节点至用户的一种特殊送货形式。从送货功能看，其特殊性表现为：从事送货的是专职流通企业，而不是生产企业；配送是“中转”型送货，而一般送货尤其从工厂至用户的送货往往是直达型；一般送货是生产什么送什么，配送则是企业需要什么送什么。

4）配送是“配”和“送”的有机结合。配送与一般送货的重要区别在于，配送利用有效的分拣、配货等理货工作，使送货达到一定的规模，取得规模优势，达到以较低的成本送货的目的。配送优势的获取、分拣、配货等项工作是必不可少的。

5）配送以用户要求为出发点，强调用户的定货要求，明确了用户的主导地位。配送是从用户利益出发、按用户要求进行的一种物流活动，因此，在观念上必须明确“用户第一”“质量第一”，配送企业的地位是服务地位而不是主导地位，因此不能从本企业利益出发，而应从用户利益出发，在满足用户利益基础上取得配送企业的利益。

6）要“以最合理方式”进行配送，避免过分强调“按用户要求”。 因为用户要求受用户本身的局限，会损害双方的利益。对配送者，必须以“要求”为据，但不能盲从，应该追求合理性，指导用户实现共同受益。

（3）配送基本功能。在物流管理中，配送是其中的关键节点，应具有以下十个方面的功能：

1）备货功能。备货是配送的准备工作或基础工作，包括筹集货源、订购货物、集货、进货及有关的货物质量检查、结算、交接等。配送的优势，就是可以集中用户的需求进行一定规模的备货。备货决定了配送的成败，如果备货成本太高，会大大降低配送的效益。

2）存储功能。配送服务对象是众多的生产企业和商业网点（如超级市场、连锁店等），为了顺利、有序地完成向用户配送商品的任务，更好地发挥保障生产和消费需要的作用，都要建立现代化的仓库并配备相当的仓储设备，存储一定数量的商品。某些大型配送中心在配送货物的过程中要存储货物，且存储货物的数量非常大、品种非常多。

3）集散功能。集散功能是配送系统所具备的一项基本功能。配送系统凭借其特殊的地位和拥有的各种先进的设备，能够将分散在各地的产品集中到一起，经过分拣、配装向多家用户发运。与此同时，配送系统也可以做到把各个用户所需要的多种货物有效地组合在一起，形成经济、合理的货载批量。利用配送系统来集散货物，可以提高货车的满载率，降低配送成本。

4）分拣及配货功能。分拣及配货是配送成败的一项重要工作，是决定整个配送系统服务水平的关键功能。配送服务对象之间存在着很多差别：各自的性质不同，经营规模不一样，在订货或进货时，不同客户对货物的种类、规格、数量等有不同的要求。为了有效地向不同的客户同时配送多种货物，配送系统必须采取适当的方式，对采购进来的货物进行拣选。在此基础上，按照客户的订单进行分装和配装货物，具有分拣货物的功能，发挥分拣系统的作用。

5）配货功能。当单个客户配送数量不能达到车辆的经济载荷时，就存在集中不同客户的配送货物，进行搭配装载，充分利用运能，解决这种问题的方法就是配货。通过配货可以大大提高送货的经济效益和服务水平，降低送货成本，是现代配送不同于以往送货的重要区别之一。

6）衔接功能。配送系统能够将各种产品直接运送给用户，客观上起到了生产者与消费者的媒介作用，这是配送系统衔接功能的表现。此外，通过集货与存储货物，配送系统还有平衡供求关系的作用，能有效地解决季节性产品的产需衔接问题。

7）加工功能。为了提高配送水平，许多配送系统都配备了各种加工设备，形成了一定的配送加工能力，能够按照用户提出的要求和合理配送商品的原则，将货物加工成一定的规格、尺寸和形状，加工的目的较为简单。

8）配送功能。配送系统根据客户需求，将货物按时按量送至用户。配送的核心是配货，可以为同一用户配送多品种多规格的货物，也可以是一次运输车辆为不同用户配送一种或多种货物。可以为商业经销、最终用户配送生活资料，也可以为制造商配送原材料、零部件。

9）运输功能。配送运输属于运输中的末端运输、支线运输，与一般运输的主要区别在于：配送运输是距离较短、规模较小、频度较高的运输形式，一般使用汽车做运输工具。配送运输由于配送用户多，城市交通路线比较复杂。如何组合成最佳路线，如何使配载和路线选择能有效搭配等，是配送运输的特点，也是难度最大的工作。

10）信息功能。由于多种功能齐聚在配送系统，配送系统必然会成为信息中心，货物到达、分发、装卸、搬运、储存保管、销售、客户、价格、运输工具及送货时间等各种信息都在这里收集、整理、交汇和发布。

（4）费用结算业务。费用结算功能主要完成承运人的对外结算业务，包括与客户结算、与运输人结算以及与保险人结算。配送系统提供灵活多样的结算方式，分包干与非包干两种模式，支持按业务单据、按日、按周、按月的不同结算功能，并能对结算的费用明细和合计同时进行免收、打折、预交、补交等操作。

1）客户结算。与客户结算时，系统根据配送单据的货物明细及各种货物的配送收费标准计算费用，包括装卸费、保管费、加工费、保险费、理货费、订单加急费等，与运输费相加得到本次结算的应收款。如果结算单据是订单，并且是以包干方式下达的，则不必统计与本订单相关的费用，直接按订单的“货物总配送费”收款即可。

2）运输人结算。与运输人主要是进行运输费用的结算，可以单笔结算，也可以批量结算，可以指定时间段结算，也可以是所有业务进行结算。根据每笔业务单据的总运费和预付款，计算其差额，得到本笔业务单据的应付款。与本次结算有关的其他费用也要加入运输人的结算单明细中算，包括运输过程中发生的、承运人同意增付的费用。

3）保险公司结算。根据已完成的相关配送业务的投保单，系统自动统计应付保险金额，记录本次保险的实际付款金额。如果投保单相关的货物发生破损、丢失，向保险公司索取赔偿金时，待赔偿结束后，再与客户进行结算。

2. 配送信息管理

配送信息是配送系统的神经中枢，只有做到及时、有效地传输、处理配送信息，才能对系统内部的人、财、物、设备和方法等五个要素进行有效的管理。配送信息管理主要是通过计算机系统对配送作业过程产生的订单、集货、存储、拣选、分货、配货等各种信息进行管理与维护。

（1）基本信息管理。对各种货物信息、客户信息、仓位信息的管理。

（2）合同管理。对配送合同、合同有效期、报价单等的管理。

（3）入库管理。对客户订购的货物的入库单、到货通知单、条码打印（货物、储位）、入库上架的管理。

（4）出库管理。对客户的出库单、分拣、加工、包装、装箱清单、出库的管理。

（5）配送管理。对配送计划、订车单、装车清单、配送路线选择、车辆跟踪、配送回执的管理。

（6）库内管理。对转储、盘点、库内作业单等的管理。

（7）费用结算。对计费方式、收付款、发票、对账单、财务核销等的管理。

（8）查询统计分析。对库存查询及各种业务单的查询统计和分析。

3. 配送信息系统概述

配送信息系统采用大集中的管理模式，使配送信息能够流通顺畅，各业务点的信息高度共享，增强了配送企业决策的及时性和客观性，帮助企业实现数字化管理。配送信息系统重点解决配送过程的核心问题，如运输过程的监控与信息反馈、运输车辆的调度、配送成本核算等。该系统可大幅度地提高各作业环节的配合效率，降低配送成本，提高配送企业的综合效益。

4. 配送信息系统的功能结构

配送信息系统一般由六个子系统组成：销售出库子系统、采购入库子系统、库存管理子系统、财务管理子系统、运输管理子系统、经营绩效管理子系统等。每个子系统又由若干作业处理模块组成，实现配送系统的各项机能，完成配送系统的目标。

（1）销售出库子系统。销售出库子系统是配送信息管理的中心之一，涉及从客户订单、订单处理、仓库管理、出货准备，将商品运送至客户，均以对客户服务为对象。内部作业有：进行订单需求统计，传送到采购入库管理系统作为库存管理的参考，并从采购入库管理系统处取得入库数据；在商品发货后将应收账款账单送至财务子系统进行转账；最后将各项内部数据提供给经营绩效子系统作为考核参考。

销售出库管理子系统包括订单处理、销售分析与销售预测、拣货与包装、派车与配送及包装出库处理等功能模块。

1）订单处理。订单处理包括自动报价和接收订单，自动报价系统需要输入的数据有：客户名称、询问商品的名称、商品的详细规格、商品等级等，系统根据这些数据调用产品明细数据库、客户交易此商品的历史数据库、对该客户报价的历史数据库、客户数据库、制造商采购报价等，获取该客户的历史资料，如以往交易记录及数量折扣等信息，再按配送净利润与配送成本、保管成本等制定销售价格。接着由报价单制作系统打印出报价单，经销售主管核准后送给客户，报价单经客户签字返回后即可成为正式订单。

2）销售分析与销售预测。销售分析与销售预测子系统包括销售分析、销售预测、商品管理等功能模块。

- 销售分析。销售分析主要是为了让销售主管及高层主管对现有销售状况有全面的了解。管理人员可输入销售日期、月份、年度、商品类别、商品名称、客户名称、作业员名称、仓库名称等，查询各种销售信息或销售统计数据。
- 销售预测。销售预测是协助高层主管根据现有销售资料预估配送中心的发展方向，准备未来库存需求量、产能需求及投资成本的需求。基于计算机的预测可提高时效性，销售预测一般可根据作业模式或统计方法实现，包括最小二乘法、移动平均法、时间序列分析、指数平滑法、多元回归分析等。销售预测系统还需将影响销售预测结果的外界数据转换成模型内的参数，并按特定需求查询及打印商品销售预测报表、工具设备需求报表、库存需求报表、人力资源需求报表、成本需求分析报表等。

销售分析与销售预测功能要访问的文件包括订单数据库、出货配送控制数据库、商品目录数据库、商品明细数据库、预测工具数据库、客户对商品反应数据库、入库数据库等。能提供商品销售量统计报表、年度商品数量统计报表、年度及月份商品数量统计比较分析报表、商品成本利润百分比分析报表等，可查询各销售员的业绩以及各仓库经营业绩等数据。

- 商品管理。商品管理是协助销售主管了解消费者的消费变化趋势，销售主管只需按需求输入查询即可。常用的商品管理报表有商品销售排行表、畅销品及滞销品分析表、商品周转率分析表、商品获利率分析表等。

3）拣货与包装功能模块。这两个模块的功能是根据客户的订单内容做出货前的准备工作，通常由仓库管理员或作业计划员使用。管理员调用此模块，输入配送日期或包装加工日期后由计算机自动检索订单数据库、库存控制数据库、设备调用数据库、工具调用数据库、人力资源调用数据库、自动拣货机数据控制对照数据库、拣货产能调用数据库、自动包装机数据控制对照数据库、包装材料数据库、包装标准数据库、配送加工标准数据库、包装产能调度数据库等，计算工作量、人力需求和库存量需求等，制作拣货规划报表、包装加工规划报表、批次拣货调度报表、批次拣货单、订单式拣货单、客户地址标签，人力规划调度报表、补货调度规划报表、库存取用统计表、拣货差异分析表、派工单或拣货单等，作为分派工作的根据及作业进度的管理与控制依据。拣货人员或包装加工人员领取派工单或拣货单时，即根据派工单或拣货单进行作业。

作业完毕，将实际作业进度及其他修正数据输入各数据库，作为拣货、配送加工数据库、包装加工数据库及订单数据库中拣货、包装加工需求、库存量的减项，并打印各类实际工作报表。

4）派车与配送功能模块。该模块的功能是根据客户的订单，由管理人员将当日出货的订单汇总，查询车辆数据库、车辆调用数据库、客户数据库、地图数据库等，先将客户按其配送地址划分区域，然后统计该区域出货商品的体积与重量，以体积最大或重量最重者为首选配送条件，分配配送车辆的种类及数量。然后访问外车数据库、自备车数据库、工具设备数据库、人力资源数据库等，制定出车批次、装车及配送调度，打印配送批次规划报告、批次配送调度报表等。批次调度报表包括月台、机具设备、车辆、司机、装车搬运人力及随车人员的分配表等。自动生成的配送计划可人工修改，修改后的数据转入出货配送数据库，作为车辆、月台、机具设备、人力调度等分派工作的基础数据，以及修改设备数据库、工具数据库、人力资源数据库、车辆数据库的依据。

5）出库处理功能模块。该模块的功能是在确定配了送装车批次之后，由配送计划模块打印客户出货单，集货员凭出货单及批次调度报表，将商品由拣取区取出并核定出货单的商品内容，然后集中于出货月台前准备装车。

商品配送出库后，客户的订购数据由订单数据库转入应收账款数据库，财务人员将应收账款按客户进行统计并打印催款单及发票。收到客户的付款后，由财务人员确认并登录，作为应收账款的销项，转为收支会计系统的进项。该模块还可以打印应收账款统计表、应收账款收入状况一览表等。

（2）采购入库子系统。采购入库子系统是处理与供货商的相关业务，包括商品实际入库、根据入库商品内容进行库存管理、根据需求商品向供货商下订单。

1）采购管理模块。采购管理模块的功能是为采购人员提供快速、准确的采购单，使商品能在出货前准时入库，保证无货物库存不足或积压太多等情况的发生。此模块具有采购预警、供应商管理、采购单打印、采购跟催等功能。

库存控制模块建立采购批量及采购时间文件后，仓库管理员可以随时调用采购预警功能核对需要采购的商品。仓库管理员输入日期，系统访问库存数据库、采购批量及采购时间数据库，对比现有库存数量是否低于采购点，如果库存数量低于采购点，就将此商品的情况打印出来，打印报表内容包括商品的名称、建议采购量、现有库存量、已订购的商品数量等数据。采购预警系统打印出建议采购商品报表后，仓库管理员可以根据报表内容查询供应商数据，输入商品名称，从供应商数据库中检索供应商报价数据、以往交货记录、交货质量等数据作为采购参考。

该功能提供的报表有商品供货商报价分析报表、各供货商以往交货记录报表。根据这些报表，仓库管理员可按采购商品需求向供应商下达采购单，此时仓库管理员需输入供应商名称、采购数量、商品等级等数据，由系统自动获取日期来建立采购数据库，打印出采购单作为配送系统对外采购使用。当配送系统与供应商通过电子订货系统采购商品时，系统还需具备 EDI 的数据接收、转换与传送功能。

采购单发出后，仓库管理员可以使用采购跟催系统打印预定入库报表和已采购未入库报表，作为商品入库跟催或商品入库日期核准的依据。仓库管理员只需选择欲打印报表名称，系统可以根据当时的日期与采购数据库进行比较，打印未入库数据。采购单可以由单笔或多笔商品组成，允许有不同的进货日期。

2）入库作业处理模块。入库作业处理功能包括预定入库数据处理和实际入库作业。

- 预定入库数据处理。预定入库数据处理功能打印的定期入库数据报表，为入库月台调度、入库人力资源及机具设备资源的分配提供依据。其数据来自采购单上的预定入库日期、入库商品、入库数量等，还可以将供应商预先通告的进货日期、商品及入库数量等定期打印出报表。
- 实际入库作业。实际入库作业发生在供货商交货之时，输入数据包括采购单号、供货商名称、商品名称、商品数量等，可输入采购单号来查询商品名称、内容及数量是否符合采购内容，并用以确定入库月台。仓库管理员负责指定卸货地点及摆放方式，仓库管理员检验合格后，修改入库数据，包括将采购单转为库存数据输入库数据库，调整库存数据库。

商品入库后有两种处理方式：立即出库或上架入库再出库。

- 立即出库。如果采用立即出库的方式，入库系统应具备待出库数据查询和连接派车计划与出货配送系统的功能，当入库数据输入后，立即访问订单数据库取出该商品待出货数据，将该数据转入出货配送数据库，并修正库存可调用量。
- 上架入库再出库。如果采用上架入库再出库方式，入库系统应具备货位指定功能和货位管理功能。货位指定功能是指入库数据输入系统时，由货位数据库、产品明细数据库计算入库商品所需货位大小，根据商品特性及货位储存现状确定最佳货位。货位管理功能主要是完成商品货位登记、商品跟踪，提供已使用的货位和空货位报表等，作为货位分配的依据。

货位指定功能还应具备人工设置功能，方便库管员调整货位，还能根据多种需要查询入库数据。商品入库后系统可以自动过账，使商品入库即记入总账。

3）库存控制模块。库存控制模块主要是进行货物库存数量控制和库存量规划，避免因库存积压过多造成的经济损失。该功能包括商品分类分级、商品采购、库存跟踪、库存盘点和库存控制等作业内容。

- 商品分类分级模块。分类分级功能是按商品类别统计其库存量，按商品库存量进行排序和分类，为仓库进行规划布置、商品采购、人力资源配置、工具设备选用等提供依据。商品分类分级还可按商品单价或实际库存金额进行排序。此功能主要是以商品为主体生成各种排序报表。
- 商品采购模块。商品采购功能主要是确定商品采购的时间和数量，该功能将影响配送企业的资金周转与库存成本，在采购前要根据供应商的情况，制定商品的经济采购批量和采购时间。该模块通过访问商品数据库、供应商报价数据库、库存数据库、采购数据库等，获取商品名称、商品单价、商品现有库存量、采购提前期及配送成本等数据，完成商品经济采购批量及采购时点的计算。输出报表主要包括商品安全库存报表、商品经济批量报表、定期采购点查核报表、定期库存量统计报表等。
- 库存跟踪模块。库存跟踪功能主要是延续入库作业处理中货位的管理，该模块从现有的数据库中调用商品的储存位置、储存区域及分布状况，查核商品库存量等，生成的报表有商品库存量查询报表、商品货位查询报表、积压货存量与货位报表等。
- 库存盘点模块。库存数量的控制与货位的管理等作业，有赖于库存数据和货位数据的正确性，因此，需要进行盘点作业。盘点作业一般有两种方式：定期盘点与循环盘点。盘点作业功能主要包括定期打印各类商品报表，实际盘点后输入实际库存数据，打印盘盈盘亏报表、库存损失率分析报表等。定期盘点是以季、半年或年度为盘点时段，循环盘点是在普通工作日针对特定商品进行盘点。仓库管理员在盘点前调用库存盘点功能，输入商品或仓库名称、仓库区域名称等，系统调用库存数据库、货位数据库来检索商品储存位置及数量、该区域所有商品的库存数与货位数据，打印盘点清单。库管员持该清单会同会计人员进行实际盘点，用盘点误差修正盘点清单，然后用此数据通过盘点数据维护系统更改库存数据库和货位数据库。

盘点还可由库管人员以手持式数据收集设备现场收集库存数据，将数据输入库存盘点系统，以批量方式修正库存数据库；或采用射频数据收集设备，在盘点的同时将数据同步传回进行处理。

- 库存控制模块。库存控制功能应具备按商品名称、货位、仓库、批号等数据分类查询的功能。并设有定期盘点或循环盘点时点设定功能，使系统在设定时间自动启动盘点，打印各种表单协助盘点作业。当同一种商品有不同储存单位时，系统应具备储存单位自动转换功能。

（3）仓库管理子系统。仓库管理子系统包括机具设备的使用规划功能与配送系统的空间区域规划布置功能。机具设备的使用规划功能包括设备使用与管理、机具的保养与维护，月台使用计划及调度、仓储区管理、托盘管理、托盘装卸方式规划、堆叠托盘方式设计、车辆保养维修、燃料耗材管理等。配送系统的空间区域规划布置功能包括仓库规划布置计划、拣货区规划、包装区规划、仓储区规划等。

（4）财务管理子系统。财务管理子系统的功能主要是通过采购功能传来的商品入库数据，核查供货商送来的催款数据，并据此给供货商付款；或根据销售功能传来的出货单，制作应收账款催款单，收取应收账款。财务管理子系统还制作各种财务报表提供给经营管理者，作为经营绩效分析的依据。

1）账务处理模块。账务处理功能是根据销售子系统、采购子系统转入的数据，制作会计总账、分类账和各种财务报表。

2）人事工资管理模块。人事工资管理功能包括人事数据的建立与维护、生成工资统计报表、打印工资单，与银行计算机联网转换工资数据等。

（5）运输管理子系统。配送系统由于配送的客户数量重多，而每家客户配送商品的数量少、项目多，位置分布范围广，需要较强的运输控制能力。运输管理子系统具备配送途中数据传输及控制的功能，可以跟踪商品动向、控制车辆及车上设备，在配送途中发生意外的情况下，可以通过通信系统重新设定配送途径，使配送工作能顺利完成。系统主要的输出报表有出货配送报表、出货配送差错分析报表、客户反应报表等。运输管理子系统主要有以下功能：

1）配载调度模块。根据运力资源的实际情况，对运输作业任务进行调度，生成相应的运输作业任务。可以根据货物的重量、体积、目的地、车辆情况、驾驶员情况和线路情况等，作出最优的车辆、货物和路径的选择，实现完美的配车与配载。具有线路选择、装载规划和车辆调度等功能。

2）运输过程控制管理模块。该功能是记录车辆的载货情况、行车情况和车辆考核等。可以打印行车单、撤销行车单、标记车辆在途标志、打印出车情况分析表等。

3）运输资源管理模块。运输资源管理主要是对配送系统的所有运输资源进行管理，包括自有车辆、外包车辆、作业人员管理等模块。作业人员管理包括基本信息的记录、人员权限设置、员工考勤等；车辆管理包括生产量查询、车辆业绩统计、车辆档案管理、车辆保养、车辆消耗、路线管理和车辆修理等。

4）货物跟踪模块。货物跟踪功能是指物流配送系统利用现代信息技术，及时获取有关货物运输状态的信息，如货物品种、数量、货物在途情况、交货期间、发货地和到达地、货物的货主、送货责任人等，提高配送服务质量。

（6）经营绩效管理子系统。经营绩效管理子系统从各子系统取得信息，制定经营政策，将政策内容及执行方针告知各个经营部门。经营绩效管理子系统包括配送资源计划、经营管理和绩效管理等功能。

1）配送资源计划模块。配送资源计划在配送系统具有多个运作单位时规划各种资源及经营方向、经营内容。该功能模块包括仓库选址及数量规划、多仓库存控制、多仓设备规划控制、多仓人力资源计划、多仓商品规划、多仓商品分配计划、多仓商品配送计划等。

2）经营管理模块。经营管理模块是配送系统高层管理人员使用的功能，用来制定各类管理政策（如车辆设备租用、采购计划、销售策略计划、配送成本分析系统、运费制定系统、外车管理系统等），偏向于投资分析与预算分配。该功能模块包括车辆设备租用、采购计划、销售策略、配送成本分析、外车管理等。

- 车辆设备租用、采购计划功能是利用现有的数据，如配送需求统计、车辆的调派现状、人力资源利用率等数据，作为车辆采购或雇用外车的分析基础。
- 销售策略功能主要是根据销售额、销售业绩、商品销售能力、销售区域等数据，制定配送系统的销售规划政策，包括商品内容、客户分布、业务员销售额及区域划分、市场营销对策制定和促销计划等。
- 配送成本分析功能是以财务数据为基础，分析配送系统的各项费用，反映企业盈利或资源投资回收的状况，同时也可作为配送费用制定的依据。配送成本分析与配送费用制定是非常重要的功能，配送系统需要确定配送费用是否具有竞争力，以赢得客户。
- 外车管理功能主要是管理外雇车辆，包括外车雇用数据的维护、管理方法的分析、配送车辆的调度及制订调度计划等。

3）绩效管理模块。绩效管理模块的功能是：提供良好的信息反馈作为政策、管理及实施方法修正的依据。该模块包括作业人员管理、客户管理、订单处理绩效报表、库存周转率评估、缺货金额损失报表、拣货绩效报表、包装绩效报表、入库作业绩效报表、装车作业绩效报表、车辆使用率评估报表、月台使用率评估报表、人力资源使用绩效报表、机器设备使用率评估报表、仓库使用率评估报表、商品保管率评估报表等。

5. 配送信息系统的体系结构与应用环境

配送信息系统采用大集中和浏览器/服务器（B/S）的操作模式。服务器、数据库和应用系统都集中在数据中心，配送企业不需要单独建立服务器、数据库及安装应用系统，只要接入数据中心，通过浏览器进行系统业务操作即可。整个系统的维护工作主要集中在数据中心进行，接入的各物流企业几乎不需要技术维护人员。数据中心采用双机热备、负载均衡、容错处理、高可用性软件管理等现代流行的计算机技术，确保配送信息系统 24 小时不间断运行。

6. 配送信息系统评价与分析

对配送信息系统的评价与分析，主要在以下几个方面：

（1）对资源整合是否有利。配送信息系统面向物流配送企业实现了跨地域、跨企业的管理，有利于各种资源的整合、规范和优化业务流程，全面提升物流配送企业的信息化管理水平。

（2）对在途车辆的实时监控。在配送信息系统中，既可以按路途，也可以按时间段对运输车辆进行监控；还可以使用电话、手机短信、GPS 等多种手段进行监控。

（3）提供网上远程信息服务。配送中心、客户、保险人都能通过互联网查询配送车辆、配送货物的信息，及时了解当前车辆到达地点、道路交通状况、货物情况等，大大地降低了各方的运作成本。

（4）支持多种业务。在配送信息系统中，实现了多种业务功能，包括返程配货、中途备货和到货后的配送、灵活的费用结算、订单的及时中止与变更等，为配送企业拓展业务创造了有利的条件。

（5）具有严密的费用管理体系。配送信息系统能严格区分保证金、管理费用、配送成本等，既可以单独核算，也可以进行整体效益汇总。

（6）定制作业流程。根据不同客户的实际情况和业务需求，实现灵活地定制配送作业流程，满足不同层次客户的要求。

（7）使用方式灵活。对于大型企业，既可以采用接入式方式，也可以单独建设综合配送服务信息平台；对于中小型企业，从时间和费用等方面考虑，可以采用接入式方式，在大型数据中心开辟独立的虚拟专用空间，迅速实现配送服务的信息化管理。

（8）系统开放性。配送信息系统具有统一的、符合国家标准要求的数据格式和数据接口，便于企业间的数据交换以及与其他的应用系统的数据交换。

（9）实现综合的物流管理平台。配送信息系统可以为配送企业提供完善的综合管理解决方案。通过综合信息平台帮助配送企业大大地提高其服务水平，增强客户的满意度，最终提升其核心竞争力。

7. 配送信息系统实例

（1）深九公司的配送信息管理。深九公司是 1996 年成立的中日合资公司，公司在开业之初就把建设公司的配送信息系统当作重点任务，其物流配送信息系统是比较先进的，集中了双方一批优秀的程序员、系统分析员在现场耗费近 3 年的时间，才基本完成了配送信息系统的开发、使用、调试。该系统在局域网上运行，有工作站 23 个，使用 Windows 平台，用 VFP6.0 数据库编程，具有客户管理、订单管理、作业调度管理、运输管理、仓储管理、应收应付账务管理、作业统计管理等功能。该系统的特点有：① 系统实行自上而下的设计；② 实现了分类核算；③ 多本账目合一；④ 规范了企业的业务流程，使作业有序化；⑤ 强化了对客户配送服务；⑥ 使用了 Internet 数据服务方式，方便了客户，节省了通信费用。

（2）中小型快递企业的网上配送交易市场。目前，国内多数快递企业的规模较小，他们有限的资金不可能配置完备的物流设备和开发先进的配送信息系统，他们的投资回报率很低。针对这种情况，有人提出了建立网上配送交易市场的构想，它适合中小型快递企业加入，有利于发挥资源共享的优势。

1）建立网上配送交易市场的优点。网上配送交易模式，是建立一个快递服务的交易市场，适合中小型快递企业加入。它是一个电子化的配送市场，是利用因特网技术，为货主和第三方物流公司提供一个可供委托的网络，为供需双方提供一个实时中立的交易平台。这个网络为那些需要高效运送货物的货主，或有临时递送需求的个人服务。它与一般的快速企业网站不同，登录这个交易市场，货主可以从众多的快递企业中选择最适合其业务的服务商，享受专业公正的快递服务。

2）网上配送交易市场的运作模式。网上配送市场作为一个中立的交易平台，其管理者并不直接参与快递服务的交易。这样管理者、快递企业及货主三方形成了相互制约的关系。其运作模式可以采用会员资格模式、交易双向选择模式等。

3）以 EDI 为核心的配送模型。以电子数据交换技术（EDI）为核心的配送模型，由快递企业通过 EDI 系统为其客户提供快递服务。它是由需要快递服务的企业、快递企业、收货方组成的配送模型。以下是对此配送模型的简单解释。

- 发货方把需要递送货物的清单及运送时间安排等信息通过 EDI 发送给快递公司和收货者方，快递企业据此制订车辆调配计划或与航空公司联络，预定舱位。
- 发货方依据客户要求和货物运送计划下达发货指令、分拣配货、打印物流条码，同时把所运送货物的品种、数量、包装等信息通过 EDI 发送给快递公司和客户，快递公司接到运送请求后着手实际递送。

- 快递公司在向发货企业上门取货时，利用扫描枪读取货物的物流条码，并与先前收到的货物递送数据进行核对，确认运送货物。
- 快递企业在配送中心对货物进行整理、集装、做成送货清单并通过 EDI 向收货方发送发货信息。在货物运送的同时进行货物跟踪管理，并在货物送达后，通过 EDI 向发货方发送完成业务的信息，随后进行网上运费结算。
- 收货方在收到货物时，利用扫描枪读取货物的物流条码，并与先前收到的货物递送数据进行核对，同时通过 EDI 向快递企业和发货方确认收到货物。

以上只是一个简略的配送过程，快递公司要想顺利地完成任务，还需要与托运方商讨很多细节问题。

7.2.4 第三方物流信息系统

1. 第三方物流的概述

第三方物流（3PL）是由供方与需方以外的物流企业提供物流服务的业务模式，是物流服务专业化、一体化的产物，是物流理论与实践不断深入发展的结果。

自 20 世纪 90 年代以来，作为一种新兴的事业形态和物流管理模式，第三方物流在全球范围内迅速发展，引起了企业界和理论界的广泛关注。第三方物流企业的服务具有以下特点：

（1）第三方物流企业提供的服务是合同导向型的系列服务。第三方物流企业更多的是提供多功能甚至全方位的物流服务，注重的是客户物流体系的整体运作效率与效益。此外，第三方物流企业是根据合同条款的要求，而不是客户的临时需求，提供系列的物流服务。

（2）第三方物流企业提供的是个性化物流服务。第三方物流企业的服务是从客户的角度考虑，为客户提供定制服务。从这个意义来看，第三方物流企业更像是客户的一个专职“物流部门”，只是这个“物流部门”更具专业优势和管理经验。

（3）第三方物流企业要求供需双方建立长期的战略合作伙伴关系。第三方物流企业不是储运公司，也不是单纯的速递公司，而是客户企业在物流领域的战略同盟者。在服务内容上，为客户企业提供仓储、运输或配送服务等综合物流服务，其最终职能是保证客户企业物流体系的高效运作和不断优化的管理。第三方物流提供的服务，注重客户企业的物流整体运作效率与效益，其业务触及客户企业的销售计划、库存管理、订货计划、生产计划等整个生产经营过程，远远超越了与客户企业一般意义上的业务关系，而是紧密地结合成一体，形成了一种战略合作伙伴关系。

（4）第三方物流企业的服务是以现代信息技术为基础。信息技术的发展是第三方物流出现和发展的必要条件。现代信息技术实现了数据的快速准确传递，提高了订单处理、采购订货、仓库管理、装卸运输等的自动化水平，使订货、包装、保管、运输、流通加工实现一体化，客户企业可以方便地使用信息技术与物流企业进行交流和协作，企业间的协调可以在短时间内迅速完成。

2. 第三方物流信息系统

第三方物流信息系统是在对第三方物流企业运作模式进行详细调研和需求分析的基础上，以第三方物流业务流程为核心、以物流信息技术为依托开发的信息管理的人机交互系统，是第三方物流企业生存的必要条件。它具有对仓储、运输、装卸、搬运等物流信息的收集、存储、加工、转换及辅助决策的功能。

基于第三方物流业务流程开发的第三方物流信息系统主要包括客户管理，报价管理，路单核销、签收管理与统计分析管理等子系统。

（1）客户管理子系统。客户管理子系统主要是对客户基本信息进行增加、修改、删除及查询处理。

（2）报价管理子系统。报价管理子系统是在客户咨询报价时，系统调用历史报价数据库，及时了解相似或相同货物类型、路线的历史报价记录，以便物流企业能够及时把握运输线路的报价动态。

（3）路单核销、签收管理子系统。路单核销是根据托运单的运输内容、运输里程，核销运输过程中所发生的实际燃油费、过路费、收入等；签收是客户根据托运单的运输品种、数量，在货物实际运达之后对货物进行检查，并且在托运单上签字确认。

（4）统计分析管理。统计分析管理子系统是通过对运输量、运输收入、运输毛利润等项的查询统计，分析这些统计数据，及时了解物流公司的运营情况、客户对物流公司的贡献率和最佳运输线路的设计控制，为物流公司发展战略的制定提供可靠、真实的依据。

3. 第三方物流企业的运输信息系统实例

某第三方物流公司，主要为客户提供运输物流服务，包括接货、卸货、入库、出货配送、退换货服务、调拨及其他物流增值服务。在激烈的市场竞争中，根据客户的要求和自身管理的需要，第三方物流物流企业应该做到的几个方面是：①及时跟踪货物的运输过程；②了解库存的准确信息；③合理调配和使用车辆、库房、人员等各种资源；④为货主提供优良的运输服务；⑤为客户提供实时信息查询和物品承运的各种信息。

要快速、准确、优质地完成这些服务，使客户满意，第三方物流公司必须建立功能强大、使用方便、稳定可靠的物流信息系统。同时，作为第三方物流服务商，还要组织和管理丰富多样的物流资源。物流系统的三个基本要素是仓储系统、运输系统和物流信息系统，它们对整个虚拟物流链进行调度和管理。仓储系统和运输系统都属于物流资源，可以是物流企业自备资源，也可以是社会化资源。物流信息系统则对所有物流资源进行调度，通过合理的资源调度分配计划，为客户提供优质的物流服务。

4. 第三方物流企业的配送信息系统实例

作为第三方物流企业的配送信息系统，应当既能满足大型生产制造商对原材料、零部件在世界各地采购，零库存的及时配货、送货的运作要求，又能满足小型商业的小批量多品种的配送运作要求，还能满足为客户代理的大量货物整进批出、随进随出的运作要求。结合先进的条码技术、无线射频技术、GPS 技术、GIS 技术以及电子商务技术，实现智能化配送。

第三方物流企业的配送信息系统最基本的功能就是录入客户订单，并按客户的要求进行预处理，生成所需的单据，如订车单、选货单、装车单、加工单等，传到各有关部门进行具体操作。还应提供查询功能，查询客户货物所处的状态。具体功能如下：

（1）基本信息管理功能。基本信息管理功能模块主要是对配送过程中的基本数据进行初始设置。输入客户信息是配送系统最基本的工作，应做到系统内部数据统一规范，避免差错和重复录入，做到一次录入，全系统使用。这样可以大大提高工作效率，减小人工录入的失误概率。该模块的功能包括：客户信息的录入，货物资料的录入，仓库仓位的设置，币种汇率的设

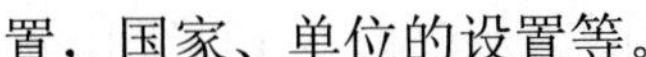

置，国家、单位的设置等。

（2）入库信息管理功能。入库信息管理功能模块将入库分为入库资料、入库配车、入库报关、入库卸车、入库验货、分配仓位、报关确认和入库确认等部分。

（3）出库信息管理功能。出库信息管理功能模块将出库分为出库选货、出库资料、出库配车、出库报关、出库装卸、报关确认和出库确认等部分。

（4）加工信息管理功能。加工信息管理功能模块将加工分为修改仓位、费用处理和转货主（客户之间的货物转移）等部分。

（5）货物信息查询功能。货物信息查询功能模块可以按部件号、订单号、仓位、客户名等对货物进行查询。

7.3　现代物流辅助功能信息系统

7.3.1　订单信息系统

1. 订单管理概述

订单管理的对象是订货单和票据，是企业经营的基础。具体功能包括记录订货单、购货单和结算单据、收据、工资支付单据、收付账款等基本业务活动，为高层次的物流管理提供基础数据。订单管理包括订单准备、订单传送、订单记录、订单审核、订单履行、订单状况报告等。完成每项业务所需的时间取决于业务涉及的内容。

（1）订单承接。订单承接主要是指承接客户订单的相关操作，由客户正式提出购买所需的产品或服务，而提供的必要信息和要求的活动，包括客户或销售人员填写订单，查询库存，库存不足要确定适合的供货商，通报订单信息等。

（2）订单传送。订单传送涉及订货请求从发出地到订单记录地的订单信息传送过程。订单传输可以通过两种基本方式完成：人工方式和电子方式。人工方式包括寄送订单，由专人将订单送到记录地点，特点是速度慢，成本低。随着传真机、网络电话、电子邮件和卫星通信的广泛应用，利用电子方式传送订单已经相当普遍，特点是可靠性高、准确度高，可以瞬间完成订单信息的输送，基本取代了人工传输方式。

（3）订单记录。订单记录是指在订单履行前进行的各项订单内容的记录工作，主要包括：①核对订货信息（如商品名称与编号、数量、价格等）的准确性；②检查所需商品的库存情况；③库存不足，准备采购订单或取消客户订单的文件；④可以供货，审核客户信用；⑤必要时，转录订单信息；⑥开具账单。

（4）订单履行。订单履行是由与顾客订购的实物有关的活动组成，主要包括：①通过提取产品库存、生产或采购，为客户准备所订购的货物；②对货物进行运输包装；③安排送货；④准备送货单证和运输单证。其中有些活动可以与订单记录同时进行，缩短订单处理时间。当订单较多时，订单履行的先后次序会影响到较重要订单的处理速度。因此，要制定订单处理的优先顺序规则。一般的订单处理优先顺序是：①先收到，先处理；②使订单处理的时间最短；③预先确定订单顺序号；④优先处理订货量较小、处理相对简单的订单；⑤优先处理承诺交货日期最早的订单；⑥优先处理距约定交货日期最近的订单。

如果不能立即得到客户所订购的全部货物，就会出现分割订单的情况。这样，要完全履行订单就需要额外的订单处理时间和处理过程。在接到订单后不立即履行订单、发运货物，而要压后一段时间，以便集中货物的运量，降低货物运送成本。这种决策需要制定更为详细的订单处理程序，增加了问题的复杂性。因为订单处理程序必须与送货计划妥善协调，才能全面提高订单处理、交货作业的效率。

（5）订单状况的报告。订单处理的最后环节是通过向客户报告订单处理过程或货物交付过程中的延迟情况，确保优质的客户服务。主要包括：①在整个订单处理过程中的订单跟踪；② 向客户报告订单处理进度、订购货物交付时间等信息。这是订单处理的监控过程，一般不会影响订单处理的时间。

2. 订单信息系统

订单信息系统是物流信息系统运行的基础，负责向管理信息系统、决策支持系统和其他相关的信息系统及管理工作提供所需的数据。

订单信息系统提供多种操作订单的途径，包括业务受理录入、客户系统导入和客户网上下单等，允许录入新订单及删除和修改、暂停/继续一个未执行的订单，终止/修改一个正在执行的订单。订单内容包括紧急程度、加急费信息，托运货物的信息，装货点、卸货点信息，客户要求的装货时间和到达时间等。

（1）录入订单。将客户下达订单的具体内容录入信息系统，可以对订单进行增加、删除和修改等操作。一般情况下，一个订单只有一个装货地点和一个卸货地点，该系统也支持一个订单包括多个装货点和一个卸货点，以及一个装货点和多个卸货点的情况。

在订单中要明确结算方式，确定与客户最终的结算是以包干方式结算，还是按货物明细结算。如果订单不是以包干方式结算，要检查系统中有无该客户的运费收费标准，如果没有对应的标准，系统将提醒管理者。

由于订货请求包含的信息与信息系统要求的格式不同，因此，要按照信息系统的要求进行订单录入。订单录入工作可以由人工完成，也可以由系统自动进行。

条形码、光学扫描仪以及计算机的使用，极大地提高了订单录入的效率。其中，条形码和扫描技术对于准确、快速、低成本的录入订单信息尤为重要。与人工键盘录入数据相比，条码扫描技术有显著的优越性。这也是条码技术在零售、制造和服务业应用日益广泛的原因。

（2）订单终止。根据客户的要求，对已经派车但还未完成的客户订单进行终止操作。订单终止后与该订单相关的派车单也要做相应的调整。如果终止订单会对承运人及运输人造成损失，则要收取客户的终止费，强行终止订单。

（3）订单变更。对未派车的订单和成功终止的订单，可以根据客户要求或具体情况变更订单的内容，如起止地点、收费标准等。

（4）订单暂停/继续。对未派车的订单可以执行暂停功能，暂时不派车。暂停取消后，可以再对该订单进行派车。

7.3.2 客户关系管理系统

1. 客户关系管理概述

客户关系管理（Customer Relationship Management，CRM）是伴随着因特网和电子商务的大潮进入中国的。最早发展客户关系管理的国家是美国，这个概念的演变从 1980 年最初的“接触管理”——专门收集客户与公司联系的所有信息，到 1990 年由电话服务中心支持的“客户关怀”——进行专门的客户资料分析。

客户关系管理的职能是收集客户的需求信息、记录客户购买信息、进行销售分析和预测、管理销售价格、处理应收货款及退款等，通过对客户资料的全方位、多层次的管理，使物流企业实现流通机能的整合，物流企业与客户之间实现信息分享和收益及风险共担，从而在供应链管理模式发展下实现跨企业界限的整合。

伴随着新经济的出现，企业的竞争由产品的竞争转化为品牌的竞争，继而转化为服务的竞争。现在，谁能掌握客户，加强与客户的联系，谁就能取得市场优势。因此，客户关系管理应运而生，并已成为企业增强竞争力的有效工具。

（1）客户关系管理的概念。客户关系管理可以从理念、机制、技术三个层面来理解。

1）客户关系管理是一种管理理念。客户关系管理的核心思想是将企业的客户（包括最终客户、分销商和合作伙伴）作为最重要的物流企业资源，通过完善的客户服务和深入的客户分析来满足客户的需求，保证实现客户的最终价值。

2）客户关系管理是一种管理机制。客户关系管理是一种改善物流企业与客户之间关系的新型管理机制，对于物流企业的市场营销、销售、服务与技术支持等与客户相关的领域非常重要。客户关系管理的目标是通过向企业的销售、市场和客户服务的专业人员提供全面、个性化的客户资料，并强化跟踪服务、信息分析的能力，使他们能够协同建立和维护一系列与客户和生意伙伴之间卓有成效的一对一关系。使企业能够提供更快捷和周到的优质服务，提高客户满意度，吸引和保持更多的客户，增加利润，降低企业的经营成本。

3）客户关系管理是一种管理软件和技术。利用 CRM 系统，企业能搜集、跟踪和分析客户的信息，了解客户需要什么，真正做到“一对一”服务。它将最佳的商业实践与数据挖掘、数据仓库、一对一营销、销售自动化以及其他信息技术紧密结合在一起，为企业的销售、客户服务和决策支持等领域提供了一个业务自动化解决方案。使企业有了一个基于电子商务的面向客户的系统，实现由传统企业模式到电子商务的现代企业模式的转变。

客户关系管理是一种先进的、以“客户价值”为中心的企业管理理论、商业策略和企业运作模式，也是一种以信息技术为手段有效提高企业收益、客户满意度和雇员生产力的管理系统。

总之，客户关系管理就是挖掘最有价值的客户，与之形成全面的、满意的、忠诚的、战略的合作伙伴关系，实现企业利润的最大化。

（2）客户关系管理的核心。在以产品为中心的商业模式向以客户为中心的商业模式转变的情况下，越来越多的企业管理者提出“想客户所想”“客户就是上帝”“客户的利益至高无上”“客户永远是对的”等口号，这反映了众多的企业将客户视为其重要的资产，不断地采取多种方式对企业的客户实施关怀，提高客户对本企业的满意程度和忠诚度。

“客户关怀”是客户关系管理的核心。客户关怀最初发展的领域是服务领域，由于服务的无形特点，注重客户关怀可以明显地增强服务的效果，为服务企业带来更多的利益，而后客户关怀逐渐向实体产品销售领域扩展。目前，客户关怀的发展与产品、服务质量的提高和改进密切相关，贯穿于市场营销的各个环节。客户关怀包括：客户服务（包括向客户提供产品信息和服务建议等）、产品质量（应符合有关标准、适合客户使用、保证安全可靠）、服务质量（指与企业接触的过程中客户的体验）、售后服务（包括售后的查询和投诉，以及维护和修理）。

客户关怀的目的是增强客户满意度与忠诚度。客户关怀活动包含在客户购买前、购买中到购买后的全部过程中。购买前的客户关怀为公司与客户之间关系的建立打开了一扇大门，为鼓励和促进客户购买产品或服务做了前奏；购买期间的客户关怀与公司提供的产品或服务紧密地联系在一起，包括订单的处理以及各种有关的细节，都要与客户的期望相吻合，满足客户的需求；购买后的客户关怀活动，集中于高效的随访和圆满地完成产品的维护与维修。售后服务和提供有效的关怀，其目的是使客户能够重复购买公司的产品或服务。

国际权威研究机构经过深入的调查研究后得出了这样的结论，“把客户的满意度提高 5 个百分点，其结果是企业的利润增加一倍”，一个非常满意的客户其购买意愿比一个满意客户高出 6 倍，“2/3 的客户离开供应商是因为供应商对他们的关怀不够”，“93%的企业 CEO 认为客户关系管理是企业成功和更有竞争能力的最重要的因素”。

与企业的产品有生命周期一样，客户关系也有生命周期。企业与客户关系保持周期越长久，企业的相对投资回报就越高，给企业带来的利润就越大。由此可见保留客户非常重要，保留什么样的客户，如何保留客户是对企业提出的重要课题。企业的客户成千上万，企业对如此多的客户如何了解呢？不了解客户就无法对客户加以区别。客户关系管理就是解决这类问题的，涉及：采取何种措施细分客户，对细分客户应采取何种形式的市场活动，采取何种程度的关怀方式才能够不断提高客户的满意度等。

（3）客户关系管理的发展。Internet 的迅速发展使全球进入了经济高速增长期，电子商务的出现又创造了全球的新经济时代，这种新经济就是利用信息技术使企业获得新的增长、新的商机、新的管理方式。新经济的出现对传统企业提出了严峻的挑战，企业不仅需要重视内部的组织流程和结构，更要注重企业的外部生存和发展环境。这不仅是企业谋求发展的需要，更是企业获得生存的需要。客户关系管理正是在这种背景下出现的，经过多年的发展，客户关系管理不仅成为一种具有可操作性的管理方法和管理技术，更成为企业的一种战略管理理念。

（4）客户关系管理的流程。

1）信息管理阶段。CRM 系统是从业务系统、ERP 系统、MIS 系统、OA 系统中提取有关客户的数据，然后进行加工和转换。

2）客户价值衡量阶段。在上阶段进行数据加工的基础上，用数据挖掘工具对数据进行整理，生成有用的客户信息。

3）活动管理阶段。根据上述有用的客户信息，企业要设计需要做的市场推广活动，例如，要促销企业的新产品，就要对客户进行细分，分析哪些客户最有可能成为企业的销售对象，做到有的放矢。

4）实施管理阶段。该阶段是在设计完促销活动之后，通过各种渠道使市场推广活动具体化。例如，通过呼叫中心、网站发布、发送 E-mail 等方式进行具体的实施。

（5）客户关系管理的功能。客户关系管理的功能主要体现在以下三个方面：

1）客户信息分析。客户关系管理系统有大量关于客户和潜在客户的信息，企业应充分利用这些信息，对其进行分析，了解客户的行为，预测客户的需求，寻找企业合适的客户；通过与客户交流、建立客户档案、与客户合作，从中获得大量针对性强、内容具体、有价值的市场信息，包括有关产品特性和性能、销售渠道、需求变动、潜在客户等，使决策者所掌握的信息更全面，能及时地作出决策，改善和发展与客户的协同关系，发展与客户的长期关系，为客户提供个性化服务，提升客户价值。

2）建立客户互动关系。通过向企业的生产、销售、市场和服务等部门和人员提供全面的、个性化的客户信息，强化跟踪服务和信息分析功能，使他们能够协同建立和维护与客户之间卓有成效的“一对一”互动关系，共同为客户服务，提高客户满意度。

3）建立共享信息平台系统。通过建立共享信息平台系统，使物流企业与客户形成彼此协调的全新关系，为企业带来长久的竞争优势。

（6）企业使用客户关系管理系统的目标。企业使用客户关系管理系统可实现以下目标：

1）保留老客户。现在各个行业的竞争越来越激烈，企业为获得新客户付出的成本不断地上升，统计数据表明，现代企业开发一个新客户的成本是留住一个老客户的 5 倍，而流失一个有价值老客户的损失，需要争取到 10 个新客户才能弥补，因此保持原有客户对企业来说越来越重要。如何保持与现有客户的长期关系，是现代企业能否获得长远发展的关键。亚马逊是大家熟知的网上书店，当你在亚马逊购买图书以后，其销售系统会记录下你购买和浏览过的书目，当你再次进入该书店时，系统识别出你的身份后就会根据你的喜好推荐有关书目。你去该书店的次数越多，系统对你的了解也就越多，也就能更好地为你服务。这与亚马逊书店成功实施 CRM 系统有很大关系，据悉 CRM 系统为其赢得了 65%的回头客。显然，这种有针对性的服务对维持客户的忠诚度有极大帮助。

2）获取新客户。获取新客户成本远远高于挽留一个老客户，但这不意味着企业可以不用挖掘和获取新客户。对于大多数企业，获取新客户是企业扩大客户基础，实现企业成长的一个重要手段。CRM 系统通过先进的信息技术，如数据挖掘技术、数据仓库技术等，探寻客户的特性与购买行为之间的模式，并据此发动营销活动，将具有较高潜在价值的客户变成企业现实的客户。

3）客户挽留。客户挽留是指企业恢复与重新构建与流失顾客之间的关系，主要针对的是那些已经是企业客户却因某种原因而终断与企业联系的客户。企业在挽留客户时，必须认识到并不是所有流失的客户都具有挽回的可能。因此，企业必须识别哪些客户值得挽留，在目前无法挽回的顾客面前保持一种正面的形象，以便在一定的条件下，成为积极争取的对象。

4）增加销售。增加销售是指企业试图向现有的客户销售更高价值的产品和服务，以及更多地使其感兴趣的其他类型产品和服务。前者指企业根据客户生命周期不同阶段的需求、期望及其支付能力，借助相关模型预测其行为变化，不断更新产品品种，以便更好地为客户服务；后者指企业借助 CRM 系统分析消费者购买不同产品和服务上的内在联系，找出不同商品之间的关联性，配合企业营销与后勤服务。例如，许多企业通过分析客户的购买模式发现，购买婴儿纸尿裤的客户会对其他类别的婴儿产品，如奶瓶、玩具等感兴趣，这就要求企业对其相关产品的营销策略保持一致性，如成立婴儿用品专柜，加深与现有客户的接触范围，提高客户关系的质量。

（7）客户关系管理与物流客户管理的整合。客户关系管理的核心是客户，以客户需求为中心，把客户当成企业的一种资源。而物流客户管理的核心是在供应链管理模式下，有效地响应客户需求，实现供应链上资源的最优化配置，提升企业的竞争力。客户关系管理与物流客户管理的整合是指客户关系管理与供应链管理的整合，主要是对供应链中的各种在线活动进行集成与协调，把客户当作战略资源进行积极的管理，使企业与其上游供应商和下游客户之间能够形成良性互动，在发展和维持客户的同时，与业务伙伴和供应商建立良好的合作关系，拓展企业的生存与发展空间，使企业最终实现销售收入、利润及客户价值的持续增长。

2. 客户关系管理的主要特征

客户关系管理的特征主要有以下三点：

（1）一对一营销。随着竞争的不断加剧以及产品和服务的极大丰富，特别是信息技术的快速发展，客户对产品和服务的选择范围不断扩大，选择能力不断提高，同时选择欲望也日益增强。因而客户的需求呈现出个性化的回归，从理论角度，每一位客户的需求都具有唯一性，从市场角度，每一位客户都是一个细分的市场。如何有针对性地向客户提供产品和服务，如何把握客户需求并以最快的速度做出响应，即如何吸引并保持客户已成为企业竞争的焦点。企业在经历了质量战、价格战、广告战以及内部重组之后，已开始将生存和盈利寄托在企业客户这一最重要的企业资源上，力求通过获得与客户关系的最优化，达到企业利润的最大化，“一对一营销”正是为了获得与客户关系最优化而采用的有效运作方式。

“一对一营销”就是企业根据客户的特殊需求，调整自己的经营行为。“一对一营销”要求企业与每一个客户建立学习型关系，即企业与客户的每一次交往，都使企业对该客户增加一份了解，客户不断地提出需求，企业不断地满足客户需求，改善自己的产品和服务，不断提高该客户的满意度。

（2）高度集成的交流渠道。现代通信技术特别是 Internet 的出现，给企业和客户的交流带来了新的选择，为企业降低营销、销售和服务成本提供了新的方式。同时，这种多渠道的交流也会造成不必要的混乱，导致交流质量的下降并影响企业的形象。CRM 采用先进的信息技术，将电话、传真、Web、无线接入等多种交流渠道进行高度集成，使企业的客户无论通过何种渠道，在何种地点、时间，都能够以自己喜欢的方式与企业进行交流。同时，企业能够对客户做出及时的响应，并提供准确、一致的最新信息。高度集成的交流渠道，使客户避免了向企业的不同部门、不同人员重复同样的信息，使客户的问题或抱怨能更快地和更有效地得到解决，最终提高客户的满意度。

CRM 采用合理的信息基础架构，消除了各类信息之间的屏障，建立了统一的信息资源库。统一的信息资源库将客户的所有信息都包含在内，无论是何时、何地、何种渠道，凡是有关客户与企业接触或交流的信息都会存放其中，同时还包含企业的营销、销售、客户服务等信息。企业不同部门的有关人员都可以随时、随地地存取信息，能够及时提供或掌握营销、销售和客户等信息，以便对客户的需求和变化采取及时、一致的响应。同时，CRM 具有强大的工作流引擎，确保跨部门的工作能够动态、无缝地完成。

面对浩如烟海的客户信息，企业营销、销售和服务信息，如果没有一个高度智能的数据分析和处理系统是不可想象的。CRM 将最佳的商业实践与数据挖掘技术、数据仓库技术、“一对一营销”技术、销售自动化以及其他信息技术紧密地结合在一起，通过充分挖掘客户的商业行为个性和规律，不断寻找和拓展客户的盈利点和盈利空间。

智能化的数据分析和处理本身也是企业向客户学习的一种过程。CRM 的商业智能系统使企业在获得与客户关系最优化的同时，也获得了企业利润的最大化。

（3）充分利用 Internet。Internet 的迅速发展改变了企业的外部模式和内部组织架构，企业利用 Web 无所不达的特性，不断扩展将产品和服务推向市场的能力。CRM 将 Internet 作为基础架构，采用标准的 Web 浏览器实现客户端的访问，同时集中管理和维护商业数据，大大降低了系统部署、员工培训、软件升级的成本。CRM 使企业可以通过 Web 直接与客户进行销售和服务，利用 Web 的电子商务优势进行自助服务、自助销售、开发潜在客户、时间登记、服务请求以及电话反馈等。这些在时间和空间上极大地扩展了企业的营销、销售和服务渠道，使企业能够面向全球提供全天候的访问，达到企业收益机遇的最大化。Internet 是企业与客户交流性价比最高的载体，是实现“一对一营销”的理想渠道。

CRM 的以上特征不是彼此孤立的，而是相互支持、高度融合的一个整体，共同组成了 CRM 的强大功能。

3. 客户关系管理信息系统的组成

客户关系管理信息系统是一套软件系统，主要由市场营销管理子系统、销售管理子系统、服务与技术支持管理子系统、现场服务管理子系统、呼叫中心管理子系统组成。这些子系统既可以集成在一起，又可以单独地使用。

（1）市场营销管理子系统。在 CRM 系统中市场营销管理子系统为销售、服务和呼叫中心提供关键性的信息，如产品信息、报价信息、企业宣传资料等。市场营销管理子系统通过数据分析工具，帮助市场管理员对客户和市场信息进行全面的分析，对市场进行细分，产生高质量的市场策划，指导销售队伍更有效地工作。市场营销管理子系统能和其他的应用子系统集成，确保新的市场活动信息自动地发给合适的销售、服务人员，使活动得到快速的执行。

（2）销售管理子系统。销售管理子系统主要对商业机遇、客户账号以及销售渠道等进行管理，确保企业的每一个销售代表能及时获得企业的最新信息，包括企业的最新动态、客户信息、账户信息、产品和价格信息以及竞争对手信息等，使销售代表与客户能更有效地进行面对面交流，顺利地完成销售工作。销售管理子系统能将企业的所有销售环节有机地组合起来，使其产品化，在企业销售部门之间、销售与市场之间建立起以客户为引导的流畅的工作流程，缩短了企业销售周期，提高了企业的销售成功率。

（3）服务与技术支持管理子系统。服务与技术支持管理子系统为企业提供分析工具和信息（包括服务需求管理、服务环境配置及多种问题解决方案），进行相关案例分析、问题的分析诊断等，用于在科技文档、产品标识、业务数据库和已有的客户服务解决方案中进行查询与检索。服务与技术支持管理子系统可以使客服代表能够有效地提高服务效率，增强服务能力，更加容易地捕捉、跟踪服务中出现的问题，迅速准确地根据客户需求进行分解调研、扩展销售，解决销售各步骤中出现的问题，延长客户生命周期。服务专家通过分解客户服务的需求，向客户推荐其他产品和服务，来增强和完善每个客户的解决方案。

（4）现场服务管理子系统。现场服务管理子系统提供服务请求管理、服务活动管理、账号管理、智能分配清单以及相关问题的解决方案等，提供了一个移动解决问题的平台，使企业对其服务领域可以进行有效的管理。现场服务管理子系统支持多种渠道，包括现场服务专家使用的笔记本电脑，连接呼叫中心话务员，以及包括第三方服务提供商、商业伙伴和客户在内的连接。例如，智能呼叫路由，将客户的呼叫自动发送给最有资格的服务代表，使他们可以在笔记本电脑中访问到全面的客户信息及与问题和解决方案有关的知识，使现场服务专家可以迅速有效地解决客户的问题。根据需要，现场服务子系统可以自动在整个组织内强化这个问题，根据服务级别许可使用合适的资源来解决该问题。在话务员解决了客户咨询服务后，还可以向客户销售其他的附加产品和服务，提升客户的价值和潜在的盈利机会。

（5）呼叫中心管理子系统。呼叫中心管理子系统通过将销售子系统与服务子系统的功能进行集成，使业务代表能够向客户提供实时的销售和服务。通常业务代表在处理客户、账户、产品历史订单、当前机会、服务记录、服务级别许可时，能够动态地推荐产品和服务。业务代表在基于智能的工作流程中解决客户的服务咨询，向客户推荐其他的产品和服务。

4. 客户管理信息系统的实例

（1）客户管理信息系统的功能。客户管理信息系统的实施首先要求对营销和客户服务的业务流程的规范化，然后将前台和后台的信息系统紧密融合；系统的呼叫中心能实现电话、无线通信直接融合，成为客户联系、接触中心；基于网络的自助服务是企业向用户提供服务的重要方式。这几部分功能对信息进行加工处理，再融入知识管理和竞争的内容，会具有客户智能功能，为企业的战略决策提供支持。

（2）客户管理信息系统的组成。这里以物流企业客户管理信息系统为例，说明物流企业客户管理信息系统的组成。物流企业客户管理系统，由信息系统设置、基本信息、客户资料管理和客户合同管理等四大功能模块组成。

1）信息系统设置。信息系统设置是系统初始化设置工具，提供了一个系统安全的保障。该模块包括部门项目、员工资料、权限设置、修改密码、系统代码和编号描述等功能。系统管理员通过此模块，可以方便地完成系统初始化工作。

2）基本信息。该模块主要是对客户报价内容、费用收取方式进行设置。具有部门报价、仓储报价、费用项目核算、收款客户确认等功能。

3）客户资料管理。该模块主要是对客户资料进行管理，包括客户基本资料（客户描述、客户类型、客户性质）、客户报价资料（仓租报价、装卸报价、处理报价、加班报价、运输报价、报关报价及其他报价）、客户特殊日期（如厂庆、公司周年纪念、总经理的生日等）的管理。

4）客户合同管理。该模块主要是对合同表头、报价时间和合同仓位进行修改。

小　　结

促使物流系统发展和变化的主要因素有：消费者行为的变化；多品种、小批量生产的转变和零售形式的多样化；零库存经营的倾向；现代信息技术的应用；新的物流需求等。为了适应这些变化，物流系统的各组成主体都在调整自身的物流活动，构筑新的流通系统。不同的物流主体，如制造商、批发商和零售商面对的物流形式不同，其信息管理的方式也不同；不同的物流环节，如运输、库存和配送面对的业务形式不同，其信息处理的方法也不同。

物流信息系统是物流系统中处理物流信息的管理系统，因此，不可能存在用统一的物流信息系统模式解决所有的物流业务问题。

制造商物流信息系统是使生产物流、供应物流、销售物流、废品回收物流等，能够以最低的成本、最快的速度实现。制造商物流信息系统由多个子系统组成，例如，生产计划与调度子系统、生产技术与生产控制子系统、生产成本计划与控制子系统等。批发商物流信息系统使企业在采购、销售、配送、资金结算等方面，能够以最低的成本、最快的速度实现。批发商物流信息系统由多个业务子系统组成，例如，订单管理子系统、采购管理子系统、销售管理子系统等。零售商物流信息系统使企业能够以低成本及时进行采购与补货、准确地统计与预测销售数据、降低库存水平、提高资金周转率等。库存信息系统是一个实时的计算机系统，能够按照库存业务的管理规则，对订单信息、库存、工作时间、作业行为、资源、存货和分销等进行系统的管理，最大限度地满足客户的需求。第三方物流信息系统是以第三方物流业务流程为核心、以物流信息技术为依托开发的信息管理的人机交互系统，是第三方物流企业生存的必要条件，具有对仓储、运输、装卸、搬运等物流信息的收集、存储、加工、转换及辅助决策的功能。

订单信息系统是物流信息系统运行的基础，负责向管理信息系统、决策支持系统和其他相关的信息系统及管理工作提供所需的数据。订单信息系统提供多种操作订单的途径，包括业务受理录入、客户系统导入和客户网上下单等，允许录入新订单及删除和修改、暂停/继续一个未执行的订单，终止/修改一个正在执行的订单等。客户关系管理信息系统是一套软件系统，主要由市场营销管理子系统、销售管理子系统、服务与技术支持管理子系统、现场服务管理子系统、呼叫中心管理子系统组成，这些子系统既可以集成在一起，又可以单独地使用。

习　题

一、简答题

1．批发商物流信息系统的目的是什么？由哪几部分组成？
2．简述零售商物流信息系统的目的和组成。
3．库存信息系统的目标是什么？
4．简述第三方物流信息系统。
5．简述库存信息系统的概念。
6．运输信息系统有哪些功能？
7．简述配送信息系统的系统组成。
8．对配送信息系统进行评价与分析应从哪几方面进行？
9．简述对订单信息系统的操作途径。
10．简述客户关系管理信息系统的组成。

二、论述题

1．试述制造商物流信息系统的目的和组成。
2．库存信息系统在库存管理中的作用有哪些？
3．库存信息系统的好坏由哪几方面决定？
4．试述运输信息系统在物流中的作用。
5．铁路货运信息系统有哪些特点？

三、复习思考题

1．什么是库存管理信息系统？其体系结构是什么？
2．库存管理信息系统的主要系统的功能模块有哪些？
3．库存管理信息系统基本业务流程有哪些？
4．运输信息管理的内容有哪些？主要功能是什么？
5．配送管理信息系统有哪些作用？主要功能有哪些？
6．配送中心信息系统的功能结构是什么？对其主要业务流程进行分析。
7．订单管理的内容有哪些？
8．什么是 CRM？
9．企业应用 CRM 可以实现哪些目标？
10．客户管理系统的特征是什么？

第 8 章　现代信息技术对现代物流的影响

8.1　现代信息技术在物流业中的应用

信息化物流管理是一条产业链，而且是极具影响力的产业。例如，在信息化发展中，可以通过物流运输的方式形成运输节点，逐渐形成一个绿色可持续发展连锁管理模式，从而减少运输成本。物流业要跟上信息化的管理要求，不断更新自身的技术以及运输速度，更好地达到物流产业的快速发展。通过不断发展壮大信息化物流产业，为我国的经济带来更好的发展前景。

信息技术融合计算机终端、多媒体、运载工具、信息传导等多学科技术，可以提高操作效率、准确度、可监控性。物流信息化管理涉及物流的“订单、接货、运输、送达、仓储、加工、配送”等环节，将多种信息技术融合、应用于物流，可以提高工作效率、降低管理成本、提升管理和工作的精准度，达到利润的最大化。我国物流智能化、标准化水平将不断提高，互联网、大数据、云计算等应用将更加广泛，新型物流业态将更多涌现，社会物流总费用与 GDP 的比率、物流费用占企业主营业务收入的比重有望继续降低，企业物流能力和水平提升的步伐会不断加快。

随着客流量的不断增加，商品的流通越来越快，POS 系统或 MIS 系统中经常用到的日结、月结等功能再也不能满足数据的实时性要求。对于大批量的入库商品，如何能够保证其第一时间进入流通；对于大流量的客户，如何安排货架上的商品使之不产生“断档”；对于成千上万种商品，如何在最短的时间内进行盘点；对于促销策略，如何做到标价和实价的一致。这些问题，恐怕不能仅仅依靠现有的网络通信技术来解决了。于是，无线计算机通信网络的解决方案开始为越来越多的商家所关注。事实上，无线网络并没有离开网络的概念，而是计算机网络技术的延伸，是依托于有线网络对移动点和无法布设网络信号线的应用点的扩展。无线网络通信技术在解决了操作人员的流动性问题的同时，实现了数据的实时传输。

8.1.1　物联网在物流业中的应用

1．物联网的概念

物联网（Internet of Things，IoT）即“物物相联”的互联网，是指通过各种信息传感设备，如传感器、射频识别标签、全球定位系统、红外感应器、激光扫描器、气体感应器等各种装置与技术，实时采集任何需要监控、连接、互动的物体或过程，采集其声、光、热、电、力学、化学、生物、位置等各种需要的信息，与互联网结合形成的一个巨大网络。目的是实现物与物、物与人，所有的物品与网络的连接，方便识别、管理和控制。

物联网技术作为新时代的一种高新技术，在计算机网络的辅助下，通过应用 GPS 定位系统、射频识别技术以及红外感应器等先进的信息设备与技术，按照事先制定好的协议，在各项物品与计算机互联网之间建立起完善的信息服务机制，形成了实时监控、跟踪以及识别的物流网络信息系统。

随着社会和经济的发展，物联网成为经济发展的新动力。物联网被认为是继计算机、互联网之后世界信息发展的第三次浪潮，我国已将物联网上升为战略性新兴产业。亿欧智库发布的报告《2018 物联网行业应用研究报告》根据实际情况，对物联网产业的发展进行了梳理，总结出十大应用领域，分别为物流、交通、安防、能源、医疗、建筑、制造、家居、零售和农业。

2. 物流和物联网的关系

物流与物联网关系十分密切，通过物联网建设，不仅可以实现物流的顺利运行，而且城市交通和市民生活也将获得很大的改观。

（1）物流是物联网的发展的基础。作为一种古老的经济活动，物流随商品生产的出现而出现，也随商品生产的发展而发展，物联网的发展离不开物流行业的支持。早期的物联网叫作传感网，而物流业最早就开始有效应用了传感网技术，如 RFID 在高速公路收费的应用，就是最基本的物联网应用。

（2）物流是物联网的重要应用领域。物流是物联网技术最有现实意义的应用领域之一，如图 8.1 所示。特别是在国际贸易中，由于物流效率一直是国际贸易效率提升的瓶颈，是提高效率的关键因素。因此，物联网技术（特别是 RFID 技术）的应用，极大地提升了国际贸易流通效率，减少了人力、货物装卸、仓储等物流成本。物流是物联网技术最重要的应用领域之一，物联网技术是实现智慧物流的基础，要实现物流的进一步发展，满足越来越高的物流需求，必然依赖物联网技术的全面应用。

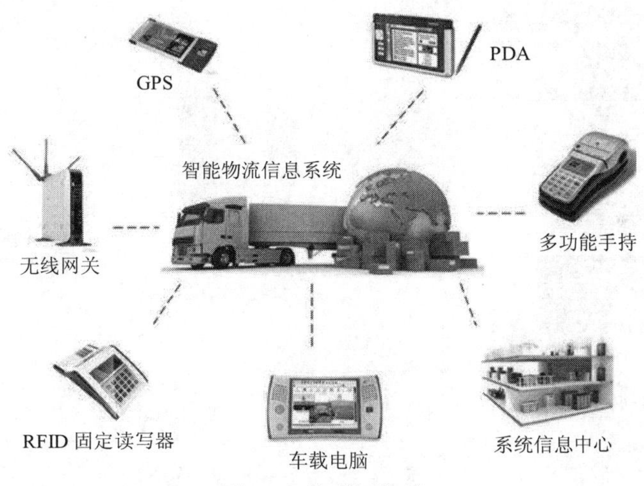

图 8.1　物联网物流

由 RFID 等软件技术和移动手持设备等硬件设备组成物联网后，基于感知的货物数据便可建立全球范围内货物的状态监控系统，提供全面的跨境贸易信息、货物信息和物流信息跟踪，帮助国内制造商、进出口商、货代等贸易参与方随时随地地掌握货物及航运信息，提高国际贸易风险的控制能力。

3. 物联网涉及的技术

物联网涉及的技术主要包括以下几方面：

（1）射频识别技术。该技术是通过采用无线射频技术实现非接触双向通信的自动设识别技术。现代智慧物流的各项工作都依赖于射频识别技术，通过使用电子标签标记各种物品，然后利用射频识别技术获取物品信息，这样就能帮助物流企业实时掌握物流运输过程的各项信息，实现对运输车辆和货轮的智能调度指挥，完成对物流配送的可视化管理。

2）无线传感器网络。物流企业通过应用无线传感器网络，能够实现用户之间、用户与物以及物与物之间的全面互联。无线传感器网络的建立应用了多种先进技术，将其应用在智慧物流中能够帮助企业及时更新各项物流数据信息，确保监测、识别数据的真实性和完整性，对物品进行智能调控与动态实时响应，不断提升物流企业的智能化管理水平和效率。

3）GPS 定位系统。GPS 定位系统能够实现对全球范围内的导航定位工作，通过将其应用在智慧物流中，能够为物流企业提供物流配送和动态调度功能。此外还能够帮助企业优化物流运输路线、科学分配车辆、完成紧急救援等工作，促使企业在低成本下创造出最大利润。

4. 物联网在现代物流中的应用

现代物流所涉及的物联网技术很早就在物流业中应用，很多先进的物流系统已经具备了信息化、数字化、网络化、集成化、智能化、柔性化、敏捷化、可视化、自动化等先进技术特征。

（1）物联网在物流中的应用。物联网在物流中的应用如图 8.2 所示，概括起来主要应用在以下四个方面：

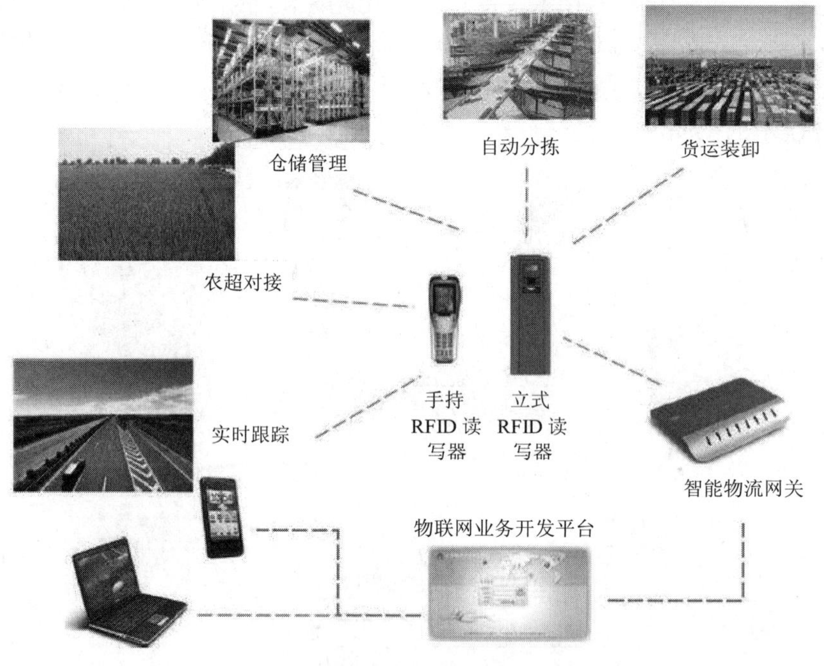

图 8.2 物联网在物流中的应用

1）智能的产品可追溯系统。如食品的可追溯系统、药品的可追溯系统等。这些智能的产品可追溯系统为保障食品安全、药品安全提供了坚实的物流保障。

2）物流过程可视化智能管理系统。这是基于 GPS 卫星导航定位技术、RFID 技术、传感技术等多种技术，在物流过程中可实时进行车辆定位、运输物品监控，在线调度与配送可视化管理。

3）智能化的企业物流配送中心。这是基于传感、RFID、声、光、机、电、移动计算等各种先进技术，建立全自动化的物流配送中心，物流作业的智能控制、自动化操作等，实现物流与制造联动，物流、信息流、资金流的全面协同。

4）企业的智慧供应链。在竞争日益激烈的今天，面对着大量的个性化需求与订单，怎样能使供应链更加智慧，怎样才能作出准确的客户需求预测，是企业经常遇到的现实问题。这就需要智慧物流和智慧供应链的保障与支持。

另外，基于智能配货的物流公共信息平台的建设，物流作业中智能手持终端的应用等，也是影响物联网在物流业中应用的因素。在物流方面，物联网在物品可追溯领域的技术已经成熟，可以全面推广；在可视化与智能化物流管理方面，正在开展试点，力争取得重点突破，获取示范意义的案例；在智能物流中心建设方面，需要进一步提升物联网理念，加强物流与生产的联动；在智能配货的信息化平台建设方面，应该统一规划，全力推进。

（2）物联网在物流中的应用实例。据市场分析公司 Gartner（高德纳）预测，到 2020 年，全球不包含 PC、平板以及智能手机在内的联网设备数量将达到 260 亿台，物联网市场规模将达到 1.9 万亿美元。物流行业是物联网最重要的应用领域。物联网作为智慧物流实现的基础，伴随着物流行业的快速发展，正得到越来越广泛的应用，市场空间巨大。

例如，在智能仓储领域，亚马逊、京东、菜鸟、苏宁等不断升级的仓储系统，均是物联网的最佳应用体现；在智能配送及整个供应链应用物联网技术，实现物流全过程的透明可视化、产品的可追溯管理以及智能配送等，为智慧供应链、智慧物流的实现奠定了基础。

霍尼韦尔发布了未来 5 年的物联网投资计划，将物联网技术在仓储物流领域的应用视为关注重点之一。2016 年 7 月斥资 15 亿美元将 Intelligrated 公司纳入旗下，初步建立起在整个仓储物流系统方面的发展格局，体现出其加速进军物联网市场的决心。霍尼韦尔早在多年前就开始了物联网技术的布局，从收购条码扫描技术设备、手持终端供应商，到收购两家大型打印机公司，继而又收购 Vocollect（提供基于语音技术的产品帮助仓库提高生产力）和一家软件公司 Movilizer（该公司将 SAP 的企业管理系统变成移动化管理系统，并发展为到云服务）。

2017 年 3 月，瑞士邮政也正式宣布利用远程广域网络技术（LoRaWAN）启动物联网计划，开始探索物联网在货物运输安全、客户投递服务、无人机和机器人包裹投递技术等业务领域的应用。SICK 作为传感器技术的领军企业，也一直致力于推动物联网技术在物流领域的发展，通过智能传感器技术实现工厂自动化、物流自动化及过程自动化。

现在智能快递柜在每一个住宅小区悄然兴起，如图 8.3 所示，它是基于物联网技术，能够对物体进行识别、存储、监控和管理等功能，与 PC 服务器一起构成了智能快递投递系统。PC 服务端能够将智能快递终端采集到的信息数据进行处理，并实时在数据后台进行更新，方便使用人员进行查询快递、调配快递以及快递终端维护等操作。快递员将快件送达到指定的地点后，将其存入到快递终端后，智能系统就可以自动为用户发送一条短信，包括取件地址以及验证码等信息，用户能在 24 小时内随时去智能终端取货物，简单快捷地完成取件服务。

图 8.3　智能快递柜

8.1.2 云计算在物流业中的应用

1. 云计算

（1）云计算的概念。云计算（Cloud Computing）是一种让用户能够方便获取的、资源共享的、随机应变的和可实时访问的网络模式，就是通过把计算功能分散到大量的分布式计算机上，用户能够将资源切换到需要的应用上，根据需求访问分布式计算机和存储系统。

（2）云计算的特点。云计算具有快速获得资源或服务、按需扩展和使用、按使用量付费、通过互联网提供服务等特点。

1）快速获得资源或服务。提供资源的网络被称为“云”。专业网络公司搭建计算机存储、运算中心，用户通过网络借助浏览器就可以很方便地访问网络中心，把“云”作为存储信息以及应用服务的中心。

2）按需扩展和使用。“云”中的资源在用户看来是可以无限扩展的，可以随时获取，按需使用和扩展。这种特性就像直接从自来水公司、电力公司购买水、电一样，使用网络技术和基础设施。

3）按使用量付费。在云计算模式中，用户按需获取资源，并只为这部分付费。

4）通过互联网提供服务。云计算是将互联网看作一个大的资源平台，用户除了具有基本功能（可视、可输入、发声、网络接入）的终端设备（如个人计算机、智能手机、电视机等）之外，其余的功能可以直接从互联网上获取。这种形式如同有线电视中的“点播”和“回看”系统，用户只要配备电视和机顶盒即可收看想看的电视节目。

（3）云计算中云的分类。按照美国国家标准技术研究院的分类方法，云计算可分为私有云、公共云等。这种分类方法是以“云”服务提供者和服务对象来区分的，没有把应用和数据考虑进去。从未来信息化发展趋势看，应增加应用和数据两个维度，实际上“云物流”是云计算在应用维度上的一个分支，即云分类中的行业云。

1）公众云。“公众云”是为公众使用的平台。在“云”的概念没有提出之前，我们就已经使用符合现代云计算概念的产品了，早期的雅虎搜索就是其产品中的佼佼者。公众云通过公开途径获取数据，利用公开数据和独有的算法为客户提供服务，其核心竞争力是它独有的算法和庞大的数据业务系统。

2）行业云。“行业云”的概念是由国产服务器厂商浪潮集团提出的，它是由行业内或某个区域内起主导作用或者掌握关键资源的组织建立和维护，以公开和半公开的方式向行业内部、相关组织及公众提供有偿或无偿服务的云平台。“行业云”还可以按不同的行业进一步细分。

“公众云”与“行业云”的区别主要在数据的来源、服务对象、组织构架模式和服务提供者的核心竞争力。“公众云”的特点是数据来源公开，服务对象是不特定的社会公众；而“行业云”的特点是数据主要来源于行业内部的核心组织或其成员，绝大部分数据是私有数据，因此，不可能无偿提供给第三方使用。由于市场上存在需要提供服务的用户，所以“行业云”可以提供这种服务，满足市场的需求。

（4）云计算的应用。

1）计算能力的汇集。云计算是最主要的应用，最初的应用就是计算能力的汇集。如果需要计算一个特别大的数据，而计算机配置不够，那么就可以向云计算平台发出申请，通过这个平台调度各种空闲的运算资源，通过云平台调度后得到结果反馈，再根据所使用的计算资源付费。

2）数据检索服务。人们在互联网上进行检索的时候，实际上使用了互联网上的检索服务，这样的服务是由网络服务器收集了海量的网络信息，通过多台检索计算机用特定的算法析出所需要的信息，使用检索服务的人不需要知道检索的过程。

3）信息系统软件能力的交付。管理信息系统的使用，在网络出现以前是需要购买全部的系统软硬件，在云计算时代，企业可以不去购置软件，找到云计算服务公司，由专业公司来提供相关服务，同样能达到管理好企业的目的。在这一应用中，企业获得的不仅仅是软件能力，相关的硬件平台也可以通过购买服务而获得。

4）云安全。云安全（Cloud Security）是从云计算演变而来的。云安全的策略是：使用者越多，每个使用者就越安全。因为，如此庞大的用户群足以覆盖互联网的每个角落，只要某个网站被挂马或某个新木马病毒一出现，就会立刻被截获。云安全通过网状的大量客户端对网络中软件行为异常进行监测，获取互联网中木马、恶意程序的最新信息，推送到服务端进行自动分析和处理，再把病毒和木马的解决方案分发到每一个客户端。

5）云存储。云存储（Cloud Storage）是在云计算基础上延伸和发展出来的，是指通过集群应用、网格技术或分布式文件系统等功能，将网络中大量各种不同类型的存储设备通过应用软件集合起来协同工作，共同对外提供数据存储和业务访问功能的一个大系统。当云计算系统运算和处理的核心是大量数据的存储和管理时，云计算系统中就需要配置大量的存储设备，那么云计算系统就转变成为一个云存储系统。所以，云存储是一个以数据存储和管理为核心的云计算系统。现在，云计算在物联网中的应用已经得到市场关注，随着物联网业务量的增加，对数据存储和计算量的需求，会对云计算能力提出新的、更高的要求。

2. 云技术在物流业的作用

物流行业的发展离不开物流信息及其相关技术，尤其是在现代物流系统中，物流信息起到了引领物流行业发展的作用。根据云计算分类的方法，物流行业中的“行业云”就是“物流云”。所谓“物流云”就是物流信息的共享平台。

在物流信息化相关的法规规范下，在相关物流信息化技术标准体系和安全体系的支持下，形成一个多功能、多层面的信息系统体系，实现不同层次、众多功能之间的信息共享。

云计算是物流系统中的一个“使能技术”，在信息技术的支持下，会为各个层面提供信息，把各个物流功能模块中的信息集中起来，进行全方位、大范围的物流信息共享，并反作用于物流运行的控制与指挥，成为物流系统的中枢。

“物流云”支持物流行业的各个层面，不仅对微观层进行支持，如为快递行业提供数据共享；而且对于其他层面也提供支持，如在管理层面进行相关的统计、控制。“物流云”的应用范围，随着物流业的发展而不断拓宽。例如，物流云与银行现金流系统对接之后，银行可以根据物流云上厂商的库存状态和运输情形，评估其提供给厂商周转资金的信贷利率，如果某厂商的库存管理情况不良，银行可以及早在资金方面进行处理，降低银行的投资风险。物流云与天气预报系统和交通信息网络对接之后，物流企业能够进行有效的路径规划。在途司机可以通过随身装备及时发现前方即将出现的恶劣天气，更改物流路线。物流云帮助物流企业达到的不仅是运输、仓储的整合，更是物流、资金、贸易、研发等的整合，是一项集上、中、下游的全面整合。

3. 云计算的应用模式

云计算在物流信息平台中的应用模式，主要包括以下三个方面：

（1）基于云计算的业务平台。这一应用模式主要帮助物流企业利用经过分析处理的感知数据，通过 Web 浏览器为客户提供特定的应用与服务，包括监控型服务（物流监控、污染监控）、查询型服务（智能检索、信息查询）、扫描型服务（信息码扫描、物品的运输传递扫描）等。

（2）基于云计算的数据存储中心。为物流企业提供所需的具体数据，包括数据的海量存储、查询、分析，实现资源完全共享、资源自动部署、分配和动态调整。

（3）在传统数据中心的基础上引入云计算模式，为物流企业提供各种互联网应用所需的服务，这样物流企业便能在数据存储及网络资源利用方面具有优越性。云计算服务平台的服务价格更具优势，能够减少物流企业的经营成本；还可以实现动态资源调配，为用户提供按需响应、按使用收费和高质量的基础设施服务。

4. 云计算在现代物流中的应用

（1）云计算在快递行业的应用。在快递业云计算的作用主要体现在物流信息方面。在实际运作中，快递行业中的企业首先要搭建一个“行业云”的平台，集中行业中的数据，即集中来自全球发货公司的海量货单；其次，对海量货单和货单的目的路径进行整理；最后，指定运输公司发送到快递员，最后送达收件人。在这一过程中，物流云对快递行业的收货、运输、终端配送的运作模式进行了整合，实现了批量运输，部分解决了我国运输行业长期存在的空驶（或是半载）问题，提高了运输公司的效率，降低了成本。

借助云计算中的“行业云”，多方收集货源和车辆信息，使物流配载信息在实际物流运输能力与需求发生之前发布，加快了物流配载的速度，提高了配载的成功率。

（2）云计算在物流业的应用。物流活动是由包装、装卸、运输、存储、流通加工、配送和物流信息等活动构成的。提高物流效率就是提高上述各个活动的效率。根据云计算资源集中、按需使用、安全性高、成本低的特点，构建的物流信息平台可以将分散的物流资源和能力进行集中，封装成提供不同服务的“物流云”。通过统一的、集中的、标准的、智能化经营管理，为供应商、生产商、经销商、零售商和客户等，供应链上不同环节的上下游企业，提供包括仓储、运输、包装、配送、装卸在内的单一或综合的物流服务。既可以为用户提供全方位、一整套的物流服务，又可以使用户按照自己的实际需求对不同的服务进行任意组合，获取个性化服务。

当一个企业承担物流的全部功能时，实际上是承担了所有的物流活动。第三方或第四方物流出现以后，通过对物流活动进行细分，实现物流作业专业化，提高物流活动效率。第三方或第四方物流企业能够提高物流效率的本质，实际上是对物流活动进行重新组合即业务重构，实现了业务活动的专业化。

庞大的交易支付和物流信息，需要云计算平台的支持。云计算在物流行业应用带来的直接效果就是降低物流成本，这将大大提高物流业的社会效益。

例如，在“双 11”时，阿里巴巴混合部署了在线计算、离线计算以及公共云，构建了“ 双 11 混合云”。新采用的“混部技术”，将离线计算集群与在线计算集群混合部署。云本身的弹性意味着计算资源可多可少，能实现 1 小时内 10 万台服务器的快速扩容。而“混部技术”则提升了计算资源本身的利用率，双重弹性下整体成本比传统方案节省了 50%。

“云存储”也可应用于物流中，利用移动设备将在途物资作为虚拟库存，即时进行物资信息交换和交易，将物资直接出入库，并直接将货物运送到终端用户手中。

通过物流云，物流公司能够实时了解物流网上的货运情况，直接安排途中接货，减少空车行驶情况的发生。物流云还能够解决物流企业在仓储与运输上的衔接问题，整合孤立系统，提供多元化的服务，如物流系统与银行现金流系统、天气预报系统和交通信息系统的对接等。

8.1.3　大数据在物流业中的应用

大数据在物流企业中的应用贯穿了整个物流企业的各个环节。主要表现在物流决策、物流企业行政管理、物流客户管理及物流智能预警等过程中。

当前，我国物流业在“互联网 ”战略的带动下快速发展，与大数据、云计算等新一代互联网技术深度融合，整个行业向着高效流通的方向迈进。同时，物流成本居高不下、物流企业小散乱、流通基础设施和技术水平落后的情况一直制约着行业发展。未来，物流行业要继续运用好互联网技术，实现降本增效、多网协同、多业联动，逐渐形成贯穿于流通领域全环节、全链条的高效物流体系。推进“互联网物流”，既发展新经济，又能提升传统经济，能大大降低企业成本、提高经济整体效率。数据显示，2010 年至 2015 年，我国快递业务量年均同比增长率在 50%左右，远高于 GDP 增速和第三产业增速。快递业直接带动 200 万人就业，驱动电商零售业等多重业态的发展，推动经济结构调整。

1. *大数据在现代物流的应用*

大数据在物流企业中的应用贯穿了整个物流企业的各个环节。主要表现在物流决策、物流企业行政管理、物流客户管理及物流智能预警等过程中。

（1）大数据在物流决策的应用。在物流决策中，大数据技术的应用涉及竞争环境的分析与决策、物流供给与需求匹配、物流资源优化与配置等。

1）竞争环境分析。为了达到利益的最大化，需要与合适的物流或电商等企业合作，对竞争对手进行全面的分析，预测其行为和动向，从而了解在某个区域或是在某个特殊时期，应该选择的合作伙伴。

2）物流供给与需求匹配。在这方面需要分析特定时期、特定区域的物流供给与需求情况，从而进行合理的配送管理。供需情况也需要采用大数据技术，从大量的半结构化网络数据，或企业已有的结构化数据，即二维表类型的数据中获得。

3）物流资源的配置与优化。主要涉及运输资源、存储资源等。物流市场有很强的动态性和随机性，需要实时分析市场变化情况，从海量的数据中提取当前的物流需求信息，同时对已配置和将要配置的资源进行优化，从而实现对物流资源的合理利用。

（2）大数据在物流企业行政管理的应用。在企业行政管理中也同样可以应用大数据相关技术。例如，在招聘人才时，需要选择合适的人才，对人才进行个性分析、行为分析、岗位匹配度分析；对在职人员同样也需要进行忠诚度、工作满意度等分析。

（3）大数据在物流客户管理的应用。大数据在物流客户管理中的应用主要表现在客户对物流服务的满意度分析、老客户的忠诚度分析、客户的需求分析、潜在客户分析、客户的评价与反馈分析等方面。

（4）大数据在物流智能预警的应用。物流业务具有突发性、随机性、不均衡性等特点，通过大数据分析，可以有效了解消费者偏好，预判消费者的消费可能，提前做好货品调配，合理规划物流路线方案等，从而提高物流高峰期间物流的运送效率。

大数据的应用多种多样，但只有我们给予足够重视，而且通过不断挖掘以提高效率才能让大数据发挥作用，助我们一臂之力。

2. *大数据在智能物流的应用*

在重庆渝北区1.2万平方米的电商仓储配送托管中心仓库中，中小电商卖家的货物错落有致地堆放在一起，所有的即时订单集中发送到这里，自动匹配快递公司，快递公司看到订单数量足够装车时就派车来运走。重庆临空信息技术有限公司的负责人表示，凭借智能仓储配送管理系统，可以帮助电商将发货效率提高300%，成本节约35%。

数据技术创新改变了配送流程。如今，对电商包裹上的不干胶快递单上打印的数字正是大数据技术的“结晶”。这些数字代码是从大数据里“捞”出来的，称为“电子面单”，以前确认各个包裹的信息，需要人工用签字笔写在包裹单上。快递公司启用大数据路由分单后，分单的速度从每单5～7秒，下降到每单1～2秒。

从国务院常务会议释放出的信号来看，一方面，包括智能机器人、无人机配送等先进的配送技术能够得到更多政策支持。更重要的是，包括物流数据共享和政府公共数据开放的标准和机制有望因此而建立。我国巨大的平台经济体量，数据驱动的社会化供应链平台（如菜鸟网络）代表着前所未有的智慧物流的创新。例如，菜鸟的社会化仓配，仓内运营是心怡物流，干线分拨是万象物流，具体配送很多是传统服务业加盟网点，最后一千米可以说是菜鸟驿站加盟商。将数据放在同一个平台上，多家公司通过平台的大数据分析、云计算配置，产生了协同效果。

8.1.4 移动互联网在物流业中的应用

移动互联网技术在国内外的迅猛发展，促使其在物流行业也得到了越来越多的应用。电信运营商应该结合自身的优势，结合语音、数据、5G等业务，将移动互联网、通信和信息化技术更好地结合起来，开发出更多的适合物流行业的创新应用。

1. *移动互联网在物流行业的应用*

现代物流企业在提高企业综合竞争力的过程中，对移动信息技术存在迫切需求。运用移动互联网对运输车辆进行定位、调度、监控，提高运输能力、节约空跑成本、保障车辆安全，（客运出租、短途货运/货的）定位车辆的位置和空闲状况，进行准确有效调度。通过移动互联网进行移动沟通和客户服务，公司与外出司机之间及时传递在途信息，天气、交通状况、其他信息提醒等，还可以保持与客户沟通，为客户提供货物在途信息等。这些功能的进一步结合，可以为物流企业提供车辆管理的整体解决方案，包括对行驶轨迹的设计、监控、报警，对行驶里程、行车时间、停车时间、行车油耗等信息进行统计分析。此外还可以根据位置信息向客户提供综合信息服务，比如为司机提供所在地的物流配货信息、餐饮住宿信息、汽修汽配信息以及紧急情况下的在途救援等。

移动互联网的特点是便捷性。由于移动设备便于用户随身携带和随时使用，使用移动设备上网有着无可比拟的优越性，信息的获取和处理比PC设备更加便捷和高效。互联网在中国已经渗透于各行各业当中，越来越多的传统企业寻求在互联网的结合下转型，得到新的发展。在移动互联网时代，如何让企业和平台更加融合，让其平台使用更加便捷实用是一个急需解决的问题。李克强总理在2016年7月20日国务院常务会议上强调：“推进互联网+物流，既是发展新经济，又能提升传统经济。”会议部署推进互联网+物流，降低企业成本，便利群众生活。物流互联网就是实体物理世界的物流系统与线上互联网世界的物流信息系统实现一体化融合的互联网。在这一系统中，互联网成为物流实体运作的主导与控制核心，成为物流系统的“大脑”和神经系统，并通过物流信息互联网向网下物流系统延伸和无缝对接，实现物理世界物流系统全方位的互联互通。目前，物流互联网的飞速发展已经引发了一场新的物流领域的革命，使现代物流真正进入“智慧物流时代”。

2．移动互联网在物流行业的实例分析

（1）掌上配货实例分析。国内某电信运营商开发的掌上配货应用，综合利用移动互联网能力、定位能力、移动通信能力，以实时的车源、货源信息为核心，为车主和货运司机提供基于移动终端（手机）的找货和车辆管理应用功能，满足车找货、货找车的物流配货需求以及车主对司机、车辆的监管需求。

1）掌上配货系统架构。掌上配货应用平台采用 Client/Server 方式实现，运营商端部署的掌上配货应用平台，融合了协同通信、移动定位和视频监控等通信应用，并提供宽带和移动通信网络等基础通信服务；掌上配货应用平台与各地合作的物流地网系统直接对接，汇聚了各地物流地网的物流信息。客户端包括 PC 客户端和手机客户端，分别通过宽带和 4G 无线上网登录系统。

2）掌上配货系统功能。掌上配货应用实现了手机和货运信息网的连接，通过手机完成配货交易，进行车辆定位监控、车辆管理及空车信息发布。

掌上配货实现了移动终端（手机）和物流信息平台的连接，为配货站、车主和货运司机提供基于移动终端（手机）的找货和车辆管理应用功能，满足车找货、货找车的物流配货需求以及车主对司机、车辆的监管需求，主要功能如下：

A．找货。解决车主的配货问题，用户可通过多功能地址选项查询最适合的货源信息，系统实现选择拨号功能，可在系统内直接选择用户拨打电话或发送短信。

B．发布空车信息。根据货运司机需要，手机在线发布空车信息，操作简单。

C．车辆管理。提供车辆位置管理与空车信息发布功能，实时定位车辆、查询车辆历史位置、发布空车信息。其中定位是通过对货运司机手机的第三方定位实现对货运车辆的定位监控。

D．其他功能。搜索：通过输入货源、车源、位置等关键字，查询相关信息。收件箱：系统会发送各种最新的货运资讯、道路信息、天气预报等，也会根据常跑路线和用户定制，推荐最合适的货源信息、找车信息以及车辆维修保养等信息。

3）掌上配货的商业模式。掌上配货创建了创新的多赢商业合作模式，运营商通过与跨地域物流信息网、物流地网紧密合作实现规模拓展。

商业合作模式作为跨地域物流信息网以开发、运营和信息共享的形式参与掌上配货，物流地网作为运营商通信业务的合作代理，提供本地物流信息。在物流网不发达的区域，物流园区可充当物流地网角色，通过园区内电信业务代理商，整合园区内配货站的车货供求信息。

4）掌上配货的关键技术和难点。掌上配货的关键技术有两方面：一方面在各个物流信息网的货源信息互通和共享，要实现跨地域物流信息网和各地物流地网的货源信息实时共享和互通，满足物流车主和司机对于货源信息的全面性和及时性的需求；另一方面在于车源信息和定位技术的有效结合，满足物流公司和货主对于车源信息可信性和及时性的需求。

掌上配货的难点在于向手机的信息推送技术。目前采用在手机上主动按条件查询物流信息，物流信息查询结果不能自动刷新，需要手动刷新才能获取新的物流信息。

（2）车辆和货物跟踪监控。移动定位技术结合 GIS 系统、移动通信网络和物联网技术，实现对物流车辆、货物和人员的定位和跟踪监控。主要用于物流监管部门、货主、物流公司或车队对物流车辆的定位和跟踪监控，包括单点定位、连续跟踪、历史轨迹回放、超速报警、区域报警、行驶线路报警等功能。车辆和货物跟踪监控服务既可用于对普通货物运输的定位跟踪，也能满足特种运输中对行驶路线、区域以及速度的全程管控需求。对这些功能的进一步结合，可以为物流企业提供车辆管理的整体解决方案，包括对运输路线的设计、监控、报警，对行驶里程、行车时间、停车时间、行车油耗等信息进行统计分析。另外，还可以根据位置信息向客户提供综合信息服务，如为司机提供所在地的物流配货信息、餐饮住宿信息、汽修汽配信息以及紧急情况下的在途救援等。

1）车辆和货物定位。在物流运输车辆上安装 GPS 或移动通信网络定位的车载终端和手持终端，通过移动通信网络向中心平台传输定位信息，物流企业或货主随时可以查询到车辆或货物所在的位置。主要实现的功能是实时定位和车辆报警。

A．实时定位功能是指设备每隔指定的时间向中心报告一次定位信息，定位信息包括定位时间、卫星信号强弱程度、经度、纬度、行驶速度、行驶方向、车辆点火、熄火状态等。

B．车辆报警功能包括紧急报警、超速报警、区域报警和线路报警。

- 紧急报警：当车辆遇到紧急情况时，司机通过定位终端向监控中心发送紧急报警信息。
- 超速报警：当车辆行驶时超过设定的速度上限，设备将自动向中心发送报警信息。
- 区域报警：中心可以设定车辆行驶的范围，车辆进入此范围或离开此范围，将向中心发送报警信息。如货主或物流企业可以设定车辆或货物到达指定配货点向中心产生一次报警。
- 线路报警：中心设定车辆必须沿指定线路行驶，若车辆偏离此线路行驶，则产生报警。此功能对于危险品运输车辆监控尤为重要。

C．历史轨迹回放。车辆的行驶轨迹保存到中心历史轨迹库中，物流企业或货主可随时调出车辆历史轨迹进行回放。通过车辆的行驶轨迹对里程、行车时间、停车时间等信息进行统计分析。

D．里程统计。可以实时统计记录当前车辆的行驶里程，随同监控 GPS 数据一同发回控制中心，以便物流企业对车辆运营的里程数据进行统计分析。

E．车辆调度，接收并执行监控中心发送的控制指令。

- 通过车载显示屏接收监控中心发送的固定内容信息，最多可在车载显示屏中预置 20 条不同内容的固定内容信息。
- 接受监控中心远程对终端设备的参数读取和设置。

2）货物跟踪。通过将货物和车辆的关联，结合贵重货物 RFID 标签的应用，货运公司可以实时监控货物的状态和异常，及时通知物流合作方、货主企业或收货企业，提高对客户的服务水平和价值链协作水平。物流合作方、货主企业和收货企业可以实时跟踪货物运输状态，及时安排收货作业计划和通知下游企业，主要功能包括货物状态查询和货物到达预告。

A．货物状态查询。物流公司的客户可以输入货单号实现对所运货物的实时状态查询，查询货物的运输状态、所在位置等信息。

B．货物到达预告。当货物即将送达，将以短信等形式告知相关的收货方，请收货方及时安排收货。

3）呼叫中心调度。电信运营商能够为不同种类的物流企业提供多样化的呼叫中心调度服务。一方面提供对物流企业员工和车辆的集中运营调度；另一方面为用户提供电话发布和查询配货信息、交通导航信息等功能。

A．手机对讲。为运输企业客户提供基于集群通信的对讲业务，实现单呼、组呼、广播呼叫、紧急呼叫等功能，提供便捷、高效和低成本的集中调度。

B．短信调度。为运输企业提供基于语音或文本短信的调度，实现单条发送和群发等，也可以预定发送的时间或只针对部分特定的接收者。

C．呼叫中心。物流企业通过呼叫中心服务，一方面可以提高管理效率；另一方面可以降低物流企业的运营成本。

4）视频监控。视频监控是物流行业典型的通信应用，不限于仓库、堆场、码头、停车场等固定场所，随着移动通信的发展，高速的移动传输得以实现和应用，视频监控也应用到移动状态下的运输环节，如危险品运输、贵重物品运输等。电信运营商目前已开展的移动视频监控支持多路视频并发，可以同时监控司机、货物、车辆周边状况等，能够实现云台控制、镜头缩放、报警识别、本地存储、实时传输、多路分发等功能。对普通货物运输可起到监督司机行为、保障货物安全的作用，对危险品和特种物品的运输，可以和应急联动系统对接，做到全程监控、统一指挥。

车货跟踪监控设有视频服务中心，实现对装有视频设备的运输车辆进行视频监控。主要实现的功能如下：

A．视频实时监控。向物流平台提供视频播放接口，可以实现 4 画面的同时播放，具有视频播放、暂停、停止播放等常用功能。

B．视频播放质量控制。视频播放可以对画面的质量、网络流量等参数进行远程设定，使播放质量达到最佳。

C．视频监控与定位同步。通过视频监控与 GPS 定位信息显示在同一窗口，物流企业或货主对车辆所在位置、车内、车外的情况一目了然。

D．视频数据保存。视频设备具有自动循环保存功能，可以保存 7 天以上的视频数据。物流平台随时通过视频服务器可以播放历史视频。

8.2　智慧物流

随着智能制造、工业 4.0 的推进，制造业对物流信息化、自动化、智能化需求越来越高，在物流系统中采用物联网技术，尤其是传感器和智能控制技术的应用最多。智能制造除了要求物流系统的智能化，还需要与生产线相匹配，进行无缝对接，实现信息系统的互联互通。

8.2.1　智慧物流概述

智慧物流是一种以信息技术为支撑，在物流的运输、仓储、包装、装卸搬运、流通加工、配送、信息服务等各环节实现系统感知、全面分析、及时处理和自动调整等功能，实现物流规整智慧、发现智慧、创新智慧和系统智慧的现代综合性物流系统。智慧物流对企业、物流行业乃至整个国民经济的发展都具有至关重要的意义。2017 年 6 月 28 日，国家发改委综合运输研究所所长汪鸣在第十四届中国国际物流节上发表了题为《智慧物流的产业发展思路》的演讲。他认为智慧物流的发展，应有两条路可走：一是智慧技术作为一个技术手段，其发展是为了推动智慧物流的发展；二是用智慧技术对传统物流业进行彻底改造。两者结合形成“智慧物流技术+智慧物流技术应用”。

基于大数据预测分析技术实现智能化的调度、决策在物流仓储系统中越来越重要，形成在仓储管理中广泛应用的趋势。所以物联网技术对传感器的需求将更加智能化、多功能化和网络化。

智慧物流对传感器设备和技术的要求更高。传感器技术作为信息技术的三大基础之一，是构成物联网感知层的重要组件。在智能物流时代，由于传感器需要对海量数据进行智能搜集与分析，同时必须能够与互联网或云端进行信息交互，因此对传感器的接口灵活性以及功能智能化程度等的要求更高。智慧物流应做到以下几方面：

（1）实时感知物流各个环节的信息，对采集到的信息入库归档，使各类数据按照要求规整，实现数据的连续性、开放性和动态性。通过标准化数据和流程，推进异构系统整合，实现规整智慧。

（2）自动调用原有经验数据，及时发现物流作业活动中的漏洞和薄弱环节，智能地挖掘、分析和发现智慧。

（3）根据特定需要和不同情况下成本、时间、质量、服务、碳排放等标准，进行评估、预测、分析和协同决策，提出最合理有效的解决方案。

（4）使物流系统各个环节都能相互联系，互通有无，共享数据，优化资源配置，为物流各个环节的协作、协调和协同提供最强的系统支持。

（5）及时反馈贯穿于系统的每个环节，为相关作业者了解物流运行情况，及时解决系统问题提供强大的保障。

（6）物流系统自动遵循最快捷有效的路线运行，在发现问题后能自动修正。

物流过程的可视化智能管理网络系统，是基于 GPS 技术、RFID 技术、传感器技术等多种技术，在物流过程中实时实现对车辆定位、运输物品监控、在线调度、配送可视化与管理的系统。目前，物流作业的透明化、可视化管理已经初步实现，全网络化与智能化的可视管理网络还有待发展。基于传感器、RFID 等物联网技术建立物流作业的智能控制、自动化操作的网络，能够实现物流配送中心的全自动化，实现物流与生产的联动，与商流、信息流、资金流的全面协同。

企业的智慧供应链是基于物联网技术升级智慧物流到智慧供应链的，可以满足电商的快速发展及智能制造等环境下产生的大量个性化需求与订单，帮助企业准确预测客户需求，实现整个供应链的智慧化。

随着物联网技术在物流领域应用的逐步深入，大数据等现代信息技术将不断融合，多种不同的物联网技术也将得到集成应用。如自动分拣系统、嵌入式智能控制、智能物流机器人、嵌入 RFID 芯片的托盘与周转箱、智能穿梭车与自动化立体库等。

大数据时代传统物流必然升级发展为智慧物流，在智慧物流系统架构的基础上，提出了基于大数据技术的智慧物流系统的内涵及构建途径，同时指出了发展智慧物流模式需要解决的关键技术。

8.2.2 运输智能化管理系统

日本、美国和西欧等发达国家和地区为了解决共同所面临的交通问题，竞相投入大量资金和人力，开始大规模地进行道路交通运输智能化的研究试验，主要进行道路功能和车辆智能化的研究。随着研究的不断深入，系统功能扩展到道路交通运输的全过程及其有关服务部门，发展成为带动整个道路交通运输现代化的“智能运输系统”。智能运输系统的服务领域是先进的交通管理系统、出行信息服务系统、商用车辆运营系统、电子收费系统、公共交通运营系统、应急管理系统、先进的车辆控制系统。“智能运输系统”实质上就是将先进的信息技术、计算机技术、数据通信技术、传感器技术、电子控制技术、自动控制技术、运筹学、人工智能等学科成果综合运用于交通运输、服务控制和车辆制造，加强了车辆、道路和使用者之间的联系，形成一种定时、准确、高效的新型综合运输系统。

现代化的运输要实现人和物有序的空间流动，就必须对客运、货运实行有效的组织和管理，实现运输管理智能化。它既具有管理信息系统的功能，还兼有决策支持的功能，最终实现客运和货运的快速化和多式联运化。

在智能运输系统中主要的用户和服务有两类：一类是运输的管理和经营者，另一类是运输服务的使用者。针对这两类主体，客、货运输的智能化管理将分别提供以下服务：

（1）对于运输的管理和经营者而言，客运和货运的智能化管理主要体现在三个方面：客运数据交换、货运数据交换、不同运输方式的衔接互补。

（2）对客运和货运服务的使用者而言，客、货运输的智能化管理系统应提供四项用户服务：旅客联运旅行规划、联运旅行途中服务、货运联运前信息服务、货物联运途中动态跟踪查询。

货运信息系统应包括货运交易的管理、货运仓储管理、货物配送管理、货物运输的组织和管理、货运车辆管理、货运信息查询、货运情况统计和分析等功能子系统。

我国的物流企业在智能运输方面也做了很多贡献，尤其是中外运化工国际物流有限公司，它针对客户的需求共性重构了商业模式，在向全球 500 强客户提供个性化服务的同时，全力打造社会化物流服务——外运新快线（全国零担危化品运输产品）。该公司创建的国内首家无人智能化防爆危险品仓库——华东智能转运中心——实现了智能转运中心的高效、自动化运作，在高密度的立体仓库里，几乎没有人工作业，数台智能机器人井然有序，忙而不乱。在仓库的一端，无轨 AGV 在接收到系统指令后，定位精确、高速分拣，能选择最优运行路径，有条不紊地穿梭在仓库中，完成出入库、自动化搬运等多项作业；在仓库的另一端，自动传输带上，小件货物次序井然地被运送到相应的装车地点，传送带上的感应器时刻自动识别货物间距防止碰撞。华东智能转运中心的正式运营，大大减少了作业过程中的燃油消耗和尾气排放，降低了环境污染，营造出健康绿色的工作环境，提升了员工的健康安全水平。

为了“跑赢”最后一千米，中外运化工国际物流有限公司采用小吨位城配厢车，配备实时温控、智能防碰撞、防泄漏激光检测系统等，作为运输车辆的“智能大脑”，加之不断丰富的区域班线网络布局，转运中心与区域班线实现高效配合，保障货物最后一千米畅行无阻。

经过几年的努力，随着“点、线”两个层面的不断完善与升级，运用灵活的线上手段与智慧物流等方法，外运新快线正在转型成为社会化的零担危化品供应链运营平台，不仅解决了行业难点，成为空运危险品地配、海运危险品拼箱集疏港的配套企业。该公司以智慧物流助力产业升级与科研创新，提升了整个社会物流体系的价值和效率。

8.2.3　物流机器人

物流业正在由传统模式向现代化、智能化升级，从劳动密集型向技术密集型转变，随之而来的是各种先进技术和装备的应用和普及。具备搬运、码垛、分拣等功能的智能机器人，已成为物流行业发展的一大趋势。

应用于物流业的机器人发展到今天，大致分为三代。第一代物流机器人主要是以传送带及相关机械为主的设备，为机器人原型，实现从人工化向自动化的转变。第二代机器人主要以自动导引车（AGV）为代表的设备，通过自主移动的小车实现搬运等功能，以亚马逊 Kiva 机器人为代表，该类型机器人依托 AGV 小车技术，实质上仍然需要人工完成拣选货物操作，效率仍有待提升。第三代机器人在第二代基础上，增加了替换人工的机械手、机械臂、视觉系统、智能系统，提供更友好的人机交互界面，并且与现有物流管理系统对接更完善，具有更高的执行效率和准确性。例如 Fetch&Freight 等机器人产品，实现了从自动化到智能化的转变，由移动车体、机械臂和机械手组成，具备高度的自主性，能够完成多种功能，如物体识别、抓取、分拣及运输等。

基于当前的市场需求，物流系统集成商在智能机器人领域不断发力，寻求创新突破。电商巨头亚马逊的步伐最早，2012 年在全美仓库中就部署了 1.5 万台机器人。国外出现了很多物流机器人公司，如美国的 Fetch Robotics 公司、印度的 Grey Orange 公司、日立 HITACHI 的智能机器人公司等。随着机器人技术的飞速发展，越来越多的物流作业由智能化设备取代。

申通快递的分拣作业是由全自动快递分拣机器人完成，如图 8.4 和图 8.5 所示。这些装备着橙色托盘的机器人在地面上有序“穿梭”，将一件件包裹运送到指定位置，没电了还能像扫地机器人一样自动充电。

图 8.4　申通快递分拣机器人

图 8.5　机器人分拣中心

在传统的物流运输中，运输的种类和风险、物流过程中的运输环节和物流企业的服务，都影响到物流运输的成本和质量。

2016 年，京东首次引进智能机器人设备、机器人分拣中心两个自动化设备，在“双 11”期间启用，单台自动分拣设备最高处理量可达到 2 万件/小时。京东目前在全国范围的自动分拣设备的日均处理量已达到百万件以上。

8.2.4　仓储智能化信息管理系统

仓储管理在物流管理中占据着核心地位。传统的仓储业是以收保管费为商业模式的，希望自己的仓库总是满满的，这种模式与物流的宗旨背道而驰。现代物流以整合流程、协调上下游为己任，静态库存越少越好，其商业模式也建立在物流总成本的考核之上。由于这两类仓储管理在商业模式上有着本质区别，在具体操作上，如入库、出库、分拣、理货等又很难区别，所以在分析研究时必须注意它们的不同之处，这些不同也会体现在信息系统的结构上。随着制造环境的改变，产品周期越来越短，多样少量的生产方式，对库存限制的要求越来越高，必须建立供应链管理系统，借助计算机化、信息化将供应商、制造商、客户三者紧密联合，共担库存风险。仓储管理可以简单概括为八个关键管理模式：追、收、查、储、拣、发、盘、退。

库存最优控制是确定仓库管理模式的依据，如果是供应链上的仓库，以服务质量、运营成本为控制目标，追求合理库存甚至零库存。仓储管理及精确定位在企业的整个管理流程中起着非常重要的作用，如果不能保证及时准确的进货、库存控制和发货，会给企业带来巨大损失，这不仅表现为企业各项管理费用的增加，而且会导致客户服务质量难以得到保证，最终影响企业的市场竞争力。

例如，采用基于射频识别的智能化仓库管理方法解决精确仓储问题，这种仓储管理有以下优势：

（1）读取方便快捷。数据的读取无需光源，甚至可以透过外包装进行。有效识别距离长，采用自带电池的主动标签时，有效识别距离更长。

（2）识别速度快。标签进入效识别距离，阅读器就可以即时读取其中的信息，能够同时处理多个标签，实现批量识别。

（3）穿透性强。射频识别能够穿透纸张、木材和塑料等非金属和非透明的材质，进行穿透性通信，不需要光源，识别距离远。不能透过金属等导电物体进行识别。

（4）数据容量大。一维条形码的容量是 50B，二维条形码最大容量可达 3000B，射频识别的容量有数 MB。随着记忆载体的发展，数据容量有不断扩大的趋势。未来物品所携带的资料量会越来越大，对标签的容量要求也相应增加。

（5）使用寿命长。射频识别可以应用在粉尘、油污等高污染环境和放射性环境中，免受污损。射频标签对水、油和化学药品等物质具有很强抵抗性，抗污染能力和耐用性强。

（6）数据可动态更改。利用编程器可以向电子标签里写入数据，赋予射频标签交互式便携数据文件的功能，写入时间短。

（7）更好的安全性。电子标签不仅可以嵌入或附着在不同形状、类型的产品上，还可以为标签数据的读写设置密码保护，具有更高的安全性。由于射频标签承载的是电子信息，其数据内容可由密码保护，使其内容不易被伪造和更改，安全性更高。

（8）动态实时通信。标签以每秒 50～100 次的频率与阅读器进行通信，所以只要射频标签所附着的物体出现在解读器的有效识别范围内，就可以对其位置进行动态的追踪和监控。

（9）体积形状多样化。射频标签不需要为读取精度而配合纸张的固定尺寸和印刷品质，适合标签向小型化与多样化发展，可以方便嵌入或附着在不同的形状和类型的产品上。

8.2.5　智能可追溯网络系统

产品质量管理体系要有完善的产品追溯平台，需要包含产品原材料采购、生产过程、赋码标识、包装仓库、分销管理、防伪管理、防窜货、消费营销、权限管理等功能，智能可追溯网络系统是智能物流系统的重要组成部分。物流信息采集系统主要由无线射频识别系统和传感器数据处理中心（Savant）系统组成。每当识读器扫描到一个 EPC（电子编码系统）标签所承载的物品制品的信息时，收集到的数据将传到 Savant 系统，为企业产品物流跟踪系统提供数据来源，实现物流产品的可追溯。

物流跟踪系统是以 Savant 系统作为支撑，主要包括对象名解析服务和实体标记，包括产品生产跟踪、产品存储跟踪、产品运输跟踪、产品销售跟踪等，保证产品流通安全，提高物流效率。当然，创建信息采集跟踪系统，要先做好智能物流管理系统的选型工作，其中信息采集跟踪子系统是重点内容。

在医药、农产品、食品、烟草等行业领域，智能可追溯网络系统发挥着货物追踪、识别、查询、信息采集与管理等方面的作用，基于物联网技术的可追溯系统为保障产品的质量与安全提供了保障。车联网借助物联网技术，已经初步实现了运输过程的透明化、可视化管理，货运资源的优化与整合配置，可提升运输、装载效率，实现货物的实时跟踪与追溯管理。

8.2.6 智慧港口系统

以信息系统为框架，通过高新技术的创新应用，使物流供给方和需求方沟通，融入集疏运一体化系统，极大提升港口及相关物流园区对信息的综合处理能力和对相关资源的优化配置能力。智能监管、智能服务、自动装卸成为其主要形式，为现代物流业提供高安全、高效率和高品质服务的新型港口。

“智慧港口”是以现代化基础设施、设备为基础，以云计算、大数据、物联网、移动互联网、智能控制等，新一代信息技术与港口运输业务深度融合为核心，以港口运输组织服务创新为动力，以完善的体制机制、法律法规、标准规范、发展政策为保障，实现港口资源优化配置，满足多层次、敏捷化、高品质港口运输服务的要求，具有智能生产、智慧管理、柔性服务、保障有力等鲜明特征的现代港口运输新业态。

“智慧港口”基本特征主要包括港口基础设施与装备的现代化、新一代信息技术与港口业务的深度融合化、港口生产运营的智能自动化、港口运营组织的协同一体化、港口运输服务的敏捷柔性化、港口管理决策的客观智慧化。

“智慧港口”的设施配置主要涉及交通运输基础设施网络和信息化基础设施网络以及港口运输装备三部分，没有基础设施的网络化、数字化，没有港口运输装备的标准化、智能化，就无法实现港口运输要素的全面感知，无法实现云计算、大数据、物联网、移动互联网等新一代信息技术与港口运输核心业务的深度融合，也无法实现港口运输组织和运输管理的创新。

8.2.7 智能仓储与智能分拣系统

智能仓储是物流过程的一个环节，智能仓储的应用，保证了仓库管理各个环节数据输入的速度和准确性，确保企业及时准确地掌握库存的真实数据，合理保持和控制企业库存。通过科学的编码，可以方便地对库存货物的批次、保质期等进行管理，及时掌握所有库存货物当前所在位置，有利于提高仓库管理的工作效率。

智能立体仓库通过计算机系统的统一管理，利用条形码自动识别技术，系统根据事先输入计算机的不同货物代码，可以利用高速升降机准确迅速地从立体仓库中定位存取货物。可以自动按照货物的入、出库时间等特定因素完成不同的工作。

建立智能仓储系统需要物联网的支持，现代仓储系统内部不仅物品复杂、形态各异、性能各异，而且作业流程复杂，既有存储，又有移动，既有分拣，也有组合。因此，以仓储为核心的智能物流中心，经常采用的智能技术有自动控制技术、智能机器人堆垛技术、智能信息管理技术、移动计算技术、数据挖掘技术、自动化分拣技术等。

工业机器人把输送线上流向终端的物件整齐地码放，完成货物的进出、分拣等工作，整个过程顺序流畅、完全自动化。

物流自动化有着显著的优点，首先，它提高了仓储管理水平。由于采取了计算机控制管理，各受控设备完全自动地完成顺序作业，使物料周转管理、作业周期缩短，仓库吞吐量相应提高，适应现代化生产需要。其次，提高了自动化作业程度和仓库作业效率，节省了劳动力，提高了生产率。最后，储存量小，占地面积小，物料互不堆压，存取互不干扰，保证了库存物料的质量。

随着现代物流的高速发展及人力成本的快速提升，产品分拣环节已经成为各大电商及快递提高服务效率的一个关键业务瓶颈。传统分拣作业大多依靠人员手持 PDA 进行，在分拣过程中，存在作业人员机械重复动作多、出错率高、劳动力分配难以均衡、作业人员技能要求高、无法应对突发事件等问题，这种落后的作业方式已经严重制约分拣效率的提高。

智能仓储的自动分拣系统能自动快速地识别并指示分拣目标地址，大幅减少分拣作业人员的动作环节、降低作业人员技能要求，提高效率，降低出错率，达到电商及快递企业提升分拣效率、均衡劳动力、节约成本的目的。智能仓储设备自动分拣系统有下述特点。

1．大批量、连续地分拣货物

由于采用大生产中使用的流水线自动作业方式，自动分拣系统不受气候、时间、人的体力等的限制，可以连续运行。同时由于自动分拣系统单位时间分拣件数多，因此自动分拣系统的分拣能力可以连续运行 100 小时以上，每小时可分拣 7000 件包装商品。用人工分拣每小时能分拣 150 件左右，但不能在这种劳动强度下连续工作 8 小时。

2．分拣误差率极低

自动分拣系统的分拣误差率主要取决于所输入分拣信息的准确性，这又取决于分拣信息的输入机制。采用人工键盘或语音识别方式输入，误差率在 3%以上；采用条形码扫描输入，除非条形码的印刷本身有差错，否则不会出错。因此，目前自动分拣系统主要采用条形码技术来识别货物。

3. 分拣作业基本实现无人化

国外建立自动分拣系统的目的之一就是为了减少人员的使用，减轻员工的劳动强度，提高人员的使用效率，因此自动分拣系统能最大限度地减少人员的使用，基本做到无人化。

小　　结

本章阐述了信息技术对现代物流的影响，包括物联网、移动互联网、大数据和云计算在物流中的应用。还阐述了自动化技术发展对现代物流的影响，包括无线射频识别（RFID）技术、传感器技术的发展对现代物流的影响。智慧物流的发展对现代物流服务业的发展具有十分重大的意义，尤其是运输智能化管理系统、物流机器人、仓储智能化信息管理系统、智能可追溯网络系统、智慧港口、智能仓储与智能分拣系统的发展，对现代物流服务业的影响非常重大。

习　题

一、简答题

1．简述什么是物联网。
2．简述物联网在物流中的应用。
3．简述什么是云计算。
4．简述云计算的特点。
5．简述什么是“物流云”。
6．为什么说云计算是物流系统中的一个“使能技术”？
7．简述物流云对物流业的支持。
8．简述云计算在物流信息平台中的应用模式。
9．简述大数据在物流企业的应用。
10．简述大数据在物流客户管理的应用。
11．简述自动化立体库系统有哪些特点？

二、论述题

1．试述物联网涉及的技术有哪些？
2．试述什么是云安全。
3．试述什么是云存储。
4．试述云计算在快递行业的应用。
5．试述云计算在物流业的应用。
6．试述大数据在物流决策的应用。
7．试述车辆和货物跟踪监控使用的技术和用途。
8．智慧物流在物流系统中应做到哪几方面？

三、复习思考题

1．掌上配货系统具备的主要功能有哪些？
2．智慧物流的实质是什么？
3．采用什么方法适合解决精确仓储问题？
4．智能仓储的自动分拣系统有哪些特点？